本书受"西北大学学术著作出版基金"资助。

国家社科基金丛书
GUOJIA SHEKE JIJIN CONGSHU

马克思主义批评理论
视域中的符号学研究

A Study in Semiotics from a Marxist Perspective

张碧 著

人民出版社

责任编辑：洪　琼
封面设计：石笑梦
版式设计：胡欣欣

图书在版编目（CIP）数据

马克思主义批评理论视域中的符号学研究 ／ 张碧著. —北京：人民出版社，
　2025.7
ISBN 978－7－01－026040－2

Ⅰ.①马… 　Ⅱ.①张… 　Ⅲ.①马克思主义-符号学-研究 　Ⅳ.①A81②H0

中国国家版本馆 CIP 数据核字（2023）第 202198 号

马克思主义批评理论视域中的符号学研究
MAKESIZHUYI PIPING LILUN SHIYU ZHONG DE FUHAOXUE YANJIU

张　碧　著

人民出版社 出版发行
（100706　北京市东城区隆福寺街 99 号）

北京中科印刷有限公司印刷　新华书店经销

2025 年 7 月第 1 版　2025 年 7 月北京第 1 次印刷
开本：710 毫米×1000 毫米 1/16　印张：25.75
字数：410 千字

ISBN 978－7－01－026040－2　定价：129.00 元

邮购地址 100706　北京市东城区隆福寺街 99 号
人民东方图书销售中心　电话（010）65250042　65289539

目　　录

第一编 ｜ 结构理论与马克思主义批评

序 言 用马克思主义指导符号学研究

赵毅衡

我们用马克思主义指导一切,为什么今天要特别单举符号学研究呢?因为马克思主义于符号学研究表面上精神脉络异趣。乍一眼的感觉:符号学是意义的形式研究,而马克思主义强调分析对象的伦理、精神、意识形态。在现代思想史上,的确屡屡发生马克思主义者对形式论的批判。为什么注重内容的马克思主义,可以用来指导一种偏形式的分析?因为这两者都希望穿透表象,深入到表象之后的本质。而在形式的背后,在内容的背后,社会文化的真正驱动力,经常是一致的。

符号学是研究人如何表达、传送、解释意义的。符号是用来表达意义,任何意义都必须用符号表达,不用符号表达不了任何意义,反过来,任何符号都是表达意义的,不表达意义的符号就不成其为符号。符号的定义,就是任何被认为携带着意义的感知。所谓符号学就是意义学,这是一个很清晰的定义。应当说有不少学科研究意义,整个文化就是一个社会相关的意义活动的总集合,与文化相关的学科,都在研究文化如何靠意义,也就是靠符号运转。符号学的研究是从意义活动的最基本单元,来研究复杂的社会活动。就这一点来说,符号学类似于文化研究的数学,它在复杂问题中找出意义活动的基本规律。

符号学的具体研究,可以称为形式—文化论,这种方法以文本的形式作为切入点,转而讨论此种形式隐含的文化意义,讨论产生这种形式的社会机制,或产生这种形势特点的历史进程。自然我们可以问:是否一定要从文本形式开始讨论? 要讨论作品的社会文化精神,情节内容难道不能作为出发点? 当然可以,实际上谈内容的批评,在文艺批评文章中占据绝大多数。在这个背景上,从形式着手讨论作品的文化意义,或许是一种可用的,甚至让人耳目一新的路子,或许能得出一些其他途径未能得出的见解。至今没有人提出从形式着手是唯一有效的途径,但是它可以是多元方法之一,而且是很有效的之一。

应当说,符号学与马克思主义,二者之间着力点不同的思想倾向,的确有过争论。最著名的争论可能就是托洛茨基 1923 年的《文学与革命》一书,批判当时起很大影响的"俄国形式主义",符号学的前身之一。他认为俄国形式主义是一种唯心主义。在它们本身的称谓中就可以找到自己的起源与解释。抓住的不是动态的发展而是横截面,提出的是某种独立自在的因素。"对他们来说,太初有词。"但同时,托洛茨基也承认"内容离不开形式"。

自从索绪尔的符号学理论在 20 世纪中叶大行其道,索绪尔式符号学的共时偏重,与马克思主义的历史分析似乎背道而驰,但是形式意义论实际上是分析破解文化与意识形态神话的锐利武器,这就形成一大批文化理论家一边批判"结构主义符号学",另一边用符号学作为武器,这样一个相杀相爱的悖论局面,批判本身就导致两派的互相注视。

多年前,张碧在《西方马克思主义批评理论对符号学的批判与借鉴》一文中,就详细地分析了这种悖论如何催生了整整一个学派:苏联学者巴赫金就毫不讳言地批判符号学"共时分析",但是他又是"马克思主义符号学"的开拓者;波兰学者沙夫曾批判索绪尔理论"静态分析",他却是东欧与南欧马克思主义符号学的引领者,至今在起影响;美国学者詹姆逊批判结构主义符号学为"语言的牢笼",但是他为马克思主义符号学的文学研究作出了切实的贡献;法国学者阿尔都塞断然拒绝"结构主义",但是他却是符号学文化研究最深刻的思想家；苏联塔尔图大学与莫斯科大学的符号学家共同组成了"塔尔图—莫斯科学派",1993年洛特曼去世后,塔尔图大学继续发展该校的符号学传统,塔尔图学派至今活力四射,在伦理和生态方向上作出了新的贡献。

作为现代形式理论的集大成者,符号学早在20世纪70年代开始,就从以索绪尔文本形式理论为模式的结构主义符号学,过渡到以皮尔斯"重解释的符号学"为理论出发点。这不仅是基本原理的变化,更是哲理锋芒指向的变化。皮尔斯提出的诸种三元组成,产生了无限衍义的可能,把意义的发展变成了一个历时理论;皮尔斯强调的符号"真知价值",是符号学开始摆脱形式论的工具性;皮尔斯的"解释社群"观念,更把符号学推演成了一个强调社会向度的文化分析理论。

应当指出的是：形式理论从来没有认为仅仅研究形式就足够了,相反,绝大部分从形式来讨论文化/文学的学派,都认为形式研究不会替代内容分析,但是形式研究是一门单独的学问,有自己的专门谱系,有独立的分析方式。单纯的形式分析有局限性,这点形式论者自己都明白,但是不能因为其局限而一律扫荡。正如哈特曼所言："要超越形式理论,有多种方式,最无效的方式就是不弄懂形式理论。"

因此,近半个世纪以来的符号学,与近半个世纪以来日益兴盛的西方马克思主义,联手融合的效用更大,在文化与意识形态分析上,符号学与马克思主义形成天然的联盟。尤其在这个数字时代,社会文化生活中突出的现象,是出现了符号泛滥,表现为泛艺术化,泛广告化,泛品牌化。符号学似乎只是分析表意的形式的理论,实际上符号学的目的是指出文化意义的动力机制。社会文化的所谓"真相",只是特定编码解码方式的结果,并不是"客观真实"。无怪乎在上面列举的所有这些思想家的作品中,符号学的最基本概念和原理被反复应用。

因此,不难理解,马克思主义与符号学,不仅互为表里,而且相辅相成、互为应援。实际上,在当代欧洲思想界,我们很难找到从不应用符号学理论概念的马克思主义者。虽然张碧此书的研究范围,只是那些明确自觉地把两个潮流有机地结合起来,并且作出突出贡献的学者。

应当承认,符号学的形式—文化途径,这种理论并不是万灵药丹,并不能回答关于文学艺术与社会文化关系的所有问题。而且,哪怕此种论辩能提供一得之见,也不能代替其他学派的见解。任何理论方法都有局限,都只是在某些课题上发挥得比较精彩,形式—文化论绝不可能是例外。一部作品就是一个世界,可能从许多角度进行观察;哪怕它只是一朵花,也值得从许多不同角度观察。从形式入手观察文化,观察社会历史留下的擦痕,做得再好,也只是角度之一;做得笨拙时,文不达意的机会也或许更多,因为比起别的理论来,的确符号学的前期准备量要更大一些。

张碧善于作静静地思考,不张扬,不夸夸其谈。十几年前我刚遇到他时,他还是个稚气未脱,但读书勤奋的青年学生。不过当时许多老师都看出,哪怕他的课题,需要读透许多难读的书,需要巨量的深入思考,他会成长为掌学术门钥的领军人物,他的未来不会让老师们失望。果不其然,呈现在各位面前的这本书,就是证明。

赵毅衡

2025 年 3 月

绪　　论

第一节　符号学概说

符号,是一种始终伴随着人类精神生活和社会生活历史的现象。德国哲学家于尔根·哈贝马斯(Jürgen Habermas)提出:"个人是符号结构,这种由符号构成的自然基础尽管被个体认为是自己的肉身,但它和整个生活世界的物质基础一样,永远都是个体的外在本质。"①符号是个体习性、思维及人格得以形成的基本途径。同时,恩斯特·卡西尔(Ernst Cassirer)曾提出这一著名论断:"符号(symbolic)思维和符号行为在人类的生活中,是最能体现人类特征的方面,同时,人类文化整个进程都可不避免地建立在这些条件上。"②人类必须通过符号的作用,才能进行基本的思考与交际行为,也才能在这一基础上,实现共同协作性的生产活动,总之,人类社会必须借由符号才可能形成。可见,符号在人类社会生活中的重要地位是不可或缺的,也因此在人类文明史上发挥着无可比拟的作用。

对符号的运用,在人类社会中由来已久,从原始先民的语言到宗教巫术等

---

① 于尔根·哈贝马斯:《后形而上学思想》,上海:译林出版社 2001 年版,第 86 页。

② Ernst Cassirer. *An Essay on Man:An Introduction to a Philosophy of Human Culture*,New Haven:Yale University Press,1944, p. 45.

社会活动,无不体现出人类对于符号的依赖。随着人类文明的推进,人类也学会通过对自然、社会符号现象的掌握,达到认识自然、社会规律的目的。例如,古希腊时期,名医希波克拉底往往根据病人的病理征兆来判断病人的病情,为"符号学"一词奠定了词源学源头。① 同时,人类对符号表意现象进行观察和探讨,意味着人类对自身符号意识起源的现象学反思,也意味着"符号学"在人类思想史上地位的形成。②

必须指出的是,符号学研究一般可分为两种途径。美国著名符号学家约翰·迪利(John Deely)曾区分了"符号学"和"符号论"两种研究类型:"前者指通过充分研究符号作用所获得的知识,后者顶多指对于在人类文化内部起作用的符号的研究"③,这种界定可以如此理解:"符号学"通过研究自然与人类社会诸多领域的符号现象,逐渐形成相对稳定的符号学理论体系;而"符号论"则探讨人类社会文化领域中的符号现象。同时,符号学家苏珊·佩特里莉(Susan Petrilli)与奥古斯托·庞齐奥(Augusto Ponzio)提出:"符号学(semiotics)包括人类的具体符号过程与普通符号科学"两种含义。④ 几位学者注意到,两种关于符号研究的学科类型的差异,或曰符号学研究中两种方式的差异,在于前一种旨在审视特定文化领域的符号现象,而另一种则是研究符号现象本身的科学门类。但可以想见,正是由于人类不同区域及民族的文明的发展,促使符号现象广泛出现,同时,随着对符号现象引起人类的某种现象学反思和探讨,才会逐渐促成作为科学门类的符号学的产生。因此,"符号论"要早于"符号学"。

---

① 参见苏珊·佩特丽莉等:《伦理符号学》,周劲松译,《符号与传媒》2012年第2期。

② 参见保罗·科布利编:《蒙特利奇符号学指南》,周劲松、赵毅衡译,南京:南京大学出版社2013年版,第169页。

③ 约翰·迪利:《符号学基础》(第六版作者序),张祖建译,北京:中国人民大学出版社2012年版,第2页。

④ See Susan Petrilli, Augusto Ponzio. *Semiotics Unbounded*:*Interpretive Routes through the Open Network of Signs*,Toronto:University of Toronto Press,2005, p. 3.

中国先秦时期的儒、道、墨、名等诸子学说,都形成了各自未成系统的"符号论"思想①;对于某些其他古老的东方国度而言,亦曾形成过悠久的符号论思想史。对于西方而言,符号论思想的产生也有着十分久远的历史。自古希腊直至近代,西方哲人从不同视域出发,对符号现象进行过不同考察。然而,在西方思想传统中,现代意义的符号学的兴起则始于19、20 世纪。法国哲学家米歇尔·福柯(Meacheal Foucault)在其《词与物》中暗示,随着感知世界方式的演进与主客二分意识的确立,人类逐渐对符号表意的心理机制产生了反思自觉,也便随之将包括符号发出者——人自身在内的一系列与符号现象相关的因素纳入研究之中。②

现代符号学的确立,涉及不同学科领域内不可胜数的思想者,而很难归因于个别思想巨擘之功。胡塞尔现象学、英美语言哲学以及卡西尔的文化哲学等,都事实上从不同角度、以不同术语或表述方式建构着自己的符号学理论。同时,在现代符号学传统中,还包含数量颇为可观的古典时代思想因素,例如修辞学、神学、语文学等。尽管如此,学界仍将语言学家费迪南德·索绪尔(Ferdinande de Saussrue)和逻辑学家查尔斯·皮尔斯(Charles Perce)视为现代符号学的两位鼻祖。

第二节　现代符号学的两大传统

随着笛卡尔将人类思维演绎能力提升至某种本体高度,人的主体性问题逐渐成为思想界至为重要的议题。17、18 世纪时,启蒙思想家们高扬个体自由的旗帜,进一步推动了主体性在思想界的地位,同时,以康德为代表的德国古典主义哲学,亦从人类的知性能力、伦理判断能力和审美能力等诸多方面丰

---

① 详见祝东:《先秦符号学思想研究》,成都:四川大学出版社 2014 年版。
② 参见莫伟民为福柯《词与物》所作的"译者引语:人文科学的考古学",上海:上海三联书店 2001 年版,第 8 页。

富着对主体性的阐释。① 然而,一如莎士比亚在其诸多悲剧中对人文主义的反思,当人类的主体性在历史进程中被过度凸显时,必将导致一系列社会灾难的发生。于是,继之而来的,便是诸多不同形式的主体性反题。即便索绪尔本人并未意识到,但其语言学却正是在这种消解主体的普遍精神氛围中产生的,同时,他的语言学研究,也恰好应和了被理查·罗蒂称为"语言学转向"(Linguistic Turn)的西方学术思想转型过程。

学界一般认为,索绪尔巩固了共时性研究在语言学方法中的地位。19世纪末期,欧洲语言学以新语法学派成就为集大成者,这一学派的研究主要建立在大量语言材料的搜集、比较和探讨之上,却未能形成行之有效的语言学研究方法体系。20世纪初,索绪尔受当时时兴的格式塔完形心理学影响,发展出语言学的共时性研究体系。② 正是由于索绪尔对语言学共时性方法的强调,使之对此后西方人文社会科学界产生了巨大影响。

众所周知,索绪尔的《普通语言学教程》(Course in General Linguistics,以下简称"《教程》")一作,是由其学生巴利(Charles Bally)和薛施蔼(Albert Sechehaye)根据老师生前的授课笔记整理而成。③ 后世学者在以索绪尔的手稿与这部《教程》加以比较的过程中,发现巴利和薛施蔼很有可能误解了索绪尔的初衷,并主观地增加了属于自己的某些观点。其中,最为重要的方面便是:索绪尔是否真的如此后的结构主义者所认为的那样,摒弃了历时性研究。处于早年结构主义思想阶段的乔纳森·卡勒(Jonathan Culler)认为,索绪尔以弃置历时性研究的方式而影响到现代人文社会科学界的④,但此后逐渐否定了这

---

① 参见尤西林:《人文科学导论》,北京:高等教育出版社2002年版,第52页。
② 参见郭红伟:《格式塔心理学整体观思想与索绪尔符号学的共鸣》,《长沙大学学报》2010年第1期。关于新语法学派,参见汤姆逊:《十九世纪末以前的语言学史》,黄振华译,北京:世界图书出版公司2009年版,第155页。
③ 本书所涉及的与《普通语言学教程》(高名凯译,北京:商务印书馆2018年版)相关术语,均以该书中文版为准。
④ See Jonathan Culler. *Saussure*, London: Fontana, 1976, p. xiii.

种认识。卡勒早年的这种评价代表了结构主义界对索绪尔的一般看法,但随着学界对索绪尔语言学思想,尤其是其手稿研究工作的展开与深入,这种观点受到不少学者质疑,例如,英国学者罗伯特·霍奇(Robert Hodge)与君特·克雷斯(Gunther Kress)在经过对《教程》的仔细分析后,认为即便是在由巴利和薛施蔼编纂的这部"令人生疑"的作品中,同样能够看到索绪尔对历史性的重视。① 曾任教于美国的日本学者柄谷行人(Kojin Karatani)同样指出,"索绪尔想从'内部语言学'中考察的是因语言而存在的人类的条件。索绪尔告诉我们,在这之外都是彻头彻尾的'外在的'(政治的、经济的)东西。"②显然,随着学界研究工作的推进,索绪尔原初思想的真面貌也逐渐显露出来。然而,无论索绪尔本人的真实立场如何,必须承认的是,《教程》中所提出的一系列在今天看来几乎是语言学常识的研究方法及范畴,对西方后世人文社会科学领域产生过无可替代的巨大影响。因此,本书将不予考虑索绪尔个人的真实态度,而是着眼于学术史及思想史的史实来进行论述。

《教程》明确提出要建立一门符号学,并将语言学视为符号学的支系。然而在《教程》中,实际影响到西方后世符号学发展的命题部分,篇幅并不算多,这些命题以一系列二元对立的形式出现。为了表达对当时"比较语言学"的反对意见,《教程》中提出了共时性的语言研究范式,以此作为历时性研究的对立面。具体而言,在这一基础上,《教程》接连提出了"语言"(langue)/"言语"(parole)、能指/所指(signifier/signified)及句段关系/联想关系(syntagmatic relation/associative relation)三组对立范畴,而这些范畴是以互相联系的形式出现的。

"语言"往往被译为"语言规则"、"语言规范"等,在索绪尔的定义中,指人类语言能力的集合。同时,"言语"指个性化的言谈方式。《教程》认为,"语

---

① See Robert Hodge, Gunther Kress. *Social Semiotics*, New York: Cornell University Press, 1995, pp. 13-36.

② 柄谷行人:《民族与美学》,薛羽译,西安:西北大学出版社 2016 年版,第 146 页。

言"作为所有言语活动可能性的总和,具有某种社会属性;而言语作为不可胜数的个人行为,无法得到系统化研究。美国学者詹姆逊(Fredric Jameson)认为,就将人类言语活动(langage)分为群体观念和个人行为两方面而言,索绪尔与社会学家涂尔干(Emile Durkheim)颇为相似。① 尽管《教程》并未充分探讨这种"语言"规则的具体社会形成机制,但索绪尔在一篇发表于1878年的论文中,将语言视为集体的、先天的习俗,这种说法,为此后列维-斯特劳斯等结构主义者使用"结构"这一概念打下了基础②,因而使其"语言"概念带上了某种形而上学色彩。"语言"体现出语言现象的系统模式,而在《教程》看来,这正是"共时性"方法所要探讨的基本维度,也就是探讨语言在某个特定的时间断面所具有的结构特征;同时,历时性方法则探讨语言现象与历史、社会等外部变化因素的关系。除此之外,索绪尔的符号学观点还包括以下几个重要方面。③

首先,能指与所指是《教程》中最为重要的一组概念,在《教程》的界定中,它们分别指音响形象(sound-image)和概念。能指与所指共同构成符号(sign),其结合过程被称为"意指过程"(signification),而这一过程必须在"语言"系统的作用下根据差异原则来实现。所谓差异原则,指能指在"语言"系统内部,根据彼此之间的对比关系而获得其所指,亦即完成意指过程。

其次,促成能指和所指发生结合的系统,主要是以两条轴线为基本形态,亦即根据句段关系和联想关系所形成的轴,也就是此后丹麦语言学家路易斯·叶尔姆斯列夫(Louis Hejlmslev)所说的"横组合"轴与"纵聚合"轴。前者指诸多单个词汇按照语法逻辑共同组成具有意义向度的语义链条,而后者指

---

① See Fredric Jameson. *The Prison-House of Language:A Critical Account of Structuralism and Russian Formalism*,Princeton:Princeton University Press,1972, p. 27.

② 详见高宣扬:《当代法国哲学导论》(下),上海:同济大学出版社2004年版,第552页。

③ See Ferdinand de Saussure. *Course in General Linguistics*, New York:McGraw-Hill Book Company, 1966。术语及引文的翻译参考了中文版《普通语言学教程》,高名凯译,北京:商务印书馆2018年版。

链条中某个词汇能够被其他功能相当的词汇所替换的关系链条。

最后,"任意性"(arbitrariness)是《教程》提出的又一个重要原则,指意指过程,亦即能指和所指的结合遵循一种任意的原则,也就是说,能指与所指之间的理据性(motivation)并不确定。然而《教程》紧接着指出,一旦意指过程以"任意"的方式得以完成,便会在社会群体的接受中逐渐被确定,亦即遵循一种"约定俗成"(convention)原则。

索绪尔语言学对此后符号学的影响,主要体现为上述几个方面。它们与索绪尔的其他论述共同影响了此后诸多语言学派的建立和发展,以及其他语言学家理论的建构。这些学派主要包括俄国形式主义、布拉格学派、哥本哈根学派等。这些学派大多以文学及语言作为研究对象,且都在不同程度上遵循索绪尔的一系列语言学说。

布拉格学派便在索绪尔系统学说的影响下,彻底摆脱了此前新语法学派的原子论特征。其中,最具代表性的是穆卡洛夫斯基(Jan Mukarovsky)、罗曼·雅各布森(Roman Jacobson)、尼古拉·特鲁别茨柯依(Nikolaj Trubeckoy)。穆卡洛夫斯基在索绪尔语言学理论的框架下,以其"前推论"与俄国形式主义的著名命题"陌生化"形成应和关系。[①] 此外,穆卡洛夫斯基还在诗歌韵律研究,以及推动马克思主义接纳结构主义方面都作出了贡献。[②] 雅各布森的一系列学说,直接为此后法国结构主义的建立打下了基础。在详细梳理和思考索绪尔语言学的基础上,雅各布森对索绪尔的学说进行了延伸和发展,例如在探讨索绪尔的"任意性"问题时,雅各布森指出:"索绪尔把能指与所指的关系武断地说成是任意的关系,而实际上这种关系是一种习惯性的、后天学到的相

---

① 详见扬·穆卡洛夫斯基:《标准语言与诗歌语言》,竺稼译,载于赵毅衡编选:《符号学文学论文集》,天津:百花文艺出版社 2004 年版。

② See Peter Steiner. "When Marxism Met Structuralism for the First Time: Prague, 1934", in *Sign & Media*,2018(16).另详见勒内·韦勒克:《辨异》,刘象愚等译,上海:上海人民出版社 2015 年版,第 260—264 页。

邻性关系"①,以索绪尔本人的"约定俗成"观纠正了"任意性"之说。此外,雅各布森探讨元语言问题时,所涉及的符号信息传达模式的建立、语言标记(mark)问题、对音位中二元关系的界定②、隐喻与转喻关系等一系列论域,无不对此后语言学尤其是符号学产生了深远影响。在索绪尔和雅各布森的影响下,特鲁别茨柯依除建立起著名的"音位不对称"学说外,还曾发表过一系列与俄国形式主义批评方法十分近似的文学评论,例如在《诗律的概念》一文中,特鲁别茨柯依以结构主义语言学的角度,剖析了俄罗斯诗歌所普遍具有的音步特征③;在对古俄语故事《跨越三座海洋的旅行》(*Journey Beyond the Three Seas*)的剖析中,特鲁别茨柯依从作品的语言单位角度,将故事情节分为九个部分,并以此分析了文本的结构特征④,这种分析与弗·普罗普(Vladimir Propp)对俄国民间故事的结构分析较为接近。显然,这些论述都从不同维度上涉及符号学批评。

哥本哈根学派的代表路易斯·叶尔姆斯列夫同样从索绪尔语言学中汲取养分,发展出其语符学(glossematics)体系。从其诸多论文及著述来看,作为一位典型的结构语言学家,叶尔姆斯列夫的某些观点不啻是对索绪尔学说的发展,例如,"一旦掌握了少量的成分和组合规则,我们将有取之不尽的合法组合和符号。成分组合系统一建立就是封闭的,但符号集合却是开放的"⑤,

---

① 罗曼·雅各布森:《语言的符号与系统》,载于《雅柯布森文集》,钱军译,北京:商务印书馆 2012 年版,第 85 页。下文提及的雅各布森关于"元语言问题"、"语言标记问题"的探讨文章,均见此书。

② 关于雅各布森音位学的贡献,详见怀宇:《论法国符号学》,天津:南开大学出版社 2016 年版,第 9 页。

③ 参见尼古拉·特鲁别茨柯依:《文学论著》,王加为译,北京:商务印书馆 2016 年版,第 94—97 页。

④ See Nikolaj Trubeckoj. Afanasij Nikitin's Journey Beyond the Three Seas as a Work of Litera-ture, trans. Kenneth Brostrom, in *Readings in Russian Poetic*: *Formalist and Structuralist Views*, ed. Ladislav Matejka, Michigan: Michigan Slavic Publications, 1978, p. 207.

⑤ 路易斯·叶尔姆斯列夫:《叶姆斯列夫语符学文集》,程琪龙译,长沙:湖南教育出版社 2006 年版,第 38 页。

这种观点已经涉及从数理方式来探讨符号组合的可能性，与列维－斯特劳斯的结构人类学观念十分接近。①

在上述学派中，俄国形式主义所涉及的学术思想和成员都最为复杂。一般而言，俄国形式主义主要包括以彼得堡"诗歌语言研究会"和以莫斯科"莫斯科语言小组"为中心的两个学派，其成员包括什克洛夫斯基（Viktor Sklovsky）、托马舍夫斯基（Boris Tomasevsky）、艾亨鲍姆（Boris Eichenbaum）、蒂尼亚诺夫（Jurij Tynjanov）以及后期的雅各布森等。形式主义派大多主张从技术层面分析、探讨文学的审美自律性，亦即诗歌的韵律、小说的结构等形式问题，从而体现出雅各布森所提出的"文学性"这一著名研究议题。

俄国形式主义研究，专注于对文学及艺术形式本体的探讨。它们本来建基于俄罗斯20世纪之前所形成的文学批评传统，但在蒂尼亚诺夫等人的提倡下，逐渐融入了索绪尔的结构语言学理念，因此体现出与索绪尔"共时性"研究维度的共性。客观地讲，在形式主义诸多的探讨工作中，什克洛夫斯基的"陌生化"理论对后世批评界影响最为深远。所谓"陌生化"，意指通过某种语言手段，使读者从昔日文学阅读平淡无奇的体验中解放出来，获得审美心理的延长。此后，由于产生过深远影响，陌生化理论受到包括马克思主义在内的不少文学理论流派的广泛探讨。

在索绪尔的结构语言学等不同领域学科的影响下，结构主义逐渐在法国及其他国家兴起。严格地讲，结构主义并非一种哲学观念，而毋宁说是在现代人文社会科学界兴起的科学范式思潮。然而，结构主义尽管涉及为数众多的不同学科领域，但其中索绪尔的结构语言学所起到的作用却是无可替代的。

结构主义普遍影响到人类学、哲学、文学批评、历史学、心理学及电影学等诸多人文社会学科，并在不同领域内产生了一批卓有建树的理论家。西方当代理论家大多认为，结构主义因其流脉众多、成员复杂而难以得到清晰界定，

---

① 参见巴尔特：《符号学原理》，李幼蒸译，北京：中国人民大学出版社2008年版，第34页。

但在这一思潮中,一般而言,人类学家克劳德·列维-斯特劳斯(Claude Levi-Strauss)、文学批评家及哲学家罗兰·巴尔特(Roland Barthes)、精神分析学家雅克·拉康(Jacques Lacan)最具代表性。

列维-斯特劳斯早年曾与雅各布森过从甚密,通过与雅各布森的交流,受到索绪尔结构语言学的影响,并由此结合弗洛伊德精神分析学说和代数知识,将结构语言学理论运用于其人类学建构之中。在他看来,就原始部落而言,关于血亲关系形式的观念普遍存在于部落成员的无意识当中,而这种无意识一如索绪尔的"语言"一样,在冥冥之中支配着血亲关系的不同具体组织方式。列维-斯特劳斯认为,基于血亲关系的社会组织形式,能够根据数学方式而被推演出来,这种观念便使得结构主义具有了科学研究的分析性特征。在他所分析的社会组织形式中,社会成员彼此在与其他成员的对比关系下,获得自己在这一群体中的社会位置,这种观念显然是对索绪尔语言学中能指与所指意指过程的隐喻式使用。列维-斯特劳斯还认为,各民族的神话表述同样潜藏着某种深层结构,支配着神话的表层叙述。同时,早年的列维-斯特劳斯曾主张以结构主义方式,改造和发展马克思关于上层建筑的理论论述,但由于这种"改造"将上层建筑视为一种静态的社会存在,而恰恰反映出他与马克思主义历史唯物主义观念的差异与距离。①

在几位结构主义思想代表人物中,巴尔特的思想历程最为复杂。在早年的著述中,巴尔特在索绪尔的影响下,将结构语言学运用于对文学史、大众文化、流行体系及叙述学的分析当中,尤其在其《神话学》一书,巴尔特试图通过符号学途径破解资本主义社会中的意识形态"神话",从而体现出一定的马克思主义的方法倾向,当然,巴尔特的马克思主义思想整体而言是十分有限

---

① 详见列维-斯特劳斯:《结构人类学》(第1、2卷),张祖建译,北京:中国人民大学出版社2006年版。

的。① 不久,以《作者之死》一文的发表为标志,巴尔特很快意识到结构主义方法的缺陷,并由此从内部突破结构主义方法,与雅克·德里达(Jacques Derrida)等学者一起开创了后结构主义的理论局面。

作为精神分析学家,拉康在继承弗洛伊德一系列学说的基础上,将结构语言学运用于对人类无意识结构的分析当中。他采纳了索绪尔关于能指与所指间关系的任意性阐释,同时,认为无意识由语言形成,且受到语言支配。在这种理解基础上,拉康曾发表著名的《关于〈被窃的信〉的讨论会》,从能指与所指的"滑动"关系入手解读埃德加·爱伦·坡的名作《被窃的信》,引起学界反响。此外,拉康在其"镜像理论"中,将个体人格的发展分为"想象界"、"象征界"和"实在界"三个阶段,成为最受当代学界广泛关注的理论学说。

当然,结构主义思潮的形成和发展过程中,还涉及数量繁多的其他理论家,他们将结构主义方法运用于各自的研究领域内,同时也形成了关于结构主义方法的不同理解。除上述几位之外,结构主义的重要代表还包括语言学家安东尼·梅耶(Antony Meillet)、埃米尔·本威尼斯特(Emile Benveniste)、诺姆·乔姆斯基(Noem Chomsky),人类学家莫里斯·戈德里耶(Maurice Godelier),哲学家卢西安·塞巴格(Lucien Sebag)、福柯、德里达,文学理论家兹维坦·托多罗夫(Tzvetan Todorov)、吉拉尔·热奈特(Gerard Genette)、阿尔吉达斯·格雷马斯(Algirdas Greimas)等。当然,其中也包括相当数量的马克思主义者。

结构主义思潮从20世纪60、70年代兴起,但由于其方法的封闭性,很快被后结构主义所取代。结构主义与后结构主义的符号学,至今仍受到诸多符号学家的广泛探讨和运用。同时,与索绪尔大约生活在同一时代的逻辑学家皮尔斯,则开创了现代符号学的另一个重要支系。尽管他所开创的这一逻辑

① 参见路易-让·卡尔韦:《结构与符号》,车槿山译,北京:北京大学出版社1997年版,第122—123页。

符号学传统,在相当长时间内未能得到足够重视,但这一符号学支系却成为当今符号学界最为重要的研究对象和指导方法。

皮尔斯符号学体系不从语言模式角度理解符号学,而是从逻辑学角度,根据事物的存在方式及其与人类主体认知性的关系,逐步推演出符号的三个"普遍范畴",分别表现为第一性(firstness)、第二性(secondness)和第三性(thirdness)。同时,在将符号结构分为再现体(representamen)、对象(object)和解释项(interpretant)时,根据这三种存在范畴,分别推演出再现体的三种形态——质符(qualisigns)、单符(sinsigns)和型符(legisigns),对象的三种形态——像似、指示与规约,以及解释项的"呈符"、"申符"和"论符"。① 其中,关于对象的像似、指示与规约,为符号学界摆脱索绪尔语言学模式、从更为宽广的视野理解符号现象提供了基本途径。此外,美国学者莫里斯、英国的查尔斯·奥格登(Charles Ogden)与艾·瑞恰兹(I. Richards)等英语学界学者,也从不同程度上继承了皮尔斯的符号学观念,他们共同构成了符号学的逻辑符号学传统。

索绪尔符号学的方法缺陷,恰好是皮尔斯符号学的优势所在。中国学者赵毅衡指出,皮尔斯符号学的两个优势,体现在"无限衍义"与其符号理论之于交际理论的意义。② 索绪尔将意指过程局限于系统内部的差异逻辑,而忽视了符号表意机制的变动属性;而皮尔斯在其"意指三分法"——区分符号结构的三个部分时,将解释项视为一个不断需要以其他符号加以解释的符号,由此使得符号意指过程或释义活动成为无限延续的过程。同时,由于释义活动属于人类心理活动,而无限衍义则体现出基本的人类社会交际形式。正如哈贝马斯所言:"语言学的方法(例如,索绪尔的结构主义)没有满足这一点。相

---

① 皮尔斯:《皮尔斯:论符号》,赵星植译,成都:四川大学出版社 2014 年版,第 8—99 页。皮尔斯的推演过程极为庞杂,此处关于推演过程的概述,大致援引了赵毅衡为此书所作序言《回到皮尔斯》一文的第 6—7 页。

② 赵毅衡:《回到皮尔斯》,该文系《皮尔斯:论符号》(皮尔斯著,赵星植译,成都:四川大学出版社 2014 年版)一书的序言,第 7—9 页。

反,皮尔斯所采用的逻辑学家的视角具有检验表达的优势,这既来自于这些表达可能为真的观点,同时也源于它们的交往能力。"①因此,当英国学者奥格登和瑞恰兹援引皮尔斯的"意指三分法"时,注意到了三分法所发挥的交际活动"符号情境"(sign-situation)作用,并受到此后某些马克思主义者的关注。

第三节　结构主义符号学范式及其当代趋向

所谓"结构",一般指事物内部的组织安排形式。自近代以来,西方科学界逐渐将对事物内部结构的考察作为基本研究范式。同时,"结构主义"这一近代思想范式,则具有诸多思想渊源。瑞士哲学家皮亚杰从物理学、数学、化学、语言学、人类学等诸多领域,考察了结构主义在这些领域内的不同功能与内涵。对于现代符号学而言,结构主义则在20世纪相当长时间内,主导着学界关于"符号学"的界定和理解,换言之,符号学与结构主义基本是同义词。②

法国学者文森特·狄孔贝(Vencent Descombe)认为,作为思想方法的结构主义,最早出现于法国古典主义戏剧家莫里哀(Molière)的《贵人迷》。③ 然而,结构主义思潮兴起的原因极为复杂,既是对此前萨特的存在主义思潮的反驳④,又有结构主义思想的内在逻辑动因。如前所述,索绪尔的结构语言学,

---

① 哈贝马斯:《皮尔斯与交往》,张云龙译,《西部学刊》2013年第3期。

② 结构观早在结构语言学产生之前即已出现,但结构语言学却无疑使对对象结构的审视在西方思想传统上被推到了最受瞩目的阶段。除结构语言学所引发的广泛性人文社会思潮外,有语言学家从类似于结构语言学的角度来审视哲学、人类学问题,例如乔姆斯基从语言结构角度定义"人性"的相关言论,详见《乔姆斯基、福柯论辩录》,桂林:漓江出版社2012年版,第12—14页。

③ See Vincent Descombes. *Modern French Philosophy*, London and New York: Cambridge University Press, 1979, pp. 82-84. 狄孔贝的这一观点得到许多西方学者的认同。

④ See the Chapter One in *History of Structuralism*(Vol. 1) by Francois Dosse, Minneapolis and London: University of Minnesota Press, 1997.

一般被认为是结构主义符号学的首要理论根源①,在其去世后,薛施霭和巴利在根据索绪尔授课笔记整理出版的《教程》中,将语言活动(speech)视为由"语言"(langue)和"言语"(parole)两部分组成,并为其各自内涵作出明确界定:"语言活动同时具有个人和社会的两种维度","语言活动总是指涉一个确定的系统和一个演化过程"。② 索绪尔由此将言语行为区分为两个方面,即社会性的语言能力集合,以及个人对语言的自由使用。事实上,这种对言语活动的二元划分,与西方近代思想史上其他某些重要思想流派,具有明显的结构相似性。

有学者提出,"马克思、弗洛伊德和索绪尔的共性,以及他们与如今的结构主义者的共性,在于坚信能够从隐藏于表层之下的结构、数据和现象方面来解释表层事件和现象"③。具体而言,马克思对经济基础和上层建筑关系的理解,以及弗洛伊德关于潜意识和意识关系的论述,与索绪尔就"语言"和"言语"关系所做的界定具有一致性。这种观点体现出西方近代以来还原论倾向的普遍盛行,现代还原论思想代表、德国学者保罗·卡尔纳普(Paul Carnap)认为,"实际科学能够把各种不同的东西区别开来;这首先大部分是通过利用其他事物标示其特征来做的,但最后则只是通过结构描述来标示其特征的"④,亦即任何领域的科学研究都可最终被还原为某种整体结构。卡尔纳普同时提出,人类往往能够通过对整体结构的诸多元素的经验考察发掘其结构的整体形态,这种认识也形成现代还原论思想的核心。从还原论思想来看,马

---

① 日本学者柄谷行人认为结构主义的真正来源是布尔巴基代数学。事实上,法国学者对此有更为全面的概括,详见后文。

② Ferdinand de Saussure. *Course in General Linguistics*, New York: McGraw – Hill Book Company, 1966, p. 8. 中文参阅《普通语言学教程》中文版,高名凯译,北京:商务印书馆 2018 年版,下同。

③ Richard George and Fernande George. *The Structuralists: From Marx to Levi-Strauss* (introduction), New York: Anchor Books, 1972, p. xii.

④ 鲁道夫·卡尔纳普:《世界的逻辑构造》,陈启伟译,上海:上海译文出版社 2008 年版,第24 页。

克思、弗洛伊德和索绪尔具有十分接近的还原论特征,而后世学者在将索绪尔视为结构主义创始者的同时,也常将马克思和弗洛伊德视为结构主义者或结构主义符号学家。①

自20世纪60年代起,马克思和索绪尔的思想关系逐渐得到西方学界的重视,这从意大利学者翁贝托·艾柯、费鲁奇奥·洛塞-郎蒂(Feruccio Rossi-landi)和法国学者茱莉亚·克里斯蒂娃等学者关于马克思政治经济学中的符号学特征的论述中得窥一斑。然而,这些研究更多地集中在对马克思关于商品交换的某些符号学特征的分析上,而关于经济基础/上层建筑的结构主义特征的讨论,除了上述批评家的相关论述外,更多地体现于对某些马克思主义者思想理论的探讨上。例如,符号学家、国际符号学会现任会长保罗·科布利(Paul Cobley)先生明确提出:作为马克思主义者的列宁,在其理论中暗示了某种符号学意识。② 应笔者请求,科布利教授在邮件中解释了这一观点:"(关于列宁的符号学意识,)我想我指的是列宁作于1916年的《帝国主义是资本主义的最高阶段》,在这部著作中,列宁勾勒了不平衡理论的框架,对此后结构马克思主义的阿尔都塞影响极大。"③阿尔都塞受列宁"不平等理论"影响的理论,主要表现为其涉及经济基础和上层建筑关系问题的"多元决定论"。由此可以看到,在以科布利为代表的国际符号学界,列宁本人关于经济基础和上层建筑关系的认识,被符号学界视为属于结构主义符号学范畴。

如前所述,包括阿尔都塞本人在内的诸多学者,无不认为阿尔都塞并非结

---

① 除上文引用的 R. George 等人的 *The Structuralists: From Marx to Levi-Strauss* 外,亦可参考 Robert Hodge 和 Gunther Kress 的 *Social Semiotics* 一书第二章 *The Founding Fathers Revisited*, Ithaca and New York: Cornell University Press, 1988。

② 参见保罗·科布利等:《视读符号学》,许磊译,合肥:安徽文艺出版社 2007 年版;See Paul Cobley. *Introducing Semiotics: a Graphic Guide*, London: Icon Books, 2012, p. 128.

③ 科布利教授并未发表过对上述论点的详细阐释,尽管如此,科布利教授表示意大利学者奥古斯特·庞齐奥的一部用意大利语书写的著作中亦发表这一观点,但笔者未能找到该著。笔者此处对科布利教授的观点的解释基础,即来自该邮件的这句话。此后,在2015年"第一届文化与传播符号学会议"上,笔者在与科布利教授交流的过程中得知,笔者对此处观点的解释,与科布利本人的解释基本一致。这里,对科布利教授所给予的启发和帮助表示感谢。

构主义者或符号学家,这种观点本身是否合理,此处暂且不论,但如果详细考察这种观点,便不难发现这种观点的实质在于:衡量阿尔都塞结构主义的标准是索绪尔语言学传统的结构主义,换言之,之所以认为阿尔都塞不是结构主义者,原因在于其理论似乎不具有语言学结构主义的语法特征。因此问题由此产生:语言学结构主义是否是"结构主义"及结构主义符号学的唯一理论形态。

如前所述,皮亚杰曾对"结构主义"繁多的类型和范畴进行分类,而作为思想方法的"结构主义"无法被以同一种标准来加以界定。这种状况,几乎成为学界公认的事实,即便是阿尔都塞本人,也承认结构主义思潮内部的类型及命题极其复杂。① 事实上,即便是在号称"结构主义四巨头"克劳德·列维-斯特劳斯、雅克·拉康、罗兰·巴尔特和福柯中,除了列维-斯特劳斯的正统结构主义者身份无可置疑外,其他几位学者关于结构主义理论的理解都与列维-斯特劳斯存在不同程度的差异。巴尔特除早年的某些作品体现出某些结构主义特征外,自其《作者之死》发表之后,逐渐转向了后结构主义;某些学者提出,福柯关于"知识型"和知识话语的关系的界定属于结构主义,福柯对此矢口否认:"我根本没有使用能显示出结构分析特征的方法、概念或关键词"②;对于拉康的精神分析理论而言,与结构主义的差异主要体现为两个方面,首先,拉康"并不认为主体可以被完全化约为语言或者象征结构的'效果'",这与结构主义消解主体的立场截然不同。其次,他从未发表过关于"结构"概念的完整、系统的论述,因此同样与正统结构主义存在差异。③ 正如皮

① See Louis Althusser. *Essays in Self-Criticism*, London: NLB, 1976, p. 129.

② 转引自《词与物——人文科学考古学》一书的《译者引语:人文科学的考古学》,莫伟民译,上海:上海三联书店 2001 年版,第 16 页。哈贝马斯同样认为福柯没有采取结构主义方法,原因在于他所考察的话语的权力规范本身不具有结构主义一般具有的自我调节性。详见 Jürgen Habermas. *The Philosophical Discourse in Modernity*, Oxford: Blackwell Publishers Ltd., 1998, pp. 267-268。

③ 参见肖恩·霍默:《导读拉康》,李新雨译,重庆:重庆大学出版社 2014 年版,第 87 页。

亚杰等学者所强调的,结构主义从来不曾以一种统一的价值立场或方法规范出现在西方思想界与学术界。

但皮亚杰和狄孔贝认为,结构主义主要可以被划分为两种类型,一种是索绪尔传统的"分析性"结构主义,另一种则是"建筑学"(architectural)意义上的"整一性"(global)结构主义类型,其特征在于"通过使所有事物彼此联系而对组成元素进行设置"。① 前一种结构主义类型显然指包括列维-斯特劳斯、杜梅泽尔(Georges Dumézil)、格雷马斯、前期的罗兰·巴尔特、乔姆斯基、托多罗夫等批评家,其批评的共同特征在于,能够对研究对象的整体和部分间的关系进行推理及演绎。同时,"整一性"结构主义应当指阿尔都塞与福柯等人。虽然与阿尔都塞一样,福柯也否认自己是结构主义者,但福柯显然同样是以"分析性"来否认其结构主义者身份的,而这并不能否认他属于"整一性"结构主义类型。尽管"整一性"结构主义并不存在明显的分析性语法特征,但在某种不甚严格的意义上,他们仍旧符合结构主义的某些基本特征:首先,同样具有与"语言"和"言语"相似的二元结构;其次,在"言语"内部,组成部分依靠彼此之间的差异性关系获得价值,阿尔都塞关于社会结构中主体性身份确定方式的论述、福柯对科学话语的描述,均符合结构主义的一般特征。

中国学者赵毅衡指出,所有将索绪尔的"语言"和"言语"的二分法运用于研究对象的方法,都属于结构主义研究范式②,这显然使当代学界对结构主义范畴的界定更具包容性。同时必须指出的是,科布利的上述分析,在事实上表达了这样的立场:无论一种结构主义类型是否符合语言学结构主义标准,都应当被纳入符号学的研究范畴。这种立场,显示出当代国际符号学对结构主义符号学的全新理解。同时,当代马克思主义批评理论往往体现出对马克思经

① Vincent Descombes. *Modern French Philosophy*, London and New York: Cambridge University Press, 1979, p. 85.
② 参见赵毅衡:《符号学文学论文集》,天津:百花文艺出版社 2004 年版,"前言"第 15 页。

济基础和上层建筑关系的思考,从这一角度讲,他们的研究方式也应当理所当然地被视为当代学术意义上的结构主义符号学。

然而,结构主义符号学自身的缺陷,使其很快被许多昔日的结构主义者从内部予以突破,并由此创立出新的符号学类型,亦即后结构主义符号学,而这种新符号学同样与马克思主义批评理论存在某种姻缘关系。

由此可见,仅以语言学结构主义作为衡量标准来否定阿尔都塞、福柯结构主义符号学家的身份,显然是十分武断的,同时,这也是当代国际符号学界认定阿尔都塞结构主义符号学家身份的主因。同时,遵循阿尔都塞相应理论方法的理论家,也应当被视为拥有结构主义思想方法的可能性,当然,由于结构主义及其一系列衍生方法的复杂性与含混性,对其思想方法的考察和论述结论的归结,自然必须十分谨慎。

第四节　马克思主义对符号学的运用

一、马克思主义运用符号学的历史背景

马克思主义是兴起于近代的最为伟大和复杂的思想体系。马克思主义以其政治经济学、辩证唯物论和科学社会主义等理论支系,描述、阐释和预言着整个人类社会的发展规律。同时,马克思主义也以其宏大而精深的理论体系,影响着诸多人文社会科学甚至自然科学的发展。

英国马克思主义历史学家佩里·安德森(Perry Anderson)认为,从马克思主义兴起直至第一次世界大战之际,是第一代马克思主义者群体形成的阶段。这一阶段的马克思主义者往往在不同程度上实践着马克思关于通过掌握群众的方式,以实现"改变这个世界"目的的革命理想;然而,随着第二次世界大战的结束,资本主义制度逐渐在欧洲国家呈现出总体平稳的发展态势,在这种情况下,大部分马克思主义者逐渐失去了昔日的革命诉求,而将视野从实践转向

理论、从政治经济学转向哲学探讨。这些马克思主义者主要包括乔治·卢卡奇（Georg Lukacs）、安东尼奥·葛兰西（Antonio Gramsci）、法兰克福学派的多数成员、卢西安·戈德曼（Lucien Goldmann）、伽尔瓦诺·德拉-沃尔佩（Galvano Della Volpe）及恩斯特·布洛赫（Ernst Bloch）等。在将视野转向哲学的过程中，马克思主义者们不断吸纳马克思主义理论之外的其他思想体系，并由此逐渐形成了"西方马克思主义"。① 随着著名的"五月风暴"的结束，这种从政治经济学转向哲学和文化的倾向更加明显。

"西方马克思主义"这一称谓，最早由莫里斯·梅洛-庞蒂（Maurice Merleau-Ponty）在《辩证法历险》中提出，但此书所涉及的马克思主义者，在数量上少于安德森的界定，但安德森为"西方马克思主义"这一思想群体赋予了特定的历史范畴。在他看来，从 20 世纪 20 年代开始，这些并无多少革命家气息、却无不显示出学者风范的马克思主义者，尽管其旨趣和气质与此前第一代马克思主义者不可同日而语，但其哲学理论却往往结合存在主义、精神分析等其他学说，表达出对资本主义社会科层体制压抑人性现状的批判精神。当然，批判资本主义社会的人性异化并非这些马克思主义学者的唯一批判旨趣，他们还常常将马克思主义方法，用以探讨和建构科学的文学、艺术批评理论。同时，"批评理论"（critical theory）这一术语，本指法兰克福学派具有社会批判意义的批评活动②，但在当代学界，该术语逐渐被用来指包括文学、美学、哲学、文化社会学等相关的人文学科的批评活动，而"马克思主义批评理论"这一称谓，也便意味着马克思主义理论批评范畴日渐呈现出的多元性。

值得注意的是，除了自觉地援引存在主义、精神分析等其他哲学思想方法外，从 20 世纪 60 年代开始，某些西方马克思主义者注意到了符号学的方法意义。此时，西方人文社会科学日渐受到结构主义思潮影响，其最为明显的表现

---

① 详见佩里·安德森：《西方马克思主义探讨》第二、三章，高铦等译，北京：人民出版社1981 年版。安德森暗示，葛兰西曾亲历政治斗争，因此在西方马克思主义者中，身份较为特殊。

② 参见赵毅衡：《符号学原理与推演》，南京：南京大学出版社 2011 年版，第 8 页。

便是符号学将结构主义作为认识论和方法论基础,发展出与结构主义研究领域几乎重合的"结构主义符号学"。对此,有学者甚至提出:"符号学范畴(如果它有)与结构主义大致上彼此相接:两个领域的旨趣并无本质区别"①,并将这一符号学支系视为整个符号学的代名词。与此同时,西方马克思主义理论在 20 世纪中叶基本完成"文化转向",且基本与结构主义符号学的兴起时间一致,因此从 60 年代开始,西方马克思主义批评理论开始自觉地将以结构主义支系为主的符号学方法运用于社会文化批判之中。在这种情况下,阿尔都塞、戈德曼、德拉-沃尔佩、亨利·列斐伏尔(Henri Lefebvre)等西方马克思主义者,都以不同的研究视角和学术目的,对结构主义及后结构主义类型的符号学进行了援引,而这一援引过程一直持续到当代。在英语世界,美国学者詹姆逊、英国伯明翰学派代表人物斯图亚特·霍尔(Stuart Hall)、英国文化研究重要代表人物托尼·本尼特(Tony Bennett),以及法语学界的让·波德里亚(Jean Baudrillard)、皮埃尔·布尔迪厄(Pierre Bourdieu)等,都在不同的思想发展阶段、从不同程度上关注和援引了结构主义符号学方法。客观地讲,马克思主义与结构主义符号学的结合,是特定历史年代学术史上的一场不期而遇,并在相当长时间内,呈现为马克思主义批评理论运用符号学的基本范式。

二、马克思主义对"指称物"的运用

2016 年,在由浙江大学主办的"马克思主义美学的当代挑战学术研讨会"上,笔者曾与托尼·本尼特先生当面交流。笔者提出:马克思主义理论在其发展进程中,所借鉴的符号学方法主要源自索绪尔传统的结构主义和此后的后结构主义。对于这种意见,本尼特先生完全同意;同时笔者认为,由于皮尔斯的逻辑符号学传统长时间保持默默无闻,致使马克思主义者较少给予其关注或援引,本尼特先生同样表示赞成,同时,深有意味地附上一句:"但皮尔斯的

① Terence Hawkes. *Structuralism and Semiotics*,London and New York:Routledge,a member of the Taylor & Francis Group,2003, p.101.

符号学确实很有趣。"

　　在相当长时间内,除波兰马克思主义者亚当·沙夫(Adam Schaff)外,对于西方马克思主义者,以及此后在欧美学界涌现出的其他马克思主义者而言,皮尔斯及其追随者的默默无闻,使其未能充分认识到逻辑符号学的方法优势。某些马克思主义学者虽然对此有所认识,但仅限于援引个别概念,甚至将皮尔斯与奥格登、瑞恰兹的术语弄混。不可否认,马克思主义者对皮尔斯符号学的些微援引,虽然对马克思主义符号学批评产生了重要意义,但毕竟未能充分发挥皮尔斯符号学的理论优势。沙夫曾不无遗憾地说:"皮尔斯的论著被忽视了许多年,这样,便使他的影响无足挂齿。"①尽管如此,正如前文所言,皮尔斯符号学对意指过程开放性的理解,使得不少学者开始注意到皮尔斯符号学对马克思主义理论发展的重要意义。例如,前文提及的意大利学者庞齐奥认为,皮尔斯的符号学思想与马克思主义历史唯物主义有共同之处②;韩国学者金周汉(Kim Joohan)以皮尔斯的"解释项"概念,分析了物质商品的符号价值③;美国学者保罗·考科曼(Paul Kockelman)以皮尔斯的逻辑推演模式,分析了商品交换模式中的基本符号形态。④

　　对皮尔斯符号学中"指称物"概念的运用,是马克思主义批评理论接受、运用皮尔斯符号学的重要体现。

　　按照《韦氏词典》(The Merriam-Webster Dictionary)的解释,"指称物"意为"象征(词或符号)所代表的东西"。随着近代西方人文学科的发展,这一概念逐渐获得诸多学科领域的关注。在英美分析哲学传统中,指称物在弗雷格

---

①　Adam Schaff. *Introduction to Semantics*,Oxford and London:Pergamon Press,1962, p. 168.引文的翻译参考了中文版《语义学引论》,罗兰等译,北京:商务印书馆1979年版,下同。

②　See Augusto Ponzio. *Man as a Sign*,Berlin:Mouton de Gruyter,1990, pp. 188-189.

③　See Joohan Kim. "From Commodity Production to Sign Production:A Triple Triangle Model for Marx's Semiotics and Peirce's Economics",in *Semiotica*,2000,132(1/2).

④　See Paul Kockelman. "A Semiotic Ontology of the Commodity",in *Journal of linguistic Anthropology*,2006,16(1).

(Gottlob Frege)、罗素(Bertrand Russell)、斯特劳森(Peter Strwson)、维特根斯坦(Ludwig Wittgenstein)等人的指称理论建构中均极为重要。同时,对于与分析哲学存在学科谱系联系的逻辑符号学传统而言,对作为符号学概念的指称物的研究始终贯穿于其各个发展阶段,其代表人物皮尔斯、奥格登、瑞恰兹、莫里斯等人都为这一概念赋予过指涉范畴不尽相同、却又彼此相关的术语含义。

尽管最早出现于英国符号学家奥格登与瑞恰兹1923年所著的《意义的意义》(Meaning of Meaning)一书,但被用作符号学术语的"指称物",实际是在皮尔斯理论中的"对象"(object)概念的基础上发展而来。如前所示,以逻辑学等学科为基础的皮尔斯符号学,开启了与欧陆索绪尔语言模式符号学分庭抗礼的英美符号学传统。作为这一传统的创始者,皮尔斯建立了与语言模式符号学不尽相同的符号概念,亦即以其特有的意指三分法(tripartite semiosis)将符号界定为由"再现体"(representamen)、"解释项"(interretant)和"对象"(object)三部分构成。① 尽管皮尔斯对这组概念的解释不甚确切,但有西方学者指出:与索绪尔所确立的由能指与所指两部分构成的符号概念相比,"再现体"大致相当于能指,亦即符号的感觉形式;而"解释项"大致等于所指,亦即符号的概念意义。② 较之索绪尔的"符号"概念,皮尔斯意指三分法中所多出的"对象",指由再现体所代表的事物,亦即解释项在现实世界中的对应物。关于"对象"的存在属性,皮尔斯曾通过所举实例,指出其指涉范畴包括解释项在物质和意识两个层面所对应的具体存在物:"考察对象在感知中对人类意识施加影响,且并不存在于意识之外;作为现实经验的对象,也指涉其他事物。"③换言之,对象作为解释项所意指的具体事物,既可以是属于客观世界的

---

① See Charles Peirce. *Collected Papers*. Vol. 1. Cambridge Mass:Harvard University Press,1931, p. 228.

② See John Fiske. *Introduction to Communication Studies*,London and New York:Routledge,a member of the Taylor & Francis Group,1990, p. 44.

③ Quoted from Jorgen Johansen. *Dialogic Semiosis:An Essay on Signs and Meanings*. Bloomington:Indiana University Press,1993, p. 203.

物理实存,也可以是人类观念领域的想象物。

　　奥格登、瑞恰兹两人受皮尔斯符号学思想影响,为符号建立起"象征(symbol)—指称(reference)—指称物"的三元模式,三个部分分别对应于皮尔斯意指三分法中的再现体、解释项和对象。① 奥、瑞二人的"指称物"概念基本继承了皮尔斯对"对象"的界定,只是所举实例更为具体:在两人看来,指称物在不同语境中分别指代"调适性生理反应的产物"②、"事件"(event)③、"虚假观念"(false belief)④等,同时,指称物还具有被确切定位于特定时空间的物质属性。⑤ 可见,奥格登与瑞恰兹对指称物的论述,不仅从存在属性角度扩展了皮尔斯符号概念的意指范畴,而且使英美符号学对现实世界的符号学观照途径更为具体化。

　　不难看出,与皮尔斯对"对象"存在属性的界定相似,奥、瑞同样将"指称物"的存在属性确定为同时属于客观实存和主观想象两种范畴,这种观念在此后莫里斯的理论中得到发展。莫里斯将指称物称为被指项(designatum),并从中划分出指涉想象世界中虚拟对象的虚拟项(denotatum)。同时,相对于此前皮尔斯、奥格登与瑞恰兹将指称物视为对单个事物的指涉,莫里斯还从类属角度扩展了指称物的指涉范畴,提出指称物的指涉对象是"让阐释者经由

　　① See Fiske,John. *Introduction to Communication Studies* (Second edition). London and New York:Routledge,a member of the Taylor & Francis Group,1990, p. 43.

　　② Ogden,C. K. and I. A. Richards. *The Meaning of Meaning:A Study of the Influence of Language upon Thought and of the Science of Symbolism.* New York and London:Harcourt Brace Jovanovich,1923, p. 53

　　③ Ogden,C. K. and I. A. Richards. *The Meaning of Meaning:A Study of the Influence of Language upon Thought and of the Science of Symbolism.* New York and London:Harcourt Brace Jovanovich,1923, p. 62.

　　④ Ogden,C. K. and I. A. Richards. *The Meaning of Meaning:A Study of the Influence of Language upon Thought and of the Science of Symbolism.* New York and London:Harcourt Brace Jovanovich,1923, p. 71.

　　⑤ See Ogden,C. K. and I. A. Richards. *The Meaning of Meaning:A Study of the Influence of Language upon Thought and of the Science of Symbolism.* New York and London:Harcourt Brace Jovanovich,1923, p. 106.

符号载体(sign vehicle)的显现而顾及其属性的一种对象",并指出"一个被指项并非指单个事物,而是指一类对象或一系列对象"。① 显然,莫里斯从指称物的类属范畴角度对指称物进行了重新界定,使指称物摆脱了仅仅指涉单个事物的局限,从而极大地扩展了指称物的指涉范畴,为此后指称物被运用于社会文化分析奠定了基础。

通过对上述几位英美符号学家关于指称物的论述的梳理,大致可以归纳出这一概念在英美符号学发展中的理论建构状况。值得注意的是,指称物虽备受符号学界关注,但其符号学意义在 20 世纪 60、70 年代却曾受到质疑。例如实证语义学派代表厄尔曼(Stefany Ullman)在批评奥格登和瑞恰兹的符号三元模式时指出:指称物往往用来指涉现实中不存在的虚拟物,其存在属性过于模糊②,并提出符号学应对"意义的指称物理论"加以限定③;同时,翁贝托·艾柯也曾一度以相同理由反对使用这一概念。④ 直到此后莫里斯等人对指称物的符号学意义进行充分阐述后,这种将其剔除出符号学研究的主张才日渐式微。尽管如此,指称物这一概念在相当长时间内仍未获得学界足够重视,尤其是在注重共时分析、轻视历时考察的欧陆索绪尔符号学传统中,更是难以找到与指称物含义相近的概念。指称物似乎成为西方主流符号学界中一个被边缘化的领域,除上述原因外,可能还存在以下两点。

首先,是由符号过程的基本属性造成的。赵毅衡指出,"意义在认知中不在场才会有符号过程。符号表意之所以有必要,是因为解释意义不在场是其

---

① Charles Morris. *Foundations of the Theory of Signs*. Chicago and Illinois:The University of Chicago Press,1938, p. 5.

② See Susan Petrilli. *Sign Crossroads in Global Perspective:Semiotics and Responsibility*. ed. John Deely. New Brunswick and London:Transaction Publishers,2010, pp. 63–65.

③ See Stephan Ullman. *Semantics. An introduction to the Science of Meaning*. New York:Barns & Noble Inc.,1962, pp. 68–70.

④ See Susan Petrilli. *Sign Crossroads in Global Perspective:Semiotics and Responsibility*. ed. John Deely. New Brunswick and London:Transaction Publishers,2010, p. 63.

前提"①,符号基本表意(signification)功能的实现,亦即符号过程的完成,必须以符号载体的在场和其解释意义的缺场为前提。事实上,符号过程的这种特性还暗含这样一层逻辑:符号表意过程的完成还必须以指称物的缺场为前提,换言之,只有由符号所指涉的具体对象不在场,符号才有发挥表意功能的必要。例如原始部落的图腾神像,便是缺场的神明的符号替代品,在部落中发挥着使生活与生产活动正常进行的伦理功能;可一旦神明下凡,则不再需要这个神像符号。这样,指称物作为符号发挥表意功能时必须排除的因素,也因此受到传统符号学的轻视。

　　然而,从20世纪70年代开始,马克思主义批评理论对指称物的应用,使得这一概念开始频繁出现于符号学视域中。

　　如上所述,在结构主义符号学兴起之时,获得了马克思主义批评理论的运用。然而,马克思主义批评者从一开始便意识到,结构主义符号学与马克思主义基本原理存在认识论和方法论层面的本质差异。具体而言,尽管西方马克思主义批评家对经典马克思主义的理解颇为复杂而矛盾,但许多批评家还是在不同程度上体现出以辩证眼光来衡量客观社会结构变革的方法态度,例如阿尔都塞即认为,"马克思主义的精髓在于对现实(concrete)情形的实际分析。"②同时,结构主义符号学主张以共时性静态视角来考察对象,从而忽视了符号所意指的社会性、历史性的具体因素。两股思潮在共时/历时、动态/静态的考察维度的选择上,亦即在考察社会文化现象时,应以社会现实还是理论抽象模式作为考察对象的问题上,产生了难以弥合的分歧。

　　皮尔斯将"对象"、奥格登和瑞恰兹等人将"指称物"纳入对符号学的基本建构,标志着现代符号学理论对现实世界的基本观照,也在很大程度上对索绪尔所抛弃的符号历时性、现实性因素进行了补充。如前所述,马克思主义批评

---

　　①　赵毅衡:《符号学原理与推演》,南京:南京大学出版社2011年版,第46页。下文"神像"例亦见该页。

　　②　Althusser, Louis. *The Humanist Controversy and Other Writings* (1966–1967). ed. Francois Maheron, London and New York: Verso, 2003, p. 30.

理论从20世纪60年代开始运用结构主义符号学时,深刻地意识到这一符号学支系忽视社会现实维度所带来的缺陷。因此大约自70年代始,当马克思主义批评家们发现英美符号学具有结构主义符号学所不具备的社会现实观照功能时,便自然而然地将英美符号学理论应用于其社会文化批评之中,而这种应用的重要表现之一,便是对"客观现实"意义上的指称物的借用。

需要指出的是,马克思主义批评理论对指称物的借用主要源于英美逻辑符号学传统,而非英美分析哲学,原因在于:首先,在马克思主义批评家的相关著作中,分析哲学的影响痕迹十分有限,詹姆逊便曾提出"英美思想——经验主义、日常语言哲学、维特根斯坦,诸如此类——对我来说多多少少是一种阻碍",同时,又承认"自皮尔斯以来在英美传统中有极为有趣的东西"①。其次,分析哲学虽将指称物视为意指化过程的重要构成因素,却否定了指称物在文学及文化领域的意义,"分析哲学与索绪尔语言学的共同特点都是否认文学语言与指称物或现实的关系"②,这种特质必然限制了马克思主义批评家从分析哲学中对指称物的援引。最后,马克思主义批评家往往将英美符号学与索绪尔传统符号学相提并论,并将"指称物"与结构主义传统的"能指"、"所指"等符号概念并用,因此以英美符号学观念来修正和补充结构主义符号学的针对倾向十分明显。由此可见,马克思主义文化批评对指称物的借鉴应当主要源于英美逻辑符号学,而非分析哲学。

英国文化社会学家斯图亚特·霍尔在相当长时间内曾以"鲜明的马克思主义者"③身份活跃于文化研究界;同时,在其早年一系列社会文化批评实践——例如对时事节目权力结构的分析中,都带有明显的结构主义符号学方法痕迹。然而,结构主义符号学在社会文化批评中所暴露出的封闭性缺陷,令

---

① 詹姆逊:《晚期资本主义的文化逻辑》,张旭东等译,北京:三联书店2007年版,第6页。
② 汪正龙:《论文学的指称——超越分析哲学视野的文学表意路径考察》,《文学评论》2011年第3期。
③ Angela McRobbie. *The Uses of Cultural Studies*. London:SAGE Publications,2005, p. 10.

霍尔逐渐意识到这一符号学支系已使文化研究学科陷入方法论的窘境。

霍尔认为,结构主义符号学的致命缺陷,在于未能认识到符号学的分析对象实际存在于社会现实中:"索绪尔几乎只关注符号的能指和所指,却很少甚至根本不注意能指与所指的关系如何有助于我们此前所说的指称的目的——亦即存在于语言之外、'真实'世界之内的事物、人和事件。"①这种观点显然受到了其他西方学者的支持,例如艾夫斯(Peter Ives)认为,"索绪尔对符号与通常被称为指称物的东西之间的关系未能给予清晰阐释"。② 同时,霍尔也注意到皮尔斯符号学中的指称物概念在很大程度上弥补了这一缺陷:"语言学家恰尔斯·桑德斯·皮尔斯,虽使用了与索绪尔类似的途径,却将更多注意力放在了能指与所指间的关系、和被他称为指称物的概念上。"③从霍尔此处所举的"书"的例子来看,他所说的指涉客观世界中具体事物的"指称的目的"(purpose of reference),指的正是奥格登和瑞恰兹的"指称物",只不过他误将这一术语的提出者当成了皮尔斯。霍尔显然注意到,结构主义符号学在马克思主义文化批评实践中所暴露出的方法论缺陷,能够以英美传统符号学的"指称物"加以弥补。

美国马克思主义文化社会学家阿尔伯特·柏格森(Albert Bergesen)从指称物角度对阿尔都塞结构主义社会观进行批评。柏格森首先指出,阿尔都塞的意识形态理论与索绪尔的"语言"/"言语"二元范畴,具有明显的异质同构性:阿尔都塞的"意识形态"犹如索绪尔的"语言",能够通过"传唤"手段,使诸多社会个体如能指在系统内获得固定的所指一般,意识到自己在社会中所

① Stuart Hall. *Representation*: *Cultural Representations and Signifying Practices*. Ed. Stuart Hall. London: SAGE Publications Ltd, 1997, p. 34.

② Peter Ives. *Language and Hegemony in Gramsci*, London: Pluto Press, 2004, p. 18.

③ Stuart Hall. *Representation*: *Cultural Representations and Signifying Practices*. Ed. Stuart Hall. London: SAGE Publications Ltd, 1997, p. 34.

应扮演的具体角色。① 在柏格森看来,阿尔都塞对社会结构所做的这种结构主义式阐释,将社会的发展归因于作为意识形态的"结构"作用,在本质上是以静态眼光来看待生产关系的再生产问题,因此与马克思主义历史唯物论迥然相异。

在柏格森看来,结构主义符号学这种忽视作为社会现实的指称物的方法模式,在语言学领域也许无可厚非;但当该模式被阿尔都塞隐喻式地运用于对社会结构的分析时,其忽视指称物作用的特质,便使结构主义符号学方法的共时性缺陷暴露无遗:"忽视外部指称物对社会地位和阶级关系的决定性作用,是十分错误的,因为这使社会脱离了其外部世界的物质属性"②,其方法模式显然与马克思主义的辩证观截然相悖。

因此,如果要调和马克思主义原理和结构主义符号学,使两者间不致发生认识论冲突,便必须引入"指称物"概念,将被遮蔽的社会现实维度纳入观照视野。反之,"如果忽视外在指称物的作用,那么包括生产力的变化在内的诸多现实条件,作为影响社会结构的诸多因素,同样会被忽视"。③

此外,伊格尔顿(Terry Eagleton)在分析文学文本与历史的关系时,认为文本由于脱离了作为指称物的历史事件,因此从本质上是虚构的。由此可见,马克思主义批评理论在运用符号学进行社会文化批评的过程中,对指称物的运用,并非单纯的符号学术语援引,其更重要的意义在于:它将被结构主义符号学所忽略的,同时又是马克思主义理论最为珍视的社会现实因素纳入了符号学考察视野。

当然,除了以索绪尔及皮尔斯为创始人的符号学流派外,马克思主义理论还偶尔援引作为符号学的传统修辞学、语言哲学及现象学中的符号学,但出现

---

① See Albert Bergesen. "The Rise of Semiotic Marxism", in *Sociological Perspectives*. 36. 1 (1993), pp. 6-9.

② Albert Bergesen. "The Rise of Semiotic Marxism", in *Sociological Perspectives*. 36.1(1993), p. 10.

③ Albert Bergesen. "The Rise of Semiotic Marxism", in *Sociological Perspectives*. 36.1(1993), p. 10.

得较少。此外,作为马克思主义者的苏联学者巴赫金曾建立独到的符号学和语言哲学思想,并与其学术伙伴共同组成巴赫金学派,这一学派的符号学思想亦对此后的马克思主义产生了较大影响。

对于不少其他马克思主义理论家而言,同样在其论著中体现出对符号现象的分析。例如西奥多·阿多诺(Theodor Adorno)对音乐文本的分析,卢卡奇与贝托尔特·布莱希特(Bertolt Brecht)关于现实主义与现代主义文本形式之争等,都体现出对文本符号形式的关注。必须指出的是,本书所选取的作为研究对象的马克思主义者,大多受过现代符号学的影响,并且在其批评过程和理论建构中,能够运用成熟的符号学术语;同时,对于某些虽具有一定马克思主义思想因素,但从其思想进程的整体而言,不具有持久的马克思主义者身份的学者,亦不作为主要研究对象,例如列维-斯特劳斯、巴尔特、福柯等人。

第五节　马克思主义的符号学:以科学为名义的方法论

作为思想方法的科学,旨在通过主体冷静而客观的研究态度及特定的研究进路,发掘对象的生成及发展等运行规律。康德对现象和"物自体"的二元区隔,虽界定了科学认识的范畴与手段,但"物自体"的悬设,却成为科学探索的永久目标,也就是说,潜藏于对象表层现象之后的规律,诱发并引领着科学发现的不断前行与进步。

马克思本人曾提出,其学说的诸多方面,都以实证科学为基本方法原则。这种观点对此后马克思主义理论的发展具有十分重要的意义。无论是以"实证主义"或"科学"来理解马克思理论的德拉-沃尔佩、阿尔都塞,抑或在其具体社会学批评中体现出事实上的科学方法的诸多其他马克思主义者,甚至戈德曼、沙夫等"人本主义的马克思主义者",都在不同层面呼应了马克思当年对理论学说科学性的诉求,而马克思主义对现代符号学的运用,正是科学精神的体现。当然,马克思主义对符号学的理解和援引,是从不同研究领域、研究角度、指向不同研究目的而进行的。大致而言,这种对符号学的援引体现为以下几个方面。

首先,马克思曾做出关于经济基础决定上层建筑的著名论断:"人们在自己生活的社会生产中发生一定的、必然的、不以他们的意志为转移的关系,即同他们的物质生产力的一定发展阶段相适合的生产关系。这些生产关系的总和构成社会的经济结构,即有法律的和政治的上层建筑竖立其上并有一定的社会意识形式与之相适应的现实基础。物质生活的生产方式制约着整个社会生活、政治生活和精神生活的过程。"①有学者认为,经济基础与上层建筑之间的二元模式,对应于索绪尔的"语言"和"言语",因此马克思此处的观念体现出某种结构主义特征。② 这种观点也出现在阿尔都塞的某些论述中。然而,马克思主义者更多地将"语言"/"言语"的模式用于对"意识形态"和"文学文本"关系的理解上,认为意识形态为文学文本提供语言表达、伦理观念等诸多价值集合。这种理解,在德拉-沃尔佩、戈德曼及特里·伊格尔顿的论述中得到体现。皮埃尔·马舍雷(Pierre Machrey)虽是站在后结构主义的立场上理解意识形态和文本关系的,但其基本视野和研究范畴却同样是意识形态与文本。同时,"语言"/"言语"还被运用于其他对象的探讨和分析之中,例如阿尔都塞所提出的"问题式"概念,便以此分析了提出问题的总结构和问题话语之间的关系。正如前文所说,马克思主义者们对"结构"观念的理解和运用,旨在从意识形态角度探讨文学创作的深层规律,并以此考察特定历史、社会条件与文学文本间一系列复杂关系,实际上,这恰恰体现出马克思主义者对科学精神的理解和表达。

---

① 马克思:《〈政治经济学批判〉序言》,载于《马克思恩格斯文集》第二卷,北京:人民出版社 2009 年版,第 591 页。

② See Richard T. DeGeorge and Fernande M. DeGeorge. *The Structuralists: from Marx to Lévi-Strauss*(introduction),New York:Doubleday,1972, p. xiii.

　　其次,在《德意志意识形态》等一系列著作中,马克思与恩格斯发展了法国学者特拉西以来的"意识形态"学说。学界一般认为,马克思、恩格斯所提出的"意识形态"指统治阶级用以维护其阶级统治的工具,换言之,他们是在"虚假意识"的否定意义上使用这一概念的。① 此后,列宁在科学的意义上使用了这一概念,认为不同意识形态是不同阶级总体思想观念的体现。② 同时,意识形态作为阶级社会特有的社会意识,必须通过符号方能获得体现。在这一基础上,某些马克思主义者试图通过符号学手段,来解读文学文本中的特有形式,从中发掘出凝结于作品中的意识形态;或根据作家所处年代的意识形态,来以符号学分析和阐释作品的文本形式。在德拉-沃尔佩的《鉴赏力批判》、詹姆逊的《政治无意识》等诸多著作和巴赫金的"狂欢诗学"及"对话理论"中,都鲜明地体现出这种研究范式。同时,有学者则从符号学角度,剖析社会文化中意识形态的语义形式,例如亨利·列斐伏尔和前期的让·波德里亚等。这里,符号学以其技术分析性,成为考察对象的符号实践方式、及潜藏于表象之后支持着对象运作的社会逻辑的基本工具,这种批评方式与近代以来渗透于社会学中的科学精神在本质上是一致的。

　　最后,以马克思主义的基本立场和方法来阐释符号现象的社会生产机制及其他规律。这类研究相对较少,主要体现在巴赫金的《马克思主义与语言哲学》和沙夫的《语义学导论》等论著中。此外,国际符号学界兴起了一个新的研究热点,即通过索绪尔、皮尔斯的符号学理论,来阐释马克思的政治经济学。在这些学者中,某些人是以马克思主义者的身份展开其研究的。例如意大利学者费鲁奇奥·洛塞-郎蒂及其学术伙伴苏珊·佩特里莉与奥古斯托·庞齐奥,主要以社会物质生产与语言、符号生产的关系为讨论对象。此外,日本学者柄谷行人在其《马克思,其可能性的中心》等作品中,以索绪尔理论中

---

　　① 但某些学者认为,马克思本人的"意识形态"概念也被用来客观地描述不同阶级的集体意识。参见俞吾金:《意识形态论》(修订版),北京:人民出版社 2009 年版,第 130 页。

　　② 参见上述俞吾金《意识形态论》,第 204 页。

能指与所指的表意过程,来阐释货币流通中交换价值的确立。这些研究,无不是以符号学所具有的科学分析优势,对马克思主义理论特定领域进行着严格而精密的科学分析。

符号学被视为现代人文社会科学界的科学研究范式,而马克思主义理论对符号学的运用,也体现出马克思主义在认识社会政治、文化等领域时对科学维度的全新诉求,因此,体现出了以科学为思想基础的认识方式。同时,某些马克思主义者在这种基于科学理性的认识基础上,还将符号学运用于对社会文化的分析之中,由此使得符号学呈现出方法论意义。然而,无论具体呈现为何种研究视野或维度,对符号学的借鉴和运用,都体现出在当代人文、社会科学的学术语境中,马克思主义所具有的科学性研究视野与思维范式,而这正是马克思主义运用符号学的理论史意义所在。

上述分类,大致描绘出马克思主义者在其理论建构或批评过程中对符号学的几种运用方式。然而,多数马克思主义者往往具有不止一种运用方式。因此,严格地以这些运用方式对马克思主义者们加以归类,并由此作为章节安排的依据,便显得极为困难。因此,本书根据每位马克思主义者运用符号学的方式的主要方面来大致进行归类,并以此作为划分各个章节的依据。

第六节　马克思主义的潜在符号学意识

马克思主义将成熟的现代符号学思想运用于其批评实践,主要始自对索绪尔、皮尔斯的现代符号学传统的借鉴;换言之,马克思主义的符号学实践,是索绪尔、皮尔斯符号学广受西方人文社会科学界重视及援引的产物。然而在此之前,马克思及某些马克思主义先辈便在一系列理论著作中,从不同程度体现出关于符号学的潜在理解与意识。由于索绪尔、皮尔斯所开创的现代符号学在充分影响西方人文、社会科学界之前,马克思主义即已形成相当宏阔的谱系规模,因此,马克思及马克思主义理论家们自然无法运用成熟的现代符号学来进行其社会研究及批评实践。这样，以现代符号学思想及理论来回溯马克思及马克思主义先辈的理论著作，便成为发掘其潜在的符号学意识的基本方法逻辑。

马克思主义美学及文学批评在一定时期放弃了对艺术及文学形式的批评，但客观地讲，从早期的托洛茨基（Leon Trotsky）、卢纳察尔斯基（Anitoli Lunacharski）等学者，中间经过"西方马克思主义"的发展，直至当代不少马克思主义批评家，他们的艺术或文学批评，虽然没有明确使用"符号"这一术语，并且从不同程度上批评或反对现代派艺术过分关注艺术及文学的符号特性的主张，但他们却往往并未忽视作为社会观念或意识形态的产物的作品的符号特征。

值得注意的是，这些马克思主义批评家对文学文本形式的观照，本身便暗含着对符号问题的探讨。如前所述，在卢卡奇与布莱希特等学者关于"表现主义"艺术思潮的论争过程中，卢卡奇从其"整体性"理论出发，坚持现实主义文学是唯一能够从整体角度把握和反映社会生活的文学类型："作品的深度，一个现实主义作家影响的广度和持久性，主要取决于他（在写作方面）在多大程度上明了他所描写的现象实际上表现的是什么"[1]；反之，对于包括表现主义在内的现代派文学，它们零散的艺术形式导致文学"全篇再也不成其为整体"[2]，对表现主义光怪陆离的艺术形式，卢卡奇持否定态度。他的这种态度受到了布莱希特、布洛赫等人的批评。布莱希特认为，"文学应当从发展的角度得到思考"，"就我而言，表现主义绝不仅是一种'尴尬的事业'，它并未剑走偏锋。……现实主义者们如果真的虚心求教，且想从事物中获取有利于实践维度的因素，那么可以从表现主义中获得大量经验。"[3]在布莱希特看来，表

---

① 卢卡奇：《现实主义辩》，卢永华译，载于《卢卡契文学论文集》（二），北京：中国社会科学出版社1981年版，第6—7页。

② 张黎编选：《表现主义论争》，上海：华东师范大学出版社1992年版，第181页。

③ Betolt Brecht. "Bertolt Brecht Against Georg Lukacs", in *Aesthetics and Politics*, ed. Ronald Taylor, London: Verso, 1980, p. 74.

现主义的形式革新完全能够服务于特定的革命及时代主题,而他本人便从中国京剧中获取灵感,开创了富有"间离效应"的戏剧创作,为社会革命服务。同时,布洛赫也反对卢卡奇关于文学形式问题的保守态度:"表现主义绝不意味着对艺术作品没完没了的'形式分析',在对作品中最为真诚的表现的存问中,它尽可能将其旨归对准人类及其实质。"①显然,几位马克思主义者的争论焦点,集中于文学的符号形式及其社会表现及社会干预功能之间的关系之上。卢卡奇认为,只有现实主义文学的符号形式才能忠实地表现历史社会整体,而布莱希特、布洛赫与本雅明则认为,文学符号形式应当且能够根据历史条件的变迁而产生相应的变化,尤其是布莱希特,通过对戏剧符号的"间离化"变革,使戏剧观众能够对戏剧保持审美心理距离,并引发革命冲动与激情。应当说,对文学形式的关注,暗含着马克思主义在文学、艺术研究领域内的符号批评意识。

除此之外,对于某些马克思主义的先驱而言,其某些思想观念与皮尔斯、索绪尔的现代符号学存在一定相似性,这种相似性也从一定程度上体现出他们与现代符号学之间的关联,以及他们思想中潜在的符号学意识。

一、马克思与恩格斯:反思辨性思维与"指称物"观念

前文已述,马克思在其政治经济学理论,尤其是货币交换理论中,潜在地体现出符号理论意识,这种意识业已获得了西方学界的重视。有学者甚至认为,马克思正是通过对货币符号的分析,而具有"话语分析者"的身份。② 此外,马克思与恩格斯的其他著作中,亦体现出与现代符号学相符的某些因素。例如,在其关于唯物主义思想的论述中,便与皮尔斯符号学呈现出某种相

① Ernst Bloch. "Dicussing Expressionism", in *Aesthetics and Politics*, ed. Ronald Taylor, London: Verso, 1980, p. 23.

② See Giorgio Borrelli. "Marx, a 'semiotician'?", in *Critical Discourse Studies*, published online: 29 Mar, 2018, pp. 6-9.

似性。

作为符号学术语的"对象"(object),最早由皮尔斯在其"意指三分法"的表述中提出。"意指三分法"将符号界定为"再现体(representamen)—解释项(interpretant)—对象",直接影响到英国符号学家奥格登、瑞恰兹对符号结构的"象征(symbol)—指称(reference)—指称物"式界定。无论是"指称物"抑或"对象",皆指涉象征或再现体所对应的具体实物。相对于索绪尔对符号"能指+所指"的构成方式的界定,奥格登、瑞恰兹的"指称物"(以及皮尔斯的"对象"等相关概念),将符号表意与具体指涉对象联系在一起,显然具有一定唯物主义意义。

事实上,马克思、恩格斯在皮尔斯之前,便隐含地论述过"对象"或"指称物"概念的重要性。在《神圣家族》中,马克思与恩格斯在批判塞利加等"青年黑格尔派"的思辨性思维时,以水果为例,阐释出概念与实体间的关系。马克思与恩格斯指出,塞利加等思辨哲学家往往通过对包括"苹果、梨、扁桃"等在内的具体果实的观察,归纳出抽象、一般的"果品"概念,并将作为一般"果品"概念的所谓"实体"加以"主体"化,并以此作为认识具体果品的基础①,然而,他们断然否定了这种以"一般"认识"特殊"的认识途径的合理性:"从现实的果实得出'果品'这个抽象的观念很容易,而从'果品'这个抽象的观念得出各种现实的果实就困难了",因此,"如果我不抛弃抽象,甚至不可能从抽象转到抽象的对立面。"②显然,马克思与恩格斯将事物的客体属性确定为概念的观念性质的逻辑前提,同时,马克思与恩格斯提倡"抛弃抽象",是主张将认知视野从对事物的抽象性概念中解脱出来,并从客观事物的"天然属性"去对其进行认知。

---

① 参见马克思、恩格斯:《神圣家族》,载于《马克思恩格斯文集》第1卷,北京:人民出版社2009年版,第277—279页。

② 马克思、恩格斯:《神圣家族》,载于《马克思恩格斯文集》第1卷,北京:人民出版社2009年版,第277页。

事实上,如果将"苹果"、"梨"等词汇理解为"再现体",那么马克思与恩格斯所述的事物"一般概念",则显然大致相当于奥、瑞的"指称"概念,而"现实的果实"明显相当于指称物。这样,马克思与恩格斯所提出的"抛弃抽象概念"以及从对客观事物的认知出发的认识论主张,在一定程度上,便是对符号表意过程中不同因素间关系的基本论述;而他们主张从"客观事物"入手的认识论基础,在客观上对指称物在符号意指过程中的地位进行了强调。前文已叙,在20世纪西方符号学界,指称物曾一度因被诸多符号学家视为不属于符号学研究领域而受到忽视,殊不知早在两百年前,马克思与恩格斯即对这种倾向进行了批评与纠正。

众所周知,马克思与恩格斯在《神圣家族》中对唯物史观进行了初步界定,而皮尔斯符号学也因与马克思相关论述具有相似性,而被认为具有唯物主义倾向。① 同时,马克思在此后的《德意志意识形态》对唯物史观做了进一步阐述。值得注意的是,从符号学角度讲,《德意志意识形态》提出社会存在对社会意识具有决定性作用,是从人类社会的角度,对作为社会现实的指称物、与作为集体性观念集合——亦即作为"所指"的社会意识之间关系的界定。这样一来,马克思与恩格斯的这一论断,便为此后西方马克思主义批评理论将指称物运用于社会文化的符号学批判夯实了理论基石。

二、不平衡理论:列宁的符号学意识

如前所述,国际符号学会新任会长保罗·科布利(Paul Cobley)在其《符号学引论》一书中提出:作为马克思主义者的列宁在其哲学论著中潜藏着符号学意识。科布利教授显然是在以阿尔都塞的符号学理论,来回溯列宁的符号学意识。而谈及阿尔都塞的"符号学思想",则必然牵涉其饱受争议的"结构主义倾向"。众所周知,以阿尔都塞为代表"结构马克思主义"这一提法,遭

---

① See Augusto Ponzio. *Man as a Sign*, Berlin: Mouton de Gruyter, 1990, p. 188.

到过包括阿尔都塞本人在内的否定,同时,却至今被许多不同学派的学者所承认,其中不乏戈德曼、詹姆逊这样的马克思主义批评大家;而在当代国际符号学界,阿尔都塞则被不少学者视为确切无疑的结构主义符号学的实践者,其原因是多方面的,然而,现代符号学的科学品质与阿尔都塞的科学主义倾向的不谋而合,是其中最为重要的原因之一。科布利关于"列宁符号学思想影响阿尔都塞"的论断,显然是对符号学界这种观点的延伸。

肯定阿尔都塞"结构主义"倾向的学者一般认为,阿尔都塞的倾向主要体现在其"问题式"(problematic)①、结构性因果律及"多元决定论"(overdetermination,又译为"过度决定论"等)等理论中。阿尔都塞曾表明:"如果没有列宁主义关于不平衡发展的范畴教会我们去追溯矛盾的不平衡及其过度决定和不足以决定的作用,我们又怎能理解帝国主义的主要矛盾转移到最薄弱环节上的这个过程呢?"②同时,阿尔都塞受列宁影响所形成的"不平衡理论",直接与结构性因果律论及"多元决定论"相关。然而应当肯定:作为符号学观念的不平衡理论,是列宁理论与索绪尔符号学思想互相交织的产物。

列宁在对 20 世纪初世界主要资本主义国家进行详尽分析后,曾准确指出:资本主义世界业已过渡到以资本垄断为特征的最高阶段,即帝国主义阶段。然而,由于"经济和政治发展的不平衡是资本主义的绝对规律"③,因此"在资本主义制度下,各个企业、各个托拉斯、各个工业部门、各个国家的发展不可能是平衡的"④,资本主义世界内部诸多国家经济领域内的参差不齐的发展状况,使资本主义国家之间由于战争频仍而造成彼此削弱的状况,并呈现出帝国主义板块的裂痕。列宁在这篇社会学论文中并未使用任何符号学术语,

---

① 国内学界对"problematic"的译法不尽一致,本书涉及阿尔都塞的术语,多依循张一兵《问题式、症侯阅读与意识形态》(北京:中央编译出版社 2003 年版)一书的译法。

② 阿尔都塞:《哲学与政治:阿尔都塞读本》,陈越编译,长春:吉林人民出版社 2003 年版,第 197 页。

③ 《列宁选集》第 2 卷,北京:人民出版社 1995 年版,第 554 页。

④ 《列宁选集》第 2 卷,北京:人民出版社 1995 年版,第 680 页。

因此如前所述:对其符号学理念的探讨,必须回溯到对阿尔都塞理论的探讨之中。

阿尔都塞在反对黑格尔"表现性因果观"时曾指出:"支配他(黑格尔)的整个观念的是表现性总体的思想,就是说,那里的所有要素都表现着总体的内在统一性,而这个总体在它的全部复杂性方面,也永远只是一个简单原则的对象化—异化。"①黑格尔辩证法认为,绝对精神在不断对自我的否定和扬弃过程中,完成了对世界各不同领域的建构,而每个领域则归根结底能够被还原为由诸多领域所共同构成的总体性。在阿尔都塞看来,黑格尔将绝对精神作为世界得以完成的原始基础,而绝对精神是在一个目的论的意义上,遵从辩证法规律,不断朝向建构诸多社会领域的方向发展。可是,阿尔都塞则希望通过强调"辩证唯物主义"这一概念,来消解辩证法的"神秘化"倾向。在他看来,黑格尔虽然认为绝对精神在生产出社会诸多领域后,每个领域都延续辩证法规律而生产出其他领域,但这种神秘化倾向所带来的一个直接后果,便是将对经济、政治、伦理等诸多领域的阐释和理解不加区分地归之于"绝对精神"之中,从而抹杀了各领域之间及内部发展差异的客观性和现实性:"不论是经济的、政治的、道德的,或甚至是军事的,都表现着一个简单的原则"②,那么,便必须以一种新的考察维度来审视社会发展。

为此,阿尔都塞从马克思关于经济基础和上层建筑关系的经典论述出发,提出结构性因果观。阿尔都塞提出,经济基础对包括上层建筑在内的其他社会领域发展具有根本性决定作用,然而同时却又使各领域保持了相对的自主性。显然,与黑格尔的表现性总体论不同,阿尔都塞更强调这种自主性在遵从经济基础的决定要素的同时,所具有的统一性与相对独立性的辩证统一:"在

---

① 阿尔都塞:《哲学与政治:阿尔都塞读本》,陈越编译,长春:吉林人民出版社 2003 年版,第 191 页。

② 阿尔都塞:《哲学与政治:阿尔都塞读本》,陈越编译,长春:吉林人民出版社 2003 年版,第 192 页。

马克思主义的社会形态里,一切事情都是紧紧结合在一起的;一个要素的独立永远只是它的依赖性的形式;而且各种差异的交互影响是被一个归根到底的决定作用的统一性作用所控制的。"①经济基础从根本上决定了社会诸领域的发展状况,但同时也维持了其根据彼此关系来进行自身发展的特质。同时,诸领域所构成的整体发展呈现出不平衡关系,并因这种不平衡关系间的矛盾性,而不断辩证性地发展出新的社会因素或领域,正如阿尔都塞所言,"这种关系仅仅因为矛盾本身的缘故而不断地再生产着矛盾存在的条件"②,从而彻底将辩证法引入了对社会现实领域的分析当中,使之脱离黑格尔的神秘性因素,并呼应了马克思主义辩证法的唯物主义倾向。

如前所述,法国哲学家狄孔贝将结构主义大致界定为"整一性结构主义"和"分析性结构主义"③,前一种明显指涉阿尔都塞的结构主义类型。事实上,无论阿尔都塞本人是否承认,他都在无意识中对索绪尔的结构观进行了改变与发展。索绪尔在以"差异性"奠定了能指的意义生成机制时,赋予了这种生成机制以共时性静态意义。同时,当西方学者提出以索绪尔"语言"/"言语"这组二元对立来理解"基础"/上层建筑及其他社会领域的关系时,却忽视了这样一个事实:包括上层建筑在内的社会诸多领域,是处于动态发展过程中的,而并非像语言能指那样在静态层面获得价值。阿尔都塞在无意识地将索绪尔的二元对立模式运用至对基础/上层建筑及其他社会因素的审视时,却以"辩证性"置换了"差异性",从而将作为"能指"的上层建筑诸多领域的"符号价值"的生成,置于一种动态生产机制之中。如果以此审视列宁的不平衡理论便可得知,虽然均处于以垄断为基本经济特征的帝国主义世界内部,但由于

①　阿尔都塞:《哲学与政治:阿尔都塞读本》,陈越编译,长春:吉林人民出版社 2003 年版,第 193 页。

②　阿尔都塞:《哲学与政治:阿尔都塞读本》,陈越编译,长春:吉林人民出版社 2003 年版,第 195 页。

③　See Vincent Descombes. *Modern French Philosophy*, Cambridge: Cambridge University Press, 1982, pp. 84-85.

政治领域与经济基础的相对独立性,因此不同帝国主义国家在社会发展层面呈现出极不均衡的状况,这样,帝国主义国家之间便在上层建筑层面,通过战争形式改变着彼此之间的国家政治、社会面貌与状况,从而体现出辩证性动态发展机制,亦即体现出某种"符号价值"。

科布利从阿尔都塞特有的结构主义符号学角度观照列宁的"不平衡发展"思想,从中发掘出列宁潜在的符号学意识。由此需要再次指出的是,在以科布利为代表的当代国际符号学界,"结构主义"作为一种现代符号学支系,并未因后结构主义思潮的汹涌态势和皮尔斯符号学的日渐兴盛,而消逝于当代西方符号学研究视域。恰恰相反,在分析和理解包括马克思主义在内的诸多人文社会领域方面,结构主义仍旧具有重要的方法论意义。同时,在"结构主义"长期作为一种缺乏明确内涵界定的情况下,我们也能由此看出当代国际符号学对"结构主义"的符号学特质的包容性理解。

三、霸权:葛兰西的符号学思想

当代学者关于葛兰西的研究,多集中于其"霸权"①、"阵地战"、"有机知识分子"等概念,然而对其理论体系中符号学因素的探讨,则似乎并不多见。

加拿大当代学者彼得·埃夫斯(Peter Ives)在其一系列论述中,对葛兰西符号学思想因素的形成过程进行了系统而详细的剖析。他通过对葛兰西为学生涯及研究理路的梳理,认为葛兰西早年从语言学家马蒂奥·巴尔托里(Matteo Bartoli)那里所汲取的新语言学思想,与索绪尔共时性语言学思想构成了潜在对话。据埃夫斯考证,巴尔托里曾师从一位叫做阿斯科利(Graziadio Ascoli)的语言学家,而后者的语言学观则带有明显的历史主义倾向,"阿斯科

---

① 汉语学界往往遵循英语学界的译法,将"hegemony"译为"领导权"(leadship),本书译为"霸权"。

利认为，多数语言学变化都与语言此前的历时性变化轨迹的影响相关”①，同时，“在被其称为基质（substratum）的语言因素里，还包含说话者口腔制造发音的生理效应和心理感受”。② 阿斯科利的这种认识，极大地影响了巴尔托里及葛兰西的语言观。

以《约婚夫妇》（*The Betrothed*）为代表作的意大利作家曼佐尼（Alessandro Manzoni），晚年致力于“意大利标准语言计划”，旨在通过确立某种意大利语权威形态的方式，为意大利国内制定一种统一而标准的、带有人工色彩的语言。而阿斯科利却意识到，曼佐尼所推行的“人工”语言具有明显的历史现实性特征。当然，阿斯科利对“历史现实”的理解自有其独到的一面。在阿斯科利看来，语言首先是由发音器官制造而成的个体生理现象；同时，曼佐尼带有假想色彩的理想化语言，必然建立在诸多意大利方言的共有基础之上，而各种方言的形成和发展必然受到变动过程中的诸多历史、社会及文化因素的影响，因此曼佐尼所谓的标准语言也因此必然相应地带有历史性。值得注意的是，阿斯科利的这种观点具有两个要点：首先，变动的社会历史，是语言要素集合的基础；其次，由于“基质”观提出语言活动具有生理属性，因此，语言也必将随着生理属性的变化而处于变动之中。

埃夫斯指出，巴尔托里在继承阿斯科利的上述语言学理论的同时，特别发展了其关于语言具有动态性语言能力集合的观点，并且更加倾向于从历史、社会维度来理解这种动态性，尤其着重从社会文化冲突角度来阐释语言的形成。③ 必须指明的是，巴尔托里语言观的形成，在很大程度上是建立在对同时代的新语法学派的批判和对话的基础上，而新语法学派的核心观点可表述为

---

① Peter Ives. *Language and Hegemony in Gramsci*，London：Pluto Press，2004，p. 45.本书所涉葛兰西为学经历的史实资料，多参考于此书。
② Peter Ives. *Language and Hegemony in Gramsci*，London：Pluto Press，2004，p. 46.
③ Peter Ives. *Language and Hegemony in Gramsci*，London：Pluto Press，2004，p. 46.

"语言是无数个人言语的集合"①,其语言集合观曾影响到索绪尔关于结构语言学观念的形成,致使其形成众所周知的"语言"(langue)概念。同时,巴尔托里语言观中的这种历史主义倾向,对葛兰西语言观的形成具有十分基本的作用,同时,也使葛兰西对索绪尔语言结构观形成了潜在的对话关系。

葛兰西在其一系列著作中体现出其关于语言问题的思考。例如,在其代表作《狱中札记》中,葛兰西便发表过如下观点:"'语言'在本质上是一个集合名词术语,它并未预设在时空中存在任何孤零零的东西。语言同样意味着文化和哲学(如果是在常识的层面就好了),这样,作为事实的'语言',其实是许多或多或少有机地融贯一体地、彼此协调(co-ordinated)着的事实。即便如此,我们仍可以说,每个讲话的人都有属于自己的个人语言,亦即自己独特的思考和感觉方式。文化,在其各种不同的层次上,将或多或少的、在不同程度上理解彼此的表达方式的个人,联合成一系列彼此联系的阶层。正是这些历史—社会的区别和差异,由于反映在共同语言中,从而产生出实用主义者所谈论的'障碍'和'谬误的源泉'。"②

这段文字非常明显地体现出葛兰西的语言观。首先,葛兰西继承了其师及师祖关于语言的集合观,同时认为存在一种与语言集合相对的个性化语言形态,这也便与索绪尔语言学具有了某种相似性;其次,他对语言集合与个性语言关系的理解,却决然不同于索绪尔所设立的二元对立原则,而是认为,诸多不同角色的社会人员所具有的言说方式存在差异,在"文化"的力量下被聚合为一种统一的语言集合。

在西方近代学术观念中,"文化"是一个极为含混的概念。然而近代诸多

---

① 黄振华:《十九世纪末以前的语言学史》(译后记),北京:世界图书出版公司2009年版,第186页,引文略有改动。

② 安东尼奥·葛兰西:《狱中札记》,曹雷雨等译,北京:中国社会科学出版社2000年版,第261页。笔者根据英文版对引文略作改动,英文见 *Selections from The Prison Notebooks of Antonio Gramsci*,New York:International Publishers,1971, p. 349。

人文社会科学领域,尤其是人类学,都将文化确定无疑地界定为通过某种社会机制、被以一种代表社会历史意义的符号形式体现出来的产物。在葛兰西看来,文化是形成恒态性、统一性语言集合的重要动力。值得注意的是,文化对语言的恒态化过程,或曰统一性语法机制的形成,是在某种政治力量(political act)——亦即葛兰西的"文化霸权"的作用下最终实现的。一如埃夫斯所言,"尽管葛兰西从未明确陈述,但标准性语法似乎正是霸权的明显隐喻。连同霸权概念,葛兰西在积极和消极的诸多方面,一并使用了标准性语法这一概念。"①换言之,社会统治者通过"文化霸权"将语言凝聚为一套相对完整的语言机制,而这种语言机制是文化霸权得以发挥其统治手段的表现之一。恰如某些西方学者所言:"革命的知识分子使现时代的文化失去其神秘性,同时向群众说明,资产阶级的语词和符号是如何代表着统治我们历史集团的一小撮资产阶级的利益。"②因此,对文化、思维领域的争夺亦是属于政治范畴的霸权的重要职能。

同时,葛兰西从将文化与语言形成机制关联起来的角度出发,通过其特有的"内在性语法"(或"自发性语法")和"标准性语法"概念来阐释这一问题。③在葛兰西看来,两种"语法"形式拥有截然不同的内涵,前者指"在语言内部,存在着某种'内在'的语法,它是说话者说话的基础,而说话者自己却对其浑然不知",④所谓内在语法,意指个人的个性化语法形式,因此,"'自发性语法或内在性语法'的数量不可胜数,每个人都有自己的语法";而后者则是"互相

---

① Peter Ives. *Language and Hegemony in Gramsci*, London: Pluto Press, 2004, p. 100.

② 罗伯特·戈尔曼:《"新马克思主义"辞典》,赵培杰译,重庆:重庆出版社 1990 年版,第362 页。

③ 两种语法的英文写法分别为"immanent grammar"("spontaneous grammar")和"normative grammar",本书因循埃夫斯,称前一种为"自发性语法"。另,有学者将后一种译为"规范语法",本书暂译为"标准性语法"。

④ Antonio Gramsci. *The Gramsci Reader*, *selected writings* 1916-1935, New York: New York University Press, 2000, p. 353.

监督、教育、'检审'(censorship)、模仿和取笑(teasing)"①,是某种外在于说话主体、并为之赋予统一性语言能力的语法形式。由此,正如埃夫斯所言,对诸多个体思维领域的"自发性语法"的统一,正是作为文化霸权的"标准性语法"职能之一。具体而言,诸多社会个体所拥有的"自发性语法"在文化霸权的作用下,逐渐形成统一性"标准性语法",并由此成为诸多个体的语言能力的总集合。这样,葛兰西便继承了其师巴尔托里等人关于语言集合的基本品质,从而对索绪尔语言观实现了间接地呼应与批判,其语言理论的符号学意义也由此显现出来。

当然,葛兰西也认识到文化霸权在统一语言语法,亦即形成标准性语法方面的缺陷性,"这种对自发性表达进行统一化的语法,显然是断裂、不持续的,它只能被限于某种特定社会层级或地域中心"②,葛兰西显然意识到了"自发性语法"的相对自律性,它与"标准性语法"之间的辩证关系,体现出语法在形成过程中的复杂性。

事实上,葛兰西的观点与巴赫金的语言哲学存在相似之处。在巴赫金看来,语言符号是承载不同阶级利益及立场的意识形态彼此争夺话语的空间③,同时,葛兰西所说的文化霸权,其实恰是不同阶级意识形态彼此沟通、交锋的场所。那么,标准性语法正是作为意识形态的文化霸权在与内在性语法发生冲突并对之实现统摄后,所逐渐形成的相对稳定的语法形态和符号集合范式。这样,葛兰西对语言具体形式和语言能力集合的二元划分,便与索绪尔关于"语言"与"言语"的划分体现出本质差异。索绪尔悬置了作为语言能力集合的"语言",使其与作为具体话语形态的"言语"相对立,且"语言"对"言语"具

---

① Antonio Gramsci. *The Gramsci Reader*, *selected writings* 1916-1935, New York：New York University Press, 2000, p. 354. 此处引文略有删改。

② Antonio Gramsci. *The Gramsci Reader*, *selected writings* 1916-1935, New York：New York University Press, 2000, p. 354.

③ 详见本书第五章。

有决定性作用;而对葛兰西而言,两者间的决定性关系恰恰相反,由于标准性语法体现出霸权整合及吞并诸多自发性、内在性语法的丰富性的过程,其形成必然会经历一个漫长的历时性过程,"这样一种模式结构被历时性地定位,并随着社会文化、社会群体及人群的变动而相应产生变化"①,因此,葛兰西对自发性语法向标准性语法的过渡关系的阐释,体现出一种历史主义维度的思维方式,显然有别于索绪尔的形而上学性阐述。

当然,也完全可以摆脱以索绪尔二元对立思维模式为参照系,而选择从"元语言"角度来理解和阐释葛兰西的基本观点。所谓元语言,意指阐释及控制某语言或符号的其他符码集合,而这种集合具有变动不居的特性,尤其对于语言文化领域而言,"文化符号活动的特点是元语言集合变动不居,针对同一个符号文本不存在一套固定的'元语言'"②,这样,文化霸权便明显具有"元语言"特质:在文化霸权的阐释作用下,诸多自发性语法结构被整合为具有相对完整而统一形式的标准性语法结构,并由此为特定群体的语言范式制定新的语法规范。

综上所述,马克思以及上述几位马克思主义者并非现代意义上的符号学家,因此,必须采取以成熟的符号学知识体系为坐标,通过回溯马克思及几位马克思主义者思想的方式,方能发掘其潜在的符号学思想。他们所体现、坚持的辩证法及唯物主义思想,与现代符号学领域的许多观念的相似或相近之处,显然为现代符号学对符号现象的阐释提供了至为多元而丰富的思路与方法,同时,也从另一个维度体现出马克思主义具有潜在的符号学式的科学意识。

---

① Peter Ives. *Language and Hegemony in Gramsci*,London:Pluto Press,2004, p. 91.
② 赵毅衡:《符号学原理与推演》,南京:南京大学出版社 2011 年版,第 228 页。

第一编

结构理论与马克思主义批评

1

如前所述,马克思主义对符号学的借鉴,在很大程度上体现为对结构主义符号学这一符号学支系的运用。然而,结构主义本身是一个概念极为庞杂的术语,也便因此产生了较为多样化的符号学理解及运用方式。同时,马克思主义者从一开始便对结构主义有着与一般结构主义不同的理解。无论是阿尔都塞、戈德曼、马舍雷还是沙夫,他们对结构理论及符号学都有着与一般结构主义不尽一致的理解,并由此形成各具特色的结构及符号学理论。

第一章　独异的结构观：
阿尔都塞的符号学

　　20世纪上半叶,欧洲马克思主义理论界曾受到诸多人道主义哲学倾向的影响,从而在一定程度上失去了其科学性范式及方法论价值。在这种情况下,法国哲学家路易斯·阿尔都塞提出以科学的名义来捍卫马克思主义应有的社会分析价值。在结构主义这一科学意味极为浓郁的思潮语境中,阿尔都塞的理论思想和表述在某种程度上受到影响,并由此将其体现于自己的理论写作之中。此后,在被称为"结构马克思主义"的代表人物后,阿尔都塞亦成为符号学界的重要研究对象。

　　但众所周知,不少学者认为阿尔都塞不属于结构主义者,甚至阿尔都塞本人亦曾明确否认自己是结构主义者①,而其符号学家的身份似乎亦无从谈起。问题在于,阿尔都塞与其他否定其结构主义者身份的学者,主要是从语言学结构主义的角度来作为衡量标准的,而"结构主义"本身是一个极为复杂的理论和方法范畴。正是由于这一原因,当代国际符号学界仍坚持将阿尔都塞视为结构主义符号学的重要代表。

---

　　① See Louis Althusser, Etinne Balibar. *Reading Capital*, Paris: NLB, 1970, pp. 7-8.

第一节　整一性结构主义符号学观

结构主义符号学是现代符号学的主要支系,对阿尔都塞理论符号学特征的探讨,在很大程度上就是对其理论中结构主义因素的确证。无论阿尔都塞本人如何试图划清自己与结构主义的界限,西方学界中仍有不可胜数的学者坚持认为,阿尔都塞将结构主义运用于理论建构的倾向是十分明显的,并将其视为结构主义者及结构主义符号学家。此处,本书不拟参与辨析和梳理学界关于阿尔都塞是否具有结构主义倾向的探讨和争论之中,而是尝试从一个新的角度,对其结构主义倾向进行分析和阐释。

众所周知,作为兴起于 20 世纪 50 年代的文化思潮,结构主义从本体论、方法论等层面对人类学、哲学、社会学、文学理论等诸多西方人文社会学科赋予了新的认识,或为其建立了新方法论。然而,诚如波兰哲学家亚当·沙夫(Adam Schaff)所言,由于结构主义从兴起之初便是一个流派众多、缺乏统一哲学基础的松散思潮,因此学界"无法以统一的定义去覆盖所有结构主义类型"①,对结构主义的衡量及划分标准也显得十分庞杂,然而,这种状况却在客观上使诸多思想家能够从本学科的立场出发,建构出其特有的结构主义理论。阿尔都塞本人对此亦有着清醒的认识,甚至认为结构主义是"由含混命题积攒起来的垃圾堆"。② 他所发展出的结构主义理论,正是结构主义诸多类型中的一个支系。

关于结构主义的诸多类型问题,此处有必要重提瑞士学者让·皮亚杰与狄孔贝颇具代表性的划分方式。皮亚杰从功能角度将结构主义分为"分析

---

① Adam Schaff. *Structuralism and Marxism*, Oxford and New York: Pergamon Press, 1978, p. 2. 引文的翻译参考了《结构主义与马克思主义》中译本,袁晖等译,济南:山东大学出版社 2009 年版,下同。

② Louis Althusser. *Essays in Self-Criticism*, London: NLB, 1976, p. 129.

性"结构主义(analytic structuralism)和"整一性"结构主义(global structuralism)两类,并认为前者往往从深层结构和表层结构的二元区分角度审视结构的内部形式,技术操作性十分明显①;而后者只是在结构主义的一般意义上将结构视为一个整体来加以审视。② 法国当代哲学家狄孔贝对这一分类方式进行了更为细致的阐释,并获得西方学界的广泛认同。在狄孔贝看来,分析性结构主义是结构主义的正统类型,具有使"受分析的对象中的意义无法与其被设置的构成因素相分割"③的"布尔巴基"数学特性,亦即能够借助数学方法来精确地分析对象所可能存在的诸多形态与意义,当然,分析性结构主义也可以指涉"言语"符合句法规范的结构主义类型,这从狄孔贝所援引的莫里哀《贵人迷》中的例子便可看出。狄孔贝认为,《贵人迷》中富商茹尔丹先生的哲学教师,将同一语句的词汇顺序打乱,并进行了不同排序,这一工作恰恰是西方思想家关于结构主义观念的最早表述。④ 因此,凡是以逻辑演绎来推演出结构模式的批评理论,都应当属于分析性结构主义。同时狄孔贝指出,整一性结构主义则是"建筑学"(architectural)意义上的结构主义类型,其基本特征在于"通过使所有事物彼此结合而对各组成因素进行布置"⑤,这种类型可以指涉所有不具有分析性特征的结构主义,但从狄孔贝的表述来看,尤其是指阿尔都塞理论中对经济基础和社会结构关系问题所进行的阐释,而这恰是阿尔都塞诸多理论中结构主义倾向的一个重要方面。

---

① 皮亚杰此处的"分析性",更多地指涉列维-斯特劳斯及乔姆斯基式结构主义的分析推理工作,与语言哲学所致力的消解形而上学的批评并不相同。参见保罗·利科主编:《哲学主要趋向》中"人和语言"一章,李幼蒸等译,北京:商务印书馆2004年版。

② See Jean Piaget. *Structuralism*, New York: Harper & Row, New York: Harper & Row, Publishers, 1970, pp. 97-98.

③ See Vincent Descombes. *Modern French Philosophy*, Cambridge: Cambridge University Press, 1982, p. 84.

④ See Vincent Descombes. *Modern French Philosophy*, Cambridge: Cambridge University Press, 1982, pp. 82-83.

⑤ Vincent Descombes. *Modern French Philosophy*, Cambridge: Cambridge University Press, 1982, p. 85.

前文已叙,阿尔都塞曾提出著名的"多元决定论"。这一理论指出,社会结构由诸多具有相对自治性的领域构成,而它们最终由经济基础决定。事实上,这种论述形成了阿尔都塞特殊的结构观。一如詹姆逊所言,尽管阿尔都塞的结构理论"没有一种以语言为基础的哲学",但"把它设想为截然不同的层面,它们彼此关联,但每一层面都是半自主的,并且有自己的逻辑"。① 詹姆逊虽认为阿尔都塞的结构主义类型与索绪尔、列维-斯特劳斯不一致,但毕竟意识到阿尔都塞关于结构问题本身的关注与运用。值得注意的是,詹姆逊所描述的这种"彼此关联"现象,指社会结构中不同领域之间彼此相依的特征,每个领域都必须根据其他领域来决定自己的价值属性。尽管它们不符合索绪尔语言结构主义及某些分析性结构主义的句法规范原则,但从当代符号学对符号学范畴愈加宽松的界定标准来看,阿尔都塞的这种结构理论属于整一性结构主义类型,同样被学界纳入符号学研究领域。

不难看出,皮亚杰与狄孔贝对结构主义类型的划分依据,在于其方法是以从技术角度对"语言"所能够推演出的"言语"的诸多可能性的归纳,还是仅以"语言"(langue)派生"言语"(parole)衍生物的方式来度量结构对象。显然,在两人看来,对"语言"和"言语"的二元划分,是两种结构主义类型所共有的基本特征;两者的差异,大致集中于对"语言"和"言语"间推演关系的差异之上。

以皮、狄二人的观点推断,结构人类学始祖列维-斯特劳斯堪称"正统结构主义"类型的代表。列维-斯特劳斯在论及将结构主义方法运用于人类学的基本设想时,提出使用数学模型方式对原始部落的家族组成结构的可能性进行推演②,其以数学模式为方法依据所进行的人类学实践更是比比皆是。

---

① 弗雷德里克·詹姆逊:《新版〈列宁和哲学〉导言》,孟登迎译,载于陈越编:《哲学与政治:阿尔都塞读本》,长春:吉林人民出版社 2003 年版,第 518 页。

② See Claude Lévi-Strauss. *Structural Anthropology*, New York:Basic Books,Inc.,1963, p.58.

皮亚杰曾指出,"列维-斯特劳斯的结构模型……是对一般代数学的直接采纳"①,而日本学者今村仁司更是认为列维-斯特劳斯对"布尔代数"等数学理论的应用,使其结构理论建构从"概念的形式化"实现了向"数学的形式化"的转换。② 由此可见,皮、狄在"结构主义"范畴内所进行的划分,明显将列维-斯特劳斯的数理模型式结构主义、即分析性结构主义,和阿尔都塞的"建筑学意义"的结构主义——整一性结构主义作为结构主义两种基本类型的代表。

事实上,阿尔都塞本人的某些观点恰恰印证了皮、狄的划分方法。尽管阿尔都塞否认自己是结构主义者,但同时又明确提出"任何堪称知识的思维主体的思考都必须经由形式,这种形式是诸多包含了决定性因素的关系"③,这便隐含地承认了结构主义从对象内部形式关系入手的研究途径在社会研究中具有十分重要的意义。阿尔都塞与多数学者一样,将列维-斯特劳斯视为结构主义的代表人物,并承认其结构主义理论在分析社会对象时具有相当大的有效性。④ 在对结构主义方法给予基本肯定的前提下,阿尔都塞又质疑列维-斯特劳斯结构主义理论中的数理化倾向是一种"错误的形式主义类型"⑤,原因在于"在阿尔都塞看来,列维-斯特劳斯的数学的形式化只谈'可能性'条件的认识,因此,是不适合谈论结构的'必然性'的关系的。……仅靠

---

① Jean Piaget. *Structuralism*, New York: Harper & Row, Publishers, 1971, p. 17.

② 参见今村仁司:《阿尔都塞——认识论的断裂》,牛建科译,石家庄:河北教育出版社2001年版,第205页。

③ Louis Althusser. "On Levi-Strauss", in *The Humanist Controversy and Other Writings*, London and New York: Verso, 2003, p. 20.

④ 阿尔都塞的这种态度曾影响其弟子卢西恩·塞巴格《结构主义与马克思主义》一书的完成,并在此后获得以斯图亚特·霍尔为代表的文化研究学派的认可,详见此后"斯图亚特·霍尔"一章。

⑤ Louis Althusser. "On Levi-Strauss", in *The Humanist Controversy and Other Writings*, London and New York: Verso, 2003, p. 21.

数学的'应用',是构不成'科学'的"。① 由此看来,对结构对象的认识方式问题,成为阿尔都塞与列维-斯特劳斯的结构主义观间最基本的差异体现。

索绪尔对结构所作的"语言"/"言语"二元划分,为此后结构主义方法在各学科内获得隐喻式的援引确立了基本范式。列维-斯特劳斯将社会无意识视为亲属关系的决定因素,其结构人类学的基本逻辑,便在于将人类的社会无意识作为"语言",并通过数理方式演绎出基于这种无意识所可能形成的诸多亲属关系——亦即"言语",其中包括各种家庭组织形式②,其思路大致可表述为"语言"/"言语"="社会无意识"/"亲属关系"。然而,这种对结构主义的运用却遭到了阿尔都塞的强烈抨击。阿尔都塞认为,列维-斯特劳斯的错误在于颠倒了"亲属关系"和"社会无意识"间的关系属性。他从马克思主义基本原理出发,指出所谓"亲属关系"实际是人类特定社会条件下的生产方式,而无意识等人类心理现象作为一种上层建筑,只是以社会生产方式为基本形式的社会经济基础的产物,这样,作为生产方式的亲属关系便对社会无意识具有了决定作用:"如同任何社会结构(formation)一样,原始社会结构同样由一种只能被视为生产方式概念的结构(structure)所组成,其他低级概念都隐含于其中。"③阿尔都塞的学生、英国学者特德·本顿(T. Benton)对此总结道:"作为社会关系系统的亲属关系……是一种由生产和再生产的需求所修改的血缘谱系(genealogy)。"④阿尔都塞显然将列维-斯特劳斯的结构主义表述纠正为"语言"/"言语"="生产方式"/"社会无意识",这一表述,与西方学界某些结构主义者将经济基础和上层建筑的关系界定为"语言"和"言语"的关系

---

① 今村仁司:《阿尔都塞——认识论的断裂》,石家庄:河北教育出版社2001年版,第207页。

② See Claude Lévi-Strauss. *Structural Anthropology*, New York: Basic Books. Inc. Publishers, 1963, p. 34.

③ Louis Althusser. "On Levi-Strauss", in *The Humanist Controversy and Other Writings*, London and New York: Verso, 2003, p. 22.

④ Ted Benton. *The Rise and Fall of Structural Marxism: Althusser and His Influence*, London and Basingstoke: Macmillan Publishers LTD., 1984, p. 120.

是基本一致的。①

　　阿尔都塞由此暗示:由于亲属关系和社会无意识的实质是生产方式和上层建筑,两者的逻辑关系体现为前者决定后者,那么对亲属关系中家庭组织等形式的探讨,便不可能通过从社会无意识中进行数学推演的方式来完成。这样,阿尔都塞便通过否定数学方法在结构主义方法中的价值的方式,对列维-斯特劳斯的分析性结构主义进行了批判,从而间接地申明了其整一性结构主义的基本观点。

　　由此可见,阿尔都塞与列维-斯特劳斯都以"语言"/"言语"二元对立模式来审视社会经济基础和心理领域的关系问题,因此无论阿尔都塞本人如何否认,其关于经济基础和上层建筑关系的论述都属于结构主义范畴,只是其具体类型有别于列维-斯特劳斯的"分析性"正统结构主义。当然,两人对结构主义方法的理解差异,也使结构主义范畴内部呈现出了本体论和方法论层面的多元性与复杂性。

第二节　问题式、症候式阅读与空符号

　　在阿尔都塞的诸多理论表述中,最受当代符号学界瞩目的部分,也许是其问题式和症候式阅读理论。在多数学者看来,这是最能体现阿尔都塞符号学思想的表述。② 当然,反对者依然认为这些理论不具有结构主义因素,从而与符号学毫无关系。

　　在阿尔都塞之前,传统马克思主义理论倾向认为,马克思哲学的基本逻辑是对黑格尔辩证法的传承,尤其是斯大林时代的苏联学界,往往以黑格尔的名

---

①　See Richard T. DeGeorge and Fernande M. DeGeorge. *The Structuralists : from Marx to Lévi-Strauss*, New York : Doubleday, 1972, p. xiii.
②　例如何志钧等人在其《马克思主义文艺学:从经典到当代》一书,便将阿尔都塞的符号学思想归纳为"问题式",北京:中国文联出版社 2009 年版。

义将马克思主义"人本主义"化。① 阿尔都塞从马克思主义的科学思维出发，对这种人本主义倾向质疑，其中，对斯大林主义所带来的"人学"思潮可谓尤为担忧。② 在这种思想背景下，阿尔都塞提出，应当以科学的名义，将马克思理论从在他看来等同于"谬误"的意识形态之中解放出来。

在阿尔都塞看来，马克思本人经历了"青年马克思"和"成熟的马克思"两个截然不同的思想发展阶段，前者的理论思想主要体现为意识形态，后者则体现出严格意义上的科学。换言之，在马克思本人的思想发展历程中，存在一个明显的"认识论的断裂"。阿尔都塞的这一概念，本借自其师、科学哲学家加斯东·巴什拉(Gaston Bachelard)的"断裂论"概念。阿尔都塞试图借此从科学维度对传统哲学思路进行颠覆："毫无疑问，马克思的论著中出现过一个'认识论的断裂'(epistemological break)，马克思本人曾对这个断裂点予以定位：它恰恰出现在马克思一生都未发表的《德意志意识形态》中，在这部作品中，马克思对他此前的哲学(意识形态)观念(conscience)予以了批评。"③在《德意志意识形态》得以完成的 1845 年前，在马克思所处的德国，"德意志意识形态世界是被其意识形态压制得最为糟糕的，没有其他国家能够与之相比，换言之，在欧洲诸多意识形态的世界中，德意志意识形态世界是距离历史现实最遥远、最神秘(mystified)、受异化最严重的世界"④，因此，马克思的这一理论阶段属于"意识形态"阶段；此后的思想阶段，则属于"科学"阶段。阿尔都塞对此自豪地说："我很乐意接受这一事实：事实上，我将似乎与他(马克思)的唯物主义原则互不兼顾的内容，以及继之而来的意识形态的东西一扫而

① 关于阿尔都塞科学主义观念的思想背景，参见张一兵：《问题式、症候阅读与意识形态》的"序"及"引言"，北京：中央编译出版社 2003 年版。
② 参见张一兵：《问题式、症候阅读与意识形态》，北京：中央编译出版社 2003 年版，第 5 页。
③ Louis Althusser. *For Marx*, London：The Penguin Press, 1969, p.33.引文的翻译参考了中文版《保卫马克思》，顾良译，北京：商务印书馆 2007 年版，下同。
④ Louis Althusser. *For Marx*, London：The Penguin Press, 1969, p.74.

空"。① 在受阶级利益控制的意识形态影响下,理论无法真实反映客观世界,也就无法对实践进行引导,因此,只有以渗透着科学理性的唯物主义观念才能真正客观有效地认识历史现实。

必须承认,即便在马克思主义阵营内部,阿尔都塞的"断裂论"也曾受到争议,这种争议至今尚未结束。然而,如果断裂论果真存在于马克思的思想发展历程之中,那么它的价值便体现在将意识形态的认知方式与科学的认知方式分割开来,从而使科学及意识形态在其逻辑结构中独立出来,换言之,使作为这两种认知方式的框架凸显出来。这种框架被包括阿尔都塞在内的诸多法国哲学家称为"问题式"(problèmatic)。

有学者指出,"问题式"的理论内涵与 20 世纪的结构主义思潮具有明显的相似之处,因此在这种思潮背景下,"问题式"可以被理解为"提出理论所依据的框架"。② 当然,阿尔都塞对"问题式"概念的格外关注,可能同样与巴什拉有关。在探讨科学精神的基本特征时,巴什拉曾指出:"在科学生活中,问题不会自行提出来。这种问题感才是真正的科学精神的标志"③,在他看来,问题式是人类在不同思想阶段形成的得以科学性地提出问题的方式。因此阿尔都塞认为,唯有对问题式的变化进行详细考察,才能真正辨析马克思认识论的断裂,洞察马克思的整个思想历程。

具体而言,在阿尔都塞看来,从《德意志意识形态》开始,马克思的"问题式"开始转入科学时期。如果详查"问题式"的表述,则可发现其基本理论构想与结构主义符号学思想的相似性。阿尔都塞指出:"每一种意识形态都必须被视为一个真实的整体,它通过自身的问题式,实现内在的统一,所以,如果

---

① Louis Althusser. *The Future Lasts Forever*, New York: The New Press, 1993, p. 221.

② 张一兵:《问题式、症候阅读与意识形态》,北京:中央编译出版社 2003 年版,第 25 页。

③ 加斯东·巴什拉:《科学精神的形成》,钱培鑫译,南京:江苏教育出版社 2006 年版,第 10 页。

将其中一个组成部分提取出来,那么它的意义便一定会发生转变。"①阿尔都塞显然认为,问题式呈现为一种总体样态,思想者必须通过这个整体来引导出自己诸多个别的问题提出方式。事实上,这正是结构主义系统论思想:首先,每一种问题提出方式,都必须在问题式的总体性统摄之下;其次,在这个总体内部,每个部分的价值,都由这个部分与系统中其他部分的区分,换言之,一旦脱离这个整体系统,则这个部分便将失去自己的价值。显然,这与结构主义的基本观念完全符合。黑格尔曾提出,包括人类历史的整个世界都是在辩证统一过程中形成的整体,这种整体观曾影响到马克思和卢卡奇。但在阿尔都塞看来,黑格尔的这种整体观过于"空疏"(empty),而他自己的整体观则因其结构功能性而体现出明显的系统性和科学性:"如果通过问题式概念,来思考某种确定性的、意识形态整体的整体性,那么这便使典型的系统结构将思维的各个部分呈现出来。"②由此可见,无论阿尔都塞本人如何否定,其问题式概念中都带有明显系统论特色的结构主义观念。

前文已叙,结构主义符号学本身是一种形态庞杂的思想方法,因此有必要对阿尔都塞的问题式与其他业已被公认为属于结构主义范畴的思想方法进行比较,并进一步证明问题式的结构主义符号学特征。此处,以罗兰·巴尔特的《写作的零度》作为比较对象。学界公认,巴尔特早期的诸多作品具有典型的结构主义符号学特征,其中即包括《写作的零度》。③ 在该作开篇,巴尔特提出:"语言结构是某一时代一切作家共同遵从的一套规定和习惯。这就是说,语言结构像是一种'自然',它全面贯穿于作家的言语表达之中,然而却并不赋予后者以任何形式……语言结构是一种行为的场所,是一种可能性的确定

---

① Louis Althusser. *For Marx*, London: The Penguin Press, 1969, p. 62.

② Louis Althusser. *For Marx*, London: The Penguin Press, 1969, p. 67.

③ 此外,巴尔特的《萨德 傅立叶 罗犹拉》《流行体系》和有关文学叙述学的诸多论著也属于典型的结构主义理论。

和期待"①,有学者明确指出,这正是巴尔特结构主义观念的具体体现:"根据'语言'(即'语言结构')是'形式'即一套词汇和规则、'言语'是个人对于这一套词汇和规则的应用的这种结构主义语言学观点,巴特(巴尔特)的上述论述已经告诉我们:'写作'就是'言语'。"②值得注意的是,此处作为"言语"的写作,是一种通过语言符号来完成的言说方式,也是一种对带有强烈意义向度的话语建构方式;以此反观阿尔都塞的问题式,不难发现,以"问题式"与巴尔特的"语言结构"相较,尽管前者为某种意识形态或思想集合、后者为言语活动的书写规范,两者的符号样态不尽相同,但它们同样提供了某种言语方式或意义建构方式,从这个角度讲,问题式与巴尔特的"语言结构"和"写作"概念一样,显然属于典型的结构主义符号学范畴。

然而,由于"问题式"贯穿于理论文本的深层结构,无法通过对表层文字的阅读来获得,因此阿尔都塞提出,只有以"症候式阅读",才能挖掘出文本的理论框架。阿尔都塞此处的"症候"概念,系援引自弗洛伊德与拉康的精神分析学说。弗洛伊德从其临床医学实践中,意识到人类心理结构的复杂性,从而将症候视为人类心理结构的重要组成部分;拉康则认为这些症候属于无意识领域,而无意识与意识共同构成人类的精神结构。③ 在这样的理解基础上,阿尔都塞认为问题式同样属于这一无意识领域,它往往由意识层面的理性思维和无意识领域的症候共同构成,因此,在阅读活动中,便必须以"有罪的阅读"与"无罪的阅读"两种方式来分别阅读。所谓"无罪的阅读",即通过对文本"字面"意义的理解所进行的一般性阅读。同时,阿尔都塞认为,由于问题式的无意识性质,文本往往无法将所有信息完全表达出来,因此对这一文本的阅读无不属于"有罪的阅读"范畴:"没有一种阅读不包含着(至少是含蓄地)决

---

① 罗兰·巴尔特:《写作的零度》,李幼蒸译,北京:中国人民大学出版社 2008 年版,第 7—8 页。

② 怀宇:《论法国符号学》,天津:南开大学出版社 2016 年版,第 153—154 页。

③ 详见肖恩·霍默:《导读拉康》,李新雨译,重庆:重庆大学出版社 2014 年版,第 91 页。

定阅读性质的一种理论。"①这里,阿尔都塞似乎在暗示:所有意欲穷尽文本原始含义的阅读都将无功而返,因为对于作者而言,必然受到问题式中无意识的影响,因此其作品永远裹挟着无意识的因素,在阅读活动中,"试图通过显明的话语来获取历史的真相,纯属徒劳"。②显然,在文本阐释是否具有绝对有效性的问题上,阿尔都塞是持否定态度的。

无论是弗洛伊德还是拉康,都是从对病人语言间的遗漏、空歇中发掘症候的。在阿尔都塞看来,《资本论》中的症候往往表现为"阅读中不可见之物",因此唯有将其发掘出来,才能完成对《资本论》地位的认识。症候既属于无意识范畴,也是意识的心理来源,两者存在相辅相成的关系。同时,无意识构成"表现总体"结构,其任一部分都是从属于结构整体的一个部分,而它们都能够体现出自己所包含的总体,换言之,无意识在属于自己的问题式中得到呈现。

恰是在这种认识基础上,阿尔都塞提出,马克思本人的阅读方式同样存在方法上的断裂。马克思采取第一种传统阅读方法,对古典经济学家的理论进行直接阅读。然而,古典政治经济学文本本身存在大量沉默与空白,这些理论缺陷,是古典著作所回避的问题,同时也是马克思据以提出问题的"把柄":"马克思看到古典经济学中那些实际上看不到的东西,造成这种状况的机制,与马克思看到古典经济学实际上看不到的东西的机制,其实是一样的。"③通过对这些缺陷的挖掘,马克思本人也因此产生了新的理论认识。由此,阿尔都塞提出了第二种阅读方式。马克思正是通过这种方式,才能够对藏匿于古典政治经济学表层理论之下的隐含话语、亦即在古典著作中完全无法看到的领

---

① 阿莱克斯·柯林尼可斯:《阿图塞的马克思主义》,杜章智译,台北:远流出版社 1990 年版,第 43 页。

② Louis Althusser and Etinne Balibar. *Reading Capital*,Paris:NLB,1970, p.17.引文的翻译参阅了中文版《读〈资本论〉》,李其庆等译,中央编译出版社 2008 年版,下同。

③ Louis Althusser and Etinne Balibar. *Reading Capital*,Paris:NLB,1970, pp.23-24.

域进行把握。因此,马克思根据文本中无法直接把握的空白、沉默("症候"),而捕捉到隐藏在表层话语背后的问题式,这种阅读方式即"症候阅读法"。但值得注意的是,症候式阅读并不直接对作为无意识的"症候"进行解码,而是通过对症候的把捉来达到把握问题式的目的,将无意识领域置于总结构中进行还原,使其结构本质被暴露出来,从而揭示隐藏在文本更深层次的其他问题。

在符号学研究中,"空符号"这一概念经历过一个发展过程。索绪尔注意到,某些词汇能够通过不加任何后缀的方式来表达特殊属格,他将这种实际处于空缺状态的"后缀"称为"零符号"(zero sign)①;此后,列维-斯特劳斯曾将雅各布森的"零符号"(symbolique zero)概念应用于其人类学批评②;之后,托马斯·西比奥克(Thomas Sebeok)也曾屡次提出"零符号"(zero sign)这一概念③;某些学者对空符号现象进行了详细探讨,例如美国学者洛特曼(Brian Rotman)④曾以莎剧《李尔王》为例,探讨了西方两希传统中"零符号"的相关特性。⑤ 中国学者韦世林首次对这一概念进行了系统建构,同时还使其以"空符号"(blank-sign)的命名方式获得符号学界的认可与重视。⑥ 此外,中国学者赵毅衡对空符号概念进行了细致的梳理与论述。⑦ 如今,空符号理论已成为一个愈益受到符号学界关注的重要课题。

所谓"空符号",指以符号媒介物质性的缺失为前提来完成表意过程的符

---

① Ferdinand de Saussure. *Course in General Linguistics*, New York: McGraw - Hill Book Company, 1966, p. 87.

② François Dosse. *History of Structuralism: The Rising Sign*, 1945–1966(Vol. 1), Minneapolis: University of Minnesota Press, 1997, p. 30.

③ 赵毅衡:《符号学原理与推演》,南京:南京大学出版社 2011 年版,第 26 页。

④ 洛特曼对空符号现象的探讨在赵毅衡《符号学原理与推演》一书第 26 页首被提及,本书这里是根据洛特曼原作对其所作的补充。

⑤ Brian Rotman. *Signifying Nothing: The Semiotics of Zero*, Stanford: Stanford University Press, 1993, pp. 60–88.

⑥ 详见韦世林:《空符号论》,北京:人民出版社 2012 年版,"前言"第 1—2 页。

⑦ 赵毅衡:《符号学原理与推演》,南京:南京大学出版社 2011 年版,第 25—27 页。

号类型。普通符号往往以其物质性媒介形式为符号接受者提供特有信息,换言之,对其意义的接受以符号媒介的在场为前提;而空符号的最大特性在于其符码的传达并不通过物质性媒介,而是经由物质性媒介的缺失。例如,中国古代文人向友人寄出空无一字的来信,是代表"绝交"意义的空符号;中国古典美学中,"虚实相生"观念的精髓在于将绘画等艺术作品中的空白视为传达特定美学符码的符号,同样体现出对空符号价值的运用。

事实上,阿尔都塞的症候式阅读理论恰恰体现出空符号特征。症候式阅读法的基本实践策略,在于通过对文本的阅读,从文字层面的逻辑论述中辨析出蕴藏于其连贯性中的空白与缺失——亦即症候的意义,并发掘出由表层文字和症候共同构成的问题式,其基本原理在于"思想的问题式不仅限于作者所虑及的对象领域,它不是思想整体性(totality)的抽象,而是一种思想及其所囊括的所有思想的实在而明确的结构"。① 事实上,症候此处发挥的正是空符号的基本价值:它并不代表表层文字论述的语义的非逻辑性,而是意味着文本作者的问题式存在更为深广的意义范畴,换言之,作为空符号的症候,以其不在场性暗示了在场文字表述的某种潜在逻辑和一定意义延伸。这里,空符号的价值并不体现为本体意义的价值悬设,而是以标示在场价值空缺状态的参照系的面貌出现;呈现为空白、缺失形态的症候,以问题的不在场形式来预示作为总体的问题式、亦即一个更为广阔的理论框架的存在,从而使问题的呈现框架能够以相对全面的形态得到展现。

同时,症候式阅读的核心环节,亦即对问题式背景的把握,也有助于理解那些尚未被解码的空符号:"问题式领域将不可见物判定和结构化为被剔除之物——亦即从可见物领域被剔除之物;同时,必须根据问题式的存在和特有结构来判定被剔除之物。"② 以由表层文字和症候共同演绎出的问题式为据,能够将其他作为空符号的"被剔除之物"也推断出来。这里,症候式阅读法不

---

① Louis Althusser. *For Marx*, London: The Penguin Press, 1969, p. 68.

② Louis Althusser, Etinne Balibar. *Reading Capital*, Paris: NLB, 1970, pp. 25-26.

仅体现出对空符号价值的运用,同时也体现出其空符号的生成机制作用。阿尔都塞曾以《资本论》中某些话语作为实例来描述症候现象,此处选取其较为常见的一个案例:"劳动( )价值相当于对劳动( )进行维持和再生产时所必需的生活物品(subsistence goods)价值。"①这里,"劳动"(labour)后面的两个"空白"(blanks)——亦即作为空符号的症候的出现,使马克思在阅读古典经济学时,意识到这些症候与表层文字表述共同构成了古典经济学的基本问题式,亦即问题的建构机制,并以此为据推断出"劳动力"(labour power)这一隐含于其中的概念。② 可见,由于"症候"所具有的空符号功能,症候式阅读法实践策略的核心,恰体现为对空符号价值的运用。

第三节 科学、艺术及意识形态
话语的符号学特征

阿尔都塞的结构主义符号学倾向在其对话语问题的论述中同样有所体现。如上所述,阿尔都塞曾借助拉康的无意识理论发展出"症候式阅读"理论,这一援引过程使其十分清晰地认识到结构主义符号学被用于阐释弗洛伊德理论时的有效性③,并由此提出将索绪尔语言学——即结构主义符号学作为具有对其他理论话语进行元阐释能力的"一般性理论":"一般性理论有一种特殊效果:每当它试图阐明一种特定的局部性理论、并帮助其阐述和修饰其概念时,它必须具有对这些局部性理论概念进行修饰和分类的能力"④,亦即以作为一般性理论的符号学为基本方法,来审视各种话语形式特

① Louis Althusser, Etinne Balibar. *Reading Capital*, Paris: NLB, 1970, p. 22.

② See Louis Althusser, Etinne Balibar. *Reading Capital*, Paris: NLB, 1970, pp. 22-23.

③ See Louis Althusser. *Writings on Psychoanalysis: Freud and Lacan*, New York: Columbia University Press, 1996, pp. 24-25.

④ Louis Althusser. "Three Notes on the Theory of Discourses", in *The Humanist Controversy and Other Writings*, London and New York: Verso, 2003, p. 44.

征,这与符号学界常将符号学视为人文、社会科学领域基本方法的观点极为相似。

在阿尔都塞的多数论述中,"意识形态"往往与"假象"同义,带有明显的负面意义。在论述意识形态与艺术的关系时,尽管阿尔都塞曾提出艺术源于意识形态,但很快又发表了"真正艺术"与意识形态存在距离的著名观点,并由此进一步引发了艺术与科学关系的探讨。同时,又认为"建立艺术的知识,必须预先断绝其与意识形态的自发性(ideological spontaneity)语言间的关系,并以一系列科学概念实体将其取代"①,将科学视为能够分离艺术和意识形态的话语力量。同时,"艺术和科学间真正的差异体现在这样一些具体形式上,它们通过完全不同的方式,给予我们同样的对象:我们以'观看'、'感知'(perceiving)或'感觉'(feeling)的形式对待艺术,以知识(严格意义的,即通过概念途径)形式来对待科学"②,即便对于同样的对象,如果以艺术的方式去考察,需要通过感性直观;而通过科学的方式,则需要通过概念。在阿尔都塞看来,是否通过概念,是艺术与科学间的本质差异,这种观点显然与意大利美学家克罗齐的直觉主义美学立场有不谋而合之处。然而,阿尔都塞并未接着对作为话语形式的艺术、科学和意识形态三种类型进行详细辨析,尽管如此,他在另一篇尚未引起学界足够重视的论文《话语理论笔记三则》中,却从符号学角度对三种话语类型的差异进行了描述和阐释。

自 17 世纪以来,西方思想界便将主体问题视为哲学领域的关键议题,从笛卡尔、康德、黑格尔,到近代的胡塞尔、海德格尔,西方思想家们纷纷从不同维度界定和强调着主体性的重要意义。同时,作为哲学概念的"话语"(discourse)概念由福柯提出,意指在人类特定时代的权力运作机制中产生出的意

---

① Louis Althusser. *Lenin and Philosophy and Other Essays*, New York and London: Monthly Review Press, 1971, p. 226.

② Louis Althusser. *Lenin and Philosophy and Other Essays*, New York and London: Monthly Review Press, 1971, p. 223.

义途径。阿尔都塞从主体问题的角度审视话语问题,认为科学话语、无意识话语及艺术话语间区别的关键,在于由支配话语深层结构的主体所决定的话语能指形式间所存在的差异,亦即主体对话语的支配形式的不同造成了以能指为表现形式的话语的不同。

阿尔都塞首先对不同话语的能指形式进行界定:"科学的能指是概念(词汇材料);美学话语的能指极为多样化(话语、声响、色彩等材料);意识形态话语的能指同样非常多样化(姿势、行为模式、感觉、词汇材料,以及其他实践和其他话语的其他组成部分)。"①当然,这种划分只是从能指角度廓清了不同话语的媒介形式,问题的关键在于不同话语是如何受到各自作为深层结构的主体的决定作用。对此,阿尔都塞进行了详尽的阐释。

阿尔都塞曾在论述其意识形态国家机器概念时提出这一观点:主体(subject)是社会个体在意识形态国家机器的传唤作用下形成的,亦即意识形态的最终体现者必须落实到成为主体的个体身上。② 在这一认识基础上,阿尔都塞提出,意识形态话语中以个体身份出现的主体,构成意识形态话语的深层结构,在作为主体的深层结构的决定作用下,产生出呈现为个体话语形态的能指。阿尔都塞因此得出结论:意识形态话语是在以个体形态的主体作为深层结构的条件下形成的。较之意识形态话语,科学话语的情形截然不同。自18世纪西方启蒙主义思想肇始直至后现代观念兴起,科学一般被认为采取的是一种诉诸纯粹客观性、逻辑性的表述方式,它以发掘现实世界规律为准则,不以个人主观意志为据。阿尔都塞以这种传统科学观为思想基础,从结构主义角度对科学话语进行了分析:由于科学话语呈现为对世界客观规律性的展呈,因此科学话语中的个人主体处于缺失状态,科学话语也因之不具有意识形态话语的主体结构,而是处于一种"离心结构"(decentred structure)的状态。

---

① Louis Althusser. "Three Notes on the Theory of Discourses", in *The Humanist Controversy and Other Writings*, London and New York: Verso, 2003, p. 50.

② 参见阿尔都塞《意识形态与国家机器》一文,载于前引书《哲学与政治:阿尔都塞读本》。

"离心结构"这一带有后结构主义符号学色彩的概念由阿尔都塞的学生马舍雷(Pierre Macherey)所创,本指作为深层结构的意识形态与文本形式的剥离与冲突,阿尔都塞此处运用这一概念,旨在通过对深层结构与科学话语间疏离状态的符号学描述,来阐释科学话语的基本特性。

关于美的本质应属主观还是客观范畴的问题,中外学者至今莫衷一是,这种状况也使得学界对美学话语的基本特质无法获得统一的认识。阿尔都塞从美学话语主体的形成条件入手,对这一问题作出了符号学式的回答。在他看来,由于美的观念并非由个人形成,而是在某种社会历史条件下逐渐形成于特定群体,因此美学话语是群体,而非个体观念的产物,其主体不表现为个体形式,而表现为在诸多个体的美学观念间互相影响下所逐渐形成的群体式主体,换言之,作为美学话语主体的深层结构是在与其他话语的冲突、交融中产生的:"(美学话语的)主体效应是经过其他主体效应的沟通才呈现出来的(通过若干能指的结合),并获得了一种交叉指称(cross-references)的模糊结构。"① 换言之,意识形态话语与美学话语的区别,在于前者的深层结构由作为个体的主体承担,而后者的深层结构则是由诸多话语共同形成,因此"当艺术作品获得单一中心时,美学话语便与意识形态话语重叠"。②

最终,阿尔都塞得出结论,三者间的区别在于功能的差异:科学功能在于知识,意识形态功能在于认知和误识(misrecognition),而艺术则因其是否是"真正"艺术的程度而可能既体现为认识、又体现为感知。③ 值得注意的是,阿尔都塞此处所使用的方法,更接近于拉康在其精神分析学中所体现出的分析性结构主义符号学思想,其操作性虽逊于列维-斯特劳斯带有数学倾向的运

① Louis Althusser. "Three Notes on the Theory of Discourses", in *The Humanist Controversy and Other Writings*, London and New York: Verso, 2003, p. 50.

② See Louis Althusser. "Three Notes on the Theory of Discourses", in *The Humanist Controversy and Other Writings*, London and New York: Verso, 2003, p. 50.

③ See Louis Althusser. "Three Notes on the Theory of Discourses", in *The Humanist Controversy and Other Writings*, London and New York: Verso, 2003, p. 50.

用方式,但强于阿尔都塞在论述经济基础和上层建筑间关系时所体现出的整一性结构主义观念,介于两者之间。这里,我们不难看到阿尔都塞本人对结构主义方法理解的多样性。

第四节 意识形态国家机器与结构主义语言学的同构性

众所周知,阿尔都塞通过其"意识形态与国家机器"观念,表达了对意识形态与社会关系再生产间关系的思考。在他看来,包括家庭、学校、广播站等诸多社会机构往往发挥某种软性"国家机器"作用,通过"传唤"方式,为社会个体赋予某种意识形态,使其被"表征"为所谓的社会主体。值得注意的是,这一业已为学界所熟知的概念,同样体现出结构主义符号学的特性。事实上,国外学界在70年代便已初步意识到索绪尔结构语言学对阿尔都塞意识形态国家机器(以下简称"ISAs")概念形成的影响。法国马克思主义社会学家戈德曼(L. Goldmann)便在一系列著作中,以阿尔都塞将"结构"作为社会发展原动力为由,对阿尔都塞结构主义观进行了尖锐的抨击。尽管戈德曼并未明言阿尔都塞理论中的"结构"与ISAs之间的关系,然而通过其论述中关于结构发挥着社会发展原动力的功能的论述,不难看出戈德曼所理解的"结构",事实上指的正是ISAs。①

美国学者阿尔伯特·伯格森(Albert Bergesen)在皮尔斯的相似性(iconicity)的意义上,分析了阿尔都塞ISAs概念与索绪尔语言学间的关联:索绪尔将符号视为由能指与所指构成,恰与阿尔都塞将主体(subject)视为由个体(individual)和社会地位(social position)构成的认识相一致;能指和所指在符号系

---

① Lucien Goldmann. *Essays on Method in the Sociology of Literature*, St. Louis, Mo:Telos Press, 1980, p. 149.参见戈德曼:《文学社会方法论》,段毅、牛宏宝译,北京:中国工人出版社1989年版,下同。

统"语言"(langue)的控制作用下彼此结合获得意义,恰如作为"语言"的意识形态国家机器赋予个体以特定社会地位的过程。① 然而,由于阿尔都塞否认其理论属于结构主义范畴,因此该观点并未断言这种语言同构性就是阿尔都塞直接受结构主义符号学影响的体现。尽管如此,阿尔都塞实际上确曾表达过与之接近的观念。在阿尔都塞看来,意识形态国家机器将人类个体传唤为意识形态主体的过程,同时也是无意识的转换过程:"人类个体被传唤为意识形态主体,这一过程制造了一种具体的无意识效应,使人类个体得以确证自己的意识形态主体身份",同时,"无意识像语言一样被结构,并形成了由若干种类的能指所制造的话语"。② 阿尔都塞显然意识到了所谓"意识形态"是被以无意识的形态灌输给人类个体,这样,意识形态国家机器便发挥语言(langue)功能,使社会个体在接受传唤后,在彼此之间的身份对比关系中,确定了自己所应扮演的社会角色,亦即具备了"主体"身份,这一转换过程,与语言系统中能指根据差异性原则完成意指过程具有异质同构性。③ 在一定程度上,阿尔都塞的这一论述是对上述观点的印证,同时也再次体现出阿尔都塞理论受到结构主义符号学影响的可能性。

通过上述分析,不难看出阿尔都塞理论具有明显的符号学特征,且在很大程度上与结构主义对其理论建构的影响息息相关。如前所述,西方学界从来没有对"结构主义"进行过严格的界定,因而从未对"结构主义符号学"的范畴有过厘清。在这种情况下,认为阿尔都塞不属于结构主义者,便显得过于笼统。同时,当代符号学界愈加开放的研究态度,也使阿尔都塞被理所当然地纳入符号学研究领域。

---

① See Albert Bergesen, "The Rise of Semiotic Marxism", in *Sociological Perspectives*, Vol.36. No.1,1993, pp. 6-8.

② Louis Althusser, "Three Notes on the Theory of Discourses", in *The Humanist Controversy and Other Writings*, London and New York: Verso, 2003, p. 56.

③ See Albert Bergesen, "The Rise of Semiotic Marxism", in *Sociological Perspectives*, Vol.36. No.1,1993, pp.7-8.

同时,尽管结构主义自产生之初,便由于其方法的某种封闭性而受到学界各种诟病,阿尔都塞亦因此否认自己曾受结构主义影响,但在20世纪50—70年代,结构主义对包括阿尔都塞在内的诸多西方思想家的影响却是不容忽视的。不知何故,西方当代学者对阿尔都塞的了解,似乎仅限于对《保卫马克思》、《读〈资本论〉》、《列宁与哲学》等少数文本,而很少通过阿尔都塞其他作品中发掘和探讨其符号学思想。[①] 事实上,阿尔都塞的符号学思想和理论,既丰富着国际符号学理论的发展,同时在很大程度上,也体现出西方马克思主义理论在其发展过程中对其他人文社会学科理论所采取的兼容并蓄态度,具有极为重要的意义。

---

① 笔者通过与西方诸多学者的交流,发现西方学界对阿尔都塞论著的阅读较为有限,这当然影响到他们对阿尔都塞符号学理论的全面探讨。

第二章 历时性生成与共时性分析：
戈德曼发生学结构主义的
符号学内涵

  学界一般认为,法国马克思主义社会学家、哲学家卢西安·戈德曼继承自皮亚杰的发生学结构主义理论,虽受到索绪尔传统结构主义(戈德曼与皮亚杰称之为"语言学结构主义")的影响,却与之存在明显差异。弗雷德里克·詹姆逊甚至提出:"以语言体系的隐喻或范式为基础"的"(语言学)结构主义"这一术语与发生学结构主义并无联系。[①] 但与此同时,亦有许多学者认为由于戈德曼发生学结构主义曾从语言学结构主义中汲取过灵感,例如学者贝宁顿(Goeff Bennington)和扬(Robert Young)指出,"有许多这种案例可循,诸多马克思主义思想家,例如戈德曼、阿尔都塞、马舍雷或詹姆逊,在发现潜藏于结构主义中的价值方面,无不是最为活跃的参与者"[②],因此,两者明显具有较为

---

  ① See Fredric Jameson. *The Prison-House of Language*, New Jersey：Princeton University, 1974, p. ix. 引文的翻译参阅中文版《语言的牢笼》,钱佼汝译,南昌：百花洲文艺出版社 1995 年版,下同。

  ② Goeff Bennington and Robert Young. "Introdution：posing the question", in *Post-structuralism and the question of history*, eds. Derek Attridge, Cambridge：Cambridge University, 1987, p. 2.

复杂的理论姻缘关系①,符号学界随之以此为据,指出戈德曼理论具有语言学结构主义的某些"结构主义符号学"特征。然而令人遗憾的是,有关戈德曼的发生学结构主义与语言学结构主义间的异同到底表现为什么,前者如何以后者为纽带而体现出符号学特征,国内外学界迄今似乎都未曾有过任何讨论。

第一节　皮亚杰发生学结构主义与语言学
结构主义的结构观差异

众所周知,戈德曼曾从卢卡奇那里继承"总体性"思想衣钵。卢卡奇认为,无产阶级能够以"总体性"的方法论,来审视和把握社会历史中生产力与生产关系之间的发展规律,"只有在这种把社会生活中的孤立事实作为历史发展的环节并把它们归结为一个总体的情况下。"②卢卡奇希望通过充分发挥马克思主义的辩证法优势,从总体角度来社会历史关系。尽管戈德曼继承了这种"总体性"方法论,但他又表示,自己的理论方法更多地建基于实证研究(positive research)的方式之上。③马克思曾指出,"实证科学"是打破方法论中"虚幻、封闭"的唯心主义思辨性的主要方法④;而在戈德曼的理解中,实证科学显然主要体现为将心理科学运用到文化社会学研究之中,对于戈德曼而言,这种科学方法体现为对皮亚杰"发生学结构主义"方法的援引与运用。因

---

①　国内学界大多认为戈德曼具有某些语言学结构主义特征。冯宪光提出:"戈德曼的成功,是他既吸收了结构主义的观点,又并不盲从于结构主义",见《"西方马克思主义"美学研究》,重庆:重庆出版社1997年版,第358页;高建为等亦认为戈德曼的理论思想"有很明显的结构主义成分",见《20世纪法国马克思主义文艺理论研究》,北京:北京大学出版社2012年版,第187页。

②　卢卡奇:《历史与阶级意识》,杜章智等译,北京:商务印书馆2004年版,第56页。

③　See Quoted from William Boelhower's introduction to Lucien Goldmann's *Essays on Method in the Sociology of Literature*, St. Louis, Mo: Telos Press, 1980, p. 11.

④　参见马克思:《德意志意识形态·费尔巴哈》,巴加图利亚主编,张俊翔译,南京:南京大学出版社2011年版,第13页。

此,欲辨明戈德曼发生学结构主义与语言学结构主义的关系,必须从对皮亚杰发生学结构主义理论的剖析开始。

如前所述,"结构"(structure)是一个广泛运用于人文社会科学界的概念,意指对象内部各组成部分所有机构成的整体系统。尽管将"结构"概念运用于研究对象的方法早在 20 世纪初便已出现,但作为人文社会思潮的"结构主义"(Structuralism)则兴起于 60 年代,在知识界蔚为"思想时髦"。[1] 由于这一思潮各个支系缺乏统一哲学本体论基础,因此学界对诸多支系的分类方法问题始终莫衷一是。其中,符号学家李幼蒸提出,结构主义至少可分为结构主义语言学派、人文社会科学中的结构主义派别、布尔巴基数学结构主义、结构主义美学分析学派和法国学派五种[2],这一观点颇具概括性。在五种类型中,结构主义语言学派、美学分析学派和法国学派构成了结构主义思潮主流,其共同特点在于将索绪尔结构语言学作为理论基础,并且不同程度地体现出结构语言学理论特征,故被皮亚杰与戈德曼统称为"语言学结构主义"或"非发生学结构主义"。为便于论证,本章以"语言学结构主义"指涉索绪尔的结构主义思想。

皮亚杰将其理论命名为"发生学结构主义","发生学"(genetic,"缘起的"、"演化的")这一称谓,表明皮亚杰试图采取一种动态的方法眼光来审视结构的生成与演变。因此,尽管发生学结构主义曾受语言学结构主义影响,但皮亚杰仍质疑语言学结构主义未能有效阐释"结构"的生成过程这一关键问题。前文已多次提及:作为语言学结构主义始祖,索绪尔为语言学结构主义奠立了"结构"概念的基础,同时却因提倡以"共时性"维度审视对象而将"结构"问题"本体论化"(ontologized structure)[3],故从未对"结构"生成问题作出

---

① Adam Schaff. *Structuralism and Marxism*, Oxford and New York: Pergamon Press, 1978, p. 1.

② 参见李幼蒸:《关于结构主义和符号学的辨析》,载于《现代外国哲学论集》,北京:三联书店 1981 年版,第 77—78 页。

③ See Francois Dosse. *History of Structuralism: The Rising Sign, 1945 - 1966* (Vol. 1), Minnesota: The University of Minnesota Press, 1997, p. 179.

有效解释。此后，作为文化思潮的语言学结构主义经过布拉格学派、哥本哈根学派直至法国学派的发展，其思想谱系始终秉承着从"共时性"维度去分析对象结构的方法论，因此无一例外地未能对结构的动态生成机制作出有效阐释。例如，语言学结构主义的代表人物列维－斯特劳斯，仅仅指出结构人类学的"结构"与结构语言学的"结构"存在同构关系，两者都与人类心理领域相关，却因此回避了"结构如何生成"问题。① 正如法国学者富朗索瓦·多塞（Francois Dosse）所言：列维－斯特劳斯已"彻底将这一议题（结构的生成）从结构人类学中清除了出去"②，"在将音位学作为模式后，结构人类学开始拒绝所有形式的社会实体论（social substantialism）及因果联系性"。③ 乔姆斯基虽曾正面应对这一问题，但一如皮亚杰对他的批评所言：其具体阐述方式是以笛卡尔哲学为基础，提出人类语言结构的生成源于"天赋"，从而使结构生成问题蒙上了先验论的阴影，事实上同其他结构主义者一样未能对该问题给予有效阐释。

在对列维－斯特劳斯、乔姆斯基等人分别进行批判后，皮亚杰总结道：语言学结构主义的主要缺陷，在于其考察结构生成问题时所采取的共时性维度，彻底阻碍了对结构生成的有效阐释。④ 由于语言学结构主义时常将"结构"视为人类某种意识及行为能力的心理基础，因此皮亚杰得以从心理认知结构的生成这一心理学角度表达其有别于语言学结构主义的结构观。皮亚杰提出，所有结构都是通过不断"建构"（constructing）才得以形成的观点，并通过对儿童各成长阶段心理的考察，证明人类心理认知结构是随着年龄增长，通过与其

---

① See Jean Piaget. *Structuralism*, New York: Harper & Row, Publishers, 1971, pp. 107－108.

② Francois Dosse. *History of Structuralism: The Rising Sign*, 1945－1966 (Vol. 1), Minnesota: The University of Minnesota Press, 1997, p. 179.

③ Francois Dosse. *History of Structuralism: The Rising Sign*, 1945－1966 (Vol. 1), Minnesota: The University of Minnesota Press, 1997, p. 180.

④ See Jean Piaget. *Structuralism*, New York: Harper & Row, Publishers, 1971, p. 12.

所处环境实现"同化"和"顺应"作用后逐渐形成的。① "同化"指人类通过接受其周围环境的刺激而形成自己认知心理结构的过程;"顺应"则指认知心理结构随环境的变迁而产生相应的适应性变化的过程。显然,皮亚杰对人类心理认知结构建构过程的表述,事实上表达出其以历时性方法考察结构动态形成过程的基本态度,诚如某些学者所言:"皮亚杰……更重视结构的历时性发展。他所谓的'建构',就是指结构不断改变和更新的进化过程。"② 这种考察方法,与包括语言学结构主义在内的各种将结构的生成与历史截然分开,并使之带上形而上学色彩的结构主义观截然不同。毫不夸张地说,以历时性的动态眼光描述和阐述结构的生成问题,是皮亚杰发生学结构主义与语言学结构主义等结构主义派别最为本质的区别。

第二节　对皮亚杰理论的继承及对
语言学结构主义的批判

戈德曼在继承皮亚杰发生学结构主义的基本阐述后,保留了皮亚杰关于结构的动态生成观点,因此与语言学结构主义结构观的差异同样被延续,这也为戈德曼批判语言学结构主义提供了逻辑依据。

戈德曼在接受皮亚杰对认知结构生成缘由的心理学阐释时,顺理成章地接受了其对结构生成问题的历时性理解:"所有的人类行为都企图对一种特殊境遇作出有意义的反应,并因此倾向于在行动的主体和与此主体有关的客体、客观环境之间创造一种平衡"③,同时,"在某个群体的诸多成员在相同境

---

① 参见皮亚杰:《发生认识论原理》第 1 章,王宪钿等译,北京:商务印书馆 1981 年版,第 21—57 页。

② 陈晓希、王志元:《皮亚杰的结构主义方法》,载于《现代外国哲学》,北京:人民出版社 1988 年版,第 134 页。

③ 戈德曼:《发生结构主义方法在文学史研究中的运用》,段毅等译,此文系《文学社会学方法论》的附录,北京:中国工人出版社 1989 年版,第 178 页。

遇内受到刺激并且有共同的生存旨向(orientation)时,他们作为一个群体,会在其历史境遇中锐意构造自己的功能性精神结构"①。在戈德曼看来,人类精神结构的形成受变动不居的社会环境的影响和制约,因此这一结构的形成显然沿循着一种历时性过程。英国学者艾文斯(Mary Evans)即指出:"戈德曼所使用的概念包括两个维度:结构和历史。"②由此可见,戈德曼从一开始便接受了皮亚杰对结构生成问题所确立的动态性、历时性的考察方式,也便同皮亚杰一样,与语言学结构主义在结构的生成问题上呈现出不同理解,正如美国学者科亨(Mitchell Cohen)所述:"戈德曼与列维-斯特劳斯等其他结构主义者的本质区别在于对待历史、结构发生及功能问题的分歧。"③但值得注意的是,从戈德曼的表述中不难看出,他是从人类群体(groups)角度来审视人类精神结构的形成的,而这种方式与皮亚杰的人类个体考察角度相比,存在相当大差异。

西方思想界自17世纪的笛卡尔以来,一直将人类主体性问题作为中心议题之一,然而,西方思想界对主体性的诸多探讨,无不是在个体的意义上进行的,而皮亚杰亦不例外。事实上,皮亚杰主要是从人类精神认知结构的发生学角度来探讨主体性的形成的。问题在于,这种通过生理、心理学知识去认识个体精神结构之形成的途径,仅仅将对人类主体性的理解局限于个体精神结构范畴,从而无法阐释人类主体性在社会历史整体中的体现方式。戈德曼由此以批判弗洛伊德个体性主体观为名,对其师皮亚杰的发生学结构主义阐述进行改造,将之从对个人心理认知结构范畴的描述,扩展到对特定社会群体及阶级的集体认知结构的考察。戈德曼认为:"在相同条件中的人,共同组成诸多社会群体,为了克服群体内部的问题,它们无不形成了一系列习惯与精神结构的复合体",身处特定社会环境中的诸多个体在特有经济、宗教、文化、血缘等

①　Lucien Goldmann. *Essays on Method in the Sociology of Literature*,St.Louis,Mo:Telos Press,1980, p.42.引文的翻译参考了前述中文版《文学社会学方法论》,下同。

②　Mary Evans. *Lucien Goldmann:An Introduction*,New Jersey:Humanities Press,1981, p.37.

③　Mitchell Cohen. *The Wager of Lucien Goldman*,Princeton and New Jersey:Princeton University,1994, p.241.

因素的影响下组成社会群体,并在同一群体中逐渐磨合成在思维及认知方面相对恒定的集体心理认知结构,戈德曼称之为"集体性精神结构";同时,个人也受所在群体的集体性精神结构的制约,"习惯与精神结构不仅支配其行为,还支配其心智(intelligence)、认识和情绪。"①结合戈德曼对结构动态生成性的阐述,可知在其看来,这种集体性精神结构是社会历史的产物,并会随着社会历史的变迁而产生相应的变化。值得注意的是,集体性精神结构虽源于社会历史,但在它的导向和指引下,人类却能够以群体组织形式从事社会生产活动,并由此改变和创造社会历史。因此戈德曼提出:人类历史的真正主体,只能是以具有集体性精神结构为特征的"集体性主体",而非具有个体精神结构的"个体性主体":"历史现实,往往与诸多习惯、活动和精神结构密切相关。"②这种理论,显然是戈德曼对皮亚杰未予阐明的主体的社会属性的充分诠释。

在戈德曼看来,这种集体性主体观念,是对马克思主义的发展:"对于我而言,集体性主体的概念,或者我更简洁地称其为超个体性主体(transindividual subject),清晰地将马克思主义思想从所有其他哲学家那里凸显了出来",而这些"哲学家的思想始终将个体主体置于中心地位"。③ 因此,结构生成观与"集体性主体"观,共同构成了戈德曼对语言学结构主义发起批判的逻辑依据,也形成了戈德曼建基于马克思主义原理的历史观,这使戈德曼在以消解历史为基本特征的结构主义阵营中显得独树一帜。一如英国学者洛迪耶兹(Leon Roudiez)所言:"大部分法国文学结构主义者,都具有将历史弃之一旁的倾向,体现出与让·皮亚杰所谓的认识性主体(epistemic subject)一

---

① Lucien Goldmann. *Essays on Method in the Sociology of Literature*, St.Louis, Mo: Telos Press, 1980, p. 86.

② Lucien Goldmann. *Essays on Method in the Sociology of Literature*, St.Louis, Mo: Telos Press, 1980, p. 86.学界亦将"精神结构"译为"心理结构",本书采取前述《文学社会学方法论》中文版的译法。

③ Lucien Goldmann, *Power and Humanism*, Nottingham: Russell Press Ltd., 1974, p. 5.

致的态度,唯有卢西安·戈德曼显得与众不同。"①在谈及列维-斯特劳斯、福柯及阿尔都塞等学者的语言学结构主义倾向时,戈德曼抨击他们将社会历史发展的决定因素归结为抽象的结构内部作用,而消解了作为"集体性主体"的人在历史建构过程中的主体性地位:他指责列维-斯特劳斯只是"根据语言学模式来研究超越历史性结构的形式",福柯则将对人类历史的研究局限于"疯狂和无意识领域"②;尤其对同为马克思主义者的阿尔都塞,戈德曼更是猛烈地批评他将人类历史的发展归因于抽象的"社会结构",而淡化了作为集体性主体的"人"在历史创造过程中所发挥的主导性作用:"阿尔都塞将同一创造性作用赋予社会结构和生产关系的功能,同时,却遗忘了这一事实:它们恰是人类活动(actions)和行动(behaviors)的结果。"③如前所述,阿尔都塞为反对斯大林时代的苏联自60年代兴起的"人道主义"倾向,曾试图融合语言学结构主义与马克思主义理论,却由此对社会发展模式作出了反历史唯物主义式阐释。在戈德曼看来,阿尔都塞虽觉察到社会结构中意识形态所具有的维持生产关系再生产与维护社会统治等方面的功能,却因将这种稳定性功能视为社会结构发展的内在动力,而不但忽视了"人"(集体性主体)在社会发展中的真正决定性作用,也忽视了社会结构自身的历史属性,亦即它是由作为"人"的统治阶级所进行的社会活动构成、是"人"创造历史的体现这一事实。总之,戈德曼从发生学结构主义的角度,提出"(语言学的)结构无论如何都无法替代人类的历史主体地位","如果将结构主义语言学视为人文科学的范式(paradigm),将使其彻底抹杀了人类所扮演的创造性角色并仅将创造性因素

---

①　Leon Roudiez. *Revolution in Poetic Language*(introduction),New York:Columbia University Press,1984, p. 3.

②　Lucien Goldmann. *Lukács and Heidegger*,London and New York:Routledge and Kegan Paul,1977, p. 88.

③　Lucien Goldmann. *Essays on Method in the Sociology of Literature*,St.Louis,Mo:Telos Press,1980, p. 149.

归于结构的功劳"。①

　　由此可见,戈德曼与语言学结构主义对结构的功能及社会属性的理解至为不同。戈德曼从人类集体认知心理角度,将结构视为一种受社会诸多因素影响的且为群体所共有的精神结构,并将拥有精神结构的集体性主体视为历史的真正主体;而语言学结构主义则从共时的角度悬置结构的生成,且试图以带有形而上学色彩的结构概念消解人在历史中的主体性。不难看出,戈德曼发生学结构主义的"集体性精神结构"所体现出的历史主义、人本主义观念,与语言学结构主义对结构的"非历史化"理解迥然相异,这正是两种结构主义类型在结构观方面的分歧所在。

第三节　对整体方法与共时性方法的运用

　　尽管明显存在差异与分歧,但戈德曼发生学结构主义方法与语言学结构主义仍具有某些相似性。有学者将语言学结构主义的具体实践方法归纳为对结构的整体性观照和共时性考察②,同时,在戈德曼的论述中,不难看到这一与语言学结构主义整体思想相符的理路。

　　戈德曼从黑格尔、马克思及卢卡奇的思想中,继承了辩证地看待事物整体的方法态度。这种方法体现在戈德曼一系列彼此相关的考察之中。对词汇、章节予以整体性观照的观念,在西方阐释学传统中早已有之。同时,这种整体观也是语言学结构主义的重要特征,这一观念可以表述为,"(实体的)构成因素遵守一系列对实体及构成因素的属性起决定作用的内部规律"③,亦即将结

---

　　①　Lucien Goldmann. *Essays on Method in the Sociology of Literature*, St. Louis, Mo: Telos Press, 1980, p. 149.

　　②　参见陈晓明等:《结构主义与后结构主义在中国》,北京:首都师范大学出版社 2002 年版,第57—58页。

　　③　Terence Hawkes. *Structuralism and Semiotics*, London and New York: Taylor & Francis Group, 2003, p. 5.

构实体视为由其内部各组成部分依据某种整体性规律而构成的有机整体,由于这种整体性规律决定了各组成部分的属性和意义,因此对各组成部分意义的认识不能脱离对整体的观照。与之相似,戈德曼同样十分重视将整体观作为考察文学等精神现象的社会学方法。这种方法首先体现在对文本内部形式的审视。就词、句等语言因素而言,由于"貌似相像,甚至在某些情况下完全一致的词汇、句子和段落,在被用于不同语境时能够产生不同含义"①,因此只有将它们置于文学文本的整体结构语境中,才能对其意义进行有效理解和阐释。同理,理解某个文学文本,必须以将其置于作家整个精神历程的整体结构为前提:"作家的观念或作品,只有在被视为生命历程和行为模式的不可分割的一部分时,方获得真实的意义并得到充分理解。"②戈德曼在这一认识基础上进一步指出:理解任何一种精神现象,都必须将其作为较小结构置于更大的思想结构之中,并在这一作为整体的思想结构中审视较小结构所体现出的意义:"只有在被置于整体之中,个别事实或观念才能获得意义。"③戈德曼在阐释 17 世纪悲剧家拉辛的悲剧作品时具体应用到了这种整体方法。在他看来,对拉辛作品悲剧意义的理解,必须以将其置于冉森主义的思想结构,并通过对拉辛作品与作为整体思想结构的冉森主义观念相比照为前提;而欲理解冉森主义的思想结构,则必须将其置于穿袍贵族的历史这一更大的思想结构中。这种对意义的整体性认识方式,虽承接自西方的阐释学传统,但显然与语言学结构主义的整体性方法存在相似性。

采取共时性考察维度、排除历时性认知维度以审视对象,是语言学结构主义的基本方法特征。戈德曼虽主张以历时性方法考察结构的生成,同时却认

---

① Lucien Goldmann. *The Hidden God:A Study of Tragic Vision in the Pensées of Pascal and the Tragedies of Racine*,London and Henley:Routledge and Kegan Paul,1977, p. 10.

② Lucien Goldmann. *The Hidden God:A Study of Tragic Vision in the Pensées of Pascal and the Tragedies of Racine*,London and Henley:Routledge and Kegan Paul,1977, p. 7.

③ Lucien Goldmann. *The Hidden God:A Study of Tragic Vision in the Pensées of Pascal and the Tragedies of Racine*,London and Henley:Routledge and Kegan Paul,1977, p. 5.

为在研究结构的内部形式时应当运用共时性方法。因此,戈德曼将语言学结构主义的共时性方法纳入其发生学结构主义,并对共时性和历时性两种方法进行辩证式的理解与运用,从而使两种结构主义类型再次体现出方法层面的相似性。

戈德曼认为,尽管任何形式的结构都形成于动态的历时性发展过程中,但对其内部形式的考察却依赖于共时性方法,换言之,只有在某个划定的静态时间片段内才能有效考察结构的内部形式:"历史是结构过程(structuring processes)对象,这些过程必须在建构起某种模式的情况下才能获得研究",同时"共时性方法是开始进行研究时必须采取的途径"。① 值得注意的是,戈德曼从本体论和方法论的角度,区分了历时性和共时性。马克思主义的历史辩证法规定了马克思主义方法必须动态地考察社会对象,这是马克思主义本体论层面的基本原则;同时,从方法论角度讲,对社会对象的探讨,必须从某个共时层面考察其内在的机理、结构。对两种维度,戈德曼显然是采取了一分为二的态度。相对而言,阿尔都塞则认为,马克思主义必须通过共时性的考察维度,才能从中体现出科学研究所必须采取的经验主义态度。因此,阿尔都塞以"科学"的名义,否认了马克思主义的历史主义基本立场。② 与戈德曼相比,阿尔都塞显然未将共时性和历时性维度从不同的哲学维度区分开来。

戈德曼以文学研究领域为例,对将两种方法相结合的优越性进行了阐释。在他看来,考察文学现象的形成,必须首先从文学史的历时性角度认识到文学活动始终伴随时代的变迁而处于不断变动的过程中,例如各种文类就无一例外地是文学史发展的产物;但如果从共时性角度来静态地剖析不同文类作品的内在结构,便可从中归纳出"叙述"(recit)这一共同性质:"总而言之,叙述

---

① Lucien Goldmann. *Essays on Method in the Sociology of Literature*, St. Louis, Mo: Telos Press, 1980, p. 50.

② See the chapter of "Marxism is not a Historicism" in Louis Althusser and Etienne Balibar's *Reading Capital*.

即全部这些体裁共有的东西"①,从而有效地总结出各文类范畴所共有的文学性特征。共时性考察方式的方法优越性由此可见一斑。戈德曼将共时性的形式分析方法和历时性的历史主义方法辩证地结合起来,既是对语言学结构主义方法的借鉴,一定程度上又是对包括语言学结构主义文论在内的现代形式主义文论的补充与修正。

第四节 对"语言"/"言语"二分法的使用

语言学结构主义在被作为方法论时,强调从共时性角度、通过"语言"/"言语"的二元格局途径来审视结构的内部形式。事实上,戈德曼对在分析结构形式方面共时性方法的肯定,为其发生学结构主义采取"语言"/"言语"的二分研究方法奠立了逻辑基础。

"语言"/"言语"的对立实际为深层结构/表层结构的对立,这组对立是所有结构主义的理论关键:"语言/言语二分法是索绪尔为结构主义提出的一个最根本的概念,可以说,承认这个二分法,把这个二分概念用于自己的学科,就成了一个结构主义者。"②在作为语言学结构主义源头的索绪尔结构语言学中,"语言"是"言语"以横组合和纵聚合方式形成具体语义链所依据的语言规则集合。此后,当这组基本概念被广泛应用于受语言学结构主义思潮影响的其他人文社会学科时,"语言"被理解为研究对象的物质材料得以进行形式组合的规则体系,"言语"则成为物质材料的具体组织形式。就当代西方人文社会科学界而言,对这个二分法的理解和使用呈愈加宽松之势,业已超出了索绪尔语言学意义的限定。

马克思主义文学理论对"语言"/"言语"二分法时有运用。例如,伊格尔

---

① Lucien Goldmann. *Essays on Method in the Sociology of Literature*, St.Louis, Mo: Telos Press, 1980, p.51.

② 赵毅衡:《符号学文学论文集》,天津:百花文艺出版社 2004 年版,"前言"第 15 页。

顿提出：作为文学"语法"（grammer）的意识形态话语能够生产文学语言（speech）①，对此赵毅衡指出，伊格尔顿这一观点恰体现出其对语言学结构主义的理解与运用：所谓文学"语法"实际正是作为文学"语言"的意识形态，它为文学文本提供基本行文逻辑或思想模式，使作为"言语"的文学叙述得以围绕这一思想模式而具体展开②；此外，詹姆逊也有类似观点："单个文本被重新定位为言语（parole），换言之，一个更为庞大的体系——亦即语言（langue）或者说阶级话语——的单个表述形式（utterance）"③，只不过詹姆逊和伊格尔顿对"语言"的称谓和理解稍有不同。马舍雷曾以相似思路，对文本结构中作为"语言"的意识形态与文本间的冲突特征进行了分析。④ 总之，将为文本提供思想模式的意识形态，和以之为据的叙述展开方式间的关系，理解为"语言"和"言语"的关系，是马克思主义文学理论对语言学结构主义的运用方式之一。

事实上，在戈德曼以发生学结构主义为理论基础的文学社会学中，同样体现出对"语言"/"言语"二分法的应用。戈德曼将由诸多群体构成的社会阶级所具有的统一集体性精神结构称为"世界观"（world vision），指出世界观是一种"能够团结一个社会群体（多指社会阶级）的所有成员抗争其他社会群体的所有观念、感情和感受"⑤，事实上，这一定义几乎完全符合马克思主义对意识形态概念的一般界定，"世界观"正是"意识形态"的同义语。戈德曼在阐述发生学结构主义在文学批评中的具体应用方式时，从社会学角度对文学生产过程与作者所属阶级的关系进行了描述：集体性精神结构（世界观）对属于本阶

---

① See Terry Eagleton. *Criticism and Ideology*, London and New York: Verso, 2006, p. 66.

② 参见赵毅衡：《符号学文学论文集》，天津：百花文艺出版社 2004 年版，"前言"第 17 页。

③ Fredric Jameson. *The Political Unconscious: Narrativa as A Socially Symbolic Act*, London and New York: Routledge, 1983, p. 70

④ See Pierre Macherey, *A Theory of Literary Production*, London and New York: Routledge and Kegan Paul, 1986, pp. 105-158.

⑤ Lucien Goldmann. *The Hidden God: A Study of Tragic Vision in the Pensées of Pascal and the Tragedies of Racine*, London and Henley: Routledge and Kegan Paul, 1977, p. 17.

级的作者施加心理影响,使作者得以形成与其一致的精神结构,并使其将相同的精神结构体现于作品文本中①;同时,这些被镌刻入作品文本中的精神结构又往往能够作为某种思想模式,支配文学叙述的基本格局与情节发展。这种结构,就是戈德曼在其批评方式中特别强调的"有意义的结构"(significant structure)。

戈德曼重点考察了拉辛《昂朵马格》《勃里塔尼古斯》和《费德尔》三部"真正的悲剧"(genuine tragedies)②,并指出三剧具有"明显的冉森教派特征"③,理由在于:冉森教派曾在 1669 年前奉行否定世俗世界的宗教观念,而作于 1669 年前不久的《昂》《勃》两剧恰恰体现出对世俗欲望的反感情绪,因此戈德曼称其为"拒斥型戏剧"(the tragedies of refusal);1669 年后,冉森教派开始犹疑不决地考虑与世俗世界实现妥协,而作于 1677 年的《费德尔》中出现了主人公在信仰与情爱的两难抉择间痛苦徘徊的情节,戈德曼遂称之为"突转与承认型戏剧"(tragedies with peripeteia and recognition)。④ 戈德曼由此认为,这些角色在各自剧作中,都分别与"对神的信仰""世俗观念"两种因素共同组成了"上帝、世界和人"的三元结构。

值得注意的是,这种关于三元结构的分析视野,与列维-斯特劳斯关于血亲组织结构的分析具有形式的相似性。在列维-斯特劳斯看来,人类的无意识语言结构,能够对具体的社会活动和文化实践等诸多方面发挥着无意识的组织作用,而对于戈德曼来说,在社会群体、阶层中,这种作为集体精神结构的三元结构同样以异质同构方式,组织着文本内人物关系之间的格局。尽管在

---

① 参见戈德曼:《发生结构主义方法在文学史研究中的运用》,段毅等译,载于《文学社会学方法论》,北京:中国工人出版社 1989 年版,第 182—183 页。

② 翻译剧名及角色名时,本书采用了齐放《拉辛戏剧选》的译法,上海:上海译文出版社 1985 年版。

③ Lucien Goldmann. *The Hidden God:A Study of Tragic Vision in the Pensées of Pascal and the Tragedies of Racine*,London and Henley:Routledge and Kegan Paul,1977, p. 317.

④ Lucien Goldmann. *The Hidden God:A Study of Tragic Vision in the Pensées of Pascal and the Tragedies of Racine*,London and Henley:Routledge and Kegan Paul,1977, pp. 374-375.

具体组织形态和功能方面,两者不尽相同,但它们都以对文本格局形式发挥组织作用的方式,为文本的意义结构提供了源自社会阶层的深层结构。此前诸多学者虽提出戈德曼借鉴了语言学结构主义的方法,但大多语焉不详,事实上,这种借鉴——包括与之形成的差异,恰体现为对三元结构形式的理解和运用。

据考证,拉辛本人正是一名冉森教派成员,同时也是穿袍贵族中的一员①,因此,拉辛一系列剧作中角色对待世俗态度的变化,实际正是其本人对冉森教派世俗态度转变的反映,17 世纪法国波诡云谲的王权政治,使得身为穿袍贵族的拉辛在各种政治势力间立场难定,冯宪光指出:拉辛的这两种身份,使其与那个时代其他冉森教派和穿袍贵族成员一样,分别陷入了由"上帝权威"—"理性主义"和"王权专制"—"个人主义"两组思想观念形成的冲突中。因此,当两组作为世界观的思想观念同时影响到拉辛时,这位剧作家便在思想意识内形成了由两组世界观与他本人共同构成的"上帝、世界和人"的精神结构②,并在创作时将这种精神结构镌刻于剧作中,使剧作中同样呈现出某种"有意义的"三元结构,具体而言,是使角色与拉辛本人一样,在"权威崇拜"与"世俗迷恋"的罅隙间辗转游移,并使戏剧情节围绕这种结构展开。

当然,尽管都与拉辛的精神结构实现了同构,但各剧三元结构的具体主旨倾向截然不同。作为"拒斥型戏剧"的《勃里塔尼古斯》,依据"菲斯大神"—"尼禄"—"朱妮",即以朱妮"对菲斯大神的敬畏"和"对尼禄求爱的拒绝"为基本结构,推动戏剧情节的具体叙述;而作为"突转与承认型戏剧"的《费德尔》,则依据"太阳神/米诺斯/奈普顿"—"伊波利斯"—"费德尔",即以费德尔在对"神祇的信仰"和"对伊波利斯的挚情"间的两难处境为基本结构,展开费德尔谋杀伊波利斯的戏剧情节。两剧的结构所蕴含的对待"世俗"问题的态度截然不同,这种差异导致了戏剧情节向不同结局发展。这一现象归根结

---

① 参见冯宪光:《"西方马克思主义"美学研究》,重庆:重庆出版社 1997 年版,第 363—366 页。

② 冯宪光在前述《"西方马克思主义"美学研究》一书中做了更细致的描述。

底是由冉森教派集体性精神结构(世界观)的变化导致拉辛精神结构随之产
生变化所致,同时,也再次体现出戈德曼对结构处于动态建构过程的理解,并
印证了他对共时性和历时性方法的辩证性态度。

那么,从伊格尔顿对语言学结构主义的运用方式角度讲,这个过程实际上
便可被表述为:作为"语言"的世界观(集体性精神结构)/意识形态,通过作者
环节为文学文本提供了作为叙述原则的思想模式,使"言语"层面的文学叙述
得以具体施展。由此可见,戈德曼在运用发生学结构主义进行文学批评时所
采取的策略,与伊格尔顿等其他马克思主义者对"语言"/"言语"二分法的应
用如出一辙。对二分法的运用,应当是戈德曼发生学结构主义所体现出的又
一语言学结构主义特征。值得注意的是,"拒斥型"、"突转与承认型"两种戏
剧结构在情节导向方面的不同,在本质上是由冉森教派集体性精神结构(世
界观)的变化引起拉辛精神结构随之变化所致,这恰恰体现出戈德曼对结构
处于动态建构过程的理解,也印证了他对共时性和历时性方法的辩证式运用。
当然,与语言学结构主义一样,戈德曼发生学结构主义同样受到批评。有学者
提出,戈德曼"未能概括描述文学语言与产生该语言的社会结构或它所表现
并超越的社会结构之间的关系"[1],质而言之,这是对戈德曼建基于心理学的
发生学结构主义的质疑。

通过上述分析,可知戈德曼发生学结构主义与语言学结构主义间虽在结
构生成等问题上存在差异,但不可否认两者间亦存在不可忽视的理论关联或
相似性;它们之间的差异,主要体现为戈德曼发生学结构主义对结构的社会性
生成来源进行了阐释,并以此来补充语言学结构主义理论。同时,两者在对待
整体观照方法及共时/历时方法,以及对"语言"/"言语"二分法的应用方面的
相似性,使戈德曼发生学结构主义随之带上了语言学结构主义的理论特质,也
因此具备了学界通常所说的"结构主义符号学"之因素。

---

① 让-伊夫·塔迪埃:《20世纪的文学批评》,史忠义译,天津:百花文艺出版社1998年版,
第189页。

第三章　后结构主义的同道人：
马舍雷的意识形态批评

　　随着对索绪尔手稿的逐步深入研究，学界对索绪尔的结构语言学逐渐形成了全新的认识，并倾向于认为，编纂索绪尔的《普通语言学教程》的薛施蔼和巴利，对索绪尔排除历史因素的"共时性"维度的阐述方式有可能是误读。尽管如此，在对西方人文社会科学的影响过程中，结构主义符号学的"共时性"研究维度却毕竟作为方法论而得到保留。作为现代批评理论范式之一，脱胎于结构语言学与结构人类学的结构主义符号学很快被运用于诸多人文、社会学科领域之中。这从克劳德·列维-斯特劳斯的人类学批评、罗兰·巴尔特与茨维坦·托多罗夫的叙述学批评、米歇尔·福柯的话语研究等批评工作中均可窥见。

　　结构主义者们一般认为，各种不同类型的叙述文本，是在某种语法结构的规划之下得以展开的产物。他们提出，符号的表意机制在于依据系统内符号间的差异性来使某种表意方式固化，并由此排除其他表意的可能性，结构主义符号学也据此来考察研究对象的符号属性。当这种观念延及其他人文社会科学领域时，便暗示出这样一层逻辑：意义的生成必须在结构的统摄下方能够形成。因此，这种将封闭表意机制作为方法论的范式，使得结构主义符号学失去了批评活动应有的活力，从而很快受到人文社会科学界的普遍批判。在这种情况下,结构主义符号学很快被从内部突破,并呈现出新的符号学类型,而后结构主义符号学由此应运而生。

有学者认为,界定"后结构主义"的基本定义与范畴,如同界定"结构主义"一般,几乎是不可能实现的任务:"在当代学界,已出现了诸多阐明结构主义及后结构主义及其差异的尝试,必须承认这种阐明工作的艰难性,所有争辩便可能得到展开。"①不同人文社会科学领域的思想家,对结构主义符号学的理解往往大相径庭,这也使得他们在后结构主义符号学的表意机制方面,同样提出彼此相异的观点。尽管如此,学界一般认为,后结构主义符号学源于后期罗兰·巴尔特、德里达等曾经属于结构主义阵营的思想者,其核心立场,在于消解了"结构"对符号表意机制的统摄性,而强调表意的多元化与语境化特质。

在其一系列著作中,巴尔特都表达出类似的观念。在名文《作者之死》中,巴尔特更多地强调符码的不断衍生性,并通过"可读"、"可写"等相关表述,对小说结构的复杂性、变动性给予探讨;而在其《恋人絮语》中,巴尔特通过分析歌德名作《少年维特的烦恼》,发现小说并不存在一个统摄诸多文字的深层结构,这些文字往往有其相对独立、内在的伦理、美学价值。此外,巴尔特的《S\Z》等作品也体现出明显的后结构主义倾向。福柯则认为,由于作者不过是文学叙述中的功能元环节,因此作者作为文学的主体结构,处于变动状态。② 此外,雅克·德里达及由与其志同道合的美国同仁形成的"耶鲁学派",从文学、政治学和哲学等不同角度表达了关于"结构"的消解立场。尽管不同学者对后结构主义符号学的理解与表述并不相同,但有学者将后结构主义理论的诸多特征归纳为以下几个方面:第一,否定索绪尔语言学模式对符

---

① Goeff Bennington, Robert Young. "Introdution：posing the question", in *Post-structuralism and the question of history*, eds. Derek Attridge, Cambridge：Cambridge University, 1987, p. 1.

② 详见福柯:《什么是作者?》,载于赵毅衡编选:《符号学文学论文集》,南昌:百花文艺出版社 2004 年版,第 513—524 页。

号学的僵化理解;第二,反对结构主义式的"整体论"或"有机论"。① 可见,后结构主义虽然运用了结构主义的基本术语及视野,却通过不同阐述路向否定结构对符号表意机制的形成作用,因此,这可被确定为后结构主义的基本理论表述。

如前所述,结构主义曾对西方马克思主义批评理路产生过深刻影响,除此前所述的阿尔都塞、戈德曼等人之外,德拉-沃尔佩、霍尔等马克思主义学者都在不同程度上对结构主义符号学予以认可。然而,马克思主义与结构主义在立场和方法上存在质的不同,这便使诸多马克思主义者从一开始、或逐渐呈现出某种后结构主义倾向。其中,阿尔都塞的学生,法国马克思主义理论家皮埃尔·马舍雷在汲取其师的思想因素后,使其理论同样具备了某种后结构主义符号学倾向。

与阿尔都塞、巴什拉一样,马舍雷将科学的认识方式视为基本认识论,这从他对科学哲学家乔治·康吉莱姆(George Canguilhem)科学史思想的评述便可看出。② 因此,就文学批评而言,追求批评的科学品质便成为马舍雷的基本诉求。相对于阿尔都塞将意识形态视为"错误观念"而言,马舍雷对意识形态存在不同理解,但总体而言,是在列宁关于"意识形态"的客观界定的意义下使用的。马舍雷试图以科学的批评方式,探讨作为结构的意识形态是如何真正地作用于文学创作的,在这一点上,他确立了有别于结构主义批评的全新视角。

---

① 详见《前言:符号学的一个世纪》,载于赵毅衡编选:《符号学文学论文集》,南昌:百花文艺出版社 2004 年版,第 65—67 页。此外,贝宁顿(B. Bennington)和扬(R. Young)认为,结构主义与后结构主义的本质不同,在于两者之间对待历史问题的不同立场,这其实是对上述论点的延伸,详见两人合作的 Introdution: posing the question, in *Post-structuralism and the question of history*, eds. Derek Attridge, Cambridge: Cambridge University, 1987, p. 1。

② See Pierre Macherey. *In a Materialist Way: Selected Essays by Pierre Macherey*, trans. Ted Stolze, London: Verso, 1998, pp. 161-163.

第一节　反结构主义的文学批评

在西方文学理论的发展进程中,文学往往被视为对客观现实的反映,这种观点便是"反映论"。在其名作《镜与灯》中,美国学者梅耶·艾布拉姆斯(Meyer Abrams)曾对西方近代浪漫主义文学传统中的"反映论"进行过十分细致的梳理,并清醒地指出:对现实的反映必须通过"心智"(mind)这一重要环节①,同时,艾布拉姆斯举出包括经验主义心理学意义上的机械反映论在内的一系列反映论例证。然而,艾布拉姆斯此处所谓的"心理学"因素,主要指诸多感官能力,对他而言,在 18 世纪乃至整个西方文艺发展史上,"感觉"都被视为反映论中的重要功能环节,尽管如此,对现实的"反映"事实上不可能仅仅通过各种感官作用便可完成,而是必须通过人的智性因素的加工。文学文本对现实的"反映",不可能是对现实世界中相关对象的纯然再现,而只能是作家对现实事件进行理智地取舍、删削和改造后的产物。进而言之,如果将文学文本所表征的现实视为一种知识体系,那么理智的作用便愈加明显。

马舍雷同样提出了知识与思维的关系问题。较之艾布拉姆斯,马舍雷更强调知识在形成过程中的所具有的话语性或语言性质态。在他看来,知识作为人类思维的产物,必须经由人类思维以语言、话语途径的表达过程,因此,知识的本质首先必须通过其话语形态体现出来:"我们必须认识到,真实知识的特性在于其话语特质。"②如前所述,马舍雷的师祖巴什拉和老师阿尔都塞都

---

① See M.H.Abrams. *The Mirror and the Lamp：Romantic Theory and the Critical Tradition*,London and Oxford：Oxford University Press,1953, p. 2.

② Pierre Macherey. *A Theory of Literary Production*,London and New York：Routledge & Kegan Paul,1986, p. 7.部分引文的翻译参考了陆梅林选编:《西方马克思主义美学文选》(桂林:漓江出版社,1988 年版)中马舍雷的《列宁—托尔斯泰的批评家》、《文学分析——结构主义的坟墓》两篇文章。

对科学观念的发展进行过一系列考察工作,而马舍雷则与阿尔都塞一样,认识到了科学观念的话语性质:"对语言的坚持是富有意义的:实际上,它将带领我们——作为一种导引——去了解更深层次的关系。"①这种观点,表明了马舍雷对话语符号在科学话语中的作用的认识。如果科学观念尚且能够呈现出话语符号的特性,那么文学便更会呈现出某种话语符号的形式,换言之,文学本身要表达的核心思想要素、抑或"文学对象",也便是由符号构成的。

对传统文学批评观而言,"批评"活动的旨归体现为对文学意图的复现。当然,这种立场自19世纪以来便受到严厉批评,其批评目的尤其被"新批评"派斥之为"意图谬见"。然而,马舍雷从一种新的视野出发,同样表达出对这种传统批评观的否定。在他看来,由于文学对象自身属于话语符号形式——而非现实实存范畴,同时符号的表意过程往往处于变动不居的状态,因此文学对象便不能被视为一种固定的客观对象,而文学批评便也不能对文学对象进行"复制":"文学批评既不是模仿,也不是对对象的复制",也就是说,"文学创作"和"批评"具有各自的认识论和方法论,两者不仅不应被等量齐观,而且批评会"坚持在知识和对象间做出某种区分,使得两者保持距离"。② 因此,批评与文学之间的张力,或曰批评对文学的遵循、背叛及创造过程,便成为马舍雷所致力的主要工作。

马克思主义文学批评,往往被视为历史主义批评范式的重要类型之一。然而,马克思主义文学批评对"历史"内涵的界定,却与斯达尔夫人、圣伯夫等19世纪传记学者或带有历史实证倾向的批评家的理解颇为不同,其差异的关键在于:马克思主义文学批评必须从意识形态的角度来把握"历史"的内涵。20世纪,当马克思主义批评理论试图从结构主义文论获取灵感时,"意识形

---

① 皮埃尔·马舍雷:《从康吉莱姆到福柯:规范的力量》,刘冰菁译,重庆:重庆大学出版社2016年版,第78页。

② Pierre Macherey. *A Theory of Literary Production*, London and New York: Routledge & Kegan Paul, 1986, p.7.

态"往往被视为文学结构的主要表现形态。然而问题在于，在结构语言学以及被引入西方人文社会科学领域的结构主义，其"结构"都被从共时性的意义上加以界定，从而带上了反历史性的方法特征。因此，结构主义与马克思主义理论的结合，从一开始便面临本体论层面的差异问题。

然而，语言学史及符号学史逐渐意识到，索绪尔的学生薛施霭与巴利在整理《普通语言学史》中，将语言的共时性特性拔高到了实际偏离索绪尔原意的程度。马舍雷敏锐地意识到，在结构主义符号学的发展历程中，存在一个极为重要的环节："雅各布森指出：'共时性并不等同于静止'，历史问题不仅仅意味着变动的可能性，而是这种可能性的基本精髓和至简大道"①，马舍雷从对结构主义理论内部的探讨出发，意识到结构并不是静止而非历史性的，而恰恰生成于具体的历史语境之中，并根据历史本身的变化而作出相应的调整与变动。阿尔都塞在以结构主义的眼光来审视意识形态问题时，指出作为结构的意识形态具有静止性、非历史性特质；而在此处，马舍雷的观点则与老师截然不同，在他看来，文学的结构绝非处于静止状态，而是随着历史的变化处于变动过程之中，这样，文学话语当然也属于历史的范畴。然而问题在于，历史话语往往体现为符号形式，与历史真实之间具有某种差异，这显然是新历史主义的核心议题。于是马舍雷指出，历史的话语和真实之间往往存在"对历史和理论的混淆"②，因此，他试图在一种由历史真实所构成的语境之中，尽可能还原文学文本的真实性，以此体现出包括他本人在内的"阿尔都塞学派"所一贯强调的批评的"科学"品质。

与马克思及本雅明等一样，马舍雷将作为艺术品的文学视为特定生产条件下精神生产活动的产品。在他看来，文学生产必然依据这种历史语境中一

---

① Pierre Macherey. *A Theory of Literary Production*, London and New York：Routledge & Kegan Paul，1986, p. 9.

② Pierre Macherey. *A Theory of Literary Production*, London and New York：Routledge & Kegan Paul，1986, p. 11.

般性的审美规律,因此在生产活动完成后,文学便自然而然地附上了"平庸的价值",换言之,文学的生产因循了一般性的生产规律(laws);然而就批评活动而言,批评显然不可能完全遵循这种规律,而必须从其他思想维度来对文学文本进行审视,并理性地认识作为商品的文学文本的生产过程与机制:"批评追求这样一种活动,这种活动建立在视文学为商品和消费对象的基础上。它组织并操控对既定现实的使用,这种现实使其自身得到经验性的关注。"①显然,文学的生产与批评,遵循着截然不同的动态机制。作为一种极其复杂的复合体,文学将各种社会的、心理的、伦理的要素杂糅其中,因此,其生产机制必定是以各种意识的及无意识的方式将诸多因素融合一体的过程。批评活动必须科学地解析这些因素如何有效地结合成有机整体,因此在马舍雷看来,批评便是一个对文本进行深入解析、解构的过程,也就是说,必须首先消解控制着文本各部分意义的结构以及拒斥文本表层文字的固化意义,同时,通过将文学文本置于全方位的历史语境之中,将对文本语义的阐释活动延续下去,从而使文本脱离原来文本结构的束缚。

然而,批评——或曰解构活动,除了消解文本的表层书面意义外,其本身便是建立一种新的意义的过程,"批评假定,存在一种积极的单一性意义,却使得对作品的阐释能够围绕这个单一意义,呈现出不同的阐释方式",只不过这种建立意义的方式是对文本空白的意义的一种重构,"批评必须与作品保持一定距离,并由此赋予它深度"②,也就是说,文本的内部结构、或曰意识形态本身处于一种分裂和冲突状态,为了维持文本字面意义的完整形式,作为意识形态的文本结构必须将其他意识形态排除在外,而所谓的"边缘价值"正是意识形态间矛盾状态的隐喻体现。这样,对文学中处于冲突状态的意识形态

---

① Pierre Macherey. *A Theory of Literary Production*, London and New York: Routledge & Kegan Paul, 1986, p. 13.

② Pierre Macherey. *A Theory of Literary Production*, London and New York: Routledge & Kegan Paul, 1986, p. 76.

格局进行还原，便是马舍雷科学批评的基本诉求。

与伊格尔顿等马克思主义者以及早年的巴尔特一样，马舍雷同样是以"语言"/"言语"的基本结构来衡量意识形态与文本之间的关系的，尽管如此，他却从根本上否定了结构主义的方法倾向。在马舍雷看来，尽管文学必须经历将意识形态语言转化为诗性语言的过程，且在根本上以语言作为表现媒介，"作者的活动完全是在言语（utterance）的水平上实现的；它的建构行为，以及被构建的过程，都必须通过话语来实现"①，然而，将索绪尔式的结构语言学作为考察文学的工具，则会将其批评与传统批评混为一谈。结构语言学认为，在个性化言语（parole）之后隐藏着作为深层结构的语法规则，这种结构观念在诸如人类学、心理学、历史学等诸多学科中，无不以隐喻的方式存在着。与之类似，结构主义文论家往往认为，在文学表层文字之后，存在着得以安排表层文字叙述的深层结构；同时，对于文学批评的传统模式而言，批评的要旨便在于找出文本内在的价值体系，而这恰与结构主义文论不谋而合。当然，两者之间也存在差异，且集中表现为结构主义批评认为"得到分析的对象，被视为对结构的拟仿（simulacrum）：其目的在于，再次发掘出一个结构，而这也意味着构造出对拟仿的拟仿"②，也就是说，结构主义批评更多地视作品为对某种既定结构的模仿。结构主义批评和传统批评都认为：文学作品围绕着某种隐藏于表层文字之后的中心意义而展开叙述。马舍雷对此不无讽刺地说："在所有作品中，无不隐藏着'深埋的珍宝'，而批评者的任务和使命是将它挖出来"③，结构主义文论家所致力的工作，正是发现和挖掘这一作为深层结构的珍宝，亦即探明深藏于文学文本内部的意识形态。然而如前所述，马舍雷认识

---

① Pierre Macherey. *A Theory of Literary Production*, London and New York：Routledge & Kegan Paul，1986，p. 58.

② Pierre Macherey. *A Theory of Literary Production*, London and New York：Routledge & Kegan Paul，1986，p. 144.

③ Pierre Macherey. *A Theory of Literary Production*, London and New York：Routledge & Kegan Paul，1986，p. 138.

到意识形态自身所具有的复杂性,因此,他将剖析意识形态结构的复杂性作为自己所致力的科学工作的主要维度。

马舍雷指出:"文学作品由信息组成,而其功能在于传送特定的信息。"① 文学作品只是由一系列信息组织而成的整体,因此结构主义文论往往将这种整体视为所谓"结构"。同时,马舍雷与巴尔特等人同样认识到信息在脱离这种整体的情况下显现出独立价值的可能性,而这种显现机制则源于其不同意识形态来源。无论是传统批评抑或结构主义批评,都认为文学的文本意义只存在于文学结构本身,而文学意义是某种特定意识形态的隐喻体现;然而马舍雷认为,这种观点忽视了一个重要维度,即在文本结构自身之外、被结构自身所遮蔽的一系列意识形态因素。因此在马舍雷看来,传统批评与结构主义批评都因忽视了对文本意识形态结构中被遮蔽掉的其他意识形态的观照,从而失去了论证的科学品质。在这一基础上,马舍雷提出,文学批评应尽可能地还原文学在被生产时的原初意识形态条件。

可见,传统批评和结构主义批评的批评工作,实际上都体现为一种对文学结构、亦即意识形态的复现,也因为忽视了被遮蔽的意识形态,从而显现出批评方法的缺陷。在马舍雷看来,这种缺陷也体现于列维-斯特劳斯结构主义人类学的一系列表述之中。西方当代人类学认为,神话是原始人在共同生产、生活过程中所形成的集体观念,是广义的意识形态。② 在列维-斯特劳斯的神话学理论中,原始人对宇宙、自然及人类社会诸多方面的诗性化意识形态无不渗透于无意识的"结构"之中,并在"结构"的作用下形成其社会生产及

① Pierre Macherey. *A Theory of Literary Production*, London and New York: Routledge & Kegan Paul, 1986, p. 141.

② 例如著名人类学家米尔查·伊利亚德(Mircea Eliade)认为:"神话总与某种'创造'相关;它告诉我们某事如何成为现实,或者,一种行为模式、风俗习惯、工作方式是如何确立的",转引自斯特伦斯基:《二十世纪的四种神话理论——卡西尔、伊利亚德、列维-斯特劳斯于马林诺夫斯基》,李创同等译,北京:三联书店2012年版,第111页。此外,克利福德·格尔茨(Clifford Geertz)也经常表达类似观点。

生活的组织形式。但马舍雷指出，这种貌似完整并能够统摄所有意识形态的结构，事实上只是有限地体现出原始人意识形态的若干方面，同时却遮蔽了他们其他方面的意识形态。因此，"神话之所以存在，旨在赋予它的在场以一种形式"①，在场的意识形态结构与缺场的其他意识形态之间，形成了一种潜在的矛盾格局。

以此类推，在现代社会语境中，意识形态在发挥文学创作的结构功能时，与其他意识形态之间显然也存在类似的潜在矛盾，因此，文本表面所形成的完整性和统一性，是将其他意识形态排斥于文本之外后形成的形式假象，"作品的存在必须先由其缺场来决定，亦即未能由其说出来的事物决定"，作品的真正决定要素"并不存在于作品内部，而在作品的一旁和边缘"②，文学作品的文字表述只是部分意识形态的展呈，其更重要的部分则在于被蕴藏于文字表述部分中的意识形态所排挤、遮蔽的其他意识形态。

这样，作品的意识形态结构呈现出冲突和分裂的状态，马舍雷也因此彰显出自己对科学批评的理解，以及与后结构主义符号学基本一致的批评立场，而他对后结构主义的深刻理解也由此体现出来。同时，他也暗示这种批评方式与阿尔都塞的"症候式阅读"息息相关。③ 马舍雷显然意识到，在某种意识形态的影响下，作品在形成完整而统一的外在形式的同时，却对其他意识形态进行了遮蔽；同时，马舍雷也根据这一论题的反向维度而提出：如果作品过于兼顾其意识形态之间的矛盾性，则会影响到作品形式的完整。在《文学的对象》一书中，马舍雷论述了文学中哲学观念与非哲学观念间的关系，在他看来，存在于作品中的哲学观念，往往会间接地表现出某种游离于作品主要线索和创

---

① Pierre Macherey. *A Theory of Literary Production*, London and New York：Routledge & Kegan Paul, 1986, p. 153.

② Pierre Macherey. *A Theory of Literary Production*, London and New York：Routledge & Kegan Paul, 1986, p. 154.

③ See Pierre Macherey. *A Theory of Literary Production*, London and New York：Routledge & Kegan Paul, 1986, p. 24.

作主旨的意识形态,从而与隐含于作品完整形式中的意识形态——或曰作品的主要意识形态发生冲突,从而影响到作品美学形式的完整性,"这样的意识形态,必然通过某种影射(allusive)方式再现文学活动中那些没有经过反思的事物,或者严格地讲,不是哲学的事物"。① 显然,马舍雷对夹杂于文学中的哲学观念极为反感,并提倡文学批评警惕这种哲学意识形态,由此再次体现出其批评的科学性立场。

由此可见,马舍雷试图通过对文学文本中真实意识形态状态的还原,这便给予人们一种印象:尽管文本中的意识形态遮蔽了其他意识形态,但它却毕竟对文本发挥着某种结构作用。不可否认,马舍雷明确提出"结构这一概念……无法一劳永逸地解决所有批评问题;即便真的解决了它们,也无法独立地得到论述"②,但其实际论述仍旧没有脱离"结构"的基本方法视域。对此,马舍雷通过一系列具体批评个案而予以佐证,其中,以分析列宁对托尔斯泰小说的评论最具代表性。

作为俄国 19 世纪下半叶重要小说家,托尔斯泰以其宏阔的笔触,对俄罗斯社会转型时期风起云涌的社会思想状况进行了细致描绘。然而众所周知,托尔斯泰在绘制这幅宏大的历史图卷之时,注入了带有浓郁基督教色彩的"托尔斯泰主义"观念,从而使得其一系列作品溢出浓郁的宗教浪漫主义气息。列宁认为其原因主要在于:在托尔斯泰所生活的年代,农民革命的兴起和发展均是在资产阶级的领导下实现的,从而带有资产阶级关于社会的孱弱意识的弊病,因此,"托尔斯泰观点中的矛盾,的确是一面反映农民在我国革命中的历史活动所处的各种矛盾状况的镜子"。③

---

① Pierre Macherey. *The Object of Literature*, Cambridge:Cambridge University Press, 1995, p. 231.译文参考了中文版《文学在思考什么?》,张璐等译,南京:译林出版社 2011 年版,第 298 页。

② Pierre Macherey. *A Theory of Literary Production*,London and New York:Routledge & Kegan Paul,1986, p. 137.

③ 《列宁选集》第 2 卷,北京:人民出版社 1995 年版,第 243 页。

在关于"意识形态"概念的阐述方面，列宁提出过不同于马克思的见解。在列宁那里，"意识形态不再是取消冲突的必然的扭曲，而是成了一个涉及阶级（包括无产阶级）的政治意识的中性的概念"①，因此，列宁正是从一种价值无涉的科学角度来界定意识形态概念，并在这种理解基础上来描述俄国农民革命中农民及资产阶级对待革命的集体观念的，而这正是马舍雷分析托尔斯泰小说结构的基本视角。马舍雷根据列宁的一系列历史学著作，详尽梳理了这一时期的俄国社会发展形势，进而将当时的社会历史条件归纳为具有"貌似是封建国家，但处于向资产阶级国家转型的过程之中"②的基本特征，并进一步指明当时的俄国社会由地主贵族（landed aristocracy）阶级、资产阶级、农民大众和工人阶级构成。正是在这几大阶级各自的历史及政治运动的推动下，俄国19世纪下半叶的社会和历史才得以发展。众所周知，无论是对社会情势的认识、抑或具体的社会运动实践，这些阶级彼此之间都存在极大差异，尤其是在地主贵族阶级与农民阶级、资产阶级与工人阶级之间，存在着极具矛盾性的社会认识和实践方式。显然，这个时期，呈现为一个意识形态复杂而多样的转型时代。

包括作家在内的任何社会个体，都不可能彻底认识和把握其所处时代的所有意识形态，托尔斯泰同样如此："作家无法描述出时代的总体结构；我们只能说，他提供了一个形象（image），或者说对时代发出独到而卓异的一瞥"③，他只能从个人对历史、社会的感知，通过个性化的叙述行为，以文学语言形式来对其进行描述。尽管拥有高贵的伯爵头衔，托尔斯泰在农奴革命后，由于受到农民阶级观念意识的深刻影响，却以其"托尔斯泰主义"思想体系彰

① T. Bottomore edited：*A Dictionary of Marxist Thought*，Cambridge：Harvard University Press，1983，p. 222.转引自俞吾金：《意识形态论》（修订版），北京：人民出版社2009年版，第204页。

② Pierre Macherey. *A Theory of Literary Production*，London and New York：Routledge & Kegan Paul，1986，p. 110.

③ Pierre Macherey. *A Theory of Literary Production*，London and New York：Routledge & Kegan Paul，1986，p. 113.

显出厚重的农民阶级意识形态。与此同时,农民阶级意识形态对托尔斯泰意识的占据,使其无法理性地表达出其他阶级的思想观念或意识形态对他的影响。因此,当农民阶级的意识形态作为一种文学结构,作用于托尔斯泰的小说创作之中时,它支配着小说文字的情节结构、伦理架构等基本叙述层次,同时,也便相应地遮蔽了资产阶级、工人阶级等其他阶级的意识形态,使其留出极为明显的"空白"。

马舍雷认为,由于任何时代都由诸多相互冲突的意识形态构成,因此即便其中一种占据优势的意识形态作为文学结构作用于文本的基本叙述,它也同样受到其他意识形态的冲击。然而,马舍雷并不认为托尔斯泰的小说是对农民阶级意识形态的简单承载,小说对其他意识形态的遮蔽同样呈现为水到渠成的自然过程。作为作家,必须以文学的、艺术的手法来加工对象,那么,意识形态以怎样的形态、方式和机制渗入文学作品,便成为马克思主义文学批评所应当着力解决的问题。[①] 在马舍雷看来,这正是文学批评科学化的一个重要环节,同时也是列宁未能考虑的方面。这便要从作为表现机制的文学艺术本身来加以考量。

除分析托尔斯泰的文本外,马舍雷还运用其后结构主义理论,剖析了包括凡尔纳、巴尔扎克等作家的作品。在探讨凡尔纳小说时,马舍雷发现其科幻情节中无不暗含着这样的特征:探险家们所涉足的新异之地,往往早已打上了法国殖民主义者的烙印。作品的表层叙述并未涉及对法国殖民主义活动的论述,而是将其遮蔽为"空白"形式。这正是马舍雷以其理论方法所进行的批评工作的核心之处。

---

① 意大利马克思主义哲学家德拉-沃尔佩在其《鉴赏力批判》中曾对这一问题进行详尽阐述,详见后章。

第二节　镜子说:有别于传统
"反映论"的反映论

如前所述,认为文学能够映射历史现实的观念,在西方文论史上并不鲜见。列宁在评价托尔斯泰小说的历史现实意义时,同样经常使用"反映"一词。但值得注意的是,由于托尔斯泰的农民意识形态遮蔽了其他阶级意识形态,因此列宁认为,托尔斯泰的作品并未真切地"反映"俄国近代全部历史事件,而只是反映出了其中一部分,换言之,托尔斯泰的小说并非一面镜面均匀的"镜子"。

马舍雷充分肯定了列宁的这种观点,并在这一基础上进一步指出:"仅仅说镜子把握住了现实的某些断片还远远不够;镜子里那个形象的本身就是分裂的。"①托尔斯泰那个貌似由某个完整的意识形态所占据的作品表述,事实上自身也难称"均匀",即并未完整地体现出农民阶级意识形态,而是呈现出再现机制的复杂性。马舍雷的理由是,托尔斯泰在创作作品时,一方面明确表达了自己农民阶级的意识形态,并以此无意识地遮蔽了其他阶级意识形态,从而使后者只能通过不同阶级基于本阶级价值体系的阐释才能被彰显出来,因此,"他的作品似乎处于离心(de-centred)状态,被夺去了某种固有品质,且不得不对其自己呈现出秘而不宣的含糊关系"。② 一如某位西方学者所言:"马舍雷的看法在于,一切文学文本都处于离心状态(不以作者意向为中心),它们都由诸多观点鲜明或晦涩、在场或缺场的话语间的矛盾构成。"③另一方面,

---

① Pierre Macherey. *A Theory of Literary Production*,London and New York:Routledge & Kegan Paul,1986, p.122.

② Pierre Macherey. *A Theory of Literary Production*,London and New York:Routledge & Kegan Paul,1986, p. 123.

③ John Storey. *Cultural Theory and Popular Culture:An Introduction*(Fifth edition),Edinburgh:Pearson Education,2009, p. 74.

小说中这种含糊的关系,则因为再现了时代诸多意识形态之间的矛盾性和复杂性,并因此而具有了文学的真实性,"作品之所以能够存在,是因为它将那些与之形成内在矛盾的因素引入了自身"。①

总而言之,文学这面镜子,在遮蔽其他意识形态的同时,也会在一定程度上,十分悖论地表现出其他意识形态。在马舍雷看来,必须以其再现内容的矛盾性来彰显其对现实的"反映",这正是文学"反映"功能的真正体现:"较之那些反映出的东西,镜子那些没有反映出来的东西同样使之体现出表现效力(expressive)。对某些反映的缺场的表现,正是批评的真正对象。对某些领域,镜子表现得像一块盲镜:但虽然看不到,它仍是块镜子"。② 可见,马舍雷正是在文学极为矛盾而复杂的再现功能上,批判性地重构了西方文学批评中的反映论。

至此,马舍雷已基本阐明了文学"镜子"的反映功能。然而,学界却似乎忽视了马舍雷论述中的一个重要环节:在托尔斯泰作品中,得到明确体现的思想体系属于意识范畴,而托尔斯泰自己未觉察到的思想体系,属于无意识范畴。事实上,马舍雷援引弗洛伊德精神分析学说③,指出那些作品被遮蔽的意识形态,是以无意识的形式潜藏于作品中的。因此,马舍雷的观点可被归纳为:托尔斯泰在从理性和意识的层面彰显出自己的农民阶级意识形态的同时,将资产阶级与无产阶级的意识形态,以潜意识的形式渗透于作品之中。显然,马舍雷此处是在"意识"与"潜意识"的双重意义上使用"意识形态"概念的。必须说明的是,这种对意识形态的界定和运用方式,在其师阿尔都塞那里似乎

---

① Pierre Macherey. *A Theory of Literary Production*, London and New York: Routledge & Kegan Paul, 1986, p. 127.

② Pierre Macherey. *A Theory of Literary Production*, London and New York: Routledge & Kegan Paul, 1986, p. 128.

③ 马舍雷在阐释托尔斯泰作品文本内部的分裂性时指出,"恰如弗洛伊德所言,梦在获得解释前,必须被分解出构成它的诸多因素",见 Pierre Macherey. *A Theory of Literary Production*, London and New York: Routledge & Kegan Paul, 1986, p. 122。

可以找到源头。波兰马克思主义哲学家亚当·沙夫最早发现了阿尔都塞对意识形态的性质不加区分的倾向。① 但实际上，阿尔都塞对"意识形态"的内涵是有所区分的，而这种观点显然与其"问题式"及"症候式阅读法"等概念存在十分紧密的关系。以此来看，阿尔都塞对意识形态的双重理解，为马舍雷此处的阐释提供了理论依据。

这样，马舍雷便对作为文学结构的意识形态的性质进行了更为深刻的阐述，也便使其与伊格尔顿等人的相关认识产生了明显差异。伊格尔顿认为，意识形态作为整一的文学结构，统摄着整个文学叙述；而在马舍雷看来，文本的结构虽然同样对表层叙述发挥着某种统摄作用，但与之不同的是，由于文学结构自身所隐含的诸多意识的和潜意识的意识形态之间，存在理性与非理性的冲突，因此表现为某种明显的断裂形态，从而使得托尔斯泰理性的与无意识层面的意识形态共同构成了整部作品，"矛盾结构（structure）了整部作品，它们为作品奠定了根本的不同（disparity）"②，文学结构的整体性——尽管被马舍雷称为"虚假的整体"，就是由诸多彼此矛盾的不同形态的意识形态共同构成的。

综上所述，马舍雷的观点大致分为两个部分。其一，意识形态对其他意识形态的遮蔽，使得文学作品貌似严谨的形式留出缺陷与空白；其二，即便在貌似严整的、占据着文本结构的意识形态内部，也呈现出意义的矛盾性。这两个方面，均为后结构主义符号学方法的具体体现。如前所述，后结构主义方法的特点，表现为结构中心的消解以及文学表述意义的语境化与多元化特征。马舍雷注意到，在列宁的表述中，托尔斯泰作品被不同阶级解释出不同意义，这事实上正是托尔斯泰作品中话语意义多元化的体现，而由此推断，那个按理决

---

① See Adam Schaff. *Structuralism and Marxism*, Oxford and New York: Pergamon Press, p. 47 and p. 141.

② Pierre Macherey. *A Theory of Literary Production*, London and New York: Routledge & Kegan Paul, 1986, p. 127.

定着文学表述展开的"结构",自身呈现出内部意义的断裂。正是在这个意义上,马舍雷的上述理解与后结构主义符号学实现了契合。

马舍雷的相关学说,受到了诸多学者的关注与引用,如英国批评家凯瑟琳·贝尔西(Catherine Berlsy)、约翰·斯道雷(John Storey)等。贝尔西借鉴马舍雷的后结构主义符号学理论,分析了《福尔摩斯探案集》。在她看来,作为现实主义作品,《福尔摩斯探案集》所秉持的科学实证精神,使其对作品中本可能存在的关于"性"及诸多政治等虚构性情节无不受到遮蔽,从而留出了不少"没有说出的空白",亦即阿尔都塞意义上的"症候"。贝尔西认为,这正是作为意识形态的科学遮蔽其他虚构性、非科学性的意识形态的明证。① 斯道雷在分析电影《出租车司机》时发现,影片遮蔽了美国政府在越南战争中应当负有的责任问题。② 这些批评分析,无不与阿尔都塞和马舍雷的批评方法具有密切关系。

---

① 详见卡瑟琳·贝尔西:《批评的实践》,胡亚敏译,北京:中国社会科学出版社1993年版,第138—153页。

② See John Storey. *Cultural Theory and Popular Culture:An Introduction*(Fifth edition),Edinburgh:Pearson Education,2009, p. 73。

第四章　结构观念与语义学理论：
亚当·沙夫的符号学

众所周知,在 20 世纪马克思主义的理论发展史上,"人道主义的马克思主义"曾与以阿尔都塞为代表的"结构马克思主义"发生过激烈论争。其中,作为"人道主义的马克思主义"的重要代表,波兰马克思主义哲学家亚当·沙夫在这场论争中,扮演了十分重要的角色。

在彼此的争论中,阿尔都塞的"结构"观成为引发两方争议的重点。尽管主要以"人道主义"观念立论,但沙夫却并未体现出对结构主义符号学的排斥,而是通过对阿尔都塞结构观念的批判,体现出其本人关于"结构"问题的深刻理解。同时,作为欧洲马克思主义符号学的重要代表,沙夫曾与前述学者费鲁奇奥·洛塞-郎蒂、奥古斯特·庞齐奥等学者有紧密关系,并被视为这一学派的重要理论奠基人。遗憾的是,尽管沙夫的一些著作业已被译为英文,如《结构主义与马克思主义》(*Structuralism and Marxism*)、《语义学导论》(*Introduction to Semantics*)和数篇论文,但其大部分符号学著作仍旧仅以波兰文发表而未能翻译为其他语言,这种情况显然限制了国内学界对沙夫符号学思想的研究。

本章拟对沙夫立足马克思主义立场所阐发的"结构观"进行阐释。此外,本章拟探讨沙夫在其"语义学"研究中体现出的符号学思想。

第一节 乔姆斯基结构观念批判

学界一般认为,美国当代语言学家诺姆·乔姆斯基在结构主义思潮的影响下,建立了转换生成语法理论。乔姆斯基特有的结构语言学观念,也成为西方现代符号学的研究对象。

乔姆斯基通过对儿童语言能力的实验性观察,并结合笛卡尔的先天语言学说,得出人类的语言能力是先天获得的结论。他反对心理学家斯金纳(Burrhus Skinner)和语言学家布龙菲尔德(Leonard Bloomfield)的行为主义观点,不同意语言能力是在人类外在环境的作用下形成的这一观点,并由此形成了自己的唯理主义语言学观念。① 同时,虽然乔姆斯基明确肯定索绪尔的结构语言学理论,但他同时认为,索绪尔结构语言学对于"语言"和"言语"的表述过于含混,无法在科学运算的意义上推演出"言语"的可能性。② 因此,在其《句法理论诸维度》一书中,乔姆斯基将语言活动分为"表层结构"和"深层结构"两种范畴,在他看来,人类在儿童时期便先天性(innate)地形成了某种普遍性的深层语言语法,而作为表层结构的具体语言能够从这种深层结构中推导出来。由此,乔姆斯基试图显示出自己与索绪尔结构主义的差异,并以此推进结构语言学的科学化。

关于乔姆斯基对传统结构语言学的批判及对结构语言学的推进,沙夫清晰地认识到,较之索绪尔,乔姆斯基所开创的新结构语言学类型的基本差异在于:他能够继承笛卡尔、莱布尼茨等唯理主义者的基本方法角度,演绎出语言交际中的具体语言表述形式,而这也是他对结构语言学的贡献所在。然而最

---

① 详见沃尔夫冈·斯波里奇:《乔姆斯基》,何宏华译,北京:北京大学出版社2010年版,第44—45页。

② 诺姆·乔姆斯基:《语言与心智》,熊仲儒等译,北京:中国人民大学出版社2015年版,第20—21页。

令沙夫关注的,是乔姆斯基将人类语言能力或"深层结构"定义为"先天获取"的原因,在他看来,乔姆斯基基于数学严密推理的科学精神,与其一系列带有神秘色彩的"先天性"语言学观念间是矛盾的。

在《语义学导论》一书中,沙夫从马克思主义原理出发,认为人类的语言能力是社会交际的过程中形成的,后文将予以分析。但在此处,沙夫并未就乔姆斯基悖论性的理论做过多纠缠。沙夫认为,人类语言能力无法通过17世纪以来的唯理主义哲学来获得答案,而只有从自然科学角度才能得到一定程度的有效阐释。他援引生理学家卡兹(Jerrold Katz)、伦内伯格(Eric Lenneberg)等自然科学学者的观点,认为语言能力既有先天遗传的属性,也有个体后天习得的因素。换言之,除了先天遗传因素外,文化因素成为个体获得语言能力的次级遗传系统(second genetic system),而在通过文化的方式习得语言的过程中,符号则发挥了极大作用:"当生物使用符号时,符号在有机体及其生活环境之间起到了过滤作用"。① 值得注意的是,沙夫认为生物通过符号来对周围环境及族群内部成员进行认知和交流的观点,与当前国际符号学界中的"生物符号学"的基本观点是一致的。

由于现代生物学、生理学与化学等自然学科尚未发展到足够精深的程度,沙夫无法借此判断人类语言能力是否真的具有先天生成性,也便无法对乔姆斯基的转换生成语法做简单的价值判断。尽管如此,沙夫仍旧强调了语言能力得以形成的社会条件。人类如其他生物一样,必定是在某种族群、社会的群体形态中获得语言能力的,个体在与周围的社会环境发生接触的过程中,会彼此在符号的刺激和沟通的过程中发生交际行为,并逐渐形成语言能力,而乔姆斯基的转换生成语法的重大缺陷,便在于忽视了语言结构的社会性因素:"生成语法理论——尤其是其先天语言结构的存在假想,极其不妥地忽略了社会

---

① Adam Schaff. *Structuralism and Marxism*, Oxford and New York: Pergamon Press, 1978, p. 175.沙夫此处所说的"文化",不同于一般"人类文明产物",而是指一种泛义的、存在于所有生物间的信息交际模式。

因素这一重点,这便使它将学术视域中的以下几个维度抹去:首先,社会行为语境中的所有关于语言的难题(也就是社会语言学研究);其次,语言与思维的关系难题,这一难题同样与社会行为语境息息相关。"①

对于乔姆斯基生成语法理论中的唯理主义及形而上学倾向,沙夫并未大加挞伐,而是从生物学的角度剖析其合理成分,从而显示出作为马克思主义者的沙夫所具有的科学精神。同时,关于乔姆斯基疏于考虑的语言生成性中的社会性因素,沙夫也作出了十分精到的论述。

第二节　语义学与符号学交际模式

意大利当代马克思主义学者奥古斯特·庞齐奥认为,在马克思主义批评理论发展史上,有三位学者对符号学作出了符号学本体论层面的贡献:除巴赫金、洛塞-郎蒂外,沙夫在一系列符号学研究——尤其是在对商品拜物教的符号学批判方面,堪称翘楚。② 然而如前所述,沙夫被译为英语的符号学著作极为有限,除前文所涉及的《结构主义与马克思主义》外,其《语义学导论》一书亦被译为英文,此书亦为沙夫一本极为重要的符号学著作。

"语义学"(semantics)是语言学的重要研究领域,由于研究范畴与符号学有重合之处,因此其某些研究常被视为符号学研究内容。有学者认为,语义学在符号学中具有十分重要的地位,且主要体现为"概念语义学"、"叙述语义学"和"话语语义学"三种类型③,两种学科间的交叉关系可见一斑。然而,在"semiotics"或"semiology"两个代表"符号学"的术语尚未获得学术界的普遍运

---

① Adam Schaff. *Structuralism and Marxism*, Oxford and New York: Pergamon Press, 1978, p. 196.

② See Augusto Ponzio. "The Semiotics of Karl Marx: A Historical and Theoretical Excursus through the Sciences of Signs in Europe", in *Chinese Semiotics Studies*, 10(2), pp. 207-209.

③ Bronwen Martin, Felizitas Ringhan. *Key Terms in Semiotics*, Beijing: Foreign Language Teaching and Research Press, 2016, pp. 186-187.

用时,语义学常被符号学家用来表达"符号学"的含义。例如,意大利马克思主义者德拉-沃尔佩便常使用"语义学"、"语符学"等概念来指代符号学。沙夫同样是通过使用"语义学"这一表述方式来建构其符号学体系的。

沙夫关于语义学的基本界定与语言学界大致相同,他援引语言学家布拉霍夫斯基(L. Bulakhovsky)的定义,认为语言学首先源于语言学:"语义学(se-mantics,semasiology)是语言学的一个分支,它主要考察词汇和表达的意义与意义的变化。"①然而沙夫认为,语义学与传统语言学间亦存在差异,具体体现为:后者研究"词语和意指(designata)"间的关系②,亦即词语意义的具体形成过程;前者则研究词语意义的来历及变迁历史。显然,沙夫所界定的语言学领域的语义学包括索绪尔所谓的历时语言学,同时更为重要的是,沙夫将索绪尔的系统论方法,亦即共时性研究也纳入语言学领域的语义学研究范围,并且明确提出,无论是索绪尔所设想的"semiology",还是皮尔斯"semiotics"中关于语言学的部分,都属于"语义学"范畴,可见,沙夫对语义学范畴的界定十分宽泛。

在这一理解基础上,沙夫从语义学研究范畴内部,将其区分为逻辑学、哲学和普通语义学三个部分。他所说的"语义学中的逻辑学",指从弗雷格、罗素到卡尔纳普的逻辑语符学;"语义学中的哲学",则指将语言作为分析、认识活动的分析哲学,除卡尔纳普外,还包括维特根斯坦等人。客观地讲,无论学界如何看待沙夫对语义学所作的划分,他在划分时所涉及的这些学者,都以其对符号学的关注而越来越得到当代符号学界的重视。关于语义学的界分,最有争议的部分是由科尔奇布斯基(Alfred Korzybski)提出的"普通语义学"(general semantics)。科尔奇布斯基从卡尔纳普等学者的语义学学说中汲取灵感,结合临床医学中一系列成果,发明了一套以语义分析为基础的医疗技

① Adam Schaff. *Introduction to Semantics*, Oxford and London:Pergamon Press,1962, p. 5.
② "designata"应当是符号学家莫里斯所说的"desigatum"概念的异体,意为"意指",基本与 signification 同义。

术。事实上,通过符号暗示来医疗身心疾病并非科尔奇布斯基独创,在美国符号学家查尔斯·莫里斯(Charles Morris)、列维-斯特劳斯和拉康的精神分析理论中都有体现。但在沙夫看来,科尔奇布斯基的这种普通语义学只是唯心主义方法的体现,与真正建基于科学思维的医学之间有很大距离。但是,由于科尔奇布斯基是从人类所生存的特定语境中去看待其诸多经验的生成,使这种态度具有唯物主义特性,因而得到了沙夫一定程度的肯定。

在对语义学范畴进行如此细致的区分与界定之后,沙夫指出上述诸多语义学类型所各自具有的唯心主义特征。显然,无论是逻辑实证主义,抑或维特根斯坦等人的语言哲学,都未能从历史唯物主义角度廓清作为人类精神表征的符号现象的基本社会属性。同时,对于作为马克思主义者的沙夫而言,必须建立一种基于唯物主义立场的语义学方式,并使之区别于唯心主义的语义学。在这样的批判性态度基础上,沙夫试图从语义学研究角度,发展出他对符号在人类社会交际中重要作用的认识和论述之上,而这也形成了沙夫从马克思主义立场出发所建构的符号学理论。

学界在涉及马克思关于语言问题的论述时,往往会举出马克思与恩格斯在《1844 年经济学哲学手稿》中的一段话:"……人也具有'意识'。但是这种意识并非一开始就是'纯粹的'意识。'精神'从一开始就很倒霉,受到物质的'纠缠',物质在这里表现为振动着的空气层、声音,简言之,即语言。语言和意识一样古老;语言是一种实践的、既为别人存在并仅因如此也为我自身存在的、现实的意识。语言也和意识一样,只是由于需要,由于和他人交往的迫切需要才产生的。"[①]在这段经典论述中,马克思与恩格斯指出了语言的物质属性和实践属性。同时,在《关于费尔巴哈的论纲》中,马克思指出:"费尔巴哈没有看到,'宗教感情'本身是社会的产物,而他所分析的抽象的个人,是属于

---

① 马克思、恩格斯:《德意志意识形态·费尔巴哈》,巴加图利亚主编,张俊翔编译,南京:南京大学出版社 2011 年版,第 20 页。

一定的社会形式的"①,在对这两段话的理解基础上,沙夫提出:从马克思主义的立场来讲,人是一切社会关系的总和,而社会性是人的基本类属性;同时,人类精神世界的形成,是在特定的历史、社会语境中形成的,因此人的精神性从一开始便因其明显的社会属性,而具有"心智的相似性"(the similarity of minds)。马克思指出,当人类通过生产劳动工具进行劳动时,其精神、思想便不得不与世界发生联系,于是人类的意识以及语言便在劳动的作用下产生;同时,人类的劳动是一种集体活动,在劳动的分工、合作过程中,人类便自然而然地产生了交际和语言活动的诉求。② 这样,人类的精神世界的社会属性,也在语言的中介作用下而得以延展和传承下去:"这相似性之所以最为自然和平常,原因在于,它在社会中得以滋养,并主要通过语言的中介作用,接纳了社会的历史遗产"。③ 沙夫由此在批判了"超验主义"(transcendentalist)、"自然主义"(naturalist)等形而上学或孤立看待人类精神质态的学说之后,从马克思主义的唯物主义立场阐释了人类精神在生成时所具有的社会性。同时,马克思与恩格斯认为,人类精神在本质上具有物质属性,因此交际活动从本质上亦为物质属性的体现:"思想、观念、意识的生产最初是直接与人们的物质活动,与人们的物质交往,与现实生活的语言交织在一起的。人们的想象、思维、精神交往在这里还是人们物质行动的直接产物。"④交际活动从根本上体现为对物质层面互动行为的表征,尽管沙夫并未提及这一点,但其对符号现象的理解,实际上隐含地体现出马克思与恩格斯的这种观点。

交际是人类社会在进行生产、生活活动时所必须具备的行为,而交际过程

---

① 马克思、恩格斯:《德意志意识形态·费尔巴哈》,巴加图利亚主编,张俊翔编译,南京:南京大学出版社 2011 年版,第 73 页。

② 参见马克思、恩格斯:《德意志意识形态·费尔巴哈》,巴加图利亚主编,张俊翔编译,南京:南京大学出版社 2011 年版,第 21—22 页。

③ Adam Schaff. *Introduction to Semantics*,Oxford and London:Pergamon Press,1962, p. 146.

④ 马克思、恩格斯:《德意志意识形态·费尔巴哈》,巴加图利亚主编,张俊翔编译,南京:南京大学出版社 2011 年版,第 12 页。

又必须通过不同形式的符号媒介方能完成。在诸多符号媒介中,语言自然是其中交际功能性最普遍的一种符号形式,而包括奥斯汀(John Austin)、塞尔(John Searle)等现代语用学及语言哲学家,对语言在交际活动中的具体功能都进行过详细考察。例如,奥斯汀从语用学角度,将语言功能分为话语行为(locutionary act)、话语施事行为(illocutionary act)和话语施效行为(perlocutionary act 或 perlocution)三种功能①;维特根斯坦在界定其"语言游戏"(language-game)概念时,提出这一概念具有施动性质:"我把通过语言和行为交织在一起形成的整体,也称为语言游戏"②,亦即语言游戏包括对语言的编码和解码所引起的相应交际行为;在马克思主义领域,哈贝马斯则批判性地发展了塞尔等人的语用学理论,将语言功能划分为"命令式言语行为"等五种类型。③ 此处,沙夫与这些语用学运用者一样,都将交际活动主要界定为一种通过语言媒介而进行的理性行为,即沙夫所说的"真正的"交际行为;同时,建基于艺术活动的情感交际,则只是社会交际行为的次级形式。沙夫认为,两者的区别主要体现为,"与情感交际相比,理性交际通过拥有类似心理状态的交际者相互的经验调节"④,交际双方在其共享的语境氛围中,准确地进行符号交际活动的编码和解码,从而使交际行为体现出有效性。同时,情感交际则更多地借助非概念式的情感符号形式,以"感染"(contagion)的方式召唤符号接受者相应的情感共鸣,与前者相比,作为交际双方的编码者和解码者在对符码的阐释方面,可能因其阐释的张力而具有较大差异。总之,两种交际方式在符号载体、交际方式和交际中解码的有效性等方面,截然不同。实际上,尽管并未明确提出,但沙夫此处对理性交际和艺术情感交际的区分,已经涉及符号与信

---

① 参见奥斯汀:《如何以言行事》,杨玉成等译,北京:商务印书馆 2012 年版,第八讲。

② Ludweig Wittgenstein. *Philosophical Investigation*, Oxford: Blackwell Publishers Ltd, 1997, p. 5.

③ 参见哈贝马斯:《交往行为理论:行为合理性与社会合理化》,上海:上海人民出版社 2004 年版,第 309—310 页。

④ Adam Schaff. *Introduction to Semantics*, Oxford and London: Pergamon Press, 1962, p. 128.

号的社会功用差异问题。对此,后文将予以详尽分析。

当然,语用学的研究维度仅是从语言的社会功用角度出发的,较少涉及符号学理论。同时,沙夫则将语义学——或曰符号学探讨提升到了马克思主义的哲学问题高度,并进而考察和探讨了人类交际活动中包括语言在内的不同符号的类型及其各自功能。沙夫的基本区分方式,在于符号媒介形式的生成属性,亦即符号是人工符号还是自然符号。前者指人类刻意制造的符号形式,而后者类似于语言学所谓的物理、生理及化学等自然领域的“症候”。事实上,这种方式再次暗示出沙夫的基本马克思主义立场:既然符号是人类社会及文明的产物,那么符号的生成属性便显然意味着人类生产与生活活动中的表意实践。同时,通过制造工具进行劳动是人类的基本属性,那么制造符号工具,或曰在人类社会活动中对符号价值加以运用,则同样属于人类属性的体现,这应当是沙夫将人工符号称为“真正符号”(proper sign)的实际原因。现象学奠基人埃德蒙德·胡塞尔(Edmund Husserl)将符号分为“指号”(Anzeichen)和“表述”(Ausdrücke)两种形式①,分别指指代客观实体与抽象观念的符号。但沙夫认为,无论是胡塞尔的这种区分方式、抑或逻辑学家皮尔斯的意指三分法,其共同缺陷在于未能有效区分自然符号和人工符号。在这样的价值立场和逻辑基础上,沙夫根据符号功能将其细分如下②:

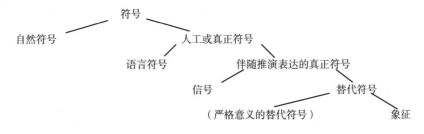

————————

① 对这两个概念的理解及译法,参阅倪梁康:《胡塞尔现象学概念通释》,北京:三联书店2007年版,第47—48、68—70页。

② Adam Schaff. *Introduction to Semantics*, Oxford and London:Pergamon Press, 1962, pp. 178-181.

　　沙夫将分析重点置于人工符号之上。在他看来,人工符号的首要功用,便是在社会生活中有效地沟通社会交际行为。其中,语言符号(verbal signs)显然是索绪尔传统的主要研究对象,沙夫并未细述。同时,在人工符号内部,较之语言符号而言,某些符号在被制造出来时,便预示着其接受者对信息的接受有效性强于语言符号,同时,解码过程需要符号接受者与发送者之间的约定行为,沙夫称之为"伴随推演表达的真正符号"(proper signs with a derivative expression)。而在这类符号之下,沙夫则进一步析分出信号(signal)、替代符号(substitute sign),并在替代符号下析分出"严格意义的替代符号"与象征(symbol)。本书对此概述如下。

　　其一,信号指符码发送者和接受者之间对符码信息事先约定好了的意指形式。由于两方互有约定,信号的信息保持恒定,不因语境的差异而产生变化。因此,长期以来,这种意指形式是否属于符号学研究范畴,受到学界争议。沙夫强调,信号的基本特征表现为约定性、指令性和意指形式与指令效应间关系的任意性,这种界定与当代符号学界基本一致。

　　其二,替代符号指一般意义上符合以 A 指代 B 模式的符号。例如皮尔斯的像符(icon)、修辞学传统中的诸多比喻类型,都被沙夫纳入其中。

　　其三,事实上,"象征"(symbol)是符号学界最为难以界定的意指形式类型。但一般而言,象征的基本特征在于,能够体现某种意识形态或集体情感的意指形式。例如原始图腾、纪念碑等,都以特定意指形式,凝结并激发某个群体的集体性思维或情感。①

　　此外,沙夫除对符号的情境和语言符号的社会交际性等问题进行了探讨外,还从社会科学层面分析了意义的生成机制等问题。这些探讨表现了沙夫宽广的社会文化学视野,以及敏锐的科学观察能力和缜密的思辨能力。至此,沙夫的语义符号学似乎彻底采取了一种科学路径,同时,其散发着科学意味的

---

　　① See Henri Lefebvre. *The Producton of Space*, Oxford: Blackwell Publishing, 1991, p.141.

符号学亦略显缺乏系统性。但如果细加考察,这一系列符号探讨与沙夫的马克思主义人道主义旨归实际并不相悖。

关于"符号情境"(sign situation)概念,尽管沙夫曾做出以下界定,"所谓实在的符号情境,实际就是人类交际的实在过程"①,但似乎并未廓清符号情境的基本定义和范畴。事实上,所谓符号情境,指在交际活动过程中,符号发出者、接受者和符号共同构成的整体情境。美国批评家奥格登和瑞恰兹曾出版名作《意义的意义》,其中,英国人类学家马林诺夫斯基(Bronislaw Malinowski)的《原始语言中的意义问题》一文被意味深长地附在文末。在这篇长文中,马林诺夫斯基强调了语境(context of situation)对语词意义形成和改变的影响。② 具体而言,在语言符号意义的形成过程中,特定的物质情境能够发挥某种联想功能。沙夫认识到,在交际活动中,某种物质对象能够在引发交际双方共同呈现出某种心理共性的同时,以符号化方式成为交际双方间的交际媒介:"认知关系中的对象,被各种主体所共享,这个对象是物质世界,这一物质世界往往体现为广义层面的实际事物(things)形式。所有关联、联系、属性、态度和行动等,都是认知的对象……它们在物质世界(以'事物'的面貌)的诸多组成碎片的形式,呈现为客观的关系、属性或态度等。"③简而言之,物质通过被交际者加以符号化的方式,同时以语境联想为途径,在交际者之间形成交际活动的媒介。

为阐释这一点,沙夫援引了奥格登、瑞恰兹所界定的"符号三角结构"。众所周知,这一观点是对皮尔斯著名的意指三分法的援引和发展,认为符号结构包括符号(symbol)、指称思想(thought of reference)和指称物(referent)三部

---

① Adam Schaff. *Introduction to Semantics*, Oxford and London:Pergamon Press,1962, p.216.
② 这一概念实际正是指"situation"或"context"。马林诺夫斯基在开篇即承认,哲学界和语言学界对"语境"的具体称谓方式往往较为随意。详见 Bronislaw Malinowski. *The Problem of Meaning in Primitive Languages*, supplement as *The Meaning of Meaning* by C.K. Ogden and I.A. Richards, New York and London:Harcourt Brace Jovanovich,1923。
③ Adam Schaff. *Introduction to Semantics*, Oxford and London:Pergamon Press,1962, p.219.

分。在沙夫看来,这种对符号结构的定义,事实上阐述了符号情境的基本范畴及功能:在指称的阐释作用下,物质性对象由此得到符号化;换言之,在特定情形之下,对象因相似性(iconicity)的理据性原因,在指称的作用下,产生表意过程并由此形成符号。这样,对象在成为符号的同时,发挥其语境作用,成为诱发交际者产生交际共鸣的共同基础。

就奥格登和瑞恰兹所援引的皮尔斯意指三分法而言,其交际学、传播学意义业已成为当代符号学研究的前沿问题。① 其中一个重要原因,在于皮尔斯指明了符号的"无限衍义"(infinite semiosis)特征。对此,意大利学者庞齐奥予以了详尽阐述:"对于皮尔斯而言,符号必须在其符号活动的总体语境和它与解释项的关系中才能呈现","作为一个符号,其解释项指涉另外一个解释项,而后一个解释项则成为符号,又转向了对下一个解释项的指涉,这样,指涉行为便在一个不断延迟的链条上进行下去"②,亦即在不断生成的解释项作用下,符号的意义呈现出无限延伸的态势。值得注意的是,这种开放的释义状态,使符号意义的丰富性得以不断延伸,同时也将符号引向了某种"诗无达诂"的诗性境界。

沙夫注意到,在人类不同形式的交际过程中,表达方式可能因其多义性(polysemy)而造成社会交际活动的不便。沙夫本人在《马克思主义与人类个体》(Marxismus und das menschliche Individuum)一书中,探讨了语言符号在不同意识形态语境中意义的变形现象③,并在《人的哲学》中,对"自由"(freedom)概念内部的语义差异进行了辨析。④ 在社会语言学性质的《语义学导论》中,沙夫同样以科学态度谈及符号在交际过程的效用,而很少谈及诗性

① See John Fiske. *Introduction to Communication*(Second Edition), London and New York:Routledge,2002, pp. 41-42.

② Augusto Ponzio. *Man as a Sign*,Berlin:Mouton de Gruyter,1990, p. 189.

③ See Susan Petrilli, Augusto Ponzio. Semiotics and Critique of Political Economy in Adam Schaff,in *Semiotica*(9),2012, pp. 141-143.

④ See Adam Schaff. *A Philosophy of Man*,London:Lawrence and Wishart,1963, pp. 68-69.

问题。然而,从其字里行间及篇幅安排中,却似乎能够看出沙夫的些许人文主义精神。

在此前关于艺术情感交际的探讨中,沙夫将其与理性交际区分开来,认为艺术所依赖的情感在交际有效性、亦即编码\解码的功能性方面,无法与语言符号相比。原因在于,艺术情感符号的多义性特征,使接受者无法准确地解读其有效符码。从生产活动和日常交际来看,艺术符号因其语义的复杂多样而不具备一般交际功能的有效性,然而,从人类必须拥有的精神、情感交际的层面讲,艺术情感符号的交际则是不可或缺的。与之相似,象征这种表意形式也有相同之处。尽管在社会生产活动和日常交际活动中,象征很少发挥符号交际功能,但在某些特定场合,例如祭祀、仪式中,它通过对集体思想及情感的展现方式,调动和激发民众产生不同的情感及思想价值,从而能够为社会文化生活增添某种诗性品质。

同时,沙夫在阐述"信号"现象时着墨甚多。如上所述,信号指一种不受语境影响的单义化意指形式。莫里斯认为:"象征是由符号的解释者创造出来的符号,它和其他与之类似的符号能够彼此替换;每个不是象征的符号,是信号"[1],在他看来,符号接受者在参与解码方面是否具有自主性,或曰符号释义是否具有张力,是象征和信号间的基本区别。沙夫在援引莫里斯的这一观点时,显然同样注意到了这种差异。值得注意的是,法国马克思主义者列斐伏尔及弟子波德里亚都曾谈及现代社会语义领域中,象征不断向信号发生转变的社会态势。在现代社会中以缩短社会必要劳动时间的整体旨归的引导下,加之科层体制的控制作用,社会人的世界感知和意义阐释愈加失去了前现代时期的诗性特质,并相应呈现出马尔库塞所谓的"单向度"状态,从语义学角度来看,便表现为象征的缺失和信号的泛滥。具有存在主义气质的沙夫曾就"人类命运"、"生命意义",以及现代人的生命敞开方式等问题,给予过深沉的

---

① Charles Morris. *Signs*, *Language and Behavior*, New York:Geotge Braziller,INC.,1955, p. 25.

思虑。尽管在其专论符号学的论著中,沙夫并未从这一维度进行明显论述,但他对现代生产、生活中逐渐"信号"化的交际模式,及其为现代人心性结构带来的创伤,以一种极为秘而不宣的方式进行了反思。

此外,沙夫还结合心理学知识,对话语套路现象进行了深入探讨。所谓"话语套路"(stereotype),指人类在诸多无意识及意识的社会语境中,逐渐形成的承载特定语义及情感内涵的特殊语汇;换言之,话语套路是人类在各种自然、社会因素的影响下,所形成的特殊语言现象。沙夫注意到,某些特殊词汇在家庭、学校及社会的特定意识形态语境中出现表意的固化现象,并可能成为特定群体某种意识形态的表达方式。① 显然,这种研究将语义学研究延伸到了心理学和政治学领域,极大地延伸了符号学的研究范畴。

总而言之,相对于其他马克思主义学者更多地将符号学作为批评方法而言,沙夫从马克思主义基本立场出发,对作为人类社会现象的符号进行了十分细致的分析,并对诸多符号学学派各自方法作出深刻的批判和探讨,由此显示出马克思主义宏阔的研究视野和批评深度。在当代符号学界普遍将研究目光投向皮尔斯与巴赫金时,沙夫符号学理论的价值应当受到更多的重视。

---

① See Adam Schaff. "The Pragmatic Function of Stereotypes", in *International Journal of Sociology and Language*(45),1984, p. 90.

第二编

文学的社会文化符号学解读

2

文学批评是马克思主义批评理论中极为重要的组成部分。对于马克思主义者而言,文学批评往往经由对文学所处意识形态语境的考察,来探讨文学生产的复杂过程。从广义角度讲,马克思主义的文学批评大多需要将文学作为一个符号体系来加以研究,然而在这个批评过程中,运用成熟的现代符号学理论来具体进行,则主要体现于巴赫金、德拉-沃尔佩和詹姆逊等马克思主义者的批评工作之中。尽管这几位马克思主义者在文学批评之外的其他领域同样有着丰富的符号学实践,但由于其在文学的符号学批评方面的建树,因此,将对他们符号学实践的探讨置于此编当中。

第五章 符号学的意识形态维度与语言哲学:巴赫金的符号学理论

作为哲学家与文艺理论家,巴赫金在国际与国内学界的影响力毋庸置疑。同时,巴赫金在符号学领域的建树,使国际符号学界对巴赫金符号学思想的研究成为显学。作为苏联学者,巴赫金将对马克思主义的理解运用于符号学研究之中,而以巴赫金为代表的"巴赫金学派"亦常被视为马克思主义者。尽管巴赫金的某些著作中是否真的具有马克思主义倾向这一问题受到国内外学界广泛争议,但由于其一系列论述中极为明显的历史唯物主义倾向,及其往往选取的从意识形态等马克思主义视角审视对象的角度,因此,本书将因其明显的倾向和方法取向而将其纳入马克思主义研究范畴,并主要通过巴赫金思想中的马克思主义特征,来审视其符号学思想;同时,其著作是否由梅德韦杰夫(Pavel Medvedev)、沃洛辛诺夫(Valentine Volosinov)所作等理论史悬案①,本书不拟做任何探讨。

众所周知,巴赫金在其"对话"思维的引导下,发展出"狂欢节理论"、"复调理论"等一系列理论学说,并得到包括符号学在内的诸多人文社会科学界

---

① 巴赫金的诸多著作是否出自其本人之手,一直受到学界争论。本书采取作者为巴赫金一说。

的广泛关注。此外,在以索绪尔与皮尔斯为代表的当代两大符号学传统外,巴赫金开创了观点独到而全新的符号学学派。尽管如此,正当索绪尔符号学思想在西方学界普遍受到关注,并对人文社会科学领域施加影响之时,巴赫金的符号学思想亦以索绪尔符号学作为基本框架而加以比照与审视,并被作为索绪尔符号学的反题,而被冠以"后结构的马克思主义"的名号。①

学者刘康认为,巴赫金的主要思想历程,大致分为三个阶段:其一,早年受康德哲学影响所形成的哲学—美学阶段;其二,20 世纪 20 年代中期的马克思主义思想阶段;其三,30—40 年代的小说研究阶段。② 可见,巴赫金受到马克思主义影响,并以马克思主义理论作为批评的主要立场与方法,是从 20 年代中期开始的。同时,符号学家佩特里莉认为,巴赫金的理论学说大致可以分为"文学哲学"和"语言哲学"两部分③,而这两部分的理论建构都在不同程度上受到马克思主义的影响,也从不同层面体现出巴赫金的符号学思想。因此,本章拟按照这一逻辑,分别剖析巴赫金的两种不同类型的符号学理论。

第一节　作为符号学理论的狂欢诗学

巴赫金的狂欢节理论,早已成为西方学界的重要论域。同时,狂欢节理论对于符号学亦具有十分重要的意义。然而,狂欢节理论与符号学的关系具体体现为什么,学界却少有清晰的界定。李幼蒸认为,"巴赫金文学符号学的价值在于他对小说形式技巧和哲理寓意之间联系方式的思考方面"④,也就是

---

① See Mark Currie. *Postmodern Narrative Theory*, Houndmills and Basingstoke: Palgrave Macmillan,1998, p. 5.

② 参见刘康:《对话的喧声——巴赫金的文化转型理论》,北京:北京大学出版社 2011 年版,第 39 页。

③ See Susan Petrilli, Augusto Ponzio. *Semiotics Unbounded: Interpretive Routes through the Open Network of Signs*, Toronto: University of Toronto Press, p. 138.

④ 李幼蒸:《理论符号学导论》,北京:中国人民大学出版社 2007 年版,第 674 页,引文略有改动。

说,狂欢节理论的符号学价值主要体现在对西方中世纪文学经典中文学技艺及其哲学内涵所进行的符号学解读。然而,这种认识似乎与符号学中破解符码的批评工作并无二致,而没有将其与巴赫金以意识形态视域为基础而加以建构的符号学理论联系起来。事实上,巴赫金所秉持的马克思主义意识形态分析视角,是几乎所有符号学理论的基本审视框架。

众所周知,法国中世纪诗人拉伯雷(Rabelais),以其名著《巨人传》,表达了蕴含深湛的人文主义内涵。同时,这部不朽名著也以其宏阔的历史学视野,对中世纪以来宗教与世俗的思想氛围进行了细致描述。其中,对中世纪狂欢节的描写尤其耐人寻味。巴赫金认为,作品中与狂欢节相关的一系列描写,无不体现出人文主义者关于人类与世界关系的阐释,并由此消解及颠覆着中世纪宗教及封建思想桎梏。

据法国年鉴学派历史学家布罗代尔(Fernand Braudel)考证,文艺复兴时期的人文主义思潮与中世纪神学间并非截然对立的关系,而是存在诸多不同形式的联系。① 尤其对于包括法国在内的诸多欧洲北方地区而言,其文艺复兴运动的主要特征,以及人们对人文主义的理解,都与文艺复兴运动的发祥地意大利存在一定差异。具体而言,便是世俗与宗教生活之间存在沟通和交融关系。有西方学者认为:"广义上说,北方文艺复兴寻求基督教人文化,寻求宗教与世俗的调和。"②在这种旨在沟通宗教与世俗社会精神的文艺复兴运动类型中,狂欢节(carnival)成为其中的重要形式之一。这一节日带有十分明显的世俗化特征,与中世纪欧洲的基督教教义和封建制度所营造的秩序森严的氛围截然相反。在节日上,教会神职人员、封建政权的公职人员以及普通民众纷纷聚集于集市之上,极尽胡闹调皮、插科打诨之能事,并由此产生出一系列

① 参见费尔南·布罗代尔:《文明史》,常绍民等译,北京:中信出版社2014年版,第367页。

② 理查德·苏里文等:《西方文明史》,赵宇烽等译,海口:海南出版社2009年版,第405页。

充满滑稽、幽默意味的文化产物。这种中世纪狂欢节及其一系列精神产物,使民众与政教合一的宗教与官方生活拉开一定距离,从而使其暂时从严谨的日常宗教生活中获得一丝精神与生理的解脱。

关于狂欢节的精神起源,文学史家往往疏于详尽考察,甚至想当然地将其归因于民间精神所孕育的民主精神的自觉。然而值得注意的是,这种狂欢精神事实上更多地源自基督教文化传统自身。有西方学者认为,这种狂欢精神从基督教的前身诺斯替教那里,一直延续到了中世纪后期。① 但该学者提出,巴赫金在字里行间暗示狂欢精神完全源于民间的世俗精神,却由此将民间世俗精神和基督教官方的世俗传统截然对立了起来,然而,对于法国文艺复兴传统而言,这种狂欢精神所孕育的人文主义精神,实际上正是通过一系列宗教节日形式在民众之中得以传播开来,并随之形成一种文化思潮的。② 当然,也有学者认为,中世纪的教会自始至终都反对狂欢节的欢声笑语及其交流精神。③

无论如何,巴赫金对中世纪法国民众的世俗化精神的考察和判断,都无疑是准确的。巴赫金发现,这种狂欢节往往与许多其他类型的宗教节日具有某些相似特征,它们都以日常生活的轻松幽默来打破宗教氛围的桎梏。这些描述,貌似只是巴赫金对中世纪节日所做的一般性文化及文学批评,但如细加考察,便不难发现狂欢诗学同样是对巴赫金一向提倡的意识形态考察视角的复现。④ 巴赫金认为符号是意识形态的体现,符号冲突的本质,体现为意识形态

---

① 参见英格维尔特·萨利斯·吉尔胡斯:《宗教史中的笑》,陈文庆译,上海:上海人民出版社 2005 年版,第 73—126 页。

② 参见英格维尔特·萨利斯·吉尔胡斯:《宗教史中的笑》,陈文庆译,上海:上海人民出版社 2005 年版,第 121 页。

③ 参见简·布雷默等编:《搞笑:幽默文化史》,北塔等译,北京:社会科学文献出版社 2001 年版,第 83 页。

④ 此前,有学者提出到狂欢化的实质在于意识形态的冲突。例如邱晓林便将狂欢节置于意识形态领域进行审视。详见邱晓林:《从立场到方法——二十世纪国外马克思主义意识形态文艺理论研究》第二章第一节"巴赫金:'狂欢化'批评",成都:巴蜀书社 2006 年版。

的冲突,下文将对此详尽分析。事实上,这种符号学观同样贯穿于其狂欢节理论之中。

作为文艺复兴时期人文主义意识形态的代言人,拉伯雷通过隐喻与象征的手法,将这种意识形态以文学形式表现了出来。[①] 在《拉伯雷与他的世界》(Rabelais and His World)一书中,巴赫金深入解读了拉伯雷作品中所描写的中世纪宗教节日中一系列意象内涵,并从中发掘出文艺复兴时代的人文主义精神,值得注意的是,狂欢节理论的符号学意义也主要体现于此,"当巴赫金通过拉伯雷的小说解读中世纪节日和狂欢的密码时,他填平了这些符号的古老文化和现代版本,即符号语言学之间的距离"。[②]

如前所述,巴赫金主张将符号现象置于具体的意识形态的语境中以审视其表意机制,而在此处,意识形态恰是理解狂欢诗学中符号现象的基础。巴赫金强调,符号是阶级斗争过程中意识形态领域冲突的产物。同时,根据马克思主义的一般原理,对意识形态的审视则必须分析这种意识形态是在怎样的经济基础及生产关系条件下产生的。就中世纪欧洲的天主教地区而言,其商业因素、资本主义市场因素已然逐渐萌生。资产阶级及普通市民阶层为进一步发展资本主义工商业,必须打破作为意识形态的基督教教义的思想桎梏。在巴赫金所考察的一系列狂欢节形象的活动场所中,往往具有经济市场活动的背景。例如,巴赫金所注意到的"集市言语体裁",就与中世纪城市中集市上骗子和小贩的吆喝、吹嘘有关。[③] 可以想见,商业活动、经济活动的兴起,是民众世俗精神兴盛于这个时代的重要原因。加之基督教官方节日对狂欢、世俗

---

① 法国历史学家吕西安·费弗尔通过一系列考证,探讨了拉伯雷是否是一位彻底的反教会、反基督的无神论者的可能性。详见吕西安·费弗尔:《十六世纪的无信仰问题》一书,闫素伟译,北京:商务印书馆 2012 年版。

② 英格维尔特·萨利斯·吉尔胡斯:《宗教史中的笑》,陈文庆译,上海:上海人民出版社 2005 年版,第 131 页。

③ See Mikhail Bakhtin. *Rabelais and His World*, Bloomington: Indiana University Press, 1984, pp. 153-154.

精神的宣扬作用,这种世俗精神很容易被普通民众接受,并成为反抗基督教正统教义的意识形态。①

此处,巴赫金在考察拉伯雷所处时代的基本阶级关系后提出,《巨人传》等小说中的社会结构格局,大致体现为"世俗民众"和"教会/封建国家政教合一"的对立形式。这种对立格局,不仅在中世纪的宗教及世俗政治生活以及经济生产过程中体现了出来,同时,也相应呈现出意识形态领域的二元对立形式,且主要体现为作为统治阶层统治手段的后者对作为被统治阶层所拥有的前者的精神压制:"对于中世纪的那些官方节日而言,无论它属于教会还是受封建国家的支持,都不能使民众摆脱既有的世界格局,都无法开创任何其他生活方式。相反,它们强行将现有的社会模式确定下来,并竭力强化这种模式","官方节日甚至一反此前纯粹的节日精神,宣称既有的一切都是稳定的、不变的、永恒的:现有的等级、现有的宗教,以及政治和道德价值、规范、禁令。"②作为官方意识形态的节日,发挥出压制民众意识形态的"意识形态国家机器"功能,使得社会日常生活中的话语形式呈现出呆板而僵死的不堪面目,从而无法形成灵动鲜活、生机盎然的话语符号的产生机制。

在巴赫金看来,阶级之间的意识形态冲突,是新的符号不断得以生产的基本原因。从欧洲中世纪文学领域来看,僧侣文学占主导地位的状况,在很大程度上显示出基督教意识形态在这一时期所具有的统治地位,然而在同一时期,以《列那狐的故事》为代表的市民文学等世俗文学的兴起,则体现出与基督教教义迥然相异的日常伦理与市民心理的意识形态。显然,文学体裁同样能够体现出某种破除宗教正统观念的狂欢节精神。有别于中世纪正统僧侣文学的其他体裁的出现,恰恰说明普通民众所具有的世俗性意识形态在暗暗地挑战

---

① 值得注意的是,基督教官方内部呈现出对世俗精神的态度的分裂。大致来讲,教会权威对世俗性节日非常反感,而普通教会人员则持接受态度。

② Mikhail Bakhtin. *Rabelais and His World*, Bloomington:Indiana University Press,1984, p.9. 引文的翻译参考了中文版《拉伯雷研究》,李兆林等译,石家庄:河北教育出版社1998年版,下同。

基督教意识形态的主导地位。可见,意识形态之间的斗争、冲突,往往能够以文学话语、文学体裁的符号形式体现出来。然而,在拉伯雷的《巨人传》等小说中,则体现出比市民文学更具世俗精神的意识形态,它们与基督教/封建意识形态的对立,并以诸多诙谐滑稽的意象形式直接呈现于文本之中。这也便是巴赫金最为重视的一种世俗与自由精神。

巴赫金认为,诙谐文化一般体现为三种形式,分别是各种仪式表演,亦即集市表演;滑稽的戏仿性(parody)文学作品;不同文体的集市语言。① 这种诙谐精神,在一般性文学创作中同样有所体现,这就是巴赫金所说的"梅尼普讽刺体裁"(Menippean satire)。巴赫金认为,梅尼普讽刺体裁糅合了古希腊以来西方文学传统中不同的体裁形式,因此,对于任何体裁而言,梅尼普讽刺体裁都体现出一种反讽效应。巴赫金由此认为,包括梅尼普讽刺体裁在内的诸多体裁,与狂欢节均存在精神上一脉相承的关系:"它们都不同程度地沉浸于对世界的特殊的狂欢之感中。"②也就是说,巴赫金从文学体裁的形式角度看到了狂欢节中的自由、平等精神。在第一种形式中,集市表演对一切充满等级秩序观念的官方仪式文化进行祛魅;在第二种形式中,戏仿性作品不仅从形式层面对官方教会文学构成了反讽关系,同时更为重要的是,以反讽形式透射出对官方文学正统性的消解;而在第三种形式中,包括骂人的脏话、诅咒(Jurons)等新型文体的出现,体现出文体形式创新的与普通民众日常生活方式及观念的关系。俄国形式主义者往往从文学自律性的角度来理解文学,其中,什克洛夫斯基与雅各布森等人,甚至将文学体裁的发展归结为文学形式内在的替换,从而未能考察到文学体裁的发展与意识形态之间的关系。与此同时,巴赫金在梳理和描述文学体裁的发展时,却发掘出诙谐文化中不同体裁所

---

① See Mikhail Bakhtin. *Rabelais and His World*, Bloomington: Indiana University Press, 1984, p. 5.

② See Mikhail Bakhtin. *Problems of Dostoevsky's Poetics*, Minneapolis: University of Minnesota Press, 1984, p. 107.

具有的与官方文化全然不同的意识形态,并以此作为考察这些体裁的主要标准,这显然是他与俄国形式主义者在此问题上态度的本质区别之一。

然而,较之对体裁的分析,巴赫金对拉伯雷小说中一系列意象的探讨,则更能体现出对狂欢节文化中自由交流精神的强调。总体而言,巴赫金认为,在拉伯雷的作品中,无论是"怪诞肉体意象"、"宴席意象"、"脱冕意象"抑或其他意象,都往往遵循"高贵的"—"低下的"、"肉体"—"世界"两种关联模式,巴赫金称其为"怪诞现实主义"。关于巴赫金所描述并加以阐述的这一系列意象,此前学界已有诸多梳理和研究,本书此处不再赘述,而是仅从马克思主义的角度,对狂欢节理论进行符号学视角的观照。

在巴赫金对拉伯雷小说诸多意象的一系列描述和阐释中,"降格"(degradation)一词成为其批评的精神内核之一:"怪诞现实主义的基本原则体现为降格,也就是说,把一切高雅的、精神性的、理想的和抽象的事物降低,并将它们转移到一个由不可分解的物质领域、大地和身体的层面所形成的统一体。"①事实上,尽管巴赫金不惜笔墨地描述了大量渗透着人文主义内涵的意象,但它们基本可以被以"降格"这一表述所涵盖。巴赫金所进行的一番论述的实质体现为:在平民的日常化、世俗化观念意识,以及官方的、基督教的意识形态之间搭建桥梁;换言之,在中世纪的意识形态领域,拉伯雷以隐喻的方式表达出不同阶层打破隔阂,并由此实现话语、精神交流的目的。

巴赫金所举的例证极为丰富,此处仅援引其中一例。巴赫金发现,拉伯雷的小说中往往将人类的各种生理属性——尤其是生殖能力及与之相关的意象,与代表教会及封建政权的官方表述联系起来,例如:"拉伯雷不假思索地将'我们的天主'和'天主的祝福'这些词汇,与粪便的形象联系在了一起。"②这种修辞方式,在等级森严的中世纪政教合一时代,自然是不可想象的。按照

---

① Mikhail Bakhtin. *Rabelais and His World*, Bloomington: Indiana University Press, 1984, p. 19.
② Mikhail Bakhtin. *Rabelais and His World*, Bloomington: Indiana University Press, 1984, p. 149.

巴赫金的观点,这种笔法,绝非拉伯雷个人的修辞游戏,抑或个人价值观念的产物,而是有其深刻的意识形态背景,并由此关涉对中世纪文艺复兴时期的阶级属性的考察。如前所述,巴赫金基本将这一时代的阶级划分为具有商业意识的世俗市民和教会及封建政权,它们总体上体现出"被统治阶级"和"统治阶级"的对峙格局。那么对前者而言,在意识形态领域内对基督教及相关意识形态进行抗争,是其表达本阶级利益的重要手段。意大利马克思主义者葛兰西曾以其"文化霸权"概念,指涉统治阶级通过文化、道德等意识形态方式宰制被统治阶级的政治及社会行为,同时,被统治阶级与统治阶级在意识形态领域内进行协调和商议,以决定社会领导权的归属。尽管拉伯雷小说中所描写的中世纪社会与20世纪的西方资本主义社会不可同日而语,但就巴赫金所界定的两种阶级在文化领域的对立形式而言,这种意识形态抗争在一定程度上是符合文化霸权概念的范畴的。

同时,这种意识形态抗争在文学中得到相应的体现,且往往通过意象的隐喻及象征手段而得以表达。此处,巴赫金在事实上采取了后文将予以论述的德拉-沃尔佩的批评方式。在德拉-沃尔佩看来,尽管意识形态往往以科学语言获得一般性表述,但文学却往往通过隐喻及象征等手段,将这种科学语言转换为诗性语言,从而实现对意识形态进行文学化表达的目的。巴赫金同样注意到,文学中诸多象征及隐喻意象的出现,正是这种意识形态的诗性体现。必须指出的是,在拉伯雷的小说中,意识形态抗争绝非仅仅意味着形式上的阶级意识对立,而是具有更为深刻的民主内涵,亦即对不同阶层民众打破精神隔阂,从而实现营造宽松、自由的精神氛围的目的。例如,《巨人传》中所出现的一系列具有戏仿性质的意象,无不具有这种特点。巴赫金曾提及其中的一系列粗俗、鄙陋的集市语言,认为这些语言具有明显的人文隐喻意义:"把《大事记》(Chronicles)称颂为拯救世界的唯一一部著作,实际上暗指排除其他观念的教会真理;在破口大骂和诅咒之后,潜藏着对教会的排除异己、恫吓与火刑

(*autos-da-fé*)的隐指。宗教政策,由此被转换为充满反讽意味的叫嚷的语言"①,然而,这种对教会的讥刺与调笑绝非充满戾气的怨怼与仇视,而是通过轻松调侃的方式,借消解教会及封建政权思想的樊笼,从而实现社会话语的彼此沟通与人类精神的自由交往:"这种拙劣的模仿,指向了中世纪的思维基础,也就是那些建立真理、并促使人们笃信的途径,它们与畏惧、暴力、阴郁、狭隘的严肃性和固执性紧密联系。同时,前言部分将我们带入一个截然不同的氛围,在这种氛围中,充满着无畏、自由和愉悦的真理。"②这种对自由的理想世界的向往,同样是以象征或隐喻的意象形式,表达出中世纪普通民众充满自由精神的意识形态。

当然,这种意识形态内部所包蕴的内涵极为丰富,并延伸出与前述内涵一脉相承的全新意义,亦即对世界的人文主义式理解和认识方式。中世纪教会以其创世论的神学论调,鼓吹上帝创造了包括人类在内的万事万物。在这种情况下,"上帝"的旨意——实质是教会的蛊惑——便成为人类认识、理解世界的唯一标准。然而,人文主义观念的兴起,却在极大程度上撼动并取代着这种神学观念。在拉伯雷小说中,在一系列暗示教会神学观被嘲笑、讽刺的意象出现后,小说便继而以意象的方式,从意识形态维度,显现出文艺复兴时期民众看待世界时所采取的全新人文主义式的方式。

巴赫金注意到,《巨人传》中的许多意象,往往体现出人体与世界的联系,并以此表现出特殊的人文意味。例如,拉伯雷笔下的"粪便"意象,便极具象征性意义。首先,粪便是人体的排泄物,是体内最为肮脏的部分;其次,当粪便被排放到大地,却成为滋养粮食、孕育生命的宝藏:"粪便被构想为将大地与

① Mikhail Bakhtin. *Rabelais and His World*, Bloomington:Indiana University Press, 1984, p. 167.

② Mikhail Bakhtin. *Rabelais and His World*, Bloomington:Indiana University Press, 1984, pp. 167-168.

身体联系在一起的媒介,成为让两者相连的事物"①,粪便因此发挥了联系人类与世界的纽带功能,在隐含地贬抑中世纪神学观的同时,也彰显出人类肉体性的欲望本质,以及人类在世界上所应当具有的统治性地位。值得注意的是,这些意象,承载着中世纪——尤其是文艺复兴时期普通民众关于世界的全新认识。一般而言,在基督教会的正统观点看来,"思想、文学和艺术渗透着对人类生存世界之外的真理和光明的探求。这种出自心智和想象的探寻源于几乎普遍的信仰,即上帝控制着宇宙,了解并礼拜上帝是人类的义务。"②然而,人文主义思想的渗透,却使民众在很大程度上,不再一味地固守教会所灌输的"上帝创世"说,而是认识到人类自身在认识、改造世界方面的伟大潜力,这种全新的认识论,作为一种意识形态,便以象征或隐喻的意象形式体现在文本之中。

在巴赫金看来,世俗意识形态与基督教及封建政权官方意识形态的冲突,构成中世纪欧洲社会的意识形态真实格局。与马舍雷所描述的意识形态之间的冲突与遮蔽不同,这种意识形态的并峙格局以隐喻的形式体现出来,这便成为拉伯雷描绘出一系列充满人文主义意味意象消解、抵制基督教意象的原因所在。总而言之,狂欢诗学中的一系列人文意象,正是中世纪世俗民众与宗教及官方两个不同阶级的意识形态冲突、融合的符号体现方式。

第二节　复调理论

巴赫金的复调理论往往被视为其符号学思想的一部分。然而,作为符号学的复调理论与巴赫金的马克思主义立场之间的关系,却似乎很少得到充分

---

① Mikhail Bakhtin. *Rabelais and His World*, Bloomington: Indiana University Press, 1984, p. 175.

② 理查德·苏里文等:《西方文明史》,赵宇烽等译,海口:海南出版社 2009 年版,第356 页。

论证,甚至往往受到忽视。事实上,巴赫金的这两种理论无不与意识形态问题息息相关。

作为文学现象的"复调",主要包括:陀氏作品中主人公及作者关于主人公的立场;对陀氏观念的探讨;对陀氏体裁特点的探讨;对陀氏话语的探讨。①事实上,这些论点之间互有关联,其中,关于文学文本中作者、主人公及其他角色的主体性互相交流、冲突的现象,成为符号学的探讨重点。与"狂欢节理论"一样,意识形态问题同样是对复调理论进行符号学探讨的基本切入点,也就是说,文本中包括作者、人物在内的诸多主体间独立的个性与意识的并峙,同样是意识形态的隐喻式体现。

在经过对伊万诺夫、格劳斯曼、考斯及昂格哈特等学者观点的逐一辨析之后,巴赫金对陀思妥耶夫斯基小说中的"复调"现象的特征进行了界定。巴赫金认为,作者与人物分别具有属于自己独立的观念意识及人格,亦即呈现出了相对独立的主体性。每个人物的主体性都不受作者意识及观念的侵袭,亦即不会使作品成为仅仅体现作者意识的"独白型"小说。恰恰相反,每个人物都能够在各自生存环境的压力下,逻辑地表达出合乎这种生存环境的观念与情绪,并由此发出个性化的声音。在此情况下,"面对主角(hero)吞噬一切的意识,作者只能将自己单一的客观世界与之并置在一起,在这个世界中,主角的意识与其他人物的意识处于平等关系"。② 这样,在巴赫金看来,陀思妥耶夫斯基在表现出其作为作者的个人意识的同时,还能够通过对主角的行事逻辑及所处环境的安排与营造,使主角保有不同于作者观念及见解的独立意识。

然而,在符号学界的一般性论述中,复调理论往往被视为一系列主体性之间单纯符号关系的探讨,而很少被与意识形态问题结合起来,这显然与巴赫金

---

① 从《陀思妥耶夫斯基的诗学问题》一书的目录中即可看出巴赫金对复调理论的这一论述框架。见该书中文版目录第 1 页。

② Mikhail Bakhtin. *Problems of Dostoevsky's Poetics*,Minneapolis:University of Minnesota Press,1984, pp. 49-50.引文的翻译参考了中文版《陀思妥耶夫斯基诗学问题》,载于《诗学与访谈》,白春仁等译,石家庄:河北教育出版社 1998 年版,下同。

的意识形态符号观不甚相符。从常理来看,文学文本所蕴含的观念意识,应当源于作者本人;换言之,是作者赋予了文学文本中所有主体性以基本意识。复调理论的特殊之处,即在于作出了有别于这种常理的反题。仔细推敲复调理论,不难看出其暗含着这样一种观念:作者陀思妥耶夫斯基在文本的建构过程中,与笔下的诸多人物等共同分享了其应有的主体性,从而造成了作者主体性的分裂。

在现代哲学思潮中,"主体性的分裂"早已成为重要论题。如前所述,马舍雷从意识形态角度出发,创立了具有后结构主义倾向的"离心化"理论。值得注意的是,马舍雷一方面提出,作者自身所受到的意识形态排斥着其他意识形态在文本中的显现;另一方面,文学文本内部同样呈现出分裂性与冲突性,"仅仅说出镜子捕捉了一个碎片的现实还远远不充分;镜子里的形象自身就是支离破碎的。这个形象借表现出自己的复杂状态,从而呈现出现实的断裂","就像弗洛伊德所言,梦在得到解释之前,必须被解构成梦的诸多组成部分"。① 显然,马舍雷注意到无意识在作家创作中的存在形式。问题在于,陀氏是无意识地与其他主体(人物)分享了自我意识——亦即实现了主体性的分化,还是有意为之,亦即在理性的、意识的层面刻意保留了主体性之间的冲突?

在界定"复调小说"前,巴赫金界定了"独白型小说",认为在这种类型的小说中,作者的自身意识能够完全以人物的意识形式体现出来,亦即作者以其理性的思想意识限定了人物的思想意识,"这类形象是在作者的客观世界中建构起来的,这种客观性与主角的意识息息相关;这个作者世界的建构,具有作者的视角与最终的观念,而其建构的前提,是作者固定的主张和视域"。②

---

① Pierre Macherey. *A Theory of Literary Production*, London and New York: Routledge & Kegan Paul, 1986, p. 122.

② Mikhail Bakhtin. *Problems of Dostoevsky's Poetics*, Minneapolis: University of Minnesota Press, 1984, p. 52.

与之相对,复调小说则呈现为作者与人物之间思想意识的彼此独立。巴赫金的这种区分容易令人产生这样一种印象:独白型小说是作者对自我意志在人物身上有意识延展,而复调小说中则体现出自我意志的无意识分化。事实上,巴赫金并未从无意识角度来界定这种主体分化现象,在他看来,"陀思妥耶夫斯基能够在表现其他人观念的同时,使其完全能够保留表达自己观念的能力;与此同时,他本人也从一定距离之外,既不肯定别人的观念,也不把别人的观念同自己业已表达出来的意识形态混在一起。"①这段话表明,巴赫金将作为作者的陀氏的主体意志的分化,视为陀氏的艺术表现手法,也因而是一种刻意为之的理性行为。

客观地讲,巴赫金的复调理论在由托多罗夫和克里斯蒂娃等斯拉夫裔学者引入西方学界后,曾经引发广泛争议。巴赫金关于作者与其笔下人物平等地享有意识与对话的观点,无法得到某些西方学者的认可。其中,美国学者勒内·韦勒克(Rene Wellek)对巴赫金的批评最为严厉,在西方学界所引发的影响也最大。韦勒克批评巴赫金的主要理由,体现为以下两点:首先,"复调"是一种属于戏剧的特征。在戏剧中,不同人物能够自由表达自己独到的观点,并由此彰显其独立的意识及人格。在韦勒克看来,受到过戏剧创作影响的陀思妥耶夫斯基,将戏剧中的对话形式体现在其小说之中,并以此创造出戏剧式的艺术风格,然而,这便使得巴赫金产生了陀氏小说具有"复调"特征的错觉和观念。其次,陀氏并未保持其笔下的人物的独立意识及人格,也并不与其存在"对话"关系。对此,韦勒克援引了陀氏本人的一段话来加以证明:"在我看来,文学作品实在太显局促,以致于令我无法展示人物所有给定的特征;或者倒不如说,一位作家应该坚决以其个人的艺术视角来阐释作品。对于一个艺

---

① Mikhail Bakhtin. *Problems of Dostoevsky's Poetics*, Minneapolis: University of Minnesota Press, 1984, p. 85.

术家来说,无论如何也无法与他笔下的人物保持在同一个层面。"①总而言之,韦勒克基本否定了巴赫金的复调理论。同时,钱中文等中国学者同样对巴赫金的对话理论持某种怀疑态度。②

　　事实上,巴赫金对陀思妥耶夫斯基小说的阐释,应当被置于资本主义特定的社会条件下来加以解释,并被还原为意识形态领域中不同观念或意识的对话。在巴赫金之前,学者奥图·考斯(Otto Kaus)便曾发表过类似观点。考斯注意到,19 世纪末的俄国,正值资本主义逐渐兴起之时,在这种情况下,不同阶级和社会领域纷纷彰显出自身的群体权利。于是,陀思妥耶夫斯基在其作品中,通过主体间自由对话的形式,隐含地反映出资本主义社会中资本流通、经济自由主义以及思想文化等诸多领域自由、平等倾向。因此,考斯的观点可以被总结为:"复调"现象可以被理解为对自由主义意识形态的体现。对于考斯的观点,巴赫金予以了较为充分的肯定。③ 同时,考斯的这种带有机械论意味的阐释,也引起了巴赫金的注意。在巴赫金看来,考斯未能从艺术结构角度来阐释陀氏小说的缺陷,事实上,陀氏正是通过对文学艺术创作手法的驾驭,隐喻性地表达出对资本主义社会现实的不满。巴赫金指出:"从形式和内容角度来看,陀思妥耶夫斯基所有作品的主要情感冲动,都体现为与资本主义条件下作为个体的人、人类彼此间的关系,以及人类的所有价值的物化(reification)的抵抗。"④此处的"物化",与马克思对资本主义社会中"商品拜物教"现实的描述颇为相符。可见,陀氏充分意识到 19 世纪下半叶资本主义生产方式在俄国的兴起,使社会生产、生活领域中的人际关系被替换为商品之间的交换

---

　　①　Quoted from Rene Wellek's Mikhail Bakhtin, in *A History of Modern Criticism*(Vol.7), New Haven,CT:Yale University Press,1991, p. 361. 韦勒克关于巴赫金的看法,见该书第十五章。

　　②　参见钱中文:《现实主义和现代主义》,北京:人民文学出版社 1987 年版。

　　③　See Mikhail Bakhtin. *Problems of Dostoevsky's Poetics*, Minneapolis:University of Minnesota Press,1984, pp. 18-20.

　　④　Mikhail Bakhtin. *Problems of Dostoevsky's Poetics*,Minneapolis:University of Minnesota Press, 1984, p. 62.

关系。在这种情况下,陀氏出于对人际关系的"物化"现象的警示,安排其笔下人物之间爆发激烈的观点冲突,试图以这种对话的形式来彰显人物的个性,并以此对抗"物化"效应。由此,陀氏正是基于对 19 世纪俄国社会现实的观察与把握,而以其特有的"复调"式隐喻方式,将这一时代俄国知识分子对社会物化的反思这一意识形态体现出来。

必须指出的是,考斯是从资本主义社会的自由主义倾向角度,从肯定性的立场来理解陀氏小说的"复调"性的;而巴赫金在肯定了考斯的这一观点之后,又似乎悖论性地提出:"复调"是对资本主义对人的"物化"现象的反抗,仿佛"复调"是对资本主义现代性缺陷的反拨。关于两人观点的这种矛盾,应当从资本主义社会体制自身的矛盾性来理解。就欧洲大陆的历史事实而言,作为资本主义社会体系设想的先驱,启蒙主义者们从一开始便设置了经济、政治领域的自由主义前提;然而此后,资本主义社会中,以自由主义为基本原则的商品交换方式,却在客观上使得民众被限制于"物—物"交换式的交际模式,从而并未使其真正获得自由。由此看来,巴赫金对资本主义现代性特征的双重态度,体现出其对复调现象本身的不同认识。在对考斯观点所予以的赞成态度中,巴赫金从文学再现现实的功能角度出发,认为复调理论真实体现了对资本主义社会经济、政治等领域的自由主义倾向,也就是说,真实地体现出文学的现实主义倾向;同时,巴赫金又认为,陀思妥耶夫斯基是站在人道主义立场上,以作为艺术表现手法的复调为手段,对资本主义社会中"商品拜物教"特征进行批判。事实上,对复调理论的两种认识方式,与其说体现出巴赫金在文学的社会认识功能、与文学的社会批判功能两个不同维度的不同考虑方式,毋宁说体现出了资本主义社会自身的体制矛盾问题。

诚然,西方资本主义社会在建立这种体制之初,便将经济、社会等诸多层面的自由主义作为其致力目标;然而,在资本主义社会商品的生产、消费和流通过程中,这个过程却使得民众无意识地将自身的社会身份纳入这种"商品拜物教"的形成过程之中,从而失去了对人自由身份的诉求和反思。一如马克思在《共产党宣言》中所言：资本的力量，一方面打破了旧的时代诸多经济、社会和思想的壁垒，具有积极意义；另一方面，它也导致了人伦关系的物化、商品化的事实。

众所周知，在西方 19 世纪现实主义文学传统中，大多体现出冷静客观地描述、审视社会现实，同时又以人道主义为立场、表达其对资本主义社会的批判性主观态度，也就是说，现实主义文学自身便兼具科学认识和伦理批判的双重特征，这也是现实主义文学传统又被称为"批判现实主义文学"的原因。巴赫金对复调理论的认识，便同时体现出对文学的社会认识、社会批判两种功能的理解。当然，无论是哪一种认识，都必须在巴赫金所强调的"艺术结构"的隐喻的基础上来获得理解。总而言之，尽管巴赫金虽然并未就自己对考斯观点的肯定、及此后自己的观点间的关系进行充分辨析，然而，在"复调"是对资本主义社会性质的某种隐喻式体现的问题上，巴赫金的态度是十分肯定的，而这也显示出其所秉持的马克思主义基本立场与方法。

马克思主义的文学批评工作，往往是在对文学的隐喻与象征的分析基础上进行的，但这一点却往往被许多经典马克思主义忽视。如上所述，在巴赫金的理论体系中，无论是狂欢节理论还是复调理论，它们都以某种不易觉察其真正内涵的意象形式出现在文本中。就前者而言，诸多具有人文主义意蕴的意象，其隐喻或象征的意味极为明显；而就后者来说，小说中诸多人物的声音的交流或对峙，亦是对资本主义社会物化的特殊表达。显然，这些作为"艺术结构"因素的意象，无不承载着特定时代的意识形态。然而，这些意识形态并没有以德拉-沃尔佩所说的"历史语言"或"科学语言"形式直接在文本中被陈述出来，而是通过隐喻或象征形式含蓄地表达了出来。这种现象在文学中比比皆是。与其他文学中的普通意象相比，巴赫金所探讨的拉伯雷、陀氏小说中的意象隐喻方式基本一致，但在对社会意识形态的艺术表达形式上，也会体现出些许细微的差异：

对于拉伯雷小说而言，巴赫金所考察的隐喻，其表达方式更具概括性。在一般文学创作过程中,承载着隐喻内涵的意象往往属于作家的个性创造。例如海明威的《白象似的群山》,其中,"群山"是现代人日趋冷漠的感情及人伦关系的隐喻,然而一旦脱离对文学文本的详尽分析,便很难从这一意象自身中解读出这种隐喻内涵,也就是说,喻旨与喻体之间的理据性不甚清晰;然而在拉伯雷的小说中,一系列光怪陆离的意象,由于与中世纪的神学语境与宗教氛围明显不协调,因此其隐喻含义更加明显,喻旨与喻体间的理据性更具透明性(transparency),这种透明的理据性,能够较为直接地体现出中世纪在普通商人、小手工业者乃至某些知识分子等群体中业已形成相当规模影响的人文主义观念。如前所述,巴赫金在引述《巨人传》中一系列怪诞人体时,往往将其与人体旺盛的饮食、生殖能力联系起来,并且指出,拉伯雷往往使这些怪诞人体与世界发生联系,以此表达人的身体与世界之间循环往复的转换关系,以此彰显人类在世界中的主导地位。在推行禁欲主义观念的中世纪教会氛围的反衬之下,这些意象的意识形态隐喻含义极易获得阐释。因此,就拉伯雷小说中的意象而言,其意识形态的隐喻性较之一般文学意象,其理据性更加透明。

总之,在陀氏小说的情况中,陀氏并不以一般小说形象化的具体意象来作为意识形态隐喻,而是以人物之间对话、交流的格局形式,来喻示人与人之间自由平等的交流方式,并以此隐喻地表达资本主义时代的自由主义意识形态内涵,以及陀氏通过艺术的手段,对资本主义人际关系物化现象的反抗。有学者指出,复调"揭示了在文本结构(对话及其开放性)和特殊社会集团的语言实践之间的社会—符号学联系"。① 因此,对于陀氏小说中的隐喻而言,其喻体与喻旨之间,更多地体现出皮尔斯的"相似性"特征。可见,巴赫金充分认识到了作为艺术手法的隐喻形式在不同小说中具体体现形式之间的差异。

---

① 转引自李幼蒸:《理论符号学》,北京:中国人民大学出版社 2007 年版,第 673 页。

第三节 对俄国形式主义的批判与接受

如前所述,在马克思主义文学批评中,意识形态是一个极为重要的批评环节。一般而言,马克思主义批评必须将文学文本置于具体的意识形态或上层建筑语境中,将特定社会生产条件及其相应的意识形态作为理解文本的主要依据。然而,在相当长时间内,马克思主义批评未能认识到意识形态内部不同文学文本自身的形式特殊性,因此在考察文学文本时,千篇一律地将其最终归于对意识形态的考察,这便忽视了文学文本自身的美学属性。鉴于这样的现状,巴赫金提出,要在以马克思主义文学批评的意识形态维度为基础的前提下,对俄国形式主义批评中合理的成分给予重新认识。

与多数马克思主义者一样,巴赫金将意识形态视为文学批评的首要考察因素。与一般意识形态理论不同的是,巴赫金注意到了意识形态的符号性质,并十分强调符号所具有的物质属性,从而在一定程度上体现出与皮尔斯符号学的相似性。在他看来,所有意识形态都必须以具体的物质性符号材料作为载体方能获得体现。同时,由于意识形态是特定阶级群体的社会性集体观念,因此意识形态的体现方式必须在社会性交际过程中才能实现:"当意识形态现象第一次获取其自身的具体存在、自身的意识形态意义及其符号属性时,社会交流在其中发挥了中介作用。一切意识形态事物都是社会交流的对象,而不是个人的用度、直观(contemplation)、情感经验或享乐主义(hedonistic)的愉悦对象。"①因此,巴赫金在坚持马克思主义批评的意识形态维度时,将符号的物质性视为意识形态的表现载体,并强调了意识形态符号的社会交际属性。在这一原则基础上,巴赫金将文学及艺术品同样视为意识形态符号,也便因此

---

① M. Bakhtin/P. Medevedev. *The Formal Method in Literary Scholarship*, Cambridge and Mass.: Harvard University Press, 1985, p.8.引文翻译参考了中文版《文艺学中的形式主义方法》,载于《周边集》,李辉凡等译,石家庄:河北教育出版社1998年版,下同。

将其视为社会交际的产物:"作品只有成为社会交际中不可分割的部分,才能彼此真正产生联系","产生这种相互联系的不是作品而是人(people),然而,他们必须将作品作为中介,才能产生联系,并由此将其引入被反映的相互关系(interrelationships)中。"①意识形态是在人与人之间交流过程中形成的,而文学作品也只能是人在交际活动中所形成的意识形态的客观载体。

值得注意的是,巴赫金并未像某些持机械反映论的苏联学者那样,认为作为意识形态载体的文学能够如实地体现与其相应的经济基础,而是看到了文学与意识形态自身的复杂性。因此,当意识形态执行其"反映"经济社会活动的功能时,往往以"折射"的形式来进行;与此同时,文学与意识形态之间同样存在一种折射关系,换言之,文学在"反映"社会经济活动时,经历了两个阶段的折射过程,原因在于,"一般而言,文学并非从伦理的和认识论体系中、并非从陈旧的(outmoded)意识形态体系(例如古典主义)中获得自己在伦理和认识论方面的内容,而是从各个年代的伦理、认识论及其他意识形态的过程中直接获得它们。"②意识形态是一个具有诸多来源的、极为复杂的意义集合,受到多种社会历史因素的影响与制约,不应将经济基础视为其唯一的决定性因素。因此,无论是意识形态与经济基础、抑或文学与意识形态之间,其关系都并不遵从僵化的"反映"模式,而是处于一种极为复杂的动态机制中。其中,文学在反映意识形态的过程中,会有选择地对意识形态进行删削和加工,并以独到的方式将某些与文学内容不相符的意识形态纳入其中,也就是说,在折射经济社会生活的过程中,文学并非一味地遵从其周围的意识形态语境,而是具有相对独立的折射经济社会的再现功能。如前所述,受过索绪尔结构语言学影响的马克思主义者,往往将意识形态或上层建筑视为文学"结构",以此作为理

---

① M. Bakhtin/P. Medevedev. *The Formal Method in Literary Scholarship*, Cambridge and Mass.: Harvard University Press, 1985, p. 152.

② M. Bakhtin/P. Medevedev. *The Formal Method in Literary Scholarship*, Cambridge and Mass.: Harvard University Press, 1985, p. 17.

解意识形态和文学关系的标准。然而,这种理解未能注意到意识形态自身的动态性,从而与结构语言学一样,对文学结构采取了"共时性"的理解方式。与之相比,巴赫金却看到了文学结构的意识形态自身变动不居的属性,并以此提出文学结构相应的变动性。这种阐述,显然与巴赫金之后的后结构主义思潮十分相似。

巴赫金强调文学与意识形态的折射功能,因而与当时诸多苏联学者大相径庭。在后者看来,意识形态或上层建筑是理解文学或其他艺术唯一正确的途径,却也因此忽视了文学、艺术自身的美学属性。尽管某些学者极为有限地认识到艺术创作中审美的意识形态作用,但巴赫金认为,这种批评方式未能有效地将意识形态与审美感受的多样性联系起来,而在他看来,唯有对文学的韵律、情节、母题等形式层面进行深入分析,才能够真正把握文学的美学属性。在这种立场上,巴赫金自然而然地将眼光投向了大致同一时代的俄国形式主义。

前文已叙,俄国形式主义基本以"文学性",亦即文学形式自身的审美属性为研究宗旨,并相应地摒弃了关于文学形式之外的社会、心理等因素的探讨。巴赫金熟谙俄国形式主义的批评方法,在对其产生及发展的学术语境进行详尽的梳理和剖析之后,以什克洛夫斯基的"陌生化"概念为范例,具体探讨了俄国形式主义的总体特征。众所周知,什克洛夫斯基借托尔斯泰的小说为分析例证,将陌生化界定为使文学审美心理过程得以延长的创作技法。但在巴赫金看来,什克洛夫斯基误解了托尔斯泰"陌生化"手法的本质:托尔斯泰的陌生化的真正价值并不体现在诉诸审美心理的创作技法,不是通过心理过程的延宕感知文学中的对象,而在于通过文学形式的变化及其相应的审美心理的嬗变,在读者与文学对象之间制造审美距离,由此将读者从久被意识形态遮蔽的心理状态中释放出来。① 布莱希特在创作其"史诗剧"时,通过刻意

---

① See M. Bakhtin/P. Medevedev. *The Formal Method in Literary Scholarship*, Cambridge and Mass.: Harvard University Press, 1985, pp.60-61.

在剧中营造"间离效应"的方式,旨在以此使观众与剧作保持心理距离,不受其意识形态的影响,并以此客观审视作品中体现出的社会问题。显然,巴赫金对"陌生化"的阐述,与布莱希特有相似之处。

巴赫金看到,尽管在俄国形式主义内部,包括托马舍夫斯基、雅库宾斯基等在内的少数学者,已经在一定程度上摆脱了形式主义普遍地摒弃文学社会因素的研究态度,然而总体来讲,这一流派仍具有将对文学价值的理解限制在其形式内部的特征,概而言之,便是其批评方法具有"缺乏基本的历史维度"①的特征,这种特征集中体现为这样一种观点:诗歌语言是一种具有丰富语义的语义形态,而日常生活语言则是单义性的信号;同时,诗歌语言是对日常生活语言进行"陌生化"后的产物。形式主义者也因此将诗歌语言和日常语言截然对立起来。但巴赫金认为,两种语言形态都属于人类社会的交际手段,都在特定的意识形态语境内发挥效用,对于日常语言而言,在某些特殊的意识形态语境中,经过语言表述方式的转换,日常语言同样能够转向诗歌语言:"在特定环境下,在一定的社会群体中,对语言活动的灵活把握(tact)能够创造形式主义者所说的诗性言语(utterance)典型特征得以形成的基础:停顿、遁词、模糊、迂回。有时,这些现象正是通过这些方式进入诗性结构的。"②

俄国形式主义者对诗歌的研究,大多局限于对诗歌的节奏、韵律等形式因素的探讨。奥西普·勃里克(Osip Brik)认为,诗歌能够以其节奏表达特有的语义内涵,从而使诗歌具有了某种意义向度。③ 然而,从形式主义整体的批评诉求来看,勃里克对节奏"语义"的描述,只能是从个人审美心理角度来谈的。巴赫金在批评形式主义者们的诗歌研究时指出,节奏、音律等诗歌形式并

① M. Bakhtin/P. Medevedev. *The Formal Method in Literary Scholarship*, Cambridge and Mass.: Harvard University Press, 1985, p. 170.

② M. Bakhtin/P. Medevedev. *The Formal Method in Literary Scholarship*, Cambridge and Mass.: Harvard University Press, 1985, pp. 95–96.

③ 参见奥西普·勃里克:《节奏与句法》,载于茨维坦·托多罗夫编选:《俄苏形式主义文论选》,北京:中国社会科学出版社 1989 年版,第 124—125 页。

不仅仅是表达个人审美感性的物理声音形式,音律在获得审美者的接受时,必须在特殊的意识形态语境中获得审美者为其赋予的普遍价值意义,才能真正被审美者所欣赏,为其带来美感:"(从艺术角度)被组织起来的,是社会意义的声音,也是社会交际的意识形态实体。声音不能在单独的有机体或自然的领域里获得理解。"①尽管巴赫金早年曾系统学习康德美学,但在此处,巴赫金对文学的美学属性的意识形态阐释,显然是以康德"无目的的合目的性"的反题方式被提出来的。总之,巴赫金在肯定形式主义的批评价值的同时,也意识到其孤立地看待文学形式本身、并将文学批评引向心理主义的形而上学倾向,同时,他从马克思主义的意识形态维度将形式主义进行了重新阐释,赋予其全新的历史唯物主义价值。

尽管巴赫金颇为认可俄国形式主义者的功绩,并未直言马克思主义文学批评应当援引其形式批评方法,但从其基本行文思路来讲,他显然期盼马克思主义文学批评能够在坚持历史唯物主义的前提下,同样能够将文学语言作为基本考察对象,从文学艺术的符号形式角度出发,探讨其特有的美学价值,并由此使马克思主义批评获得应有的活力。

此外,巴赫金的一系列小说研究同样受到学界关注。这部分著作虽未明显体现出对马克思主义批评方法的运用,却也受到国内外文学研究界和符号学界的重视。例如,巴赫金关于欧洲小说"时空体"(chronotopes)形式的论述,便受到学界的普遍关注。巴赫金从小说中的时空形式出发,对自古希腊以来的欧洲小说进行了梳理和分类。在巴赫金看来,时空体的研究价值在于"它们最为重要的方面体现在其叙述(narrative)意义。它们是小说的基本叙述事件得以获得组织的核心。时空体是叙述之结得以凝结和解开的场所,从

---

① M. Bakhtin/P. Medevedev. *The Formal Method in Literary Scholarship*, Cambridge and Mass.: Harvard University Press, 1985, p. 102.

某种程度上,可以说它们就是使叙述能够形成的意义"。① 这种从时空角度展开的对小说叙述方式的探讨,虽与俄国形式主义的结构方法不尽一致,却体现出巴赫金关于文学形式的独到见解,并被韦勒克视为巴赫金《文学与美学》(*Question of Literature and Aesthetics*)一书中"价值最大的研究部分"。② 同时,巴赫金关于文学体裁、直接引语与间接引语等一系列文学形式的探讨,都从不同程度上体现出其对文学形式研究的重视。巴赫金通过一系列形式问题的探讨,呼应了自己对俄国形式主义价值的某种肯定态度。

第四节 语言哲学与符号学

自 20 世纪 20 年代起,巴赫金曾使用"语言哲学"这一术语来概括自己关于语言与符号现象的思考。这种思考广泛涉及文学、心理学、生物学等诸多学科,同时,也体现出巴赫金的马克思主义立场与方法。尤其需要注意的是,巴赫金的语言哲学中含有丰富的符号学思想,一如意大利学者佩特里莉所言:"在符号学与语言哲学之间划出界限,是非常困难的"③,因此,系统探讨巴赫金的符号学思想,必须以充分了解其语言哲学思想为前提。

一、索绪尔语言学批判

大致在同一时期,索绪尔的结构语言学便引发了西方语言学界的关注。其中,索绪尔对语言结构的二元划分,尤其受到西方学界的广泛争议。如前所述,索绪尔对"结构"的二元划分早已远远超出语言学的范畴,而具备了深刻

---

① Mikhail Bakhtin. "Forms of Time and of the Chronotope in the Novel:Notes toward a Historical Poetics",in *The Dialogic Imagination:Four Essays*,Austin:University of Texas Press,1981, p. 250.

② Rene Wellek. "Mikhail Bakhtin",in *A History of Modern Criticism*(Vol.7),New Haven,CT:Yale University Press,1991, p. 365.

③ Susan Petrilli,Augusto Ponzio. *Semiotics Unbounded:Interpretive Routes through the Open Network of Signs*,Toronto:University of Toronto Press, p. 140.

的哲学、社会学及心理学等诸多学科。索绪尔提出，在具体的语言活动之下，隐藏着一个支配着其展开的可能性的深层结构。由于语言是各种思维及心理的表现形式，因此语言结构分层的本质，应被归结为集体意识或意识形态与个体意识之间的支配与被支配关系。然而，在此后的人文社会科学探索中，这种对结构的理解却远远超出了语言学及心理学范畴。诸多人文社会学者往往从结构语言学的"结构观"中汲取二元对立的思路，并由此延伸出广泛的人文社会科学思考，甚至如前所述，在西方学界，产生了一种以索绪尔结构观来回溯此前西方思想传统的探讨方式，其对象包括马克思的政治经济学理论、弗洛伊德的精神分析学说等。

索绪尔学说对西方近代人文社会思潮的影响远远超出西方学界范畴，并延及曾广受西欧学术思想洗礼的俄罗斯及苏联。众所周知，在苏联建国后，马克思主义作为全国学术领域的指导性理论体系，对学术研究界具有最为基本的方法论意义。马克思主义理论体系广泛涉及各项人文社会科学领域，体现出强大的阐释学能力，其蕴含的历史唯物主义思想，以及与之相应的政治经济学等学说，无不成为考察其他人文社会科学领域的基本立场与方法来源。就巴赫金而言，坚持马克思主义理论学说，成为审视包括索绪尔在内的诸多近代语言学或符号学流派的基本理论前提。

马克思主义理论一般认为，语言活动是人类在物质生产及交际过程中的产物。因此，语言现象的产生与特定的生产关系相应，属于与其相适应的上层建筑范畴。前文已叙，巴赫金将文学视为意识形态的产物，而语言作为文学的基本媒介，也便当然应被从意识形态和人类的社会属性角度来加以探讨。以此为基本立场，巴赫金对西方一系列带有唯心主义色彩的语言学说进行了严格检审与批判。

在巴赫金看来，最能体现欧洲语言学史的唯心主义特征的两个流派，包括以德国学者威廉·洪堡特为代表的"个人主义的主观主义"（individualistic subjectivism）和以索绪尔为代表的"抽象客观主义"（abstract objectivism）两派。巴赫金认为,前一种流派除洪堡特外,还包括俄国学者亚历山大·坡特布尼加(Alexander Potebnja)、德国实验心理学代表威廉·冯特(Wilhelm Wundt)以及德国的福斯勒语言学派(Vossler School)等。① 这一派基本从个人心理学角度出发,提出语言的生成是个人心理机制的创造,同时,语言并非在变动的社会生产实践过程中逐渐产生而来,而是在人类思维中先天存在的稳定语法规则体系。此处,巴赫金顺带提及意大利美学家克罗齐,他显然认为,克罗齐以其直觉主义立场对语言现象的心理化及审美化阐释,与福斯勒学派一样,都是从个人心理的角度对语言现象做出了错误的阐释。② 而这种阐释方式完全忽视了语言现象得以产生的社会机制。

值得注意的是第二派,此处,巴赫金对索绪尔语言学观念作出了直接回应。巴赫金将第二派的语言观归纳为:语言是一个客观存在的超历史性、封闭性共时体系,不涉及个人意识。在他看来,这一派最早可追溯到笛卡尔、莱布尼茨等欧陆思想界的唯理论体系。唯理论的基本特征在于,脱离经验对象、全然进行先验性的符号系统内部的逻辑演绎,而这与索绪尔脱离历史分析的"共时性"维度极为相似。索绪尔将"语言"(langue)规则诠释为"言语能力的集合",因此,某些马克思主义者认为"语言"规则是上层建筑及意识形态的体现。③ 但巴赫金认为,作为规则系统的"语言"是一种不涉及价值评判的中性形式,语言的价值仅体现于其与"语言"规则的一致性。因此,"语言"与意识形态并不一致。

尽管如此,"语言"却与意识形态一样时刻处于不断形成的过程,而并不像索绪尔所描述的那样呈现出一种恒定的存在状态。索绪尔将"语言"视为"共时性"存在,是未能认识到人类意识的社会性特征,从而忽视了决定人类

---

① See V. Volosinov. *Marxism and The Phlosophy of Language*, New York and London: Seminar Press, 1973, pp. 48–52.

② See V. Volosinov. *Marxism and The Phlosophy of Language*, New York and London: Seminar Press, 1973, p.52.

③ 详见后章"语义的辩证:德拉-沃尔佩的符号美学思想"。

社会性意识的社会动态属性,因此巴赫金认为,"共时性"概念的提出完全是从个人意识角度出发的,"客观地讲,共时性体系与历史形成过程的所有现实环节都不符合"。① 索绪尔因此将"语言"与代表历史性的个性化"言语"严格区别开来,且在事实上设置了社会与个人间不可通约的障壁。

"语言"规则的主要缺陷,在于忽视了人类意识的社会性,因此在其作用下的言语活动只能是某种遵从规则一致性的行为。但巴赫金认为,人类的言语活动,或创造出来的语言符号始终处于一种变动不居的过程之中,它随着具体语境的变化而相应产生新的内涵:"对于言谈者来说,语言形式的重要性并不体现在其稳定和自我平衡的特征上,而体现于它是永远变化的、适应于不同语境的符号。"②这样,巴赫金便消解了索绪尔的僵化的语言结构观,通过强调语言符号的历史性及变动性特征,表达出其关于符号的基本认识,也便具有了前文所述的后结构主义思想品质。

二、意识形态:巴赫金符号学的基本维度

在此前关于"文学哲学"的一系列论述中,巴赫金从意识形态角度来阐述作为符号体系的文学文本所具有的社会内涵,在他看来,只有从具体的社会意识形态语境中,才可能把握文学符号的内在意义,这种主张与此后的后结构主义思想极为接近,巴赫金也因此被视为"后结构马克思主义"。③

如前所述,"后结构主义符号学"作为极为含混的术语,往往体现出不同的理论品质和方法向度,但诸多后结构主义理论也具有某些共同特征,具体体

① V. Volosinov. *Marxism and The Phlosophy of Language*, New York and London: Seminar Press,1973, p.66. 引文的翻译参考了中文版《马克思主义与语言哲学》,载于《周边集》,李辉凡等译,石家庄:河北教育出版社 1998 年版,下同。

② V. Volosinov. *Marxism and The Phlosophy of Language*, New York and London: Seminar Press,1973, p.68.

③ Mark Currie. *Postmodern Narrative Theory*,Houndmills and Basingstoke:Palgrave Macmillan, 1998, p. 5.

现为对结构的消解以及符号表意的多元化等方面。正是在这个意义上,巴赫金与后期的巴尔特、马舍雷乃至德里达等人的思想十分接近。当然,巴赫金的后结构主义阐述亦具有独到视域,这便是在摒弃结构主义共时性阐释的同时,将具有变动性的意识形态,阐述为符号灵活的表意机制的基础。

除"空符号"这种特殊类型外,大部分符号必须以一定物质媒介作为符号载体。同时,符号的物质属性,往往使之具有某种使用价值,而符号的使用价值与其符号价值间往往呈此消彼长的反比关系。例如,枪作为武器,其使用价值体现在对付敌人之上;当出现在仪仗队时,它的使用价值便受到削弱,并相应体现出"国家权力"的符号意义。因此巴赫金认为,工具无法等同于符号,原因在于,使用价值的物质性与符号价值的精神性不处于同一层面。哈贝马斯从另外一个角度阐述了符号价值和使用价值间的差异,在他看来,人类获取知识所依据的"综合"活动,源自人类以劳动为媒介的经济活动,而不是符号性联系。[①] 这样,巴赫金便从意识形态作用的角度,论述了使物质性客体具备符号价值的基本机制。

使具有实用价值的物质具备符号价值,显然是特定群体中约定俗成的过程,这从皮尔斯对"规约符"的界定中便可看出。然而,关于"规约"性的群体性形成机制,皮尔斯的阐述较为含混、薄弱[②],而这也是巴赫金以意识形态论弥补其缺憾环节的关键。巴赫金认为,个体意识无法形成真正的符号,而只有在诸多个体之间的交际活动中,物质对象在由人类集体性生产与生活所形成的共同环境中,经过意识形态的加工与沉淀,才能形成被群体成员所共同接受的表意方式,亦即符号。因此,符号作为意识形态的再现工具,一定承载着某种特定的集体性观念,诸如"真实、虚假、正确、公平"等"意识形态的衡量准

---

① 参见哈贝马斯:《认识与兴趣》,郭官义等译,上海:学林出版社 2009 年版,第 26 页。
② 参见皮尔斯:《皮尔斯:论符号》,赵星植译,成都:四川大学出版社 2014 年版,第 60—67 页。

则"①,也就是说,符号是表达人类交际活动中意识形态的物质载体。当然,符号也可能包括科学公式等中性观念意义,而不一定意味着某种价值向度。但必须指出的是,巴赫金此处所说的"符号",不包括"信号"(signal)。所谓信号,意指只有在发送者和接受者间形成的不受外界语境影响的特殊符号类型,换言之,符码只有发送者和接受者两者才能掌握其意义内涵,例如两个人之间彼此约好的暗号。因此,信号便与巴赫金所说的一般意识形态符号有所不同。实际上,在前文提及的关于日常语言和诗性语言关系的问题中,巴赫金已经暗示,信号与符号的区别主要在于其各自的语义丰富程度存在差异。当然,日常语言的"信号化"程度只是相对于诗性语言而言,其语义实际上仍具有一定丰富的可能性。另外,巴赫金在论述"主题"(theme)与"意义"(meaning)关系时,将两者分别界定为"语言的表面及对语言内涵(significance)现实的限制"与"具备具体主题的意义的潜在可能性"②,同样体现出对信号与符号的认识。对此,后文仍将予以探讨。

作为集体性观念的意识形态具有外在于个体意识的客体性,从而与个体意识存在差异,因此,巴赫金反对将意识形态归为"意识"的唯心主义观点。在他看来,无数单个意识共同构成了意识形态,而对待单个符号,必须将其置于意识形态的整体语境之中,通过符号之间的语境关联性,才能理解这一单个符号的意义:"对一个符号的理解意味着一种关联行为,它考察这个要予以理解的符号与其他已经被人掌握的符号的关系;换言之,理解是用诸多已经掌握的符号来解释单个符号。这种对从符号到符号、再到新的符号的过程的理解,是意识形态的不断创造过程,也是一个具有一致性和持续性的过程。"③值得

---

① V. Volosinov. *Marxism and The Phlosophy of Language*, New York and London:Seminar Press,1973, p.10.

② V. Volosinov. *Marxism and The Phlosophy of Language*, New York and London:Seminar Press,1973, p.101.

③ V. Volosinov. *Marxism and The Phlosophy of Language*, New York and London:Seminar Press,1973, p.11.

注意的是,以符号阐释符号,并由此延伸出连续不断的符号阐释链条,这种观点与皮尔斯关于符号的"无限衍义"描述完全一致。只不过,巴赫金强调了这一过程是在意识形态的整体语境中完成的。

巴赫金此处所采取的是一种类似于符号语境论的阐释方式。所谓语境论,指符号在某种具体环境中实现表意的观念。① 意识形态体现为由诸多符号共同组成的符号链条,因此,意识形态作为整体,是理解单个符号意义的基础。因此,巴赫金明确地将这种语境的本质界定为意识形态,从而突破了此前的一般符号语境论。同时,这种观点也体现出巴赫金对意识形态自身动态属性的强调。作为马克思主义者,巴赫金并不像阿尔都塞那样,满足于从静态的视角去审视意识形态,而是着重审视了作为符号链条的意识形态的动态形成机制。符号只存在于由人类的交际活动所产生的意识形态中,交际活动时刻处于变动之中,也便相应地引发了其他符号的意义变动,并最终使得作为意识符号整体的意识形态发生改变。总之,巴赫金在描述了符号的基本物质属性的同时,从历史唯物主义的角度阐述了符号的意识形态本质,从而体现出一种阐释符号现象的成熟的马克思主义方法论。

三、符号学视域中的经济基础/上层建筑关系

当然,作为一名马克思主义者,巴赫金不可能在悬置经济结构的条件下,抽象地谈论意识形态问题。作为对意识形态具有密切作用的经济基础抑或生产关系,是巴赫金试图深化其符号学理论的重要环节。

同许多马克思主义者一样,巴赫金反对机械地认识意识形态与经济基础之间的关系,然而毋庸置疑的是,两者间确实存在某种密切联系。例如,阿尔都塞即通过其"多元决定论"阐明了经济对社会结构诸多领域的最终决定作用。与之类似,巴赫金同样在一种辩证的意义上,强调经济基础与包括意识形

---

① 这种环境既可以是符号周遭的客观环境,也可以指与符号具有同样物质属性的其他诸多符号。符号语境论最早见于马林诺夫斯基论述,后被美国符号人类学广泛采用。

态在内的上层建筑之间的微妙关系:"每一个意识形态域(domain)都是个整体,这个整体总会随着经济基础中每一个变化而整个产生反应",同时,只有从整体上考察不同意识形态域之间的关系,"分析的结果不是属于不同层面的两种偶在的东西的肤浅榫合,却是实际的社会辩证生成性过程,同时,这一过程源于基础,且在上层建筑中得到完成"①,包括意识形态在内的上层建筑所有领域都归根结底源于与其相关的经济基础,巴赫金的这种观点显然与阿尔都塞十分近似。

符号的本质体现于其意识形态属性。那么,对符号现象的审视,自然必须通过对与意识形态具有渊源关系的经济基础的分析方能有效。然而如上所述,经济基础与上层建筑间的关系毕竟十分复杂,不可以简单的机械还原论来加以解释。此前,在阐述文学、意识形态及社会经济活动的关系时,巴赫金便提出了文学与意识形态在表征经济基础时所具有的复杂性:文学符号作为上层建筑,虽在根本上源于经济基础,但绝不可被简单界定为"由经济基础直接派生出来",两者之间必须经过意识形态的中介和转换作用。此处,巴赫金将视域由文学符号延伸到所有符号,旨在进一步论述符号现象与经济基础间关系的复杂性。

在社会交际活动中,人类所使用的语汇(words)共同构成一个庞大的符号体系,也是生产关系得以形成的重要条件:"在人类的每一次相互交往和联系中,语汇都发挥实实在在地凝聚他们的功能——在工作中的合作、意识形态的交流、日常生活中的短暂交往以及政治关系等等。"②因此,语汇浸渍于人类的生产关系亦即经济基础之中,为其形成和发展提供交流观念的工具,而经济基础内任何变化都会相应引起语汇符号的变化。从反向角度讲,作为意识形态

---

① V. Volosinov. *Marxism and The Phlosophy of Language*, New York and London: Seminar Press,1973, p.18.

② V. Volosinov. *Marxism and The Phlosophy of Language*, New York and London: Seminar Press,1973, p. 19.

的语言符号,也能够曲折地表现特定社会阶层的普遍性思想。然而,在交际活动中,语言符号在表现特定意识形态时呈现为怎样的具体形式,却是一个更棘手的问题,这便是巴赫金所说的"形式类型学"(typology of forms)。事实上,在巴赫金之后,德拉-沃尔佩认识到了这一问题,只不过后者是从语言的角度,讨论意识形态的科学语言如何转换为诗性语言。与之相应,巴赫金回避了对意识形态向一般性语言体裁(genre)转换机制的个案描述,而是指明了符号在意识形态语境中是如何体现出具体的交际形式的。巴赫金指出,"在每个时代、每个社会群体中,都存在属于其自身的一套语言形式,用以体现人类活动中的意识形态交际。每一系列的同类(cognate)形式,也就是每种行为的言语体裁都有与其对应的一系列主题。在交际形式(例如,严格技术意义上的工作交际)、言谈(utterance)形式(简洁的事务性陈述)及其主题间,形成紧密联系的、有机的整一性。因此,对言谈的归类,必须以言语(verbal)交际形式的分类为基础。后者完全由生产关系和社会政治秩序决定。"①显然,巴赫金对"体裁"的定义远比德拉-沃尔佩宽泛,它并不仅仅指特定的诗性话语形式,而是指涉社会交际过程中的诸多具体形式。因此,"符号形式首先是由社会组织的所有相关成员决定和调节的,同时也是由与他们彼此间相互活动所在的直接条件决定的。"②必须指出的是,巴赫金此处对"社会"的定义相当宽泛,而问题在于:作为人类基于一定契约而构建的共同体,"社会"中价值判断的多元化使其具有极其含混的意识形态,那么社会价值观念的不均衡形态如何使社会成员在交际过程中形成诸多相对独立而恒定的符号? 显然,巴赫金此处无暇来界定"社会"的具体样态。尽管如此,此处可依据布尔迪厄的观点,将人类社会视为由诸多涵盖不同生产及生活形式的场域(field)所构成。

---

① V. Volosinov. *Marxism and The Phlosophy of Language*, New York and London: Seminar Press,1973, pp. 20-21.

② V. Volosinov. *Marxism and The Phlosophy of Language*, New York and London: Seminar Press,1973, p. 21.

这样,便可大致将巴赫金的观点廓清为以下表述:不同场域内成员的具体斗争、交际形式,决定了具体的语言符号形式:无论是社会中哪一具体场域(科学、教育、文化)等,其内部人员都会形成一套适应于这种场域的交际方式,也就随之形成与之相应的意识形态及其语言符号体系。

在巴赫金看来,符号的产生必然经由从个体意识的产生转向意识形态的"重音"(accents)这一过程。所谓"重音",指引发社会普遍关注的符号形态。重音的形成过程,体现为使符号客体得以承载某个阶级或社会群体整体的意识形态。在巴赫金的阐述中,"符号客体"这一概念隐含地呼应了此前一个观点:符号必须经由对具有物质属性的指称物的阐释才能形成,同时,"必须将客体置于意识形态的世界中,使其成形并确立自己的存在,它才能获得社会价值"①,才能最终使客体实现"重音"化。同时,巴赫金还认为,单个符号在形成时往往具有个人意识,这便是"符号主题"(sign of theme)。然而,一旦个体意识被意识形态的重音符号所涵盖,那么,重音符号便消融了所有符号主题,使重音符号实现个体化。总而言之,在成为符号前,指称物或符号客体必须首先在个体意识中获得符号主题;接着,这一个体符号逐渐受到由特定阶级或群体内人际交往而形成的意识形态的浸染,亦即阶级或社会群体的交际活动对该个体符号赋予了某种普遍性社会意识,最终使其转变为"重音符号"。显然,指称物由其物质属性而逐步实现符号化,是一个经由意识形态的关注和承认的过程。

然而,巴赫金关于"重音符号的源泉不是个体意识"的表述却不甚清晰。正如巴赫金自己所言,"所有意识形态重音符号都产生于个体声音(例如在语汇中)或个体间"②,所有重音符号都源于个体意识中,只是这种个体意识必须

————————

① V. Volosinov. *Marxism and The Phlosophy of Language*, New York and London: Seminar Press,1973, p. 22.

② V. Volosinov. *Marxism and The Phlosophy of Language*, New York and London: Seminar Press,1973, p. 22.

在个体间的交际、传播过程中获得普遍意识形态"重音"化而已。否定了个体意识的渊源地位,将使得符号化过程成为"无源之泉"。然而无论如何,巴赫金将意识形态的普遍化过程——亦即"重音化"视为符号化过程的关键环节,是其符号学理论中马克思主义立场的基本体现。

众所周知,在诸多西方社会学理论,尤其是马克思主义的理论表述中,意识形态往往与特定阶级、群体联系在一起;对意识形态的考察,便要求回溯特定阶级内部的成员关系,同时,这也是考察符号表意机制的基本途径。巴赫金提出:"反映于符号中的存在并非单单是反映,而是折射。在意识形态符号中,对存在的折射如何决定? 在使用同一符号的群体(sign community)中,代表不同社会利益的群体之间彼此交际及冲突(intersecting)——亦即进行着'阶级斗争'的状况决定了符号对现实的折射。"[1]对于一个社会而言,无论其成员属于哪个阶级,都共同使用同一语言符号体系,从这个意义讲,语言具有某种超阶级性。然而,在不同阶级内部,由于特定的价值取向而形成各自的"重音符号",当社会现实中诸多阶级之间发生经济、政治等领域的冲突时,生产关系的稳定性发生断裂,而在相应的社会整体意识形态域中,代表不同阶级价值取向的语言符号之间,便同时发生冲突、对立及最终的融合过程,也就是说,"不同的重音符号纷纷涌入意识形态符号之中"。[2] 然而在这个过程中,符号体系才能保持意义的鲜活和持续的创新,该社会的整个语言体系才会保持盎然的生机活力。

同时,这也再次证明了巴赫金关于符号表意机制的基本观念:符号客体(指称物)在个体意识内的反映,只是所谓"简单的反映";符号作为意识形态的反映,必然通过某种特定方式来反映极为复杂的意识形态结构,而意识形态

---

① V. Volosinov. *Marxism and The Phlosophy of Language*, New York and London: Seminar Press, 1973, p.23.

② V. Volosinov. *Marxism and The Phlosophy of Language*, New York and London: Seminar Press, 1973, p.23.

的复杂性,显然是由生产关系自身的复杂性决定的。在巴赫金看来,这种生产关系的复杂性集中表现为阶级斗争。

此处,还可以联系巴赫金此前的狂欢节理论。如前所述,基督教话语作为西方中世纪——尤其是文艺复兴出现前的阶段——政教合一的主导意识形态,统摄着西方人的世界观和日常行为规范。同时,封建时代的自然主义经济,虽然使得农民阶级和封建主阶级的阶级对立得以成形,但由于基督教话语具有对社会的整体统摄性,主导着农民阶级的意识形态,因此,社会意识形态未能形成阶级间语言符号的交际,语言符号因而整体显现出死水一潭的状态。因此,中世纪是西方文化史上文化发展最为停滞、落后的时期。尽管巴赫金所着重探讨的"狂欢节"现象及类似特殊情况时有出现,但毕竟无法代表文艺复兴前中世纪的整体文化状况。显然,巴赫金关于符号现象的一系列意识形态阐释,是具有体系性特征的。

四、符号与心理学分析

在西方思想及学术史上,心理学长期未能脱离哲学乃至神学的范畴。自威廉·冯特创立实验心理学以来,心理学开始呈现出科学化的发展趋势。然而,即便在20世纪的学术史上,心理学依然一度无法摆脱唯心主义哲学的思辨性特征,对于以科学为方法指向的马克思主义理论而言,对心理学的阐释的科学化,显然是其追求的重要理论品质。

当然,近代以来,西方学界对"科学"这一概念的界定也极为复杂,即便在马克思主义内部,对科学的理解和定义也说法不一。然而在巴赫金看来,心理学的科学化,必须以从人类社会属性的考察作为出发点,检审人类一般心理在社会群体性生活中的发展样态。同时,符号现象属于心理学范畴,那么对于有着从社会角度阐释心理学诉求的巴赫金而言,对语言及符号进行心理学维度的探讨,是对符号学研究的深入,且仍必须以对心理学的社会化探讨为前提。

巴赫金提出了人类"主观心理"的心理学类型,显然,这种类型指涉的是人类个体相对独立的心理活动能力及过程。尽管如此,巴赫金却强调,所谓的主观心理并非康德意义上的先验范畴,而是形成于人类的社会性交际语境,因此,心理学应被视为社会学的科学性研究客体。

巴甫洛夫的条件反射实验使近代人认识到,人类主观心理活动的实现,必然体现为心理机能对外部世界刺激的反应。诚然,心理学活动必然与人类体内诸多生理机能息息相关,然而在巴赫金看来,人类主观心理与外部世界间,并非生理—心理机能与物理现象的机械性条件反射关系,在两者之间,存在意识形态符号的过滤机制,也就是说,人类主观意识是其心理机能与意识形态符号发生反应后的产物,同时,意识形态符号自身会对符号指称物产生折射作用,因此,主观心理的形成,是经由意识形态符号对物理世界进行过滤之后的一个曲折的接受过程。

巴赫金对所有的符号现象做了意识形态及社会化阐释,如其所言,"包括个体符号在内,所有符号都是社会性的"。① 问题在于,应当如何解释"信号"等纯属个体之间交际活动的表意现象。巴赫金对此的解释是,个体总是作为诸多意识形态的体现者,换言之,意识形态总是能以其社会涵盖性而作用于诸多个体,因此"每个个体都纯粹属于社会意识形态的现象"。② 然而,如果某个信号纯粹在个体私人境遇内得以传播,而未能延及"社会"领域,那么信号所涉及的"社会性"范畴显然过于狭隘。此处,仍涉及巴赫金对"社会性"概念略显模糊的界定。事实上,巴赫金提出,"符号与其产生于其中的社会环境永远不可避免地彼此交融。符号不会从其社会环境中分割出来,也不会失去符号属性"③;同时他也承认,"植根于内部活动材料的意义,是一种指向有机体的

---

① V. Volosinov. *Marxism and The Phlosophy of Language*, New York and London: Seminar Press,1973, p.34.

② V. Volosinov. *Marxism and The Phlosophy of Language*, New York and London: Seminar Press,1973, p.34.

③ V. Volosinov. *Marxism and The Phlosophy of Language*, New York and London: Seminar Press,1973, p.37.

意义,指向特定个体自身的意义,它首先由个体特殊生活的环境决定"。① 值得注意的是,社会性作为人类基本属性,具体体现为人类在生产及生活过程中的周遭环境。有学者提出,马克思主义所理解的"世界"是"以人的实践为媒介的周围世界(Umwelt)"②,也就是说,在马克思主义看来,人类个体的所有实践活动,都是在与其息息相关的"周围世界",亦即"环境"中实现的。因此,"信号"活动也许并未以意识形态形式在群体中广泛展开,但毕竟发生于人类的实践"环境"之中。因此,即便是"信号",同样以社会性为其基本特性,同样不能摆脱意识形态属性,只是较之其他意识形态符号,其意识形态属性相对不甚明显而已。

显然,巴赫金并未忽视对个体心理在符号表意方面的作用,这体现为巴赫金所说的"内部符号"。"内部符号"指个体以其个人心理经验所创造出的符号形式,符码的发送者和接受者应当都是由个体在心理内部完成的。对此,有学者甚至认为,巴赫金的"内部符号"其实就是一种"信号"类型。③

尽管如此,这种符号类型是否能够独立于巴赫金所反复强调的符号的意识形态条件? 巴赫金的阐述似乎是肯定的,然而,"内部符号是一种内省(introspection)的客体,而内部符号同样能够转换为外部符号"。④ 在阐释内部符号如何转型为外部符号——亦即一般意识形态符号时,巴赫金仍旧回到了意识形态的阐述角度:第一,"理解一个内部符号,意味着将这一特定内部符号纳入由其他内部符号共同组成的统一体(unity)里",也就是以属于个体自己的其他符号来阐释一个特殊符号;第二,"从与之相对的意识形态体系中去观

① V. Volosinov. *Marxism and The Phlosophy of Language*, New York and London: Seminar Press,1973, pp. 34-35.

② 俞吾金:《哲学是"关于世界观"的学问吗?》,《哲学研究》2013 年第 8 期。该页有如下注释:"在德语中,既可解释为'周围世界',又可解释为'环境'。"

③ Katerina Clark and Michael Holquist. *Mikail Bakhtin*, Cambridge: Harvard University Press, 1984, p. 229.

④ V. Volosinov. *Marxism and The Phlosophy of Language*, New York and London: Seminar Press,1973, p.36.

察这个符号。"①这两种解释方式的共同特点在于,打破内部符号表意的封闭性或理解的界限性,将诸多内部符号的符码整合于同一理解与阐释体系之中。然而,前一种理解符号的方式仍未摆脱个体心理的范畴,而后者则通过将内部符号置于意识形态体系中,从而以意识形态的方式来阐释内部符号。这样,内部符号的独立性便不复存在,对其符码的理解必须通过其他意识形态符号的解码才能实现。这样一来,巴赫金对基于个体心理的内部符号,和外部意识形态符号间的关系问题,给予了独到的解释。

总而言之,巴赫金在《马克思主义与语言哲学》中对符号现象的论述,强调了符号的意识形态本质,以及符号现象得以产生所必须具备的意识形态语境。由于作为符号学的狂欢节理论与复调理论,都是以某种具体意象或人物关系格局,来隐喻性地表达不同历史时期的特殊意识形态,因此,巴赫金关于符号现象的意识形态阐释,与其狂欢节及复调理论等理论体系存在逻辑的延续关系,同时,也正是巴赫金符号学或语言哲学在文学批评中的具体体现。

五、弗洛伊德精神分析学的符号学批判

自 20 世纪初,精神分析学说业已成为广泛影响西方人文社会科学界的重要理论学说。弗洛伊德也以其精神分析学说,跻身 20 世纪的一流思想家之列。对此,巴赫金从语言哲学角度,对弗洛伊德精神分析学说进行了细致的剖析,这一研究也受到当代西方符号学界的重视。

巴赫金以其马克思主义立场,将社会性视为人类的第一属性,这也成为巴赫金反对弗洛伊德的主要原因。众所周知,弗洛伊德由于将人的欲望视为生命冲动的首要动因,也便因此将之视为人的本质所在。在巴赫金看来,弗洛伊德错误地将人的基本属性归纳为"性和年龄":"人的意识的确立不在于其历

---

① V. Volosinov. *Marxism and The Phlosophy of Language*, New York and London: Seminar Press,1973, p.35.

史生活条件,而在于生物条件,主要是性欲。"①从本质上讲,弗洛伊德是从人类个体角度理解人类包括心理在内的一系列属性,从而将对人类心理现象的解释封闭化和主观化,并忽视了社会因素对心理现象得以形成的基础作用。因此巴赫金认为,由于语言是在人类交际活动中形成的意识形态的载体形式,因此,语言便相应地具备了社会性。这样,如果要建立一种针对弗洛伊德摒弃社会性的"客观心理学",便有必要将对语言现象的探讨引入心理学分析当中,从语言所体现的人类社会心理角度来考察心理现象。

在巴赫金看来,弗洛伊德完全从人类个体的非理性领域来理解人类现象,而忽视了人类的社会属性,正如托多罗夫所言:"巴赫金的整个思想从此不是否定弗洛伊德观察到的现象,而是将这些现象放在人,也是会说话的社会动物这样一个范围内进行重新阐释。"②人类的意识往往通过理性概念得到体现,而无意识则不通过概念,因此是非理性的体现。但问题在于,巴赫金主要是从具有理性特征的意识角度来讨论意识形态的,因此,意识形态往往能够通过诉诸概念的语言符号而获得表达。然而,弗洛伊德所探讨的无意识不具有理性的概念性,所以,无法以探讨意识与意识形态及语言符号关系的方式,来分析与无意识与意识形态及语言符号的关系。面对这一难题,巴赫金提出:"无意识的产物,我们只有在将其译成意识语言时才能把握到它"③,尽管无意识无法轻易以概念性的语言来获得表达,但这并不妨碍对无意识进行语言维度的考察。巴赫金发现,在以"自由联想"方式诱发无意识动机时,病人无不必须通过语言方式方能对之加以表达,这便充分证明了无意识的语言性质。值得注意的是,在巴赫金之后,拉康同样提出了无意识的语言结构。当然,拉康是

① 巴赫金:《弗洛伊德主义批判纲要》,载于《哲学美学》,晓河等译,石家庄:河北教育出版社1998年版,第378页。

② 托多罗夫:《巴赫金、对话理论及其他》,蒋子华等译,天津:百花文艺出版社2001年版,第218页。

③ 巴赫金:《弗洛伊德主义批判纲要》,载于《哲学美学》,晓河等译,石家庄:河北教育出版社1998年版,第404页。

从结构语言学的角度阐释无意识与意识的关系的,而巴赫金则将无意识理解为具有社会动态性的语言的体现,两人对无意识的语言特征的理解完全不同。

巴赫金因此提出,无意识与意识之间并非截然对立,而仅仅是在表现人类的意识形态时存在功能的差异,巴赫金称无意识为"非正式的意识",而一般意识则属于"正式意识"。同时,两种意识形式都属于人类在表达对外界的反应时所采取的语言途径。两者离得越近,承载非正式意识的"内部语言"便越容易被转换为一般社会交际性的"外部语言"。如前所述,巴赫金将语言视为在人类社会性交际活动中产生,是人类主体所属的社会群体的产物,因此,作为"非正式意识"的无意识便与意识一样,具有鲜明的社会属性,也因此都属于意识形态范畴。对此,巴赫金采取了颇为有趣的阐释方式:无论是哪种意识形式,个体都只有站在本阶级中其他人的角度,才能从特定的意识形态角度看清自己的自我意识。显然,意识形态是人类认识自己独立意识或无意识的基本条件,一旦脱离具体的意识形态语境,则人类将无法认清自己的基本意识属性。

在这样的基础上,巴赫金将无意识称为"行为意识形态",将之与由意识构成的一般意识形态区别开来。"行为意识形态"往往通过"梦、神话、俏皮话"等病态语言得到表达。弗洛伊德将无意识和意识的冲突视为语言的矛盾,"行为意识形态"尽管与由"正式意识"构成的"正式意识形态"共同构成意识形态,却也会以病态语言形式对之发起挑战。

总之,巴赫金从语言角度,将无意识和意识界定为意识形态的两种不同形式,体现出他以社会性视角阐释心理现象的基本方式,也因此体现出马克思主义批评方法对近代心理学的改造和发展。

第五节　巴赫金的潜在生物符号学思想

在当代符号学中,"生物符号学"(biosemiotics)作为一个新兴的领域,成为吸引越来越多学者注意力的研究热点。

总体而言,生物符号学探讨符号在不同生命形式的诞生、发展、交流及死亡的过程中发挥的作用。生物符号学最早的代表当属符号学"塔尔图学派"的代表雅各布·乌克斯库尔(Jakob Uexküll)和尤里·洛特曼(Juri Lotman);同一时代,卡西尔在其《人论》中便初步探讨了动物之间以信号进行交流的现象。此后,对生物的符号行为的研究便逐渐得到展开。翁贝托·艾柯注意到,生物的基因遗传涉及生命体的编码活动[1];托马斯·西比奥克则根据生物物种的属性,建立了庞大的生物符号研究模式;美国符号学家约翰·迪利认为,动物是一种能够理性运用符号的生命形式[2];爱沙尼亚符号学家卡莱维·库尔(Kalevi Kull)则对生物符号学的历史沿革、理论模式等进行了十分系统的梳理和阐述。

在乌克斯库尔和洛特曼看来,生命体能够构成一个特定的生存环境,他们称之为"环境界"。在环境界中,生物能够对周围的无机环境及其他生物作出不同反应,同时,所有生物体都通过符号活动来实现彼此之间信息各异的交流活动。由于不同物种对符号的理解截然不同,因此每种生物都能够以本物种的符号来解释其他物种的符号,并由此体现出皮尔斯"每个符号都产生于其他符号"的无限衍义观点。[3]

佩特里莉发现,巴赫金在20世纪20年代曾对生物学产生了浓厚的兴趣,并在其《现代活力论》(Comtemporary Vitalism)一文中,隐含地表达出生物符号学思想。在这篇一度未能获得符号学界重视的文章中,巴赫金对生物与无机环境、生物对外界刺激的生理反应等问题作出了精到的阐述。虽然没有使用

---

[1] See Umberto Eco. *A Theory of Semiotics*, Bloomington: Indiana University Press, 1979, p. 21.

[2] 参见约翰·迪利:《符号学基础》,张祖建译,北京:中国人民大学出版社2012年版,第237页。

[3] 参见卡莱维·库尔、米哈伊·洛特曼:《塔尔图的符号学:雅各布·冯·乌克斯库尔和尤里·洛特曼》,载于卡莱维·库尔等编:《生命符号学》,彭佳等译,成都:四川大学出版社2014年版,第5页。

任何符号学术语,但巴赫金的生物学思想却与生物符号学界大致趋同。此文的论点可大致归为两点:第一,生命体与非生命体之间并非处于全然分裂的关系,而是共同构成一元空间,生命体在非生命环境的影响和刺激下,获得生存条件;第二,生命体能够在外界的刺激下,产生调节自身的生理条件的机制。两种论点实际上都强调了生物将外界刺激作用理解为某种符号或信号活动,并产生相应反应的生理过程。此外,佩特里莉还认为,"环境界"内不同物质之间的符号阐释及交际活动,也可以通过巴赫金的"对话"理论来加以理解。①

在巴赫金漫长而复杂的思想生涯中,马克思主义无疑构成其哲学及美学思考的重要理论框架。以马克思主义为基本立场与方法,巴赫金对作为符号现象的语言及文学进行了历史唯物主义的阐述,从而真正开创了马克思主义的符号学研究传统。同时,他的某些虽未明显运用符号学术语的理论思考,却引领着当代符号学前沿的发展路径。毫不夸张地说,巴赫金的符号学思想将继续成为符号学界予以深入研究的重要对象。

第六节　巴赫金符号学思想与其他欧美马克思主义符号学的比较

通过详尽的分析、比较后不难发现,当代欧美许多马克思主义批评家的符号学观或符号学实践方式,早在此前巴赫金的一系列著作中,便已得到不同程度的表达与论述。因此,此处以巴赫金符号学思想为基本框架,与此后一系列欧美马克思主义批评家的符号学理论进行具体比较与分析,以期凸显巴赫金在马克思主义批评领域的符号学研究及实践历程中所具有的重要意义。

---

① See Susan Petrilli, Augusto Ponzio. *Semiotics Unbounded: Interpretive Routes through the Open Network of Signs*, Toronto: University of Toronto Press, p. 151.《现代活力论》,载于巴赫金:《周边集》,石家庄:河北教育出版社 1998 年版。

一、文学符号形式与意识形态内涵

马克思主义文艺理论的基本逻辑,在于立足于动态的社会经济结构,考察蕴含于艺术品中的、派生于这一特定经济结构的意识形态,由此对艺术品的社会性本质做出阐释。但在相当长时间内,令马克思主义批评界颇感尴尬的是,经典马克思主义文艺理论在对待无论何种艺术作品类型时,总是将视野及方法局限于从具体上层建筑角度来审视作为意识形态产物的艺术作品,而很少从其具体符号形式角度详细审视不同类型艺术的审美自指性,也未考察其美学形式在特定社会语境内的独特生成机制。

针对这种状况,德拉-沃尔佩提出,只有将意识形态分析与形式批评结合起来,才能从根本上使马克思主义文艺理论摆脱上述窘境,并由此提出其相应的解决方式:马克思主义文艺批评必须借鉴包括索绪尔符号学传统在内的符号学知识,才能彻底克服这种机械的批评方式。[1]

德拉-沃尔佩通过符号学方法,阐释了蕴藏于艺术作品中的社会历史内涵——亦即意识形态转化成具体艺术符号的过程,其中,对诗歌的语言符号与社会意识形态关系的分析最富有理论史价值。如上所述,传统马克思主义理论认为,一个时代特定的经济基础会产生与之对应的特定意识形态,而德拉-沃尔佩进一步提出,诗人通过隐喻等符号修辞方式,将产生于特定社会形态的意识形态转换为诗歌的美学话语符号;同时,通过文学语言特有的有机性语境,将呈现为单义性语言的意识形态转换为诗歌的美学多义性语言。这样,德拉-沃尔佩便通过符号学,完成了从经济基础角度对作为上层建筑的诗歌之形式的具体生成过程的探讨。同时他也暗示,自己首次通过符号学方法,在艺术形式与社会经济基础间建立了明确的逻辑生成关系,开创了将符号学运用于马克思主义文艺批评的传统。但实际上,早在《鉴赏力批判》发表前几十

---

[1]　See Galvano Della Volpe. *Critique of Taste*, trans Michael Caesar, London and New York: Verso, 1978, p. 12.

年,巴赫金便在其《文艺学中的形式主义方法》与《陀思妥耶夫斯基的诗学问题》中提出过类似观点。①

与德拉-沃尔佩一样,巴赫金对马克思主义文学批评一度具有的忽视文学形式批评的倾向甚为不满。因此,在《文艺学中的形式主义方法》一书中,巴赫金在系统批评俄国形式主义批评方法的"非历史主义范畴"时,对其形式批评的价值颇为重视。尽管巴赫金并未明显直接将形式主义方法引入马克思主义文学批评当中,但在论及作为小说形式的复调小说的社会学形成机制时,巴赫金却在事实上是从对小说形式的探讨出发的。

巴赫金提出,复调小说的形成与资本主义社会条件下的生产关系息息相关。资本主义社会以其无坚不摧的资本力量,使社会诸多阶层在逐渐建立起自由竞争机制过程中消解了其原有的意识形态与思维模式,从而逐渐体现出阶级间自由对话的现代性品质。"一切固定的僵化的关系以及与之相适应的素被尊崇的观念和见解都被消除了"②,在这种资本主义社会状况下,各阶级间固有的意识形态、价值及话语隔膜被纷纷打破,并以自由竞争的姿态实现了实践,尤其是话语的双重层面的交际与沟通。在巴赫金看来,这种社会形态在陀思妥耶夫斯基的小说形式中被隐秘地表现出来,"在陀思妥耶夫斯基某些早期作品所营造的世界中,那些社会、文化及意识形态的因素曾经是彼此独立的,具有有机的自我封闭性(organically sealed)和稳定性……资本主义化解了作品所描绘的诸多世界间的格格不入,并改变和颠覆了不同社会范畴间彼此各行其道的特征,以及其意识形态内部的独立性"③,"'资本主义精髓'……

---

① 巴赫金的《文艺学中的形式主义方法》与《陀思妥耶夫斯基的诗学问题》分别出版于1928年和1929年,早于德拉-沃尔佩出版于1960年的《鉴赏力批判》。据考,巴赫金在1919年便已开始了《陀思妥耶夫斯基的诗学问题》作的构思,详见钱中文主编《诗学与访谈》一书"题注"部分,石家庄:河北教育出版社1998年版,第605页。
② 马克思、恩格斯:《共产党宣言》,载于《马克思恩格斯文集》第2卷,北京:人民出版社2009年版,第34页。
③ Mikhail Bakhtin. *Problems of Dostoevsky's Poetics*, London and Minneapolis: University of Minnesota Press, 1984, p. 19.

通过某种具有独特品质的小说的语言而得以呈现"。① 由此可见,复调小说中人物声音的多元化呈现方式,正是喻示资本主义社会各阶层在竞争关系中所形成的沟通、对话关系的隐喻符号。

两相比较不难看出,尽管德拉-沃尔佩的分析主要集中在资本主义社会意识形态话语向诗歌语言的技术性转换过程,而巴赫金却是从资本主义社会意识形态的现代性特质与复调小说中人物对话形式的异质同构性角度来审视这一问题,两者对社会经济基础上文学形式的形成机制的具体阐释过程不尽相同,但他们的批评过程都是从马克思主义出发,将社会特定经济结构作为基本考察维度,并通过符号学方法检审在这种经济结构条件下所产生的意识形态,以此来理解艺术文本的形成过程,可谓殊途同归。

然而如上所述,巴赫金的这种实践先于德拉-沃尔佩数十年。由此可见,在西方马克思主义者对艺术符号形式与社会结构间的关系给予足够关注前,巴赫金便已意识到符号学对马克思主义文艺批评的重要意义,并以较为成熟的符号学方法对这一问题进行了有益探讨。

二、符号系统的内部冲突

前文已叙,巴赫金作出了"符号产生于意识形态"的著名论断;同时,其复调理论的本质,亦体现为意识形态之间的冲突。巴赫金意识到,不同阶级所持意识形态之间的差异性,往往导致意识形态领域内部产生不可避免的冲突,并由此使得作为意识形态载体的符号自身呈现出意义的分裂性与复杂性,换言之,"在使用同一符号的群体(sign community)中,代表不同社会利益的群体之间彼此交际及冲突(intersecting)——亦即进行着'阶级斗争'"的状况决定了

---

① Mikhail Bakhtin. *Problems of Dostoevsky's Poetics*, London and Minneapolis: University of Minnesota Press, 1984, p. 20.

符号对现实的"折射(refracted)"特征。①

事实上,在巴赫金符号学思想获得西方学界广泛接受前,阿尔都塞在通过符号学角度构建其话语理论时,也表达过与之类似的观点。话语(discourse)本是一个语言学概念,福柯将其界定为特定权力关系下所产生的意义机制,此后,西方学界便因循福柯关于"话语"的基本思路,发展出各自的话语理论。其中,阿尔都塞从符号学角度,对不同类型的话语形成方式及特征进行了详尽分析。② 其中,在论及美学话语时,阿尔都塞指出,"(美学话语的)主体效应必须通过它与其他主体效应的交际才能实现(通过若干能指的结合),并由此获得一种交叉指称(cross-references)的模糊结构"③,不同审美个体在关于审美观念所进行的交际、沟通中,逐渐形成一种相对统一、却又具有复杂意识形态结构的话语形态。在对意大利戏剧家勃图拉齐(Carlo Bertolazzi)剧作《我们的米兰》(*El Nost Milan*)的解读中,阿尔都塞具体阐释了这种话语观念:在他看来,整部戏剧具有两个相对独立的时空系统,由女主人公妮娜、她的父亲及试图欺侮她的托伽梭三人演绎的情节部分所构成的第一个系统,承载着维护社会伦理秩序,乃至社会统治稳定的正统意识形态,亦即代表资产阶级伦理体系的"没能受到批判的意识形态"(uncriticized ideology)④;同时,由一群米兰贫民的悲惨生活构成的第二个系统,则承载着现实社会中处于生活窘境的无产阶级的真实意识形态。阿尔都塞认为,后一个符号系统的真实意识形态,是对前一符号系统的意识形态的颠覆与解构,两个系统所承载的意识形态间所处的对立关系,共同构成作为美学话语的整个戏剧符号系统,同时也使得戏剧符号系统内部呈现出复杂而分裂的意识形态话语格局。

---

① Valentin Volosinov. *Marxism and the Philosophy of Language*, New York and London: Seminar Press, 1973, p. 23.

② 详见前章"独异的结构观:阿尔都塞的符号学"。

③ Louis Althusser. *The Humanist Controversy and Other Writings* (1966-1967), London and New York: Verso, 2003, p. 50.

④ Louis Althusser. *For Marx*, London: The Penguin Press, 1969, p. 144.

阿尔都塞的观点，完全可以通过巴赫金理论加以表述和阐释：作为符号系统的戏剧中包含着两种互相矛盾的意识形态，而这种意识形态间的矛盾，则是经由戏剧的整体符号系统中两个次级符号系统——两个时空系统间的直接对立表现出来的，整体符号系统也由此通过对其内部意识形态冲突的展现，反映出现实社会中的阶级斗争状况，也因此呼应了阿尔都塞关于含有复杂意识形态结构的美学话语的形成过程的论断。由此可见，阿尔都塞的符号学表述虽显得更为具体和细致，却并未超出巴赫金的基本判断范畴。

三、"镜像论"的后结构主义式批判

前文已叙，"镜像论"是一种在西方文艺思想史上兴盛已久的文艺观念，认为包括文学在内的艺术都是反映社会现实的"镜子"，美国学者艾布拉姆斯在其名作《镜与灯》中，集中梳理和阐释了自柏拉图以来诸多西方文论家的"镜像说"观点，并对镜像论的要旨进行了精辟的总结。[1] 然而自 20 世纪以来，镜像论受到西方文学批评界诸多质疑，而在马克思主义者中，以马舍雷的批评最为深刻。值得注意的是，巴赫金与马舍雷都从类似于后结构主义符号学的理论角度对镜像论的局限性作出剖析，其批评视角和结论具有相当明显的相似性。

阿尔都塞曾提出打破渗透着资本主义意识形态的文艺"镜子"的主张。[2] 作为阿尔都塞的学生，马舍雷以其"离心说"所演绎出的"镜子断裂论"，回应了老师的这种理论设想，也因此著称学界。在马舍雷看来，作为"镜子"的作品只能选择性地、部分地描述社会现实。马舍雷是从意识形态角度来审视这一问题的。如前所述，在马舍雷看来，意识形态是特定历史条件下不同阶级所具有的集体观念意识，因此意识形态整体领域会呈现出极其复杂而多元的思

---

① 详见 M.H. Abrams, *The Mirror and Lamp：Romantic Theory and the Critical Tradition* 第二章中"艺术如镜像"（Art is Like a Mirror）一节, Oxford：Oxford University Press Inc., 1971。

② Louis Althusser. *For Marx*, London：The Penguin Press, 1969, p. 144.

想样态,但身处某个特定阶级的作家由于受该阶级意识形态的影响,从而在其作品中不可避免地遮蔽了对其他意识形态的表现。马舍雷对此总结道,"镜子与其映射出的历史现实状况间的对应关系并不全面:镜子在反映现实方面并不照单全收,而是会做出选择"①,"客体及其'镜像'间不存在直接的对应关系"。② 因此,作为文学结构的意识形态是彼此冲突、分裂的,文学符号也因此成为一面无法真正客观、全面地反映社会现实的"残镜"。

与马舍雷同样被某些西方学者视为"后结构马克思主义"(postsructuralist Marxism)的巴赫金③,在马舍雷之先,便探讨了符号的反映现实程度问题,并由此对"镜像论"进行了潜在的批判。如上所述,巴赫金认为,符号意义产生于不同阶级意识形态间的矛盾、冲突过程。同时,在论述文学及意识形态的复杂性时,巴赫金提出,意识形态对现实、文学对意识形态的"反映",都遵循一种"折射"模式。这种冲突状态使得作为意识形态载体的各种符号呈现出无可回避的多元性及复杂性,也便使其无法如镜子一般如实准确地反映社会现实,"所有符号都遵从某种意识形态的评估准则",因此"符号不仅仅以'现实状况的一部分'的形态存在——它能够反映、折射其他现实状况。这样,它便既可能扭曲现实,也可能忠诚地表现现实,抑或以某种特殊视角对现实进行感知(perceive)"④,在一定意识形态的影响下,符号可能会以某种特殊的角度来反映现实,而淡化了从其他角度反映现实的可能性,亦即以"折射"的方式来表现现实。

在巴赫金看来,作为意识形态载体的文学同样是一种符号形式。在意识

① Pierre Macherey. *A Theory of Literary Production*, London and New York: Routledge and Kegan Paul, 1986, p. 120.

② Pierre Macherey. *A Theory of Literary Production*, London and New York: Routledge and Kegan Paul, 1986, p. 128.

③ See Mark Currie. *Postmodern Narrative Theory*, Houndmills and Basingstoke: Palgrave Macmillan, 1998, p. 5.

④ Valentin Volosinov. *Marxism and the Philosophy of Language*, New York and London: Seminar Press, 1973, p. 10.

形态再现经济社会状况的同时,意识形态与之保持了一定距离,并以曲折的"折射"方式对之加以表现;同时,文学在表现意识形态时,同样采取了折射的方式。由此可见,巴赫金从社会结构中不同阶级间意识形态矛盾状况出发,证实了作为语境的复杂社会关系在文学符号多元意义生成方面所具有的本质性基础,从而同样将其符号学阐释引向了后结构主义。

巴赫金与马舍雷关于"镜像论"的结论基本一致:包括文学作品在内的各种符号类型,对现实的反映都可能是失之偏颇或残缺不全的。两者都以对索绪尔结构主义符号学逻辑的批判作为其批评基础。马舍雷认为,"结构概念……也许会为文学批评带来全新视角,却无法一劳永逸地克服所有批评难题"①,因此,他以索绪尔结构观的逻辑作为考察基础,从对文学文本结构内部形态的剖析,揭示出意识形态结构的多元性和复杂性,并由此从支配文学表述的结构源头的分裂特质出发,阐释了文学镜像在反映社会现实时存在的功能缺陷。同时,巴赫金却在否定索绪尔的封闭语言体系后②,直接从考察作为社会阶级间意识形态的冲突状况这一社会语境出发,指出意识形态的复杂性对于符号意义多元化的本质作用。因此,巴赫金与马舍雷都是基于后结构主义立场,来指明镜像符号在反映现实方面的选择性特征的。

四、杂语与话语符号的形成

如上所述,意识形态历来是马克思主义批评理论进行社会文化批评时着重考察的社会维度。其中,英国马克思主义者雷蒙·威廉斯曾在巴赫金理论的影响下,围绕着将意识形态理解为符号意义来源这一认识基础,进行了一系列理论表述。恰如伊格尔顿所言:威廉斯早在巴赫金符号学思想价值引起

---

① Pierre Macherey. *A Theory of Literary Production*, London and New York: Routledge and Kegan Paul, 1986, p. 137.

② 详见前文,以及 Valentin Volosinov, *Marxism and the Philosophy of Language* 一书第二部分第 1、2 章。

"斯拉夫语系符号学家们"的充分重视前,便已将其视为自己理论建构的重要基石①,这不仅表现在他以巴赫金符号学思想为依据对文学语言的基本属性及特质所做的分析②,还表现于他将巴赫金符号学运用于自身的符号学实践中。

"杂语"(heteroglossia)是巴赫金对其"对话"理论的延伸,指"被小说所吸收的诸多不同'语言'及关于言语和意识形态的信念体系(verbal-ideological belief systems)——包括各种文类的、专业的、社会利益群体的语言(权贵的、农夫的、生意人的、乡下人的语言);抑或有某种倾向性的(tendentious)、或日常的语言等"③,亦即交织于小说中属于不同社会群体、具有不同意识形态的主体声音争夺文本话语权的冲突状态。如前所述,巴赫金认为对话性是由资本主义社会自由竞争所派生的现代性的体现,而杂语概念则具体界定、深化了对话理论中关于阶级对话的特质:小说文本中诸多声音的冲突正是权贵、农夫等不同社会阶层、群体间纷繁芜杂的社会意识形态的投射,换言之,声音的对话、冲突的实质在于各种社会群体话语符号及其所承载的意识形态间的冲突与交际。

威廉斯对文化生成性的理解,恰体现出对巴赫金"杂语"理论的发展。④威廉斯主张从各社会阶级间的关系角度去审视文化的形成与确立。他将某个时期内统治阶级文化的生成视为对前、后时期不同阶级文化的反拨和吸纳,由此便解释了被其称为"主流"(dominant)、"残留"(residual)和"新兴"(emergent)的三种文化形态间的关系:主流文化往往能够将产生于前一阶段

---

① Terry Eagleton. Raymond Williams:"Critical Perspectives"(Introduction), in *Raymond Williams:Critical Perspectives*,ed. by Terry Eagleton,Cambridge:Polity Press,1989, p. 6.

② Raymond Williams. *Marxism and Literature*, Oxford:Oxford University Press, 1977, pp. 35-43.

③ Mikhail Bakhtin. "Discourse in the Novel", in *The Dialogic Imagination*, ed. by Michael Holquist,Austin:University of Texas Press,1981, p. 311.

④ 参考自赵毅衡《叙述学》第七讲课件,见"符号学论坛"(www. semiotics. net. cn)。本节所涉威廉斯术语之译法亦参考自该课件。

统治阶级的残留文化选择性地纳入本文化的系统之中,同时,还必须在受到此后兴起的阶级所派生的新兴文化的竞争时,同样部分性地将其纳入自身的体系,例如在当代资本主义国家中,作为主流文化形态的资产阶级文化便在吸收封建贵族文化的同时,还受到新兴的无产阶级大众文化的冲击:"经由与'封建文化'或'社会主义文化'间跨纪元性(epochal)分析的基本对照,'资产阶级文化'随即可被表述为一种极富意义的总括性描述和假设。"①

值得注意的是,文化必须由意识形态通过话语符号形式表现出来,这一点人类学和社会文化研究界均有定论。因此,阶级文化的建构,便体现为不同阶级意识形态话语符号的冲突与交融,亦即呈现为杂含着诸多阶级意识形态的话语符号。同时,不同阶级所分别具有的文化形态,无不希望将自身所承载着的独特意识形态确立为该时代的主流意识形态,并竞相争夺着话语符号形式的文化话语主导权,因此,社会历史的动态发展以及诸多社会阶级间意识形态的矛盾性,便必然会以话语符号的冲突、交融形式体现出来,从而使得社会文化从整体上呈现出某种庞杂而多元的状态。这样,作为"主流"的资产阶级文化便同时含有作为"残留"的封建文化和作为"新兴"的社会主义文化两种不同阶级文化形态的因子,表现出具有不同意识形态倾向的话语符号彼此冲突、交相辉映的"杂语"状态。恰是在这种理解基础上,威廉斯将巴赫金杂语理论由小说扩展至社会文化更为广阔的领域,并将其对小说话语的冲突性的探讨延伸为对人类社会文化的讨论,并从符号的社会性、阶级性着眼,将文化话语的生成理解为各社会阶级观念在交融及冲突的过程中形成的复杂符号,从而在更为广阔的文化领域内对符号话语的生成性作出了有效阐释。

除上述例证外,曾具有马克思主义理论倾向的法国哲学家克里斯蒂娃(Julia Kristeva)的"互文性"概念,亦明显受到过巴赫金对话理论的影响,学界对此已有论述,本书不拟赘言。尽管巴赫金及其符号学价值很晚才得到西方

---

① Raymond Williams. *Marxism and Literature*, Oxford: Oxford University Press, 1977, p. 121.

思想界的发掘和认识,但经过比较不难看出,在巴赫金以及上述西方马克思主义批评家的符号学实践中,意识形态问题都是其论述的关键环节。几位西方马克思主义批评家都从对意识形态内部结构的考察出发,探讨作为意识形态载体的符号体系的生成机制或表现形态,这种研究思路与巴赫金关于符号的意识形态性质的论述,具有逻辑上的一致性。

根据对巴赫金与其他马克思主义者符号学思想的比较,不难看出,巴赫金是首位将成熟的符号学思想运用于文化批评实践的马克思主义者。因此,毫不夸张地说,巴赫金对整个马克思主义批评传统的符号学理论建构及批评实践,具有非常重要的先导意义。

第六章　语义的辩证:德拉-沃尔佩的符号美学思想

　　长期以来,国内学界似乎未对意大利哲学家伽尔瓦诺·德拉-沃尔佩的美学思想给予足够重视。① 作为"新实证主义的马克思主义"代表人物,国内学界对德拉-沃尔佩极为有限的关注,多局限在对其政治哲学的观点上。或许是由于德拉-沃尔佩理论表述过于晦涩的缘故,对其受19、20世纪西方"语言学转向"思潮的影响而产生的符号美学倾向,国内外则关注较少。

　　德拉-沃尔佩在早年研究浪漫主义文学思潮的同时,认识到这一思潮中普遍具有的抽象思辨方法的局限性,认为这种观点影响了现代美学应有的科学品格。在他看来,包括贝尼季托·克罗齐(Benedeto Croce)、吉奥瓦尼·金蒂雷(Giovani Gentile)等意大利学者,其美学思维都具有唯心主义的特征。为了"把民族文化从'美学唯灵论'下解放出来"②,德拉-沃尔佩试图通过符号学方法,建立马克思主义美学批评的科学范式,并借此纠正传统马克思主义文

---

　　① 伽尔瓦诺·德拉-沃尔佩(Galvano della Volpe)的姓名构成较为复杂。"伽尔瓦诺"系"名"(given name),"德拉-沃尔佩"系"姓"(surname),其中"della"是代表籍贯或贵族头衔的标志。国内学界长期将其译为"德拉·沃尔佩",并将"沃尔佩"作为其"姓"加以单独称呼,系误用。本书将其译为"德拉-沃尔佩",但这便与"列维-斯特劳斯"(Lévi-Strauss)式法语复姓混为一谈,因此严格地讲,只是权宜之计。

　　② M.卡冈:《马克思主义美学史》,汤侠生译,北京:北京大学出版社1987年版,第253页。

艺理论中轻视艺术本体批评的倾向。

第一节　批评的方法论基础——科学的辩证法

　　论及德拉-沃尔佩的符号美学思想,必须从其哲学基本方法论着眼。在20 世纪 50、60 年代的西方哲学界,昔日的唯理论及其抽象的思辨传统开始受到一定质疑。在这种思想文化氛围中,某些马克思主义者受科学实证主义影响,尝试以科学主义方法对自身进行改造。① 一般而言,除了以阿尔都塞为代表的法国结构马克思主义外,具有"科学主义"倾向的马克思主义的另外一条脉络,便是以德拉-沃尔佩为代表的意大利"新实证主义"的马克思主义。②

　　德国古典哲学家黑格尔提出,作为世界本源的"绝对精神",从其原初的自在状态开始便内在地含有着自身对立、矛盾的因素,并以否定自身的辩证方式不断扬弃自身,并在运动中逐渐发展出世界的诸多领域。马克思发现了黑格尔辩证方法中的"神秘性"(die mystifizierendeseite),例如在《〈政治经济学批判〉序言》中,马克思便指出:"黑格尔陷入幻觉,把实在理解为自我综合、自我深化和自我运动的思维的结果,其实,从抽象上升到具体的方法,只是思维用来掌握具体、把它当做一个精神上的具体再现出来的方式。但决不是具体本身的产生过程。"③同时,马克思也由此看到了黑格尔辩证法中合理的因素,将之逐渐发展为一种科学的辩证法,并运用于其政治经济学批判之中。

　　显然,马克思对黑格尔的批判,集中体现为黑格尔将社会实在规定为精神、概念的理性思辨结果,而忽视了实在自身的客观属性。德拉-沃尔佩由此

---

　　① 参见徐崇温:《西方马克思主义》,天津:天津人民出版社 1982 年版,第 486 页。

　　② 参见唐正东:《"科学主义"马克思主义中两条不同的理论线索》,《福建论坛》2000 年第 4 期。

　　③ 马克思:《〈政治经济学批判〉导言》,载于《马克思恩格斯选集》第 2 卷,北京:人民出版社 1995 年版,第 18—19 页。

认为,马克思的辩证法是一种基于综合性和科学思维的辩证法类型,与黑格尔间并无直接传承关系。在《作为实证科学的逻辑》一书中,德拉-沃尔佩提出从经验角度重新阐释辩证法,"除非辩证法能够重视经验、亦即充分尊重内容、事物或其他具有类似称呼的东西的多样性的积极一面,否则它便毫无意义"①,同时,他否认马克思辩证法与黑格尔辩证法之间具有逻辑承属关系。此后,德拉-沃尔佩在《卢梭与马克思》一书中,就这一主题进行了更为深入的辨析。德拉-沃尔佩试图区分黑格尔与马克思辩证法的态度,得到了同样具有这种态度的阿尔都塞的称赞。②

　　在德拉-沃尔佩看来,黑格尔辩证法的先验逻辑恰是建立在"神秘性"的基础上,对此,马克思通过对黑格尔辩证法的批判,不仅揭露了黑格尔先验论的、唯心主义的思辨方法的神秘性质,而且将这种方法改造成为近代实验式的科学主义方法。在对马克思《黑格尔法哲学批判》一文的分析中,德拉-沃尔佩援引马克思著作中的原文,指出黑格尔辩证法的缺陷:"黑格尔把家庭和市民社会看做国家的概念领域……逻辑的泛神论的神秘主义在这里已经暴露无遗"③,德拉-沃尔佩认为,黑格尔的辩证法之所以是一种唯心主义方法,其基本谬误在于颠倒了理念与现实的关系,将理念演绎为一种客观存在。例如此处,黑格尔错误地混淆了市民社会、家庭等具体社会因素,与国家——即"理念"——之间的主次关系,将市民社会、家庭等视为理念经过辩证运动后的产物。德拉-沃尔佩由此认为,马克思通过对黑格尔的这种唯心主义辩证思想的发掘与批判,并体现出"一种新哲学方法的最为普通的预设",马克思由此"建立了与黑格尔的辩证法分庭抗礼的、具有革命性的'科学的辩证法'(sci-

---

① Galvano Della Volpe. *Logic as Positive Science*,London:NLB,1980, p.151.

② See Louis Althusser. *For Marx*,London:The Penguin Press,1969, pp.37-38.

③ 马克思:《黑格尔法哲学批判》,载于《马克思恩格斯全集》第 1 卷,北京:人民出版社 1956 年版,第 250 页。

entific dialectic）”。①

　　在德拉-沃尔佩看来,马克思这种"科学的辩证法"迥然相异于黑格尔的思辨模式。黑格尔辩证法的基本模式,是把具体的、确定的现实归结为"理念"的产物,属于唯心主义范畴;而马克思则将自己的辩证方法建立在唯物主义基础之上,并借助反对黑格尔的一般性抽象方法来夯实自己的理论基石:"黑格尔的论点只有像下面这样解释才是合理的:家庭和市民社会是国家的构成部分……国家的公民是家庭和市民社会的成员","家庭和市民是国家的真正的构成部分,是意志所具有的现实的精神实在性,它们是国家存在的方式"②,所以德拉-沃尔佩认为,应当从作为实存的社会现实中发展出"理念"或思想、观念,而不应像黑格尔那样,按照思维的样式来制造对象。

　　德拉-沃尔佩由此提出,马克思通过对黑格尔辩证法的神秘性立场的批判,提出了辩证法与自然科学方法具有同源性,都是认知历史进程的基本方法论。因此,辩证法应遵循"归纳—演绎"式的科学方法,对经验现实进行抽象。具体而言,观念和范畴应当与具体的物质生产联系在一起,原因在于,"人们按照自己的物质生产的发展建立相应的社会关系,正是这些人又按照自己的社会关系制造了相应的原理、观念和范畴"。③ 马克思由此将观念和范畴的产生与劳动实践结合在一起。同时,马克思曾批判蒲鲁东未能真正理解辩证法的科学性,而是以思辨的方式对之加以理解和阐释:"我指出了,他(蒲鲁东)对科学辩证法的秘密了解得多么肤浅,另一方面他又是多么赞同思辨哲学的幻想,因为他不是把经济范畴看做历史的、与物质生产的一定发展阶段相适应

---

　　① Galvano Della Volpe. *Rousseau and Marx and other writings*, New Jersey: Humanities Press, 1979, p. 162.

　　② 马克思:《黑格尔法哲学批判》,载于《马克思恩格斯全集》第 1 卷,北京:人民出版社 1956 年版,第 251 页。

　　③ 马克思:《哲学的贫困》,载于《马克思恩格斯全集》第 4 卷,北京:人民出版社 1956 年版,第 144 页。

的生产关系的理论表现,而是荒谬地把它看做预先存在的、永恒的观念",①马克思通过对"科学辩证法"的表述,不仅旨在对黑格尔的抽象的辩证方法进行批判,同时更是为了表明:无论是物质层面还是精神层面的生产,都具有其社会属性,都不应被视为从基于观念的抽象思辨中产生的,而是源于社会实践活动。

通过对马克思政治经济学领域著作的重新解读,德拉-沃尔佩认为,马克思试图建立一种"科学的辩证法",这种辩证法"应沿着'在科学上正确的方法'来进行。此处的意思是,第一,必须以*具体*事物为前提,从'*真实的主体*'延伸至*抽象*……"②,并认为马克思的辩证法在本质上属于科学方法:"科学辩证法在方法上的重要性简直是革命性的,主要呈现为遵循具体-抽象-具体的循环,或事物(matter)和理性、归纳与演绎的循环"。③不难看出,德拉-沃尔佩在强调马克思主义对经验方法的诉求的同时,实际上也暗含了对思维演绎方法的要求,因此有学者指出:"德拉-沃尔佩显然受到了康德调和唯理主义和经验主义这种做法的影响。"④

无可否认,马克思确实在批判黑格尔辩证法中的神秘因素时,通过科学化地阐释辩证法,使其体现出马克思主义最为基本的唯物主义原则,对此,某些学者给予了详尽辨析和充分肯定。⑤然而,是否能够据此彻底斩断马克思的辩证法与黑格尔辩证法的联系,却似乎很难成立,本书不拟深入探讨。然而重

---

①　马克思:《论蒲鲁东》(《给约·巴·施韦泽的信》),载于《马克思恩格斯文集》第3卷,北京:人民出版社2009年版,第19页。

②　Galvano Della Volpe. *Rousseau and Marx and other writings*, New Jersey:Humanities Press, 1979, p.189.斜体系原文所加,下同。

③　Galvano Della Volpe. *Rousseau and Marx and other writings*, New Jersey:Humanities Press, 1979, p.200.

④　Franco Schiavoni. "The Anti-Romantic Rationalist Aesthetics of Galvano Della Volpe", in *Thesis Eleven*(12), 1985, p.65.

⑤　参见凯德洛夫:《论辩证法的叙述方法——三个伟大的构想》第1编,贾泽林等译,北京:中国社会科学出版社1986年版。

要的是,从这种科学辩证法中,德拉-沃尔佩延伸出其基本方法"语义辩证法",并结合现代符号学、修辞学等学科,发展出其独特的马克思主义美学学说。

第二节　艺术的社会历史基础及"语义辩证法"

德拉-沃尔佩的唯物主义美学观,首先表现为他对艺术的社会学本质的认识。在他看来,各个领域的社会产品都是对物质现实的总结与归纳,因此作为精神产品的诗歌也必定无法逃脱其社会属性。德拉-沃尔佩认为,无论是诗歌中的艺术风格抑或理性因素,都以社会历史为基本前提:"每种意义都直接或间接地回返到经验与历史之中,因此,也便回返到原初的社会性中,并独立为诗歌打下历史唯物主义的基础。"①对诗歌价值的认识,应建立在唯物主义的社会学基础上。

但这种"社会学"并不体现为诗歌内容对社会、历史的机械呈现。马克思本人便清醒地认识到,在意识形态转型为艺术品的过程中,存在着十分复杂的生产机制。在分析古希腊诗人品达(Pindar)的诗歌时,德拉-沃尔佩指出,作品创作于古希腊特定的社会条件之下,其诗歌语言也必然凝结着这一时期特殊的社会及宗教内涵,亦即遵从"诗人及他为之写作的那些人所处社会中的风俗及宗教信仰(cult)"②,也就是不可避免地要受到诗人生活时代的某种意识形态影响。

问题在于,这种意识形态转变为诗歌形态时,经历了怎样的具体演变与转化过程。这也是传统马克思主义文学、艺术理论所疏于考虑的问题。为克服这一理论难题,深受 20 世纪西方人文社会科学界"语言学转向"影响的德

---

① Galvano Della Volpe. *Critique of Taste*, London and New York: Verso, 1978, p. 82. 引文的翻译参考了《鉴赏力批判》中文版,王柯平译,北京:北京师范大学出版社 2022 年版,下同。

② Galvano Della Volpe. *Critique of Taste*, London and New York: Verso, 1978, p. 44.

拉-沃尔佩,从包括结构主义符号学在内的诸多符号学中获取了方法论灵感:
"语符学(glossematics),也就是哥本哈根学派的结构语言学,体现着现代科学
(索绪尔式的)语言学中最为连贯而完备的发展成果","我之所以使用语符
学,初衷是在开始描述一种普通审美符号学前,为诗歌与文学夯实其语义学基
础"。①

　　从此后实际的符号学批评实践来看,德拉-沃尔佩更多地使用了传统修
辞学和结构主义符号学的一般方法。众所周知,在意识形态分析方面,罗兰·
巴尔特以其资本主义社会"神话"的分析与批判展示了符号学的方法优势,而
德拉-沃尔佩同样关注到了包括语符学在内的诸多符号学理论的这种优势。
他援引巴尔特的观点,并指出:"索绪尔的语言学有十分独到的见解,原因在
于'它暗示了这一决定,即不应当把对意指(signification)系统的理解,限定于
它们单个的能指(语素)中,而是应当也包含对所指自身的研究'","如果这种
研究向内涵系统(例如在文学中)发展,那么所指形式便完全体现为具有系统
性的社会性意识形态"②,可见,对文学中意识形态的破解,正是德拉-沃尔佩
运用结构主义符号学的基本目的。关于德拉-沃尔佩的结构主义符号学思
想,后文将进行详细分析。

　　德拉-沃尔佩的"语义辩证法",是其"科学辩证法"在诗歌文本结构中语
义层面的具体应用,总体而言,体现为"关于文学现象在其具体组成因素、亦
即典型的抽象特征及在语义上富于有机性的抽象的风格语言(speech-as-
style)里的认识论的分析"③,或者说,对社会历史意识形态如何通过典型性的
途径、在诗歌语言中得以完整呈现的过程的分析方法,这一过程首先表现为,
"经由文字语言(language-as-letter)———一种特殊的手段形式及与其有关的
思维目的、亦即社会中所有意识形态和文化实体的结合,形成诗歌作品的历史

---

① Galvano Della Volpe. *Critique of Taste*, London and New York:Verso,1978,p. 12.
② Galvano Della Volpe. *Critique of Taste*, London and New York:Verso,1978, pp. 249-250.
③ Galvano Della Volpe. *Critique of Taste*, London and New York:Verso,1978, p. 199.

腐土(humus)"①,具体而言,语义辩证法考察和探讨如何"通过'目的—思想'和'方法—语义(sèma)'范畴,将这些(意识形态)因素重新连接起来",也就是说,通过考察语言中的思想要素,对分散于诗歌文本语言中的意识形态加以提炼和重新组织,使之尽可能还原为原初的意识形态。总而言之,"语义辩证法必然是一种历史的辩证法……一种真实的辩证法,或能够决定抽象的辩证法,简言之:是关于诸多不同属性的东西(heterogeneities)、理性和事物的系统性的循环"②;具体到文学批评层面,它便体现为"普通的诗性与艺术的历史唯物主义理论的辩证—科学方法"。③ 语义辩证法的根本目的在于,作为意识形态的社会诸多历史观念,是如何被综合、概括和转换为种种概念化的文学词语符号,而这也具体体现出科学辩证法中对事物"具体—抽象—具体"循环规律的考察方式。

然而,语义学辩证法更为具体的方面,体现为考察承载着意识形态的"科学语言",如何辩证地转变为诗性语言的过程。因此,德拉-沃尔佩对科学语言与诗性语言的差异进行探讨,试图借此发掘文学的审美语义结构。

第三节　结构主义符号学思想

诚如英国学者弗朗西斯·穆尔赫恩(Francis Mulhern)所言:"伽尔瓦诺·德拉-沃尔佩在早年的美学作品《鉴赏力批判》(1960)中,曾使用结构主义语言学,详尽探讨了美学旨趣。"④如前所述,哥本哈根学派的代表人物叶尔姆斯

① Galvano Della Volpe. *Critique of Taste*, London and New York:Verso,1978, p. 181.
② Galvano Della Volpe. *Critique of Taste*, London and New York:Verso,1978, p. 199.
③ Galvano Della Volpe. *Critique of Taste*, London and New York:Verso,1978, p. 200.
④ Francis Mulhern. *Contemporary Marxist Literary Criticism*, New York and London:Taylor & Francis,1992, p. 13.

列夫在索绪尔结构语言学的基础上,发展出其独到的语符学理论,而德拉-沃尔佩明确提出要借鉴结构主义符号学。

18—19世纪,西方学者普遍认识到语言是表现人类思想、精神世界的重要媒介,然而,他们大多未能认识到,语言本身具有随着人类社会历史的变化而产生相应变动的属性。然而,思想家威廉·洪堡特(Wilhelm Humbolt)指出:语言在表达精神世界的过程中,与精神一道处于不断变化的过程之中。但德拉-沃尔佩并不满足于这种观念,在他看来,不应从纯粹的人类个体思维角度来理解其个性化的言语(parole)现象的产生。比德拉-沃尔佩略早的意大利哲学家克罗齐从其直觉主义立场出发,提出语言与人类精神之间并无界限,但这种说法一味强调了言语的个体属性,而忽视了语言现象应有的社会属性。同时,索绪尔则认为,在人类的言语活动(language)中,除了个性化的言语外,还包括社会性的总体"语言"(langue)规则。因此,在批判克罗齐等人语言观的"浪漫主义"倾向的同时,德拉-沃尔佩从人类的社会性这一基本类属性角度,对索绪尔的观点给予了充分认同:"从克罗齐、哈特曼再到瑞恰兹,仅仅将自然语言的复杂的基本事实一味而抽象地(在糟糕的意义上)归纳为自然语言诸多要素中的一个要素——言语(*la parole*),亦即主观言语行动(speech act)。这种观念忽视了言语系统(language-system),也就是语言(*la langue*)的现实性,也就是历史、社会制度或上层建筑现象,未能考虑到统一的、客观的语词符号(verbal signs)系统,也便未能考虑到预先存在的统一规定(norm),而说话者之间必须借此才能彼此理解。"①同时,"根据索绪尔的观点,人类的自然语言当然有其个性化的特征,具体表现为'言语'(parole),但也有社会的一面,即语言'la langue'。两者一旦彼此脱离,则无法独立存在。语言(la langue)'不是说话者的功能',而是'个人受到同化后成为一体的产物'"。②

这一认识,标志着德拉-沃尔佩语言观与浪漫主义语言观之间的本质差

---

① Galvano Della Volpe. *Critique of Taste*, London and New York: Verso, 1978, p. 101.

② Galvano Della Volpe. *Critique of Taste*, London and New York: Verso, 1978, p. 104.

异,也显示出其对结构语言学的基本理解。显然,德拉-沃尔佩受索绪尔影响,反对将语言仅仅视为个人思想及情绪冲动的产物。同时,他十分重视索绪尔将"语言"视为诸多社会制度及习俗的观点,认为存在一种作为上层建筑的整体语言系统,能够保证人类语言交流活动的畅通无阻。

"任意性"(arbitrary)是索绪尔的重要概念,指符号的意指过程,即能指与所指间的结合原则带有随意性。德拉-沃尔佩通过对索绪尔原文的详细阅读,继续从中发掘索绪尔思想中对社会性的思考:"'任意性'这个术语,不能让我们认为对能指的选择应当彻彻底底被抛给说话者,原因在于:'符号的意义一旦在语言群体中得以确立,便无论如何无法被改变'。"[1]不难看出,德拉-沃尔佩根据马克思主义关于人的社会属性的界定,以此作为对索绪尔"语言"概念的理解和阐释基础。

然而,德拉-沃尔佩对结构主义符号学的理解,与某些结构主义批评家存在差异。如前所述,"语言"和言语观念曾被结构主义者运用于对文学史、文化史的阐释当中。前文已述,巴尔特在其《零度的写作》中提出,就法国古典时代以来的文学史而言,"语言"是特定时代作家们所使用的一系列语法规范和写作范式的集合,而文学创作中作家的个性化写作,则在本质上是一种"言语"的体现,显然,巴尔特将"语言"界定为一种诗学规则。然而,德拉-沃尔佩并不同意这种观念,在他看来,文学不仅仅是对语言词汇、篇章进行有机组织的体现,更为重要的是,它还包含了作家所处时代不同维度的意识形态,"诗性文本或文学作品,是由诗人以此创作而成,也能够被认识论者和批评家予以重构,它不只是包括'仅仅与文学有关的意识形态',换言之,某个社会的诗学和修辞学……同时,它还包括道德的、政治的及社会的阶级意识形态。"[2]作为上层建筑的"语言",绝不仅仅为作家提供了一整套语言运用规则,更重要的是,内蕴着作家所处的社会诸多领域中的意识形态。显然,德拉-沃尔佩并未

---

① Galvano Della Volpe. *Critique of Taste*, London and New York: Verso, 1978, p. 105.

② Galvano Della Volpe. *Critique of Taste*, London and New York: Verso, 1978, p. 253.

丝毫不加批判地沿用结构主义批评者的方法，而是从马克思主义立场出发，对结构主义文学史观进行了更为丰富的阐述。

第四节　文学批评中的比喻与象征

语义辩证法提出了社会历史观念嵌入诗歌语言方式的命题，同时，它也暗示，只有对诗歌语言进行具体语义分析，才能将隐藏在诗歌中的社会历史观念发掘出来，这就尤其需要仔细考察诗歌语言中的"比喻"（metaphor）、"象征"（symbol）等手段。隐喻与象征，本属于修辞学范畴，前者指以某种喻体来对应喻旨的修辞格形式，后者指以某种意指形式代表群体性观念及情绪。在其漫长的发展过程中，修辞学也丰富着符号学的理论建构，并在某种程度上，成为西方符号学的重要源头和组成部分。[①] 作为修辞手法，"比喻"与"象征"在西方文学史上受到广泛运用，尤其在中世纪文学中，几乎形成这一时期教会文学的基本创作特征。同时，对比喻和象征的探讨，也成为现代符号学研究的重要论题。

德拉-沃尔佩暗示了这样一种观点：作为意识形态的社会历史观念，往往首先以"科学"语言形式被传达，换言之，科学语言是一种话语形态。同时，诗歌语言也以话语的形态出现于历史当中，一如德拉-沃尔佩所言，"诗歌（与普通艺术）就像历史与科学，在其内蕴着的实在的理性方面，与历史及普通科学毫无二致"[②]，也就是说，诗歌及其他艺术具有真实的、理性的认知价值。然而，唯有经历由科学话语向诗歌话语的转化过程，诗歌才能发挥自己的理性认知价值，有效地表达社会历史观念。问题在于，诗歌的理性认知价值主要体现为"意象"（image），意象是对事物的感性呈现，具有某种具象性、直观性；而科

[①] 详见茨维坦·托多罗夫：《象征理论》中"西方符号学"一章中的"修辞学"一节，王国卿译，北京：商务印书馆 2005 年版。

[②] Galvano Della Volpe. *Critique of Taste*, London and New York：Verso，1978，p. 23.

学语言的表达则主要诉诸抽象的语言概念。意象与概念、具象与抽象之间似乎无法沟通。这是德拉-沃尔佩着力阐释的问题之一。

在德拉-沃尔佩看来,意象并不意味着对语言概念的拒斥,而是恰恰需要以概念作为媒介,"包括马克思主义者在内,在谈及艺术的认识时,仅仅试图以'意象'或'直觉'的方式——而不直接、有机地通过概念途径——来达成这种目的,则会被诱入神秘主义甚至更为恶劣的教条论的深沟之中。"①诗歌意象同样无法脱离概念的媒介功能,唯有如此,它才能发挥理性认知作用。奥地利分析哲学的代表人物路德维格·维特根斯坦(Ludweig Wittgenstein)曾指出,意象作为一种图示,可以通过概念形式表达出来:"所谓意象图示,指的是一个人在描摹他们想象时,自己描绘出的图示。"②反之,概念也可表现为意象,两者间存在一种辩证关系。德拉-沃尔佩以诗句"耀眼的太阳光"为例来加以说明。人能够通过视觉和触觉感知阳光,然而,只有借助"耀眼的"、"太阳光"等词汇,将"太阳光"意象散乱的感性与视觉效应转换为概念,才能使关于太阳光的认知信息获得有效传达。可见,德拉-沃尔佩认识到了语言在信息传达方面的符号优势,他也借此批判了克罗齐对意象的概念功能的忽视,后文将予以分析。

因此,诗歌意象的营造必须借助语言概念,具体便表现为对比喻、象征等手法的运用,这便是科学话语向诗歌话语转化的具体形式,换句话说,是诗歌话语对种种社会历史现象进行认知与反映的基本手段。值得注意的是,对作为修辞手法的比喻包括隐喻、转喻、提喻等多种类型,例如,提喻指以对象的部分喻示整体,隐喻指喻体于喻旨间的意指关系不甚明确③,德拉-沃尔佩在分析过程中并未予以详尽分类。

---

① Galvano Della Volpe. *Critique of Taste*, London and New York: Verso, 1978, p. 20.

② Ludweig Wittgenstein. *Philosophical Investigation*, Oxford: Blackwell Publishers Ltd, 1997, p. ii5e. "心理图示"与"意象"基本同义,国内学界亦常将"mental picture"译为"意象"。

③ 详见赵毅衡:《符号学原理与推演》,南京:南京大学出版社 2011 年版,第 191—193 页。

德拉-沃尔佩认为,比喻体现出一种相似性联系,在表达意义方面往往具有某种明晰性。它通过对一系列异质同构的现象进行综合与分析,最终归纳出这些现象的共同特征。诗歌中的比喻体现为"种(genera)或类(type)的经验(审美)抽象性综合"①,类概念能够涵盖种概念,通过类来喻示"种",是诗歌语言对科学语言进行转换的惯用手法。例如《奥德赛》的"这里站着我的船"一句,以"站立"(estanai)这一"类"概念替代了"抛锚"(Ormein)这一"种"概念,从而使诗歌语言能够引起读者的某种直觉体验,并使诗句摆脱了科学语言的单调,并具备了审美特质。可见,这种以部分范畴喻示整体的比喻类型,事实上属于"提喻"。当然,"种"与"类"间的比喻作用是辩证的,由"种"所引起的直觉体验,也可以使这个"种"引譬连类到对同"类"其他事物的想象上去。同时,此种属概念也可对彼种属概念进行比喻。德拉-沃尔佩通过亚里士多德的分析,并辅以自己的例子来予以证明②:古希腊自然哲学家恩培多克勒斯(Enpedocles)在其《论净化》(Katharmoi)中,有"以青铜(的武器)砍斫他的一生"和"以耐用的铜(杯盏)去切割"的句子;同时,诗人分别以"砍斫"(arusai)取代"切割"(tamein)、以"切割"取代"砍斫",而两者都是类概念"删削"(aphelein)的种属概念,这显然是对提喻的反向运用。

"象征"是另一种修辞格,在当代学界,一般被视为承载集体情感的符号形式。③ 在德拉-沃尔佩看来,象征通过概念形式,典型性地体现一个时代普遍的价值观念。他引用歌德之语,指出象征的实质在于"表现一个特殊性(a particular),而不去想或关注一般性(the universal)"④,也就是说,以作为"特殊性"的意象,来象征、表达作为"一般性"的普通思想观念或意识形态。当然,意象自身具有模糊性、多义性,其典型性的概括范畴也很有限,因此无法确

---

① Galvano Della Volpe. *Critique of Taste*, London and New York:Verso,1978, p. 87.
② 详见亚里士多德:《诗学》,陈中梅译,北京:商务印书馆1996年版,第149—150页。
③ 详见后章"意指形式演变与现代性批判:列斐伏尔的符号学观及实践"。
④ Galvano Della Volpe. *Critique of Taste*, London and New York:Verso,1978, p. 95.

定意象能够象征多少种思想观念或意识形态。作为表现社会历史面貌的话语手段,象征在中世纪文学中极为常见。例如,但丁便在其《论俗语》一文中,强调了象征对文学的重要意义,在其《神曲》中,也出现了大量象征意象。德拉-沃尔佩认为,《神曲》中的诸多意象,如"树林"(wood)、"河谷"(vale),分别是"罪愆"(error)与"此生"(this life)的象征,承载着中世纪神学、伦理等教会观念。① 关于德拉-沃尔佩对隐喻及象征的运用,后文仍将提及。

但无论如何,象征都能够以丰富的意蕴暗示出时代思想的多样与复杂。象征仍能够在相当程度上对时代的一般性事件或因素进行归纳、概括,并以鲜活的具象形式将其表达出来,也就具备了对社会文化进行典型化表达的话语特质。德拉-沃尔佩以品达的诗句为例:

> 璀璨群星,普照光耀;
>
> 其星明亮,竟逾日光;
>
> 奥林匹亚,且歌且唱;
>
> 岂有他技,堪较短长。②

古代"奥林匹亚"(Olympia)运动会是为祭祀众神之首宙斯而举行的体育竞技活动,其盛况之恢宏竟可与"红日"(sun)相比。奥林匹亚作为特殊性体现,表达了古希腊人的虔诚宗教思想这种一般性理念,从而达到了典型化的高度。

第五节　语言的语境论及其意义范畴

科学语言在向诗性语言转化的过程中,其意义范畴将发生变化。事实上,两者间的区别曾得到过学界一定探讨。德拉-沃尔佩之前的不少学者认为,

---

① See Galvano Della Volpe. *Critique of Taste*,London and New York:Verso,1978, p. 47.

② Galvano Della Volpe. *Critique of Taste*,London and New York:Verso,1978, p. 94.诗句系笔者所译。

这种差异主要体现于:科学语言本身具有科学的"抽象性",而诗性语言则因其形象性特征而体现出"具象性"。对于这一问题,德拉-沃尔佩提出了十分独到的见解。在他看来,两者最基本的差异,在于科学语言的单义性与诗性语言的多义性之间的对立。这种差异在于两者的语境范畴存在本质不同。语言意义是否具有多样性,由文本所处的语境决定。对于科学语言和诗性语言而言,正是由于两者所处的不同语境类型,决定了它们各自具有不同的生产意义的语义机制。科学语言的语义机制呈现为"单义"(univocal)性,诗性语言语义机制则呈现"多义"(polysemic)。这两个概念与源于分析哲学的"外延"(denotation)、"内涵"(connotation)对应,分别表示指称对象的确定意义以及由确定意义派生出的其他意义。由于所处语境的语义机制不同,科学语言与诗歌语言在语言的丰富性方面所表现出的差异,便是两者之间的差异本质。

科学语言属于单义的、无机的语境范畴。处于单义无机语境之中,科学语言的词汇、词组本身能够保持各自意义的独立性,不会派生出其他意义;即便它们联合成完整的章节,使章节得以具有一定整体意义,也同样能够保持各自意义的独立与明晰。同时更为重要的是,科学语言必须通过与之前的其他相关语境间的比较和差异,方能确定其基本语义的价值:"文本语境至少与形成于它之前的诸多其他文本语境——不仅仅是'理念'(ideas)——包括在里面得以表现的各自历史经验之间形成不可分离的关系。"①某种科学语言的语境,在与此前其他相关科学语言所形成的语境间的对比和差异关系中,体现出其语境的单义性。例如,"日心说"的语境虽与此前"地心说"的语境不同,但唯有通过审视两者间的对比关系,才能显示出其意义。德拉-沃尔佩的这种方法,显然是对索绪尔在阐释符号表意机制所强调的"差异性"的某种运用。

应当说,在被用于诗歌语言之前,单个词组或词组依然属于"单义无机语境"范畴。可一旦被组织为诗歌,则在"有机语境"的作用下,这些词汇、词组

---

① Galvano Della Volpe. *Critique of Taste*,London and New York:Verso,1978, p. 115.

却可能派生出多种意义。尽管同样与此前的其他语境形成对比关系,但"有机语境"所统摄的诸多词汇、词组共同构成有机系统。与"无机语境"中的语言不同,"有机语境"中的单个词汇、词组,在相关的其他语境的作用下可能产生全新的意义。这种原因在于:"无机语境"中的各种因素(词汇、词组等)与此前的语境共同构成整体语境(omni-context),在整体语境中,某种文本在与其他语境的对比关系中,呈现出独立而明确的意义,且无法派生出其他意义;而就诗歌的"有机语境"而言,与此前的其他相关语境保持密切的关联性,诗歌中的各种因素能够与之不断发生有机的、受其影响的关系,使此前的语境成为为其生成新意义的保证。如此一来,诗歌内部的各种因素便可能无法保持自己的单义性,并在其他语境的作用下派生出多种新的意义,并最终超越了其他语境所能够赋予的意义;换句话说,诗歌语言的多义性,恰是诗歌语言的各种因素在有机语境系统内部其他词组意义的作用下自发地派生出的。德拉-沃尔佩以歌德的诗句为例:

> 耸峙众峰,
>
> 峰顶阒然幽幽。
>
> 连荫群树,
>
> 难觅尔呼吸;
>
> 雀鸟酣睡高树,
>
> 且息,且息,
>
> 尔似灵雀,将息将息。[1]

德拉-沃尔佩认为,这首诗歌与此前的"回归自然"思想之间形成有机联系,同时,还可能与"泛神论"思想发生联系。总之,在不同的语境的影响下,诗歌语境便成为一种开放性语境,系统内部的词汇、词组能够不断组成新的语境,"不可胜数的语境之间彼此联系并由此共同构成一种开放语境或指向他

---

① Quoted from Galvano Della Volpe's *Critique of Taste*, London and New York: Verso, 1978, p. 135.诗句为笔者所译。

者的语境(context in *fieri*)"。①德拉-沃尔佩的这种语境论虽与克里斯蒂娃的互文性观念有相似之处,但互文性强调文本形态在形成过程中对其他文本的征用,而德拉-沃尔佩的语境论则强调此前文本语境对其他文本释义的影响性。因此,两者存在本质差异。

第六节　诗歌的可译性

诗歌的可译性是德拉-沃尔佩关注的另一个符号学问题。他借用歌德的"纯粹且完美的内容"(der reine vollkommene Gehalt)这一概念,并将其界定为诗歌形式(poetic form),同时,德拉-沃尔佩不愿将形式上升到形式主义式的文学本体论的高度,而是将其作为"成型内容"(formed content)来对待。

在德拉-沃尔佩看来,由于包括诗韵与声音在内的诸多因素,都属于能指的次序(order of the signifier),因此在翻译过程中,当诗歌的内容或语义体系在整体上发生转型时,便有可能因为异质文化间的抵牾、过滤和重构等原因,而使形式层面的能指体系相应产生增删。② 在这种情况下,便必须尽量把握诗歌的所指层面,而相应地忽略其形式层面的因素。同时,尽管诗歌翻译受两种语言的语法结构等客观因素制约,但这些特征并不彻底阻碍诗歌的翻译,"尽管诗歌貌似受到(诸多结构)的限制,但事实上,这种限制并非、也不可能阻碍诗歌的翻译,而我们只需保持这样一种原则:将**思想**(或一般性)视为目的、将语言视为方式(或干脆地讲,只是方式的**一种**)。所以真正有价值的诗歌是必然能够被翻译的"。③

---

① Galvano Della Volpe. *Critique of Taste*, London and New York: Verso, 1978, pp. 124-125.

② See Galvano Della Volpe. *Critique of Taste*, London and New York: Verso, 1978, p. 156.

③ Galvano Della Volpe. *Critique of Taste*, London and New York: Verso, 1978, p. 157. 黑体字系原文所有。

质而言之,在德拉-沃尔佩看来,在翻译过程中,作为符号能指的语音层面的诗歌材料由于无法找到对应的语音材料,因此诗歌的这一层面的审美效果是很难被翻译的。因此,将诗歌语义作为诗歌翻译的真正维度,在翻译中尽力表现出原有诗歌的所指多义性,才是诗歌翻译所真正应当致力的工作。然而,诗歌这种体裁自诞生之初,便与音乐结合在一起,具有音乐般美的旋律。按照德拉-沃尔佩的观点,在翻译过程中,原诗特有的美感是无法被原样传达的。不过,德拉-沃尔佩认为这种旋律美感在文学的审美中无足轻重,对于文学而言,真正的美感体现在通过文字概念所传达的无限意蕴。显然,德拉-沃尔佩并不重视诗歌的音律美,在这一点上,与俄国形式主义学者的观点大相径庭。当然,这种观点只是代表了德拉-沃尔佩个人的审美喜好,事实上,好的译诗往往会在追求"信"与"达"的前提下,尽可能为译诗赋予一种新的韵律,使其音乐性的美感被重新营造出来。

第七节　德拉-沃尔佩对克罗齐
美学观的符号学批判

在西方近代美学史上,意大利美学家、历史学家贝内德托·克罗齐(Benedetto Croce)以其"直觉主义"等哲学表述而著称于世。德拉-沃尔佩在其文学、美学实践过程中,广泛借鉴了意大利文化传统中的一系列思想遗产,其中,尤其从克罗齐的一系列美学思想范畴中获得了极大启示,并由此逐步建立起独具特色的西方马克思主义美学理论体系。

然而众所周知,克罗齐以其"直觉主义"思想,为其一系列理论表述奠定基础,却与德拉-沃尔佩的美学观产生了极大差异,亦使德拉-沃尔佩得以从马克思主义的立场及方法出发,将其美学观点作为理论反题,并以上述几个方面的符号学方法,对克罗齐美学观进行了一系列批判和改造工作。

一、克罗齐与德拉-沃尔佩的"历史"维度文学观

克罗齐继承了近代唯心主义哲学体系衣钵,将精神世界、情感因素视为理解历史及审美对象的基本维度,开创了其"直觉主义"的哲学—美学体系。

在直觉主义的哲学基础上,克罗齐形成了与20世纪诸多各种后现代主义史学家的观点颇为接近的、带有浓郁唯心主义色彩的基本历史观。在克罗齐看来,精神品质是区别不同历史类型的唯一标准:那种对各种史实材料进行科学、客观的编纂工作的"编年史"做法,只能书写出学究式的"死的历史":"那些曾经被收纳于历史思想中空疏的声音,为了纪念它们曾经拥有的思想,到头来还被称为叙述(narratives),与之类似,对全新生活的宣示,将继续被贬低为预先存在的或者已经灭绝的生活残留物。"①而真正的历史则由于灌注充满生机的历史精神,能够产生出鲜活盎然的叙述,是美学化的叙述产物:这种对"历史"类型的区分,体现出克罗齐对历史所持的唯心主义观点:真正的历史并不由历史现实的物质基础构成,而是人类精神、心灵外化的产物。克罗齐的历史观,显然与马克思主义从辩证唯物主义的角度把握"历史"的方式截然不同,从而带有极为明显的浪漫主义、唯心主义基本特征。

同时,克罗齐的语言观与这种观念一脉相承,认为语言绝不仅仅是毫无生气的物质性实存,而是被赋予了人类精神生活的灵秀之气:"语言……属于人的精神生活的一部分,是人的种种爱好中的一种,是人的欲望、意愿和行动、习惯、想象力的飞腾之一种。"②由于文学以语言为基本表达媒介,因此克罗齐的语言观直接表现出他对文学和历史的逻辑关系的阐述。事实上,与近代以来多数历史主义文论家一样,克罗齐同样认识到包括文学在内的诸多艺术与历

---

① 克罗齐:《历史学的理论和实际》,傅任敢译,北京:商务印书馆2014年版,第10页。Benedetto Croce. *Theory History of Historiography*, trans. Douglas Ainslie, London:George G. Harrap, co. Ltd., 1921, p. 21.引文的翻译参考了英文版。

② 贝内代托·克罗齐:《美学或艺术和语言哲学》,黄文捷译,天津:百花文艺出版社2009年版,第52页。

史间的紧密关系:"不去考虑同说话有关的体制和习俗方面发生的情况……那是不可能的。"①然而,与被其称为"实证主义"者的传统历史主义思想家、文论家不同,克罗齐拒绝以科学理性的认知方式,从具体历史事件的维度来审视文化、文学现象,而是由于将历史与文学等文化表征都视为精神生活的产品,因而不加区分地将其视为同一类事物:"人们设法把宗教、哲学、诗歌、艺术……方面的事实当作发展的单一动机的一种功用来叙述,以便把一切关于价值的特殊史有机地联系在一起,并且常常幸运地实现了这种努力。"②诚然,"音乐作品、戏剧、诗歌,在它们被阐释之前什么都不是"③,作为符号的艺术形式当然具有浓厚的情感因素,克罗齐认识到包括文学、艺术在内的诸多文化现象都与历史息息相关,也自然无可非议;然而,由于将所有文化现象与历史不加分析地归结为精神生活,无法分辨出历史与文化之间的关系,从而未能对不同文化现象的独到属性进行有效阐述。

作为一名马克思主义者,德拉-沃尔佩与克罗齐相比,显然更为重视历史因素对文学、文化的决定性作用,但较之克罗齐对"历史"概念的审美式理解,德拉-沃尔佩将"历史"的本质界定为与特定时代经济基础相应的上层建筑——尤其是意识形态,这样,作为历史现象的文学及其他文化现象,便必然是对经济基础的某种隐含的表达;换言之,经济基础必然以某种特殊机制转换为具有审美语义的文学、艺术话语,德拉-沃尔佩称这一机制为"语义辩证法"。因此,只有通过对特定时代上层建筑/意识形态的考察,才有可能洞悉文化现象的历史本质。

尽管都意识到"历史"对于文学、艺术的重要作用,但相较而言,德拉-沃

---

① 贝内代托·克罗齐:《美学或艺术和语言哲学》,黄文捷译,天津:百花文艺出版社 2009 年版,第 53 页。

② 贝内代托·克罗齐:《美学或艺术和语言哲学》,黄文捷译,天津:百花文艺出版社 2009 年版,第 220 页。

③ 埃罗·塔拉斯蒂:《表演艺术符号学:一个建议》,段练等译,《符号与传媒》2012 年第 1 期。

尔佩更重视对历史向文学、艺术的转化机制的阐释,从而迥异于克罗齐不加分辨地将历史与文化、文学视为一体的观点,在他看来,"从'抒情性联体'(lyrical unity)中,抽离出'逻辑性联体'(logical unity)的方法,对于克罗齐一贯的审美批评途径而言,仍旧是一种屡试不爽的实践,同时却也是最拙劣的批评方法。"①在这种批评基础上,德拉-沃尔佩主张从对文学与其他艺术形式的具体形式出发,根据其中的语义内涵,以"语义辩证法"的方式来剖析这种语言向社会历史的转向过程,这显然是马克思主义方法与立场的基本体现,同时,也是克罗齐美学历史观的反题形式。

二、作为"历史"的文学隐喻

如前所述,隐喻,在西方修辞学传统中是最为基本的修辞形式,同时,也是符号学的主要来源和重要支系。② 在西方文学史、尤其是中世纪意大利语言文学传统中,对隐喻、象征的等手法的运用,成为极为普遍而重要的修辞手段。中世纪伟大诗人但丁的一系列诗作,便最能够体现这种以隐喻、象征为修辞手法的特殊。在但丁以意大利语写就的名作《神曲》中,种种隐含着诸多意识形态内涵的意象比比皆是。同时,但丁还从哲学的高度,指出隐喻在道德、宗教指涉方面的语义功能③,为西方后世一系列文学创作、批评奠定了坚实的基础。

文学隐喻,主要体现为以逻辑概念来隐含地表达更深层次的引申意义,因此具有十分明显的智性特点。在西方修辞学传统中,隐喻从亚里士多德那里便被与智性因素联系在一起④,同时,亦以这种智性因素而影响着后世诸多人文社会科学领域。然而,克罗齐从其直觉主义观念出发,由于将语言的本质界

---

① Galvano Della Volpe. *Critique of Taste*,London and New York:Verso,1978, p. 26.
② 参见茨维坦·托多罗夫:《象征理论》,王国卿译,北京:商务印书馆2005年版,第24页。
③ 详见但丁:《论俗语》第二篇第一章,载《但丁精选集》,吕同六编选,北京:燕山出版社2004年版。
④ 详见亚里士多德:《修辞学》第三卷第二章,罗念生译,上海:上海人民出版社2006年版。

定为心灵、情感的产物,从而否定了语言的概念性与逻辑性,也便由此否定了文学艺术通过概念所表现出的智性因素:"艺术是直觉,就它是知识的一种模型而言,它不是抽象的,而是具体的……就其在概念地把握和澄清对象之前就直接理解对象而言,它必须被称为纯粹直觉"①,因此,克罗齐对作为修辞手法的语言隐喻所具有的智性因素便不以为然:"寓意一直是为人所不齿的:据我所知,转喻、称呼、形象描述等做法,总之,修辞学家的其他形象或比喻做法中没有一个不饱受这种反感待遇"②。克罗齐认为,以语言为媒介的文学本身就是直觉、情感的表现,如果以隐喻来对之加以表现,则会因为隐喻喻体所具有的字面意义与喻旨产生距离,使得隐喻技巧的智性因素妨碍了对文学及历史所蕴含的直觉、情感世界的通达。克罗齐援引黑格尔的观点:"黑格尔就把寓意称为冷酷的和苍白无力的(frostig and kahl),它产生于智力,而不是产生于对幻象的具体直觉和深切感受。"③值得注意的是,克罗齐尽管认识到文学与作为哲学、风俗、体制的"历史"息息相关,却由于将文学和历史一并视为精神生活的产物,而忽视了两者间的差异性,以及文学隐喻在再现历史意识形态方面所具有的媒介作用,从而使得其文学观彰显出鲜明的唯心主义的特质。

德拉-沃尔佩深刻地认识到克罗齐观念的浪漫主义倾向,认为其"美学的理论观念"建立在一种错误的唯理论基础上,并由此将其界定为一名"黑格尔主义者"。④ 同时,德拉-沃尔佩旗帜鲜明地将"历史"界定为由经济基础决定的意识形态,并从意识形态角度来把握文学的历史内涵。德拉-沃尔佩反对

① Croce,Benedetto. *Pure Intuition and The Lyrical Character of Arts*,转引自牛宏宝:《现代西方美学史》,北京:北京大学出版社 2014 年版。

② 贝内代托·克罗齐:《美学或艺术和语言哲学》,黄文捷译,天津:百花文艺出版社 2009 年版,第 216 页。"寓意"是隐喻的形式之一,克罗齐本人即对此加以界定:"我曾给寓意下过定义……把它说成是一种实践行为,一种写作形式(因为写作本身就是一种实践的东西),一种隐喻手法,从内在性质来说,与任何一种隐喻手法没有什么不同。"参见贝内代托·克罗齐:《美学或艺术和语言哲学》,黄文捷译,天津:百花文艺出版社 2009 年版,第 220 页。

③ 贝内代托·克罗齐:《美学或艺术和语言哲学》,黄文捷译,天津:百花文艺出版社 2009 年版,第 216 页。

④ Galvano Della Volpe. *Logic as a Positive Science*,London:NLB,1980, p.236.

其与黑格尔忽视隐喻的智性作用的做法,同时十分注重考察隐喻在再现历史意识形态方面的作用。

德拉-沃尔佩极为重视隐喻所具有的智性因素,并认识到文学隐喻的这种智性因素在表现历史意识形态方面的重要作用。如前所述,在德拉-沃尔佩看来,隐喻既具有克罗齐所强调的直觉因素,同时也能够以语言的逻辑、概念加以表达,是通过语言形式对历史对象所进行的典型化活动。他以但丁及其《神曲》为例,指出作品中一系列作为隐喻的意象,无不渗透着中世纪特定经济条件下的意识形态:"但丁和阿奎那运用的中世纪宗教类型是由比喻性的道德意义构成的"①,也就是说,是对与中世纪自然经济相适应的宗教意识形态的隐喻式表达。

文学象征往往以"意象"形式来传达包括意识形态在内的智性因素。意大利学者穆拉托里认为,意象与理智的关系及结合程度,产生三种不同的意象类型,并认为其中渗透着智性因素的意象类型最为重要。② 然而,克罗齐却以其直觉主义美学体系为根据,提出"意象没有智性因素"的观点,并进而提出所谓"图像—语义"的转换机制是不可能实现的,原因在于,克罗齐将直觉品视为由情感引发的直觉的对象本身,而"直觉也是知识,不杂概念","许多艺术家都坚持艺术是'形象'……把概念除开,把只有历史事实身份的历史事实也除开,不让它们留在艺术范围之内,剩下来的内容就只有从最纯粹,最直接的方面(这就是从生机跳动方面,从感觉方面)所察知的那么一种实在"③,也就是说,作为艺术图像的意象,凭借读者的直觉感受来传达一定的智性因素,或曰知识,而无须逻辑概念的参与。显然,克罗齐的这种认识消解了概念、逻辑在传达知识方面的功能,而强调意象通过视觉直观来传达知识的特性。

---

① Galvano Della Volpe. *Critique of Taste*, London and New York: Verso, 1978, p. 50.

② 参见朱光潜:《西方美学史》,北京:人民文学出版社 2012 年版,第 317 页。

③ 贝内德托·克罗齐:《美学原理 美学纲要》,朱光潜译,北京:人民文学出版社 2008 年版,第 21 页。"形象"、"意象"及"图像"等不同表述均对应于西语"image"。

德拉-沃尔佩否定这种观点,认为意象传达智性因素的过程必须经过概念、逻辑途径。但值得注意的是,克罗齐对"意象"的理解和阐释经历了一个发展。在克罗齐的阐释框架中,这一概念本指对象在心理投射的表象,后来,则被延展为"文学、艺术形象、图像"的含义。德拉-沃尔佩正是在这一概念大致近似的意义上,对克罗齐对"意象"的后一种理解发起抨击的。德拉-沃尔佩认为,知识必须经由话语才能传达,也便必须经由话语概念,才能有效传达蕴含于其中的符码,"包括马克思主义者在内,在谈及艺术的认识时,如果仅仅试图以'意象'或'直觉'的方式——而不直接、有机地通过概念途径——来达成这种目的,则会被诱入神秘主义、甚至更为恶劣的教条论的深沟之中。"①意象的空间形式仅仅提供直觉,充其量只能提供对单个意象的知性,而无法提供构成抽象知识规律的概念,因此逻辑概念的作用不可能被忽视。前文已叙,德拉-沃尔佩以诗句"耀眼的太阳光"为例,用康德的术语来表述,意象只是本无意义可言的现象的堆陈,唯有通过以逻辑概念为基本途径,对杂多进行叙述化和符号体系化,使这一意象通过"耀眼的"、"太阳的"、"光线"等概念词汇或符号,才能真正形成有机的符号语义体系,传达出应有的盎然诗意:"意象唯有在与表现自身样态的词汇完全相应时才能显得意趣盎然、灵韵鲜活"②,亦即传达诗歌的智性信息。当然,客观地讲,德拉-沃尔佩对文学概念功能的强调,在小说体裁中体现得更为明显。

三、艺术类型差异之争

18 世纪德国美学家莱辛(Gotthold Lessing)在其《拉奥孔》中,从艺术形式角度界定了诗歌与绘画的差异性,从而从技术美学角度辨析出不同艺术形式的相对自律性。同时,他也对文化史家温克尔曼采取的所谓"民族精神"式阐释方式进行了驳斥。莱辛与温克尔曼(Johan Winckelmann)关于艺术形式所

---

① Galvano Della Volpe. *Critique of Taste*, London and New York: Verso, 1978, p. 20.

② Galvano Della Volpe. *Critique of Taste*, London and New York: Verso, 1978, p. 20.

进行的这种潜在对话,质而言之,体现为理性与感性、技术性分析与抽象性演绎的对立。及至 20 世纪,这种对立又一次在克罗齐和德拉-沃尔佩两位意大利美学家之间展开,一如某些马克思主义学者所言,"德拉-沃尔佩的理论跟克罗齐与金蒂雷的追随者们当中流行的那种半半拉拉的企图是相对立的,他们企图'统计'现代语言学的成就,但是艺术形象作为'绝对语言的言词'却不能动用。"①

不可否认,不同艺术类型间常常会发生诸如"通感"式的审美体验,然而在通常情况下,不同艺术类型一般会具有相对本属的、自律的审美特性。如果完全抹杀它们之间的差异性,那么不同艺术类型所引发的审美快感将会混做一体,德国哲人尼采(Friedrich Nietzsche)对西方艺术精神中"酒神精神"和"日神精神"的分野也将毫无意义。但如前所述,由于克罗齐将历史、语言都理解为"精神活动"产物,并将艺术理解为与之等同的"直觉产物",因此,他取消了对历史、语言与艺术——尤其是艺术与艺术间的形式差异的分析,使得西方近代美学的技术转向回到了浪漫主义时代的分析水平。

第二次世界大战之后的近 20 年内,西欧的马克思主义理论界曾受到苏联马克思主义至为深刻而广泛的影响。其中,人文社会科学界在这种影响下,在考察社会文化现象时,往往倾向于采取传统马克思主义关于经济基础和上层建筑的二元划分的维度。然而对于美学界而言,便产生了这样一种相对僵化的批评模式:无论分析何种艺术类型,都仅仅满足于将艺术品作为上层建筑、考察其在被生产时所处的历史、社会语境,而未能关注各自艺术类型的不同语言形式之中渗透着怎样的特殊历史内涵,而这与克罗齐从"精神生活"、直觉主义角度来不加区分地理解、度量不同艺术类型的做法十分相似:"对我来说,不论诗的理论和艺术的理论,还是美学的理论,我把语言理论看成同它们

---

① M.C.卡冈主编:《马克思主义美学史》,汤侠生译,北京:北京大学出版社 1987 年版,第253 页。

是一个东西,那也就是轻而易举的了。"①

前文已叙,在《鉴赏力批判》一书的序言中,德拉-沃尔佩曾十分感慨地说:尽管传统马克思主义文艺批评擅长从政治经济学的角度,发掘蕴藏于艺术品中的时代意义,但也具有疏于对艺术品的形式进行细致分析的缺陷。在德拉-沃尔佩看来,这种批评方法与克罗齐、金蒂雷等具有浪漫主义倾向的学者的批评观一样,都忽视了不同体裁的艺术品各自相对独立的审美价值。对此,学者约翰·弗雷泽(John Fraser)这样总结德拉-沃尔佩的观点:"将艺术规律与社会规律混为一谈,是毫无道理的。资本主义社会并非总是遵循科学逻辑的理性实体。"②对艺术形式的分析,在德拉-沃尔佩生活年代的马克思主义美学批评中并不多见。针对这种状况,德拉-沃尔佩将对诗歌及其他艺术形式的语义形式的分析作为此书的主旨。除以上对诗歌的语义分析工作外,德拉-沃尔佩还从不同艺术体裁各自媒介形式的角度,对绘画、雕塑及建筑等艺术形式进行了具体的符号学分析。在他看来,不同艺术形式具有不同"语言"形式及相应的审美范畴,因此,必须"根据不同艺术体裁及其各自语义技巧来厘定它们在上层建筑秩序中的不同"③,只有从对它们的具体"语言"形式的分析出发,才可能揭示出它们在上层建筑中所具有的价值;反之,如果忽视各种艺术形式在"技术—符号"结构方面的不同,便有可能落入将艺术品一味地置于上层建筑的传统理论窠臼,不加区别地谈论各种所谓的社会体裁观,而失去美学批评的活力。值得注意的是,德拉-沃尔佩在坚持艺术的历史性和社会性的前提下,也强调艺术具有某种自律性。尽管他并未由此过渡到对艺术的政治经济学探讨方面,但很显然,这种观点在无意中形成了对"经济决定

---

① 贝内代托·克罗齐:《美学或艺术和语言哲学》,黄文捷译,天津:百花文艺出版社 2009 年版,第47—48页。

② John Fraser. *An Introduction to the thought of Galvano della Volpe*, London: Lawrence and Wishart,1977, p. 270.

③ Galvano Della Volpe. *Critique of Taste*,London and New York:Verso,1978, p. 228.

论"的反题,而非常接近于阿尔都塞的"多元决定论"。

　　鉴于这种状况,德拉-沃尔佩从对经济基础的基本考察出发,对诗歌、其他文学体裁、绘画、音乐、电影及雕塑等不同艺术类型,进行了极为细致的符号学分析。在他看来,不同艺术体裁,分别以语言文字、色彩与线条、音程等不同艺术基本单位组成,每一种艺术体裁都有其独到的艺术"语言",即符号形式。同时,这种符号往往能够从此前同类艺术的其他作品中获得阐述,因此,每种艺术形式中,其组成部分都能够形成其他意义。例如,绘画以色块和线条作为基本构成要素。如果单纯审视其中某一种要素,并无明确的意义可言;但如果将该画作与影响了画家的其他画作进行比较,则会发现两者之间具有某种关联,此前的画作中的符号的特定意味,即语义形式影响了此后的画作。德拉-沃尔佩以其特有的"有机语境论"来阐释这一现象。在他看来,"即使是一条每个人看上去都稀松平常的曲线,都含有许多种类不同的表现功能。这牵涉到它到底体现出古代花瓶对前缩透视法的基本运用,或已经有了人为视角倾向的伏盖(Fouquet)所绘制的曲线,或者是毕加索绘画(例如《格尔尼卡》)里的曲线"。[1] 一条曲线,在不同时代的绘画风格中,凝结着不同的审美意识形态内涵。因此,对绘画作品的批评,应当重视其基本符号形式在不同绘画语境中所承载的具体含义,换言之,在单一符号形式所可能具有的总体语境中,总体语境能够与这一单一符号产生有机的意义融合,对其特有的意义进行阐释。在德拉-沃尔佩看来,唯有通过这种总体语境论的考察方式,才能审视这一符号所具有的意义,也才能真正发掘出艺术品独到的美学特质。

　　援引符号学方法,正是德拉-沃尔佩改造机械唯物主义意识形态分析的主要目的。值得注意的是,在克罗齐对艺术类型不加区分的浪漫式审美倾向,以及德拉-沃尔佩的技术性美学分析工作间,形成了某种形式上的、偶然的对立。但正是这种形式上的对立,使得德拉-沃尔佩得以借对克罗齐的批评,表

---

[1]　Galvano Della Volpe. *Critique of Taste*, London and New York:Verso, 1978, p. 211.

达出对机械唯物主义批评方式的具体改造与纠正。

　　同为 20 世纪意大利的重要美学家,德拉-沃尔佩从对克罗齐的直觉主义美学观的批评中,借由符号学方法,表达出鲜明的向美学批评的技术性转变倾向,使得 20 世纪前半叶的意大利美学在某种程度上由克罗齐的"心理范式"美学批评偏向了"社会范式"美学批评。更为重要的是,由于克罗齐的直觉主义批评与当时的机械唯物主义批评具有极为明显的相似性特征,这便使德拉-沃尔佩得以借由对克罗齐美学观的批判,为马克思主义美学分析向艺术形式层面的深入进行了改造和发展,对于马克思主义美学史而言,具有至为重要的意义。

　　同时,正如前文所言,德拉-沃尔佩以马克思主义为基本方法论,从而与巴尔特等学者的形式主义文论倾向保持了一定距离。德拉-沃尔佩对马克思主义美学所进行的改造,是"语言学转向在马克思主义美学文艺学中的一个突出表现"。① 然而,笔者通过与当代世界各国从事马克思主义或符号学研究的学者的交流,发现除意大利学界有一定了解外,其余国家的学者对德拉-沃尔佩似乎迄今未能给予足够重视,这无疑是一个遗憾。

---

　　①　冯宪光:《沃尔佩的语义学美学》,《江西社会科学》2002 年第 6 期。

第七章 历史、政治与文学：
詹姆逊的符号学实践

作为法国、德国当代批评理论的继承者，美国马克思主义批评家弗雷德里克·詹姆逊可谓当代西方新马克思主义学界的代表人物之一。与此前某些西方马克思主义者对索绪尔传统符号学的犹疑态度不同，詹姆逊从一开始便旗帜鲜明地指明了索绪尔传统符号学的形而上学错误，并在这一基础上，辩证性地将符号学方法运用至文学及文化批评当中。

第一节 对索绪尔传统的批判性阐述与超越

尽管身为英语批评界的大家，然而，詹姆逊似乎对英语学界的语言哲学传统并不感兴趣，而是更为关注现代法国与德国的学术传统上。一如其本人所言："我认为自皮尔斯以来在英美传统中有极为有趣的东西"①，皮尔斯符号学关于符号表意过程的开放式阐述特征，与马克思主义的历史唯物主义阐述方式有相通之处，两者都立足于以变动的眼光来考察对象符号的发展及变化。相对于此前某些对索绪尔传统符号学态度含混的马克思主义者而言，詹姆逊

---

① 詹姆逊：《晚期资本主义的文化逻辑》，北京：三联书店 2003 年版，第 6 页。

从一开始便清晰地认识到结构主义自身的方法论缺陷与马克思主义间的差异,并将皮尔斯符号学传统作为认识、阐述和批判索绪尔符号学传统的重要标准。

  总体而言,马克思主义批评立足对处于变动状态的社会结构及其相应上层建筑的考察,以此作为对文本的分析基础,而遵循共时性原则的结构主义传统及其符号学则否定这种维度。一般而言,将"共时性"视为审视对象结构的方法论前提,几乎被看作结构主义符号学的基本特征,但事实上,即便在获得学界所界定的"结构主义"阵营范畴内部,同样认识到时间问题的复杂性。例如蒂尼亚诺夫与雅各布森即认为,对系统或结构的审视本身是一种历时性态度:"对材料的机械凝聚这一观念,已经被共时性研究论域中的系统或结构概念替代,并使得历时性研究论域相应产生了某种变化。"①法国结构主义者格雷马斯认为:"把我们关于表达层的思考移植到内容层,就所指单位而不是能指单位来谈论历史亲缘关系,这并非难事"②,尽管格雷马斯认为,以历史维度来观照结构,会使得通过结构推演出来的意义受限,但却承认了这一事实,即结构在某种程度上是通过隐喻方式对历史性的再现。詹姆逊运用格雷马斯的语义矩阵的过程,在事实上暗合了这种理解。在以语义矩阵分析《聊斋志异》中的《鸲鹆》及《画马》时,詹姆逊避开了结构主义普遍具有的封闭性阐释模式,并从中发掘出社会历史逻辑,指出两者的故事结构分别指涉"自然与文化的关系"、"货币与艺术生产的关系"这两个社会历史主题③,亦即与历史性关联在了一起。詹姆逊认为,历史性是理解小说形态最为重要的途径,一如他在

---

  ① Jurij Tynjanov and Roman Jakobson. "Problems in Study of Literature and Language", in *Readings in RussianPoetics: Formalist and Structuralist Views*, eds. L. Matejka, Michigan: Michigan Slavic Publications, 1978, p. 79.

  ② 格雷马斯:《论意义——符号学论文集》(上册),吴泓缈等译,天津:百花文艺出版社2005年版,第110页。

  ③ 详见詹姆逊:《后现代主义与文化理论》中"文化研究——叙事分析"一章,唐小兵译,北京:北京大学出版社2005年版。

分析西方近代小说的兴起缘由时所言,"西方小说的出现及后来的现实主义就来自这种新的感觉,那就是在生活经历和历史事件中就已经有特定的意义"。① 此处,詹姆逊初步以历史主义方法批判、并重新诠释了结构主义叙述方法所缺乏的历史性批评向度。对詹姆逊的这种批评实践,后文还将予以分析。当然,詹姆逊对结构主义符号学的批判性阐释,主要是在《语言的牢笼》一书中全面展开的。

詹姆逊曾描述了后工业社会文化体系的语言符号特性,并指出这种社会形态与语言结构具有异质同构关系。尽管他并未就此认为,后工业社会文化形态完全具有索绪尔所描述的语言形式,然而对索绪尔语言学的方法论优势,詹姆逊却给予了充分肯定,这种优势表现在:索绪尔传统符号学从系统的整体角度审视符号表意的形成,能够对作为系统的对象进行整体性认知,从而使其具有这种整体观照的方法优势。因此,索绪尔传统符号学能够得以被作为某种社会现象分析方法。当然,詹姆逊也意识到,索绪尔未能有效地阐述语言现象的总体系统(即"语言")的存在样态,及其与单个话语符号(即"言语")间的生成性关系具体如何体现,从而致使其理论成为被詹姆逊称之为"形而上学"的唯心主义理论形态。在这一前提下,詹姆逊对这种"形而上学"进行了科学化的重新阐述。在他看来,"语言"不应被视为不可测量的所谓"语言能力总和",而应当被视为能够对特定"言语"进行解码的语言能力,因此,"语言"应是特定言语群体的解码能力的总和,"我们通过检测任何一位使用一种特定母语的人的理解的范畴和形式特征来对之给予研究"。②

这种阐述,显示出詹姆逊对形而上学的消解意识,以及从历史性角度把握语言符号现象的诉求。然而问题在于,作为符号体系的语言,是以怎样的具体

---

① 詹姆逊:《后现代主义与文化理论》,唐小兵译,北京:北京大学出版社 2005 年版,第118 页。

② Fredric Jameson. *The Prison-House of Language:A Critical Account of Structuralism and Russian Formalism*,Princeton:Princeton University Press,1972, p. 26.

表意机制来与作为历史的人类社会群体活动建立联系的。詹姆逊意识到,经验主义的始祖之一洛克在确立经验主义基本原则时,为其赋予了经验主体的个体化前提与原则。因此,詹姆逊批评了延续英美经验主义的皮尔斯符号学传统,认为其经验主义思维无法真正有效地阐释符号表意机制,与作为人类群体事件的历史间的关系。因此,索绪尔符号学的优势便体现于此:"整个符号系统、整个语言(langue)领域与现实自身平起平坐;换言之,语言体系的整体与存在于现实世界中所有被组织化的结构彼此类似,我们对对象的理解是从一个整体或完形(Gestalt)到另一个整体或完形来完成的,而决非在一一对应的基础上。"①与之相反,经验主义传统致使皮尔斯符号学往往将对诸多符号与其各自指称物间视为一一对应关系,从而使符号学显得极为琐碎、繁杂。②詹姆逊此处的逻辑在于,必须从人类历史的整体角度才能审视符号体系的表意机制,这显然遵循了一种历史唯物主义方法。当然,这并不意味着,符号的形成从一开始便是人类群体的整体产物,原因在于,符号的表意方式很可能始自个体行为,詹姆逊对此清楚地认识到,个体对符号表意的初始确定,必须通过诸多个体间的相互比照方能最终确立下来,这也显示出詹姆逊的辩证方法态度。

索绪尔的方法态度是否真的属于反历史性范畴,或者,共时性态度是否真的是索绪尔的基本研究宗旨,近年来引发了学界的广泛争议。③ 然而毋庸置疑的是,共时性作为方法维度,却影响着索绪尔之后的俄国形式主义、法国结构主义等形式论派别的发展——尽管这种影响可能建立在一次次理论误读的

---

① Fredric Jameson. *The Prison-House of Language:A Critical Account of Structuralism and Russian Formalism*,Princeton:Princeton University Press,1972, p.33.

② 斯图亚特·霍尔同样认识到这一点,详见后章相关论述。

③ 例如,日本马克思主义学者柄谷行人在经过一番考证后提出:"索绪尔想从'内部语言学'中考察的是因语言而存在的人类的条件。索绪尔告诉我们,在这之外都是彻头彻尾的'外在的'(政治的、经济的)东西。"见柄谷行人:《民族与美学》,薛羽译,西安:西北大学出版社2016年版,第146页。

基础上。作为批评方法的马克思主义,在面对形形色色的形式论时,当然必须采取某种辩证态度,亦即在采纳其注重批评对象的形式分析的同时,批判其割裂对象与历史间生成关系的批评倾向,而这正是詹姆逊对形式论所采取的基本立场与方法。

俄国形式主义在很大程度上吸取了索绪尔的方法学说,这种特征对于蒂尼亚诺夫、雅各布森等布拉格学派成员而言尤其明显。如前所述,雅各布森本人对"日内瓦学派"的代表索绪尔结构语言学说的核心概念——"共时性"和"历时性"关系的界说,体现出其思想方法的独特性:"纯然的共时性如今被证明为幻象:原因是,每个共时性系统都有自己作为一个系统的彼此无法分离的要素的过去及将来"①,在雅各布森看来,共时性系统的发展必然遵从某种历时性规律,这种态度显然与戈德曼、沙夫等人关于结构问题的生成性阐释极为接近,也就是说,雅各布森并不像此后受其影响的列维-斯特劳斯那样,一味地执着于对对象结构的共时性探讨,而是认识到了结构或曰系统的历时性特质。当然,雅各布森这一简略的论述,并不足以使包括他本人在内的俄国形式主义从整体上摆脱共时性的方法特质。同时,俄国形式主义中这些只言片语的历史主义倾向,自然也无法改变詹姆逊及其他具有历史主义倾向的学者对其共时性特征的基本认识。詹姆逊更多的是从学界关于俄国形式主义的主流观点来审视这一流派的。在他看来,尽管俄国形式主义内部呈现出极为复杂的理论表述样态,却在总体上无法认识到历史维度对于形式批评的方法意义。

无论是什克洛夫斯基对西方长篇小说结构类型的划分②,抑或勃里克对诗歌节奏的分析,还是蒂尼亚诺夫对文学体系嬗变规律的探讨,俄国形式主义的总体批评指向,在于试图通过对诗歌、散文(小说)及其他体裁作品语言形

---

① Jurij Tynjanov and Roman Jakobson. "Problems in Study of Literature and Language", in *Readings in Russian Poetics: Formalist and Structuralist Views*, eds. L. Matejka, Michigan: Michigan Slavic Publications, 1978, p. 79.

② 参见什克洛夫斯基:《短篇小说和长篇小说的结构》一文,载于托多罗夫编选:《俄苏形式主义文论选》,北京:中国社会科学出版社 1989 年版。

式因素的剖析,发掘文学的审美自律性特征。在某种程度上,这种批评倾向造成了批评注意力被过度集中在文学形式自身,而放弃了关于文学生产的历史条件及语境的考察。无可否认,这种批评方法对文学批评关于文学本体审美规律的认知具有某种认识论价值,对当时文学研究一味奉行的伦理批评倾向进行了某种纠正。同时,俄国形式主义却也在较大程度上形成了与历史主义批评的基本立场及方法的对立。前文已叙,什克洛夫斯基在其"陌生化"观念中,提出艺术生命在于"把形式艰深化,从而增加感受的难度和时间的手法,因为在艺术中感受过程本身就是目的,应该使之延长。艺术是对事物的制作进行体验的一种方式,而已制成之物在艺术之中并不重要",将这一经典命题界定为:通过文学技法的革新,使审美感知的"在难度和时间上得到延长"①的手段。对于什克洛夫斯基本人而言,文学必须通过对文学中某种意象设置、情境营造、文体更新或其他形式的改变,使读者摆脱"自动化"式的僵化体验而获得全新的审美感受。然而,什克洛夫斯基更多的是以一种静态眼光来定义这种文学形式的审美效应,从这一角度讲,"陌生化"在本质上体现出索绪尔的"共时性"诉求。因此,在评述俄国形式主义的诗歌批评时,詹姆逊指出,"运用方言的诗歌语言:将注意力转向其自身,而注意力的转向使得对语言自身的物质属性被以全新的方式而觉察。形式主义者们发展其理论时所运用的这个新模式,便建立在习性与觉察之间的对立关系上,建立在机械而盲目地表现与世界及语言的肌质、外表的瞬间感悟间的对立关系上"②,什克洛夫斯基对陌生化的阐释,更多的是从作为个体的欣赏者的心理维度来进行的,但并未涉及这种感性经验的社会性维度,从而使其阐释带上了某种形而上学色彩,对此詹姆逊予以了批评。同时,尽管詹姆逊此处的批评主要针对什克洛夫斯基

---

① 维·什克洛夫斯基:《散文理论》,刘宗次译,南昌:百花洲文艺出版社1997年版,第10页。

② Fredric Jameson. *The Prison-House of Language: A Critical Account of Structuralism and Russian Formalism*, Princeton: Princeton University Press, 1972, p. 50.

的"陌生化"理论,然而实际上,这种批评几乎可以囊括对所有俄国形式主义的共时性倾向的批评,并以其马克思主义立场,提炼出形式主义批评中实际存在的历史主义意味。

诸多俄国形式主义者,通过不同的表述方式,将文学史的演变的动力,视为文学内部形式的替换逻辑:什克洛夫斯基将之归因为"陌生化"因素,蒂尼亚诺夫认为应将其视为文学系统自身的演变过程,而雅各布森则在前两种论点的基础上,指出文学"主导"因素对文学系统的形成的关键意义:"就诗歌形式演进而言,如果说这是关于某些因素的消失、另一些因素出现的探讨,倒毋宁是有关系统内部诸多组成因素间彼此关系的转移,换言之,是关于主导性因素的转型。"①雅各布森认为文学的发展源自其内部的形式变化,同时却抛弃了此前所提及的文学系统的历时因素,也便忽视了文学形式变化的历时性本质。诚如上述詹姆逊所言,如果未能认识到形式变化的历史性本质,便会将形式与历史对立起来。在这一基础上,詹姆逊试图通过对俄国形式主义理论的再阐释,发掘出形式主义理论中共时性维度的历时性特质,其基本认识方式体现为:"在从一种共时状态转向下一种时,会产生某种变化,必须对这种变化给予分析,使之回到历时性维度。"②发掘共时性结构中的历时性基础,便成为詹姆逊分析所有以共时研究为基础的形式论的总体立场与方法。

客观地讲,什克洛夫斯基更多的是从心理层面描述这种审美体验,但从现象学角度讲,这种体验的实质在于:通过当下的时间绵延过程,体味个人存在本真可能性的无限敞开。问题在于,詹姆逊是在怎样的范畴上定义"历时性"或历史的。事实上,马克思主义批评理论对"历史"概念的界定自身即呈现出极为多元化的理解。③　在詹姆逊看来,在包括"陌生化"在内的诸多俄国形式

---

① Roman Jakobson."The Dominant", in *Readings in Russian Poetics*:*Formalist and Structuralist Views*,eds. L.Matejka,Michigan:Michigan Slavic Publications,1978, p.85.

② Fredric Jameson. *The Prison-House of Language*:*A Critical Account of Structuralism and Russian Formalism*, Princeton:Princeton University Press,1972, p.54.

③ 详见后章"批判性阐释与多元化运用:托尼·本尼特的符号学观及符号学实践"。

主义思想中,其"历史性",更多的是通过文学创作过程中作家对世界的个体体验与感知而体现出来的。因此,詹姆逊以陌生化为例,从社会意识形态角度剖析了陌生化,乃至俄国形式主义普遍具有的共时性因素,并以历史性分析维度对之进行还原。

在对斯威夫特(Jonathan Swift)《格列佛游记》及伏尔泰(Voltaire)《哲学书简》段落的分析中,詹姆逊指出,这些描写,无不通过主人公的感知角度,体现出隐含作者在特定历史社会语境中的经验与体会。詹姆逊引述了《哲学书简》中法国作家拉布吕耶尔(Jean La Bruyère)的一段话。在这段话中,作者以惊心动魄的笔触描述了法国农民艰辛而窘迫的生活遭遇。当读者初次阅读这段文字时,很可能会被其可怖而诡异的比喻手法吸引,并产生一种独异的审美体验,也就是"陌生化"。然而,这种陌生化效应的本质在于,作家从貌似平常的日常生活中,发现了法国恶劣的实际社会状况及民众困苦的生活,并由此产生震惊与痛楚的感受。因此,陌生化效应源于作家所产生的关于人类社会中非正义现象的人道主义情绪。这样,詹姆逊提出:"这耸人听闻的段落……不再以关于人类生活的自然及形而上学的状况来吸引我们,却转而使我们关注其中不公正的社会结构。关于这种结构,我们早已心安理得地把它们看做某种自然而持久的事物,正是为此,它们应当被陌生化。"①詹姆逊显然认为,所谓"陌生化",并非仅仅体现为作品所能够引发的审美心理的交替,更为重要的是,作为人类个体的作家,因亲身体味到历史社会状况及其相应的社会意识的变迁,而相应地引发了自身存在体验的某种变化。所有的共时性审美感知,都是在不断更迭中的历史流变中形成的;反之,历时性也是通过一系列静态的、亦即共时性的片段衔接而呈现出来的。在这种理解基础上,詹姆逊提出应

---

① Fredric Jameson. *The Prison-House of Language:A Critical Account of Structuralism and Russian Formalism*,Princeton:Princeton University Press,1972, p. 57.

将历史把握成"持久、不变和静态的科学——即便与变化与运动有关"①,当然,把握共时性维度,也必须将其还原至由诸多历史片段所构成的关联性之中。显然,詹姆逊是以一种辩证的眼光来看待共时性与历时性的关系问题的。

在分析俄国形式主义的其他理论时,詹姆逊依旧延续了这种思路,即对其理论的共时性进行历时性维度的阐发。显然,詹姆逊在坚持马克思主义理论所遵循的历史唯物主义论的同时,对马克思主义批评自身也有着深刻的认识。正如前文中戈德曼所言,共时性和历时性是马克思主义必须兼顾的两种批评维度。与之类似,詹姆逊同样意识到了这一问题,并通过更为详尽地分析阐明了历时性与共时性的这种辩证关系。

从某种程度上讲,兴起于俄国形式主义之后的法国结构主义,具有与形式主义流派关于认识维度和思想方法的延续性,詹姆逊对此清晰地指出,两者间的本质联系,在结构主义理论关于共时性与历时性的内在逻辑对立。当然,相对于俄国形式主义,法国结构主义关于"结构"或系统的理解,更加富于群体性及社会性色彩。例如其代表人物克洛德·列维-斯特劳斯,便主要是在原始群落血亲组织形式集合的意义上界定"结构"的,并由此将上层建筑与索绪尔语言学意义上的"结构"等同起来。列维-斯特劳斯认为,经典马克思主义对人类社会中经济基础和上层建筑的分野,无法应用于原始部落的情况中,并以血亲组织形式来予以说明。在他看来,作为原始部落血亲组织形式的无意识,是一种与结构语言学中的"语言"完全同源的上层建筑。然而,列维-斯特劳斯进一步指出:马克思与恩格斯在关于原始社会的某些论述中,提出上层建筑是不受经济基础制约的②,因此,由于作为"结构"的上层建筑失去了变动的经济结构对它的决定性,从而具有了共时性特质。

客观地讲,列维-斯特劳斯提出这种观念的本来目的,是服务于马克思主

---

① Fredric Jameson. *The Prison-House of Language: A Critical Account of Structuralism and Russian Formalism*, Princeton: Princeton University Press, 1972, p. 97.

② See Claude Lévi-Strauss. *Structural Anthropology*, New York: Basic Books, Inc., 1963, p. 336.

义理论的建构:"关于上层建筑理论,马克思其实很少加以论述,我希望能对此有所贡献。"①尽管如此,詹姆逊仍对列维-斯特劳斯的这种解读做了全新的阐释。在他看来,原始社会并不具备现代经济学的基本属性,因此物质性生产与包括心理活动在内的其他社会方面之间,尚未发生现代社会中才有的分裂现象。同时,列维-斯特劳斯希望通过索绪尔语言学主客二分式的现代科学思维,将原始社会分为物质与心理或精神两种领域,在某种程度上符合马克思主义的观点,然而,却忽视了马克思主义所强调的上层建筑与经济基础间关系的复杂性。

结构主义仅仅从能指和所指的角度来探讨符号现象,这便将其分析对象局限在了精神领域或上层建筑领域。因此,詹姆逊提出"将结构主义的所有思想理解为关于上层建筑的研究,或者,以更窄的眼光来看,将其理解为关于意识形态的研究"。② 在他看来,结构主义符号学仅仅强调音响形象和概念间的表意过程,而忽视了皮尔斯符号学传统所强调的"指称物"(referent),亦即符号中指代客观实存的部分。如前所述,詹姆逊曾受到皮尔斯符号学影响,并以此作为检审结构主义符号学的参照系。对结构主义而言,符号的表意过程脱离了指称物,而只能在僵化的系统内完成,致使研究者无法通过符号途径来观照社会现实。然而詹姆逊通过对列维-斯特劳斯、尤其是作为马克思主义者的阿尔都塞论述的详尽探讨,发现他们实际上都在以某种现实客体作为其符号体系的标准:"(他们)无不倾向于做这样一种预设:即存在某种超越了符号系统自身的根本的现实,这种现实也许可以获得认知,也可能无法认知,但

---

① Claude Lévi-Strauss. *The Savage Mind*, Letchworth and Hertfordshire: The Garden City Press Limited, 1966, p. 130.

② Fredric Jameson. *The Prison-House of Language: A Critical Account of Structuralism and Russian Formalism*, Princeton: Princeton University Press, 1972, p. 101.

总是发挥着指称物(object of reference)的功能。"①因此,詹姆逊认为,在对对象进行结构主义的形式分析的同时,应当找寻被结构主义所忽视的指称物,亦即历史现实。

这样,詹姆逊便必须以皮尔斯符号学中的指称物来补充和改造结构主义符号学的共时性方法,或以一种新的方式来阐释结构主义符号学中的历史性因素。在此后关于资本主义不同发展阶段中文学形态变迁的论述中,詹姆逊确实将指称物与"能指"和"所指"结合了起来,使其基本形成了皮尔斯意义上的"意指三分法",对此,后文将予以详细分析;同时,在此处探讨结构主义符号学自身的方法特征时,詹姆逊却援引了一种新的阐述方式。

众所周知,在索绪尔提出的诸多二元对立范畴中,包含横组合与纵聚合——亦即替换和延续这组对立。雅各布森以"转喻"和"隐喻"来命名这组语法范畴,使这组本来属于修辞学的语法范畴获得文学批评、精神分析(主要是拉康)等领域的重视。此后,这组概念分别被指涉为对文本内部结构和外部语境的观照。热奈特认为,转喻往往体现为"发生于故事内的'现实'与'虚构'之间的明显确定的短路"②,将其视为对文本外部现实世界的观照视野。詹姆逊延续了类似观点,在他看来,转喻和隐喻不仅是一种修辞学范畴,同时,它们能够指代"符号与其语境之间的相互影响"③,亦即分别指代共时性符号体系与其外部的历时性要素,从而体现出动态和静态的辩证法关系,也因此能够被视为对经验事实的分析维度。例如,在分析列维-斯特劳斯的二元对立结构模式时,"此处的要点,是提出一系列项或要素(例如二元对立)以使句法

---

①　Fredric Jameson. *The Prison-House of Language:A Critical Account of Structuralism and Russian Formalism*,Princeton:Princeton University Press,1972, pp. 109-110."object of reference"是西方学者关于"referent"的另一种表述。

②　热拉尔·热奈特:《转喻:从修辞格到虚构》,吴康茹译,桂林:漓江出版社2013年版,第182页。

③　Fredric Jameson. *The Prison-House of Language:A Critical Account of Structuralism and Russian Formalism*,Princeton:Princeton University Press,1972, p. 110.

的诸多经验范畴能够获得表达"①,这在本质上,即表现为对隐喻和转喻的交替使用。具体而言,隐喻是对转喻的片段式观照,转喻是诸多隐喻的延续。在遵循索绪尔语言学逻辑的其他人文社会学科中,往往存在对转喻和隐喻两种维度的援引,它们体现出对研究对象本身的透析,以及对相关语境的迁延式观照,同时也是对处于动态中的研究对象自身架构特征的静态观察。必须指出的是,相对于索绪尔将两者(表述为"横组合"与"纵聚合")都归入共时性静态研究维度,詹姆逊显然将隐喻视为共时性,并将转喻视为历时性研究方式,将两者分别归纳入方法论和本体论范畴,对两者的关系进行区分和调和,由此体现出对索绪尔方法的批判与改造。

在马克思主义传统中,关于对对象的历时性及共时性审视维度的关系,并非仅有詹姆逊意识到了其重要性。除此前论及的戈德曼外,瓦尔特·本雅明亦曾发表过类似观点:"'现在'不是某种过渡,'现在'意味着时间的停顿和静止,这是历史唯物主义者必备的观念","唯物主义史学建立在一个结构原则的基础上。思维不仅包括意念的流动,而且也包括意念的停止"。② 本雅明提出,历史总是由一系列"当下"、"现在"的静态时间片段构成,凝结着不可胜数的历史意义。这样,当结构主义因其方法的"封闭性"而受到西方学界贬斥时,詹姆逊等马克思主义者却以辩证方法对整个结构主义进行了历史唯物主义视角的重释,也因此而赋予了结构主义方法以方法的合理性,并在具体的结构主义符号学批评中,践行了自己的历史唯物主义原则。

此外,詹姆逊还对格雷马斯、拉康、阿尔都塞、德里达与福柯等结构主义或后结构主义思想倾向分别进行了述评。其中,对格雷马斯"情节语法"(grammer of plot)等理论的分析,与詹姆逊的符号学技术分析关系最紧。詹姆

---

① Fredric Jameson. *The Prison-House of Language:A Critical Account of Structuralism and Russian Formalism*,Princeton:Princeton University Press,1972, p. 120.

② 瓦尔特·本雅明:《本雅明文选》,陈永国等编,北京:中国社会科学出版社 1999 年版,第413 页。

逊注意到,格雷马斯的分析方式与巴尔特、托多罗夫等人的方法极为类似,他们都将文学或其他文本中人物的行动理解为能够以"主、谓、宾"的语法关系予以概括的结构,也就是说,在关于人物行动的表层叙述之下,隐藏着深层的叙述结构。这种分析方式,便是格雷马斯所说的"行动单位模式"(actantial mode)①。这种模式从一种共时角度呈现出构成小说情节的不同单位,是结构语言学在文学结构分析方面的典型运用。尽管詹姆逊已经认识到共时性方法的合理性,但仍旧担心它可能将变动的历史事件分割为一个个共时片段,使之失去历史批评的活力。事实上,格雷马斯的"矩形方阵"方法同样存在这样的问题。它将事件分解为几组双项对立,并最终借对立的整体而分析出某种外在意义,也就是说,事件的意义产生于其内部组成部分之间的对立关系,而不是源于历史。对此,詹姆逊在其一系列具体批评实践中,实际补充和重新阐释了结构主义符号学的这种立场缺陷。

第二节　象征体系与意识形态:指向历史的符号性批评实践

毋庸置疑,意识形态批评是马克思主义文学批评的核心途径之一,其方式基本在于,通过考察作家所处的具体历史社会语境,发掘可能渗透于文学文本中的意识形态。然而,作为观念集合的意识形态,如何转换为具有诗性的文学文本,却一度是马克思主义文学批评理论缺失的环节。一如德拉-沃尔佩所言,必须通过研究意识形态向诗性话语的符号转换机制,方能真正使马克思主义深入对文学的诗性本质的批评当中。然而在他之前,巴赫金的一系列批评,在事实上预设、并实践了德拉-沃尔佩的这种批评设想。澳大利亚学者安迪·布兰顿(Andy Blunden)甚至暗示马克思本人经常采取如下手法:以作为

---

① 又译"施动者模型"等。参见格雷马斯:《结构语义学》,蒋梓骅译,天津:百花文艺出版社2001年版,第226页。

象征符号的个体形象,来承载和体现其所在阶层或群体的历史意识形态。①
此外,一如本书"绪论"所言,包括卢卡奇与布莱希特的"现实主义与表现主
义"之争、阿尔都塞对皮科罗剧团戏剧的发掘、阿多诺对音乐文本中为抵抗商
品化而努力的形式的阐释等在内的诸多关于文学或艺术形式的批评②,都不
同程度地带有意识形态符号批评的意味。

　　无法否定的是,尽管德拉-沃尔佩从结构主义角度出发,在一定程度上注
意到文学文本结构所具有的整体性,但上述学者更多的是从文学中某个、或一
系列意象的意识形态象征内涵进行社会文化学批评,而似乎无暇对文学——
尤其是小说——中基本情节架构的整体象征结构进行剖析,或曰,对作为文本
情节结构的"能指系统"进行马克思主义维度的阐述。与此同时,虽同样是以
象征意象分析为起点,詹姆逊的意识形态批评却实践了自己关于情节结构整
体分析的预想。

　　在某种程度上,结构主义方法的"封闭性",或曰与历史性的断裂,可被理解
为:语义链在由诸多语法要素构成时,仅仅呈现为某种整体的单义性维度;而詹
姆逊则在象征的意义上,将这一单义性整体语义链置于某种与之相关的具体语
境中,亦即他所运用的"转喻"方法,使批评对象获得基于历史现实的多义性全
新阐释。詹姆逊将这种对结构主义符号学的方法,批判地运用至文学批评当中。

　　格雷马斯承认,对文学文本的意义阐释可能具有一定广延性,但这种延伸
只存在于一定范围之中。在效仿列维-斯特劳斯的结构人类学的过程中,格
雷马斯以分析文学文本内部意义结构具有的多样性为旨归,同时,由于担心历
史因素会限定这种意义的多样性,而摒弃了历时性分析方法。因此,对于格雷
马斯将批评对象置于数项彼此对立格局的矩形方阵而言,即便他倾向于从中
发掘某种特定内涵,这种方法显然具有反历史属性。

---

① See Andy Blunden. "The Semiotics of Martyrdom", in *Selected Writings on the Semiotics of Modernity*, Kettering: Erythrós Press and Media LLC, 2012.
② 参见阿多诺等:《论流行音乐》(下),李强译,《视听界》2005 年第 4 期。

　　詹姆逊以格雷马斯的矩形方阵为理论工具,对《聊斋志异》中的两则故事予以分析,对于国内学界而言,这一批评范例几乎成为了解、学习这一理论工具的经典,因此,此处不再重述詹姆逊的具体批评过程。简而言之,詹姆逊以矩形方阵对两则故事进行分析后,分别总结出其各自的寓言内涵:《鸲鹆》的主旨在于"怎样利用高度发达的文化的武器,来返回自然或自然的文化"①;《画马》则表现为"关于货币再生产这种魔法般的现象,而且和艺术复制也联系在一起了"。② 毋庸置疑,对于每一个故事而言,都具有属于字面意义上的表层故事含义:前者讲述了一个"神鸟帮助主人获得财富"的故事,后者是一则关于"马妖"的故事。在获得更深层次的阐释前,它们在作为能指的字面意义上,都可以被理解为一个神奇而玄妙的故事,其内部各自功能因素,彼此构成了一个完备的结构体系。以前一则为例,如果以格雷马斯的"行动单位模式"理论来分析,那么在这则故事中,"王汾滨"、"鸟"、"王"等因素共同构成一个完整的语义链:

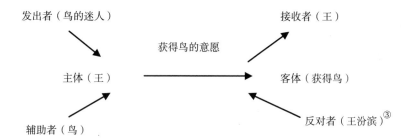

　　这些因素构成了故事的表层情节结构,但詹姆逊却通过对这些因素的分析,对其作出如下的归类和总结:

---

　　①　詹姆逊:《后现代主义与文化理论》,唐小兵译,北京:北京大学出版社 2005 年版,第 111—112 页。

　　②　詹姆逊:《后现代主义与文化理论》,唐小兵译,北京:北京大学出版社 2005 年版,第 116 页。本书分析《聊斋志异》的图表均引自该书第 110 页。

　　③　此为笔者根据格雷马斯的"行动单位模式"理论所作的归纳。详见前述《结构语义学》第 257—264 页。

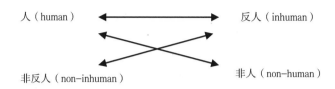

人（human）　　　　　　　　　　　反人（inhuman）

非反人（non-inhuman）　　　　　　　非人（non-human）

　　然而,这种归类仍未超出表层情节结构,而是仍隐藏着深层次的意义结构,而对于这种意义结构的探究,必须深入结构所处的社会历史当中。一如比利时学者布洛克曼(Jan Broekman)所言:"各种结构并不脱离其定义的语境而存在,从社会学的、文化历史的、人类学的或经济学的一些结构定义中,不能归纳出一个笼统的定义。"①恰在此处,詹姆逊实践了自己对共时结构进行"转喻"分析的论述,亦即将分析延伸到对故事的历史语境的探索之中,然而,这种建基于历史事实的分析,却依然维系着对故事基本架构完整性的考虑。

　　毫不夸张地讲,对文本符号的意识形态解读,几乎贯穿于詹姆逊一系列卷帙浩繁的批评论著之中。在论述其他寓言文本时,詹姆逊同样体现出这种"转喻"思维。事实上,这也正是后结构主义和皮尔斯符号学的重要特征。前者主张符号在不同语境中表意过程的不断延迟,而后者则强调符号的"无限延义"过程。两者都认识到符号在不同语境中能够获得全新意义的特征。

　　如前所述,詹姆逊对"隐喻"和"转喻"这组范畴进行了界定与调和。显然,"转喻"正是詹姆逊历史主义批评的符号学表述方式。在诺斯罗普·弗莱(Northrop Frye)看来,"隐喻"和"转喻"的区别在于,前者在喻旨和喻体间强行建立了关联性,而后者则刻意暴露出喻旨和喻体间的关联过程:"(隐喻指)从表示存在于人与自然之间的生命或力量或能的同一性的意思('这就是

_____

　　① 布洛克曼:《结构主义:莫斯科—布拉格—巴黎》,李幼蒸译,北京:中国人民大学出版社2003年版,第6页,译文略有改动。

那'),逐渐变成表示转喻的关系('这指的是那')。"①然而对詹姆逊而言,问题便在于,其基于"转喻"的阐释在何种程度上将喻旨和喻体关联了起来;这种意识形态解读,是否仅是文化社会学领域惯用的后结构主义式读者阐释?换言之,它在多大程度上对文本符号的实际社会历史信息进行了解码;作为文本形式的能指,与作为所指的社会历史内涵之间,其理据性(motivation)何在;作为坚持历史批评立场的阐释者,其阐释基础是否仅仅是海德格尔所谓的"先在"(fore-having)? 这也许唯有通过卢西安·戈德曼的实证主义方法才可能解决,也因此是巴赫金、德拉-沃尔佩和詹姆逊等批评家都未能给予充分阐述的问题,因此,詹姆逊对聊斋故事的上述分析受到中国学界一定程度的质疑。

事实上,詹姆逊提出,文本在被创作时,未必会实证性地与社会性因素具有必然联系:"情节语法(grammar of plots)的概念表明……我们可以通过某种既定模式(或基本情节范式[paradigm])来审视一个时期的某个时代作品的产生,在它发生变化后,能够以许多可能的途径得到表述,直到这种可能性被穷尽,并被新模式取而代之。"②同时,某些情节性较强的文本,其情节逻辑自身便构成了独立的符号体系,而不一定具有明显的阐释寓意。③ 其实,在运用矩形方阵时,詹姆逊也承认其填充方阵中个别部分时,有时纯粹依靠想象。甚至在对卡夫卡的某些作品进行符号解读时,詹姆逊虽承认结构主义方法的缺陷,

---

① 诺斯罗普·弗莱:《伟大的代码——圣经与文学》,郝振益等译,北京:北京大学出版社1998年版,第24页。保罗·利科虽对"转喻"只字不提,却赋予"隐喻"以某种指涉文本外部现实的功能,"隐喻是话语借以发挥某些虚构所包含的重新描述现实的能力的修辞学手段",见利科:《活的隐喻》,汪堂家译,上海:上海译文出版社2006年版,第6页。另,赵毅衡对隐喻和转喻各自的喻旨、喻体关系进行了清晰的梳理,见赵毅衡:《符号学原理与推演》,南京:南京大学出版社2011年版,第191—193页。

② Fredric Jameson. *The Prison-House of Language*, Princeton: Princeton University Press, 1972, p. 128.

③ 详见詹姆逊:《元评论》,载于《快感:文化与政治》,王逢振等译,北京:中国社会科学出版社1998年版,第7页。

但其批评实际上只停留在对"卡夫卡叙述程序的现实性"的可能性的演绎，"既然这一问题被重新界定为一个封闭的现象，那么就产生了一种更加抽象的解决方案，也就是让作品穷尽一个既定模式或既定起点的各种可能性，然后在一切可能性都完成之后，结束作品"①，而在后文中，詹姆逊并未对作品"能指系统"进行明显而充分的社会文化解读。也就是说，意识形态阐释往往建基于阐释者自身所处的特定语境，并且可能因为不同阐释者所处语境的差异，而归结出不同的阐释结论。

必须指出的是，如果不直面这一问题，马克思主义文学批评的有效性将会备受质疑。在此前论述德拉-沃尔佩的一章中，曾论及德拉-沃尔佩将《神曲》中"树林"等意象符号，阐释为对中世纪基督教意识形态的隐喻。问题在于，德拉-沃尔佩并未依据其所提倡的"马克思主义社会学"对这种阐释的科学性给予充分证实，因此，他的分析在事实上受到意大利同胞翁贝托·艾柯的潜在质疑。熟谙欧洲中世纪历史的艾柯，通过对但丁《神曲》中类似意象的历史文献学考察，认为这些意象未必是承载着中世纪基督教意识形态的符号，因此，从这个角度讲，德拉-沃尔佩的批评工作，可能陷入艾柯所谓的"过度阐释"的窘境。② 无论艾柯的考证是否正确，德拉-沃尔佩都必须证明这些意象符号与基督教意识形态之间关系的必然性，否则便可能使马克思主义分析带上某种"机械社会学"的过度阐释味道，而这种倾向也是德拉-沃尔佩本人所反对的。

然而，这并绝不意味着马克思主义符号学批评的科学基础被消解，而被视为一种建立在主观臆测上的方法。事实上，詹姆逊试图通过深入发掘文学内部历史、社会信息的批评方法，将马克思主义意识形态批评发展为行之有效的阐释学方法。这便涉及詹姆逊所强调的"总体化"方法。

---

① 詹姆逊：《卡夫卡的辩证法》，载于《论现代主义文学》，苏仲乐等译，北京：中国人民大学出版社 2010 年版，第 150 页。

② See Umberto Eco. "Overinterpreting texts", in *Interpretation and Overinterpretation*, eds. Stefan Collini, Cambridge：Cambridge University Press, 1992, pp. 52-59.

在《历史与阶级意识》中,卢卡奇否定了"机会主义者"以科学的名义将社会现象分割为不可胜数的"孤立事实"的方法,在他看来,只有马克思主义方法才能以辩证的眼光来看待社会中诸多现象之间的矛盾和统一,也就是从历史的整体角度来看待诸多社会现象:"只有在这种把社会生活中的孤立事实作为历史发展的环节并把它们归结为一个总体的情况下,对事实的认识才能成为对现实的认识。"①卢卡奇对总体性的定义,实际就是从历史总体的角度来辩证地看待社会各个领域纷繁事物之间的关系,这种观点影响着詹姆逊,使詹姆逊将历史总体性作为文学批评的基本维度。然而,历史社会往往是以诸多具有相对自律性的社会场域形式出现的,将对文学文本的批评一味地归于"历史",便显得颇为笼统。此处,詹姆逊又援引了阿尔都塞的"多元决定论"观点,这一观点认为,上层建筑在最终由经济基础决定的前提下,其内部的不同领域保持相对的自律性:"一方面,(经济的)生产方式起最终决定作用;另一方面,上层建筑及其具体效应的相对自律性。"②阿尔都塞显然是以比卢卡奇更为细致的方式来看待"历史"的,在他看来,"历史"总体由经济基础和上层建筑构成,经济基础对上层建筑起最终的决定作用,只不过上层建筑内部的不同领域却保持了各自有限的独立性。因此从阿尔都塞的角度看,历史呈现出一定程度的分裂状态,而无法以完整而独立的形态表现出来,这便是他所谓的历史缺场(absent)现象。③ 尽管如此,阿尔都塞毕竟意识到了历史总体性的重要性,并且是从整体角度来看待诸多社会现象的。一如詹姆逊所言:"阿尔都塞主义的批评非常难以回应,原因在于,它论证了历史总体性的建构不可

---

① 卢卡奇:《历史与阶级意识》,杜章智等译,北京:商务印书馆2004年版,第56页。
② Louis Althusser. *For Marx*,London:The Penguin Press,1969, p. 111.
③ See Fredric Jameson, *The Political Unconscious*, London and New York:Cornell University Press, 1981, p. 20.

避免地含有总体性内部诸多孤立和特殊的因素。"①同时,卢卡奇的"总体性"概念本身具有这样一种倾向,即以总体体系来展示历史,而遮蔽了那些在历史中没有得到呈现的部分,因此在这个意义上,詹姆逊认为卢卡奇和阿尔都塞实现了思想共谋,而它的"总体化"原则,也就是从一种整体的角度来理解和阐释文本内片面化的意识形态内容。

在詹姆逊看来,文学的意识形态批评应当从四个视域维度进行:"首先关于政治历史,也就是狭义上的在特定时刻发生的事件、和类似于依循年代顺序的系列所产生的事件;其次是与社会相关的,在现在已经不甚具有历时性和时间限定(time-bound)的意义上,指社会阶级间的构成性的张力和斗争;最后,与历史相关,即现在被视为最广义上的一系列先后出现的生产方式,以及诸多人类社会结构的传承和命运。"②事实上,这些视野维度正是对作为符号的文本的表意过程的解释。詹姆逊补充道,将文本还原至它被创作时所处的具体政治语境内,便有可能以单个文本形式,最为直接地再现政治事件。当然,这种"再现"绝非"直接反映",而是主体经由对自己亲身经历的政治事件的叙述过程,而创作出的带有主观性、审美性色彩的文本,从而使文本体现出"象征"功能,也就是说,文本作者从最接近其本人生存环境的维度,对其生存体验进行书写,并以个别文本的形式,将对生存体验中的矛盾问题的象征性解决纳入文本结构之中。就第二种视域而言,学者邱晓林认为,詹姆逊此处可能是援引了戈德曼的文学社会学理论。③ 对于戈德曼而言,作为"真正伟大的作品"的作者,必须置身于具体阶级关系之中,使其文学象征形式体现出自身所处阶级、集团的关系结构形式,亦即体现出"异质同构"关系。当然,这种阐释机制

---

① Fredric Jameson. *The Political Unconscious*, London and New York: Cornell University Press, 1981, p. 12.引文的翻译参考了中文版《政治无意识》,王逢振等译,北京:中国社会科学出版社1999 年版,下同。

② Fredric Jameson. *The Political Unconscious*, London and New York: Cornell University Press, 1981, p. 60.

③ 详见邱晓林:《作为一种阐释学的意识形态文学批评》,《四川大学学报》2008 年第 6 期。

是否具有普遍性可能受到一定质疑①,且相对于前一种阐释视域,作为象征形式的"关系结构"的"理据性"显然更不明显。此外,对于第三种视域而言,则是作者以其切身的时代体验为基础,体现出对所处历史时期的生产方式的间接反映。由此,詹姆逊对文学的诸多批评、阐释机制进行了历史维度的分析,从而在事实上对作为能指的文学语象的历史理据性,给予了相应的历史唯物主义阐述与主张。

当然,在具体批评实践中,詹姆逊的阐释方式要远为灵活,在《政治无意识》一书对小说文本的阐释中,詹姆逊主要是从政治无意识的角度来阐述历史现象的。他并不像某些传统马克思主义者那样,认为历史仅仅通过以感性经验的方式,被理性地在文学文本中表达出来。詹姆逊在阿尔都塞关于"历史缺场"的认识基础上,提出历史往往以无意识的形式呈现于作品叙事过程中;同时更为重要的是,历史往往被以意识形态和乌托邦的双重形态编织入文本叙事之中,从而显示出詹姆逊对叙事功能的特有理解。众所周知,阿尔都塞将社会意识形态界定为"表征",并以此指代个体在意识形态的影响下,对自己的社会地位及关系进行想象;实际上,詹姆逊此处同样援引了类似的观点,有学者对此总结道:"意识形态通过各种神秘化的手段对历史或个人与现实的真实关系压抑和改装,它表明,意识形态总是一种'局部意识',……身处意识形态语境的人(由意识形态建构的主体)常常意识不到这种遏制的强制性,反而会把意识形态的想象性关系当做是理应如此的真实关系"②,詹姆逊称意识形态的这种功能为"遏制策略"。也就是说,文学叙事无法将意识形态直接呈现出来,而是由于意识形态的遏制作用,必须以一种曲折、变形的形态,隐喻

---

① 英国学者肖恩・霍默认为,此处应当将詹姆逊的社会观视域理解为:对某个文本的理解,应当从该文本作者所属阶级之外的其他阶级的视角和立场来进行,详见其《弗雷德里克・詹姆森》,孙斌等译,上海:上海人民出版社 2004 年版,第 55—56 页。

② 吴琼:《20 世纪美国马克思主义文艺理论研究》,北京:北京大学出版社 2012 年版,第 224 页。

地体现出意识形态的内在逻辑。因此,对叙事的意识形态进行发掘,便必须以对叙事形式本身得以产生的政治文化语境进行深入剖析。在这种理解基础上,詹姆逊分别以巴尔扎克、乔治·吉辛(George Gissing)和康拉德(Joseph Conrad)的小说为范例,分析了近代小说叙事中对意识形态的象征性体现、亦即表征。此前,不少学者已对这些分析进行了较为详尽的描述和探讨①,因此对詹姆逊的具体分析过程,本书不拟细述,而只是对其进行大致归纳。

首先,对于现实主义之作、巴尔扎克的《老姑娘》,詹姆逊通过格雷马斯符号学的分析,指出在该作中,叙述者将科尔蒙小姐的居所等语象作为欲望客体,表现出作者试图对旧时代制度合法性的依恋、对资产阶级时代的不合理性的焦虑进行象征性解决的具体方式;其次,在吉辛的自然主义之作中,关于社会转型时期个人收入、事业成败的焦虑所引发的愤懑,以自我指涉的政治无意识形式,贯穿于吉辛的一系列作品中;最后,在康拉德的《吉姆爷》中,作为文化类型和文学范式的现代主义和现实主义,以其分别承载着的所谓印象主义和实证主义认识方式,彼此发生着对峙活动。上述分析构成了詹姆逊文学叙事社会象征分析的主体,它们大多从对文本形式分析入手,将具有特定象征意味的形式还原至作品的不同具体上层建筑语境之中,发掘出其各自的政治无意识逻辑。詹姆逊也由此体现出了"总体化"批评原则。

问题在于,詹姆逊从未明确界定"政治无意识"这一概念。有学者认为,这一指涉对象极为含混的概念,可能体现出詹姆逊本人的犹疑不定态度。②

---

① 例如,梁永安:《重建总体性——与杰姆逊对话》,成都:四川人民出版社 2003 年版;邱晓林:《从立场到方法:20 世纪马克思主义意识形态文艺理论》,成都:巴蜀书社 2006 年版;吴琼:《走向一种辩证批评:詹姆逊文化政治诗学研究》,上海:上海三联书店 2007 年版;沈静:《詹姆逊的马克思主义阐释学美学》,北京:人民出版社 2013 年版;等等。以上著作均对詹姆逊关于巴尔扎克、吉辛和康拉德小说叙事的社会象征功能进行了不同程度的描述和探讨。下文所做的归纳,系对《政治无意识》相关内容的总结,并参考了上述著作。

② 详见黄英全:《西方马克思主义艺术观研究》,北京:北京大学出版社 2009 年版,第335 页。

那么问题在于,这种以"政治无意识"为名义的批评活动,与马克思主义的一般意识形态分析的区别在于哪里? 如果无法澄清这一概念,那么詹姆逊的社会象征分析的理据性问题便面临困境,而最需要解释的环节显然是:这种特殊的无意识类型与意识形态间的关系是怎样的。

众所周知,弗洛伊德在个体精神领域的维度上,发展出精神分析学说及无意识学说,其传承人拉康则在对弗洛伊德无意识理论进行了结构主义维度的阐释。尽管马克思主义在其发展进程中曾批判性地借鉴和吸纳弗洛伊德和拉康的无意识理论,但有些学者则认为,马克思主义与弗洛伊德主义理论在本质上被某些马克思主义学者视为是"直接对立的"。[1] 同时,詹姆逊在事实上认同了无意识理论,一方面,他否认弗洛伊德主义理论的个体考察维度;另一方面,"在结构方面,马克思主义确确实实与精神分析学存在许多显著的类比性"。[2] 在这种认识基础上,他提出政治无意识学说的阐释有效性,应当建立在对集体性心理模式的考察基础上。在资本主义现代社会语境中,高度实用理性化的生产方式对人类生活施加异化效应,使得人类对政治、社会等历史性因素的整体体验受到压制,逐渐转入无意识领域,并以一种无意识的意识形态形式潜藏于文学文本之中:"在极具现代性文本中,政治成为不可见的东西,一如在布尔乔亚日常生活的表层世界中一样,它被积累的物化(reification)不断驱逐入底层并由此最终变成了真正的无意识。"[3]由此可见,詹姆逊事实上是在一种对无意识的集体性的理解基础上,将其视为一种意识形态,并以此作为文本社会象征的理据性标准。

尽管在《语言的牢笼》中,詹姆逊对后结构主义进行了某种批评,但在批

① 约翰·斯特拉奇:《弗洛伊德和马克思》(引言),董秋斯译,北京:中国人民大学出版社2004年版,第2页。如前所述,巴赫金认为,无意识同样属于一种意识形态,而阿尔都塞在某些论述中同样表达过这种观点。

② Fredric Jameson. *The ideologies of Theory*, London and New York:Verso,2008, p.108.

③ Fredric Jameson. *The Political Unconscious*, London and New York:Cornell University Press, 1981, p.270.

评实践中,詹姆逊却在事实上始终居于后结构主义立场之上,十分注意发掘文本符号的意义延伸性,从而体现出自己运用符号学方法的多元性。在他看来,当文本意义获得不断阐释的契机时,"注意力便会对准并集中在对文本的控制途径上,以期能够限制意义,遏制意义的纯形式层面的数量并以此引导俯首即是且普遍存在的阐释行为",以使文本转换成"只在人们需要之时才发挥功能的具体信号"[①],亦即作为能指的文本只能在特定情况下才与所指意义发生拉康所说的意义锚定。在关于布莱希特的名剧《伽利略传》的分析中,詹姆逊具体实践了这种批评思路。

历史剧往往以其强烈的现实性、历史指涉性,而被认为缺乏足够的阐述空间,亦即缺乏寓意蕴含能力,换句话说,作为符号体系的历史剧的表意活动较为有限。但事实上,这种观点并不成立,原因很简单:历史事件作为客观事实,虽本身以价值无涉的中性面貌呈现,然而,当历史事件被作为素材而获得相应的历史叙述,那么这一书写过程、或曰对历史事件进行叙述化的过程,便会将叙述者的某种意识形态因素、审美因素等因素裹挟进去,从而使得文本的意义更加丰富而多样化,对于在历史事件的基础上进行再次书写的历史剧更是如此,这正是新历史主义批评的核心观点。

詹姆逊在认同上述观点的前提下,采取了如下批评策略:将在民主德国上演的《伽利略传》,置于具体的时空语境中加以考察,并着重探讨布莱希特选取相关素材进行书写的原因。詹姆逊通过与《伽利略传》相关的实证材料而论证道:布莱希特特意表现伽利略坚持科学家应有责任的举动,首先可以被认为是美国犹太裔科学家奥本海默"反对核武器运动"的寓言。

然而,历史事件本身往往不像历史叙述那样,呈现为道德和审美的高度统一。众所周知,历史上的伽利略毕竟服从于教会的压制,于是问题便出现了:

---

① Fredric Jameson. *Brecht and Method*,London and New York:Verso,1998, p.123.

在同一部戏剧中,伽利略何以同时体现出"英雄"和"屈服者"两种截然不同的人格？这部戏剧为何呈现出两种不同的价值取向？

在后结构主义的一般性批评思维中,文本意义的形成处于不断迟滞和延伸的过程,从而导致文本结构自身呈现出绵延的不确定性,也就是说,阐释者能够根据对文本语言不同的阐释行为,使文本派生出新的意义。值得注意的是,无论如何阐释,文本的意义结构自身是相对独立而完整的。然而《伽利略传》的情况却不同:在其文本内部,角色(伽利略)和情节的不同部分呈现出的价值差异,令文本的意义结构从内部呈现出矛盾与裂变。例如就伽利略这一角色而言,"伽利略"同时呈现出的"英雄"和"懦夫"的两种精神气质,引导着作品文本的总体意义指向,也便使得文本内部呈现出某种分裂的意义结构。对于这种矛盾,詹姆逊认为应当予以辩证的认识,"一个事物能够意指它自身,或意指自己的反面,这样,我们便获得了寓言的表意(signifying)机制,能够以此施加于同一性和差异性之上,怀着一种将它们移向对立的一面并最终促生矛盾的希望。"①因此,伽利略的"英雄"和"懦夫"两种气质相辅相成,通过另一种气质的形成确立自身的合理性,从而体现出黑格尔的"主奴辩证法"思维。然而值得注意的是,詹姆逊认为,伽利略这一充满着矛盾性的悲剧符号,事实上不仅体现出伽利略的双重个性,同时更体现出不同文化语境为这一角色可能赋予的意义之间的矛盾性。具体而言,詹姆逊认为,布莱希特塑造"伽利略"一角,可能是意指本来反对制造原子弹的以色列学者奥本海默此后默默承认实施这一计划的历史状况;同时,布莱希特本人具有左翼人士的身份,因此,他笔下的伽利略的懦夫行为,也可能影射了当时左翼人士普遍向强权政治低头的政治状况。总之,伽利略矛盾的性格,使这部剧作在与布莱希特相关的不同历史语境中呈现出全新的寓意,亦即符号意义。

以此类推,批评者还可以根据其他不同历史语境,对这部剧作进行其他阐

---

① Fredric Jameson. *Brecht and Method*,London and New York:Verso,1998, p. 124.

释,使之呈现出其他意义。伽利略所处的文艺复兴时代,是一个科学思维不断冲击、颠覆神学思想对人类社会的影响的伟大时期,同时,由于"在某种意义上,马克思主义确实是一种科学,但只有在与新事物同时出现、并使新事物获得理论化的比喻(figurative)的意义时才是如此",因此,伽利略的时代与布莱希特所处的"受马克思主义引领而产生的 20 世纪政治革命"①时期具有时代精神的相似性,这便使得该剧又具有了另外一层阐述意义,亦即讴歌革命促进科学创新精神的功能。当然,詹姆逊还阐释出了美学和道德等其他层面的含义。显然,詹姆逊所说的文本阐释活动,亦即符号意义的"数量"的限制,指的是在不同上层建筑具体领域的语境中,文本才能获得相对稳定的阐释含义,而语境正是控制文本符号意义的决定因素。显然,这种批评与此前所界定的几种批评视域不尽一致,它更多地体现为詹姆逊从上层建筑内部,亦即政治、道德、审美等不同领域对同一文本"基本意义"的阐述。

由此可见,詹姆逊在对文学中的象征体系进行马克思主义的文化社会学批评时,实际上采取了三种不同的阐释态度:第一,根据文本符号形式自身的整体结构,赋予其某种社会性或伦理性的阐释方式,但这种阐释与文本之间没有必然的理据关系,例如对《聊斋志异》的剖析;第二,通过对文本中封闭的意识形态的分析,发掘被隐藏于文本之下的作为意识形态的政治无意识;第三,将文本置于具体与作家相关的不同社会历史语境中,考察同一文本在不同语境中相应获得的意义。由此可见,詹姆逊对文学象征体系的社会学批评,具有十分多样的论证模式。

第三节　资本主义社会不同发展
阶段的文学符号形态

詹姆逊对符号学方法的实践方式极为多元。这种实践不完全体现在对文

---

① Fredric Jameson. *Brecht and Method*,London and New York:Verso,1998, p. 126.

学文本内部语象及情节结构的历史唯物主义式分析,同时,也体现对泛文化文本的各种社会学剖析之上。其中,詹姆逊对资本主义社会发展中各个阶段文学形式的符号学解读,将不同阶段社会条件对文学形式的形塑作用,以符号的形式高度凝练地表达了出来。因此,对这种符号形式的形成动因的分析,必须回归到詹姆逊的社会条件描述当中。

西方社会经历了极为漫长的发展历程,尤其是关于资本主义时期各发展阶段的划分,西方思想史上诸多哲学家、历史学家、社会学家等,都以其各自的研究领域为理据,制定出不同的划分标准。比利时马克思主义经济学家厄内斯特·曼德尔(Ernest Mandel)根据资本主义社会不同时期的经济结构特征,将资本主义社会发展过程分为三个不同发展阶段。詹姆逊以此为据,对资本主义发展历程中不同阶段的文学作品类型,进行了细致的符号学剖析。

作为文学流派的现实主义、现代主义与后现代主义,在创作理念及方式层面,实为不同。众所周知,“现实主义”(realism)这一源自中世纪的哲学概念,在19世纪由画家库尔贝(Gustave Courbet)、评论家尚弗勒里(Jules Champfleury)等人引入文艺批评当中,此后,逐渐获得文学创作领域和文学批评界的援引。关于三种文学类型的界定,学界一般认为,作为创作技法的现实主义,亦即狭义的现实主义,主要指以典型化的文学创作手段,尽可能真实地再现某个历史阶段的社会现实;现代主义文学,往往体现为文学家以文学方式表达对现代工业社会生产体制的抵制与反拨,其表现形式和阐述模式较之现实主义文学,更为深刻和晦涩;就后现代主义文学而言,则一般表现为历史意识的消解与文字语义的碎片化。三种文学类型在文学史和文学批评领域的重要性毋庸置疑,同时,自被提出之始,便被文学批评界以不同表述方式与社会历史联系在一起,亦即始终得到一种历史主义批评观照。

　　詹姆逊对资本主义社会不同阶段对应的具体文学符号结构进行了描述和分析。①詹姆逊此处的剖析范式,在一定程度上借鉴了法国哲学家吉尔斯·德勒兹(Gilles Deleuze)和精神分析学家菲利克斯·加塔列(Felix Guattari)对西方历史文化的发展形态所作的探讨。有学者对德勒兹和加塔列的观点进行了精到的总结:原始社会时期,人类社会思维呈现为对世界整体的欲望的把握,②同时,逐渐建立起关于世界整体的秩序观念,亦即逐渐形成了某种秩序观念的编码(coding)过程。在奴隶、封建文明发展阶段,随着人类对世界的欲望及认知活动的增多,这种对世界秩序的认知编码亦进一步得到增强,并建立起十分严格的认知体系,这便是詹姆逊所界定的由"专制能指"(despotic signifiers)构成的符号体系。就资本主义社会的历史社会而言,伴随着马克斯·韦伯所描述的"祛魅"进程的展开,作为阐释世界的超自然式元语言业已消逝,世界的方方面面都能够通过科学途径予以认知,这便是詹姆逊所谓的"解码"(decoding)时代。③康德认为,人类的认知是经由先验范畴对感性经验的加工后形成的,而德勒兹和加塔列则以历史眼光,对人类认知活动的意义体系进行了细致阐述:在原始社会,西方人将自己对外部世界进行认知的欲望不断内化为表意体系,或曰符号体系;同时,借助利奥塔尔的描述④,西方文明也随着这种符号体系的不断扩张而逐渐成熟、丰富,并呈现为诸如中世纪的神学、启蒙运动时期的科学等宏大叙述样态;然而,西方历史从资本主义时期开始,作为

---

　　①　主要见詹姆逊:《现实主义、现代主义、后现代主义》,载于《晚期资本主义的文化逻辑》,北京:三联书店 2003 年版;另刊于《文艺研究》1986 年第 3 期,行远译。该文原为詹姆逊在中国的一篇演讲稿。据笔者考证,该文仅曾以中文发表。笔者亦曾向詹姆逊教授去信索该文的英文手稿,但未获回复。

　　②　See Ian Buchanan. *Deleuze and Guattari's Anti - Oedipus*, London:Continnum International Publishing Group,2008, p. 92.

　　③　该文的中译者刘象愚先生将 coding 和 decoding 分别译为"规范形成"和"规范解体",颇为贴切。但考虑到本研究以符号学为主题,故仍使用这两个词汇的一般译法。另,关于现代社会的"规范解体"状况,让-保罗·利奥塔尔在其《后现代状态》(车槿山译,北京:三联书店 1997 年版)中亦有清晰的描述。

　　④　参见上述利奥塔尔《后现代状态》一书第七、八两章。

宏大叙述解构力量的科学,对此前宏大叙述式的神学和科学话语进行消解,使西方人对世界的认知过程,不断被降解为对社会各自独立领域的科学解码。

有趣的是,詹姆逊在援引德勒兹、加塔列对西方历史思想的这种符号学解读方式的同时,又借鉴了曼德尔对资本主义历史发展阶段的划分方式。詹姆逊将曼德尔的划分方式总结为:1848 年的蒸汽机、19 世纪 90 年代之后的电力工业的发展,以及 20 世纪 40 年代以来的电子、核动力技术的发展,分别代表了资本主义社会自由市场竞争、垄断资本主义和后工业时代三个阶段。① 这样,詹姆逊逐一考察了分别对应于这三个阶段的现实主义、现代主义和后现代主义文学类型。在他看来,"规范解体(解码)的时代是现实主义;规范重建(重新编码)的时代是现代主义;而患精神分裂症要求回归到原始时代的理想正恰如其分地代表了后现代主义新的特点"。②

必须指明的是,詹姆逊本人一定十分清楚:这种貌似清晰的划分方式,实际上只能是大致而论。原因很简单:三种文学各自形式之间的界限极为模糊,尤其是自 20 世纪以来,现实主义文学和现代主义文学之间的关联往往十分紧密,这种认识,在整个文学史界早已成为共识。而就马克思主义批评而言,尽管曾发生过卢卡奇对布莱希特现代主义文学倾向的批判,然而除布莱希特对现代主义的辩护外,罗杰·加洛蒂(Roger Garaudy)对现实主义文学广泛的历史涵盖性的认识,却都体现出马克思主义者对现实主义文学中现代主义文学因素的认可。

在具体分析中,詹姆逊使用了"符号"(signs)这一概念,认为它比德勒兹和加塔列的"编码"概念,更能准确、清晰地把握人类历史文化类型的嬗变特

---

①　Fredric Jameson. *Postmordernism*, or, *The Cultrral Logic of late Capitalism*, Durham:Duke University Press,1991, p.35.詹姆逊将丹尼尔·贝尔的"后工业社会"称为"跨国资本主义"阶段。曼德尔本人的相关论述几乎遍及《晚期资本主义》全书,但第一章至第三章有较为概括的表述。该书中文版由黑龙江人民出版社于 1983 年出版,马清文译。

②　詹姆逊:《现实主义、现代主义、后现代主义》,载于《晚期资本主义的文化逻辑》,北京:三联书店 2003 年版,第 282—283 页。此处引文略有改动。

征。据此,詹姆逊将现实主义、现代主义和后现代主义三种文学类型,视为人类三种不同的认知行为范式,以及三种不同的"符号"结构样态。必须指出的是,詹姆逊并未僵化地援引索绪尔传统符号学,而是在皮尔斯符号学的影响下,创造性地发展了作为社会文化批评范式的符号学方法。詹姆逊以其所创制的、由"能指+所指+指称物"组成的特殊符号,分别分析了三种文学类型在不同的社会生产条件下所具有的符号特征。

詹姆逊认为,德勒兹和加塔列所描述的"编码"时期,是人类在原始先民时期,根据想象和情感,所建立起的关于世界的特有的认知体系。詹姆逊认为,这种编码体系类似于列维-斯特劳斯所描述的"野性思维",亦即借助某种外在的神圣事物所建立的"对次序的诉求"①,事实上,也是卡西尔所描述的基于神话思维的象征(symbolic)体系。在人类历史上,这种象征体系以完整的符号体系形式,首次映现出人类对世界整体相应的认知。然而,随着科学理性思维的兴起,人类对世界规律的认识方式逐渐摆脱先民时代的想象性、情感性特征,而倾向于根据对物质世界的科学认识,逐渐建立起相对更加理性化的表意和符号体系。因此,原先的象征体系,在作为对整体世界进行把握和认知的方法方面,逐渐受到冲击,"在前资本主义具有神圣组织结构的各种社会形态中,语言具有一种完全不同的结构和作用……一个外在的、真实的世界,一个向外不断延伸的、可以衡量的世界,一个在一定程度上排斥人类规划和神话同化的世界"②,人类对世界的认识和对符号的建构,不再一味遵循神话般的想象,不再对能指和所指进行脱离客观世界的组合,而是将作为客观世界的"指称物"(referents)作为组织符号结构的根本依据。在此前批评法国结构主义的论述中,詹姆逊认为结构主义一味地追求对文本对象符号体系的共时性分

---

① Claude Lévi-Strauss. *The Savage Mind*, Letchworth and Hertfordshire: The Garden City Press Limited, 1966, p.10.

② 詹姆逊:《现实主义、现代主义、后现代主义》,载于《晚期资本主义的文化逻辑》,北京:三联书店 2003 年版,第 284 页。

析,而忽视了指涉社会现实的指称物,此处,詹姆逊将这种批评具体运用到了文学的社会学探讨之中。詹姆逊由此认为,在原始先民时期和资本主义生产方式得以确立之间的这个历史阶段,人类据以认知、表达世界的符号结构,体现为"指称物+能指+所指"形式,也就是说,这一时期的符号结构是最为完整的。同时,与这一时代对应的"现实主义"文学,正体现出这样一种根据客观现实(指称物)建立文本世界(能指+所指)的基本特征。当然,"现实主义"的提法可能会受到罗兰·巴尔特、福柯及马舍雷等有后结构主义倾向的学者的质疑。然而,詹姆逊此处不愿与之过多纠缠,而是从现实主义文学普遍具有的历史真实感这一角度继续展开论述。

显然,对物质世界的认知,或曰对指称物的依赖,是这一历史时期符号结构形态的基本特征,也是"现实主义"文学的基本样态。但随着资本主义生产方式的进一步深化和确立,人类对"物质"的感知、理解,逐渐由此前对世界的科学、理性把握,过渡并集中为对金钱、市场的体系的倚重:"这种力量可以简单地用金钱和市场体系对那个古老的、有机的群体社会的瓦解和科学中新的、系统性的实验所产生的怀疑来说明。"①詹姆逊此处的论述较为笼统、模糊,但本书认为可以做如下理解。

西方主流史学界认为,自中世纪始,商业或市场活动自身包蕴的世俗化倾向,便对基督教神学构成了某种潜在威胁。在马克思看来,近代以来,大工业的兴起促使资本主义市场规模不断扩大,而规模的扩大亦促使工业不断发展,资产阶级力量的壮大、资本主义市场活动的展开,使得中世纪以来诸多情感、道德因素,被强行以交换价值、甚至货币形式来加以衡量。在这种社会状况下,原有的诸多象征体系,逐渐转换为以市场交流、货币交流为中心的符号交换体系。一如马克思与恩格斯所言:"它(资产阶级)无情地斩断了把人们束缚于天然尊长的形形色色的封建羁绊,它使人和人之间除了赤裸裸的利害关

---

①　詹姆逊:《现实主义、现代主义、后现代主义》,载于《晚期资本主义的文化逻辑》,北京:三联书店 2003 年版,第 285 页。

系,除了冷酷无情的'现金交易',就再也没有任何别的联系了。它把宗教虔诚、骑士热忱、小市民伤感这些情感的神圣发作,淹没在利己主义打算的冰水之中。它把人的尊严变成了交换价值,用一种没有良心的贸易自由代替了无数特许的和自力挣得的自由。总而言之,它用公开的、无耻的、直接的露骨的剥削代替了由宗教幻想和政治幻想掩盖着的剥削。"①

就西方历史而言,人的情感、道德世界,往往建立在前现代时期的神话、宗教等思想体系基础上,或者受其深远影响。然而,资产阶级所从事的市场活动,将人类生活的情感、道德等领域同样纳入市场活动之中,从而通过市场的货币交换方式,消解了前资本主义时期的诸多社会领域内的象征体系,从而通过经济活动的方式,使西方人建立在象征基础上的认识、理解世界的方式,以及由此建立起的社会秩序体系进一步被消解。值得注意的是,这种物化意识在资本主义关系建立之初便已初显萌芽,并与象征体系共同支配着西方人感知、认识世界的方式;而詹姆逊则认为,这一物化过程出现在市场资本主义时期向垄断资本主义时期转变的过程。显然,在对时间范围的界定上,詹姆逊的论述似乎略有偏差。当然,社会历史发展状况本来便无法得到极为清晰的划分,这种偏差并无大碍。

詹姆逊指出,在垄断资本主义时期,金钱与市场力量进一步加强,使物化的力量不断进一步消解现实主义文学符号模式,并使其原先的"指称物+能指+所指"结构产生变化:"物化的力量开始……把参符(指称物)与符号中的另外两部分分离,开始把曾经为现实主义提供了客体的参符(指称物)的经验弃置一旁,从而导入一种新的历史经验,即符号本身和文化仿佛有一种流动的半自主性(floating semiautonomy)。这一阶段我称之为现代主义阶段","在这一领域中,符号只剩下指符(能指)和意符(所指)的结合,似乎有它自己的一

———————
① 马克思、恩格斯:《共产党宣言》,载于《马克思恩格斯文集》第 2 卷,北京:人民出版社 2009 年版,第 34 页。

套有机的逻辑"①,在他看来,现代主义文学的符号特征集中表现为:符号在脱离实际指称物的情况下,实现了表意实践的随机性。显然,詹姆逊将与历史经验的剥离视为现代主义文学的首要特征。这种认识,与文学批评界对现代主义文学自律性特征的一般性认识基本一致。有学者总结道,包括现代主义文学在内的一系列现代主义艺术创作,发轫于 19 世纪中叶的唯美主义和象征主义思潮,其中,唯美主义文学家戈蒂耶(Thophile Gautier)、美国诗人埃德加·坡(Edgar Allen Poe)、法国的巴纳斯诗派,无不不同程度地响应了法国哲学家库辛(Victor Cousin)的著名口号"为艺术而艺术"。② 此后的象征主义、超现实主义等流派,相对于现实主义,也在不同程度上体现出现代主义文学的自律性特征。而在詹姆逊看来,现代主义文学的这种自律性特征集中出现在垄断资本主义(帝国主义)这一发展阶段,对产生这种现象的原因,詹姆逊在另一篇论文中给予了含蓄的解释。

詹姆逊认为,帝国主义时期的西方殖民宗主国,往往通过对殖民地政治、经济等诸多层面的剥削,使殖民地被纳入帝国主义辖制板块之内。然而,由于政治制度、交通不便等各种条件的限制,生活在宗主国内部的作家,却无法将自身的生活经验和生命体验延伸至被殖民地区,于是只能通过将对殖民地区的想象寄予于文学之上的方式,创造出新的文学形式,以表现作家关于工业社会的现代性焦虑。在这种情况下,现代主义文学应运而生,"帝国主义的结构也在新变化的文学和艺术语言的内在形式和结构上打下了烙印,而现代主义所松散地指涉的正是这些内在形式和结构"。③ 因此,生活于宗主国内的作家,往往在其作品中以隐喻的方式表达出对于无限扩张、而又身不可及的异域

---

① 詹姆逊:《现实主义、现代主义、后现代主义》,载于《晚期资本主义的文化逻辑》,北京:三联书店 2003 年版,第 285 页。

② 肖伟胜:《西方现代主义自律性诗学研究》,北京:中华书局 2011 年版,第 2 页。

③ 詹姆逊:《现代主义与帝国主义》,载于《现代性、后现代性和全球化》,北京:中国人民大学出版社 2004 年版,第 183 页。事实上,詹姆逊的这种观点,与萨义德关于近代法国东方主义情结的产生的论述,有某些不谋而合之处。

世界的想象。这样,其作品中的诸多语象符号便与真实的物理世界产生了距离,而呈现出指涉一般性世界的特征"。① 由此,詹姆逊解释了现代主义文学中指称物被剥离、并呈现出自律性的原因。

此外,詹姆逊还含蓄地指出,现代主义文学的这种符号特征也与垄断资本主义阶段对"电能和内燃机"的广泛应用相关②,但并未给予任何解释。曼德尔曾就垄断资本主义(帝国主义)时期的电气化生产技术做了详细描述,但相对于曼德尔,列宁对这段历史的描述则更加清晰、准确。在作于1916年的《帝国主义是资本主义的最高阶段》一文中,列宁基本将"帝国主义"的发展时期限定在1900年至1916年这一范围。同时,列宁对帝国主义阶段的诸多经济特点进行了详细描述和分析。列宁发现,从1908年至1912年,欧美国家的国际垄断联盟开始逐渐形成,这种经济组织形式的一个重要特征,即体现为电力工业的长足发展,以及电力垄断组织数量的增多:"电力工业是最能代表最新的技术成就和19世纪末、20世纪初的资本主义的一个工业部门。它在美国和德国这两个最先进的新兴资本主义国家里最发达"③,电力垄断企业集团的不断壮大,使欧洲资本主义国家的电气化程度得到飞速发展。列宁的描述,与列斐伏尔关于西方近代资本主义社会的电气化状况的描述几乎如出一辙,据后者分析:"大约在1905年至1910年,指称物在各种压力(科学、技术和社会变迁)的影响下,指称物逐一土崩瓦解",此处,列斐伏尔特别谈道,"1910年,电灯、电讯和诸多电力物品开始一统天下"④,在电力的驱动作用下,人类对世界的认识基础逐渐由对真实世界的感知,转向了对由电力所营造的媒介世界的依赖,事实上,这正是波德里亚所描述的"拟像"社会的前奏。同时,这种变

---

① 这种理解与列斐伏尔对《尤利西斯》中诸多意象的理解和分析极为相似。详见后章。

② 参见詹姆逊:《现实主义、现代主义、后现代主义》,载于《晚期资本主义的文化逻辑》,北京:三联书店2003年版,第293页。

③ 《列宁全集》第22卷,北京:人民出版社1958年版,第238页。

④ Henri Lefebvre. *Everday Life in the Modern World*, New Brunswick and London: Transaction Publishers,1994, p.112.

化在艺术创作领域也相应得到体现,且主要反映为作为客观现实的指称物的脱离,以及艺术品能指和所指之间的关联;换言之,现代社会中电力技术对媒介方式的改变,使现代人对世界的感知摆脱了对物质世界的依赖,由此改变了他们普遍的认知性心理结构。于是列斐伏尔提出,在包括文学在内的诸多艺术领域中,艺术文本便呈现出能指和所指在脱离指称物的基础上实现结合的状况。显然,詹姆逊和列斐伏尔都注意到,在资本主义的帝国主义阶段,艺术品符号结构的嬗变,以代表物质世界的指称物的脱离为基本特征,然而,列斐伏尔的论述在客观上对詹姆逊此处语焉不详的描述做了补充。

　　詹姆逊认为,在被他称为跨国资本主义的第三阶段,"我们所看到的只是纯的能指本身所有的一种新奇的、自动的逻辑:文本、文字、精神分裂者的语言,和前两个阶段完全不同的文化,作为其历史基础的语言这时只剩了自动的能指"①,在社会文化中指称物完全剥离的情况下,垄断资本主义阶段中能指与所指相对稳固的结合的状况不复存在,能指成为精神病患者的梦呓,随意与所指结合,这便是詹姆逊所界定的后现代文学的符号结构特征。

　　关于后现代主义文学的形式特征,国外学界的相关论述尽管极为丰富,却大多限于对后现代文学自身形式特征的描述和探讨,而罕有从历史社会角度对这种形式特征所做的分析。美国学者伊哈布·哈桑(Ihab Hassan)认为,"许多文学上的概念缺乏历史上的稳定性,总是随着时间发生变化,因而给后现代主义这个概念的形成和稳定带来了相应的困难。"②后现代文学自身含混的语义形式,使得诸多试图对其形式加以历史主义维度观照的批评家都望而却步,而这也是身为马克思主义者的詹姆逊最为自信的地方:"我有充分的自

---

　　① 詹姆逊:《现实主义、现代主义、后现代主义》,载于《晚期资本主义的文化逻辑》,北京:三联书店 2003 年版,第 286 页。

　　② 伊哈布·哈桑:《后现代转向:后现代理论与文化论文集》,刘象愚译,上海:上海人民出版社 2015 年版,第 179 页。着重号系原文所加。

信,能把后现代主义作为文化的动力所具有的逻辑性和有机关系讲得更清楚些。"①

在詹姆逊看来,作为社会历史发展样态的"后现代社会"(post-modern society)这一概念,在很大程度上与"晚期资本主义社会"(late capitalism society)等概念同义。而就与之相关的"后现代主义"(post-modenism)这一概念,则主要指涉某种美学风格。詹姆逊准确地描述出包括后现代文学在内的诸多后现代艺术的特征,即通过对各种意象进行拼贴的方式,粉碎其中的时间向度,使其历史意味和其他意义深度荡然无存。此处,詹姆逊援引了拉康精神分裂症的观点,认为后现代文化体验,正如精神分裂症患者的心理体验一般,"头脑中只有纯粹的、孤立的现在,过去和未来的时间观念已经失踪了,只剩下永久的现在或纯的现在和纯的指符(能指)的连续";詹姆逊由此提出,"新小说"恰恰属于典型的后现代文学,原因在于,"新小说"中"零碎的、片断的材料永远不能形成某种最终的'解决',只能在永久的现在的阅读经验中给人一种移动结合的感觉",而与现代主义文学同样具有的"片断化"特征相比,两者的区别在于后者"仍然是寻求某种理想形式",而前者却"不要这种统一",②亦即完全没有统一性主题,而只是文字游戏。詹姆逊的界定是准确的,以现代主义文学中的意识流小说为例,尽管同样给人一种"碎片感",但意识流小说的宗旨在于通过表现人的心理真实的、非理性的世界的方式,反抗工业社会强加给人类的单一性心性结构;反观"新小说",无论是罗伯-格里耶对"物"世界的表现,还是克洛德·西蒙的"感觉写作",等等,无不是通过对一个个画面的拼接和语词的罗列,来构造一个失去深度内涵的能指世界。③

---

① 詹姆逊:《现实主义、现代主义、后现代主义》,载于《晚期资本主义的文化逻辑》,北京:三联书店 2003 年版,第 287 页。

② 詹姆逊:《现实主义、现代主义、后现代主义》,载于《晚期资本主义的文化逻辑》,北京:三联书店 2003 年版,第 292 页。

③ 关于"新小说"主要代表作家各自作品的特征,参见易晓明等:《西方现代主义小说导论》中"新小说"一章,开封:河南大学出版社 2009 年版。

詹姆逊认为,这种状况与核动力和计算机在跨国资本主义时期的社会生产中的主导作用有关。计算机技术在生产、生活世界的广泛应用,为现代人营造了虚拟性生产、生活活动空间,从而使人类能够在失去对历史现实的感知的情况下,将生产于历史不同阶段的文化意象补充在文化生产之中,"后现代是一个令许多截然不同的文化驱力(impulse)都集中于其中的力场",①然而这种意象本身承载的不同历史信息彼此之间却发生矛盾与碰撞,使得后现代文化整体表现出碎片化特征,恰如拉康所描述的"精神分裂"状态一般。因此在詹姆逊看来,后现代文学风格的深层表现,在于对历史感的极度削弱,以及对其他文化意象的一味地拼贴。然而,较之对前两个阶段的社会历史分析,詹姆逊似乎仍未能有效说明产生后现代文学的社会机制,以及核能和计算机的普遍使用所造成的后工业社会条件,如何必然性地催生了新小说的"去历史化"风格,有学者对此批评道:"虽然在历史的丧失、中心自我的解体、个体风格的减弱、模仿作品的盛行等方面,后现代主义的文化证据十分明显,无所不在,但是,詹姆森(詹姆逊)要具体说明后现代性的本质和方向却十分困难。"②当然,这与其说是詹姆逊个人批评的缺陷,倒毋宁说是后现代性、后现代主义自身具有难以把握的特点。

此外,詹姆还通过对录像文本的观察,对资本主义内部不同发展阶段的文化形态完成了进一步的符号学分析,其中,对社会指称物的考察依旧是其符号学分析的重要维度。③ 由此,詹姆逊以其特有的符号学理论,对西方社会、尤其是资本主义阶段的社会文化特质进行了细致的梳理与辨析,从而在历时性

---

① Fredric Jameson. *Postmordernism*, *or*, *The Cultrral Logic of late Capitalism*, Durham: Duke University Press, 1991, p. 6.

② 史蒂文·康纳:《后现代主义文化——当代理论导引》,严忠志译,北京:商务印书馆,2007 年版,第 66 页。

③ Fredric Jameson. "Reading without Interpretation: Post-modernism and the video-text", in *The Linguistics of Writing*, Ed. N. Fabb, D. Attridge, A. Durant and C. MacCabe. Manchester: Manchester University Press, 1987, pp. 219−223.

层面阐述了其观点独到的后现代主义文化理论。

综上所述,詹姆逊意识到了索绪尔符号学的价值,同时也以马克思主义者特有的历史唯物主义立场,觉察到其符号学传统的缺陷。因此,詹姆逊通过批判性接纳索绪尔符号学的方式,以历时性的认识论重新阐释了索绪尔符号学的共时性方法论,由此确立了索绪尔符号学批评的合法性。同时,在这种认识基础上,詹姆逊对一系列不同时代的文学、文化文本进行了历史唯物主义式的符号学分析实践,在彰显出马克思主义的基本方法及立场的同时,也在客观上表现出其符号学批评的社会学方法倾向。

第三编

社会文化的符号学批评

除文学批评外,文化社会学研究同样是马克思主义批评理论的研究重点。自 20 世纪 60 年代以来,马克思主义文化社会学家逐渐开始从符号学角度探讨资本主义社会文化的特征,及其对人类的异化作用。从列斐伏尔开始,法国马克思主义者将符号学作为探讨资本主义社会现代性的重要工具,同时,也将其视为资本主义文化批判的利器。同时,英国伯明翰学派则在中性的社会性研究的意义上,对本国的社会文化状况进行严密的符号学分析,也由此延续了法国马克思主义者符号学实践的对资本主义社会的考察活动。

第八章　意指形式演变与现代性批判：列斐伏尔的符号学观及实践

如前所述，在经历 20 世纪"文化转向"尤其是"五月风暴"之后，西方马克思主义的理论路径业已从传统的政治经济学批判，不同程度地转向了哲学及社会文化领域批判之中。在这一转型过程中，法国马克思主义社会学家及哲学家亨利·列斐伏尔（Henri Lefebvre），以其对现代社会日常生活及对社会空间形式的审视，都使其在马克思主义社会学批评领域内具有不可替代的重要性。值得注意的是，列斐伏尔首次将成熟的符号学运用于社会文化批判之中，在马克思主义文化社会学中开辟了符号学批判传统。

列斐伏尔发现，人类社会中的符号语义形式，逐渐由始于前现代时期富于情感及道德意味的"象征"转向了现代社会单义化的"符号"乃至"信号"，这种转型意味着现代社会中意义感知及交际内容的日渐贫乏，体现出人类精神领域的单向度趋势以及现代性缺陷。列斐伏尔正是通过对人类社会符号的语义形式嬗变的考察，对资本主义社会的现代性缺陷进行了严厉的批判，从而体现出西方马克思主义崭新的批判路径。

第一节　列斐伏尔之前马克思主义者对
语义类型及其关系的讨论

在符号学领域,"象征"(symbol)与"符号"(sign)间的关系,一直未能获得清晰界定。索绪尔从意指过程角度,提出两者的差异在于"理据性"与"任意性"间的区别,而皮尔斯则以 symbol 一词指涉索绪尔的 sign 层面的含义。这种略显含糊的界定方式,使得此后西方的人文社会科学界在其各自学科领域的一系列理论表述中,都未能清晰表达出对两者间关系与区别的认识。有学者通过对当代西方学界 symbol 一词的极为混乱使用方式,进行了清晰的梳理,并明确界定了两者各自的基本含义:sign 指"一个标志或字,习惯上作为某个对象、思想、功能、过程的符号",symbol 指"一物习俗上体现了、再现了、提醒了另一物,尤其是一种思想或品质"①,从而根据索绪尔的界定方式,对两者间的关系进行了更为明确的辨析和定义。两者都源于社会群体的约定俗成(conventional,即"习惯"、"习俗")作用,同时,其区别也受到包括某些马克思主义学者在内的诸多学者的重视,并被用于其分析之中。

除这两种类型外,"信号"(signal)亦常常被视为符号学的研究对象。对于这一符号学范畴,学界基本形成了较为一致的界定,认为信号是一种无需接收者的阐释活动而予以直接接受其信息的符号类型。符号学界常常援引苏联生理学家巴甫洛夫的神经学理论,认为对动物的刺激性指示正是典型的信号。例如,动物之间以气味、叫声、动作等为途径的信息传递方式。相对于前两种符号类型而言,信号的信息接收形式与之迥然相异。有学者认为,信号不属于严格意义上的符号学研究范畴,例如翁贝托·艾柯即提出:信号与符号的差异,在于信号不具有符号那样在约定俗成中指代其他事物的基本特征。② 信

---

① 转引自赵毅衡:《符号学原理与推演》,南京:南京大学出版社 2011 年版,第 197 页。

② See Umberto Eco. *A Theory of Semiotics*, Bloomington: Indiana University Press, 1979, p. 19.

号也因此被某些符号学者认为应当被排除出符号学研究领域。然而，信号却得到当代符号学界的广泛探讨，即便艾柯本人也认为信号应当获得符号学界的充分研究，尤其对于当代生物符号学（biosemiotics）领域而言，信号早已成为其基本研究论域。

值得注意的是，三种符号类型间的语义关系，以及由此体现出的现代社会交际方式的嬗变，得到包括马克思主义在内的西方人文社会科学的深入探讨。"符号学"（semiotics）这一称谓往往给人以"研究符号的学科"这一印象，从而造成错觉，认为符号学仅仅研究符号（"sign"）这一种类型，因此，本章将以"意指类型"来替代"符号类型"这一称谓。

罗兰·巴尔特通过梳理黑格尔、荣格（Carl Jung）、瓦龙（Henri Wallon）①及皮尔斯几位思想家的符号学观念，认为三种意指类型之间的区别主要体现为能指与所指间的理据性程度问题。② 同时，巴尔特援引瓦龙的观点，对其关系进行界定："在象征与符号这组彼此相对的概念里有着某种心理再现形式；另外，信号是直接性和存在性（existential）的"，同时，"对于象征而言，再现是类比性（analogical）和不充分（inadequate）的，反观符号，其关系则是非理据性（unmotivated）的和恰切的"。③ 这一论述，对诸多意指类型作出了心理学角度的一般性区分与界定：就不同的意指类型中各自两个因素（能指和所指）间的意指关系而言，信号的能指与所指之间不需以心理再现作为中介；符号的能指与所指之间依靠约定俗成；而象征的能指与所指间本身具有某种理据性。巴尔特的这种一般性界定虽然至为清晰，但对于马克思主义而言，却未能对三者各自的社会生成机制、相互之间的嬗变关系以及由交际范式所呈现出的现代社会历史意义进行深入探讨，而这正是马克思主义对待符号学问题的基本探讨方式。当然，在马克思主义传统中，对这一问题的探讨并非一蹴而就。

---

① 亨利·瓦龙（Henri Wallon，1879-1962），法国心理学家，深受马克思主义思想影响。

② See Roland Barthes. *Elements of Semiology*, New York：Hill and Wang，1964，pp. 35-39.

③ Roland Barthes. *Elements of Semiology*, New York：Hill and Wang，1964，p. 38.

　　对于巴赫金而言,尽管很少明确使用"信号"这一术语,但在不同著作中以不同术语为之命名①,并进行了一系列思考。巴赫金认为,信号与符号间的本质差异体现在,符号是承载着特定群体意识形态的产物,并能够根据意识形态之间的冲突与融合而发生相应的变化;然而,信号则是在信息发出者和接受者之间恒定的信息承载者,不受意识形态语境的影响,"在任何情况下,信号都与意识形态领域毫无关系;与它有关系的,是技术装置世界及泛义的生产设施"。②

　　另外,在关于"内部符号"和"外部符号"关系的论述上,巴赫金在事实上梳理出了两者间的关系。③ 巴赫金认为,"符号",是人类在社会生产实践过程中,由于沟通的需要,对属于个体的"内部符号"进行不断外化,并使之融合为某种普适性社会表意体系的产物。人类个体以各自个性化的内部符号形式表现其独特的个性意识,而由于这种内部符号以同一个体作为符号发出者和接受者,因此具有典型的信号属性;在个体间的交际过程中,不同内部符号经过沟通与交融过程,逐渐形成能够被社会群体共同使用的社会性符号,亦即实现被英国马克思主义者雷蒙德·威廉斯(Ramond Williams)称为符号"物质化"的约定俗成过程后,转变为"外部符号"——亦即一般意义的符号(sign)。同时,这种物质化符号,在其所传递的社会信息被个体接受时,必须通过内在过程,即个体通过个性化解码途径将其转换为内部符号,才能真正被个体所接受。可见,巴赫金通过人类个体及其社会交际属性的角度,辩证性地指明了信号与符号的区别。

　　延续巴赫金对内部符号和"物质"符号的区分思路,威廉斯由此指出符号所具有的社会属性:"符号具有社会属性,然而从符号的属性方面而言,符号

---

　　① See Susan Petrilli and Augusto Ponzio, *Semiotics Unbounded*, Toronto and Buffalo: University of Toronto Press, 2005, p. 157.

　　② Valentine Volosinov. *Marxim and The Philogophy of Language*, New York: Seminar Press, 1973, p. 68.

　　③ 巴赫金此处使用的表述,虽被英语学界译为"symbol",但并不等同于"象征"。

既可以受到内化……也可以通过社会的以及物质的途径在开放的交际过程中不断派上用场"①,可见,内部符号虽具有某种内在心理属性,却因人类的社会关系及交际活动而转变为公共性交际工具,这样,内部符号也因通过转换为外部符号(sign)的方式,而对社会生产及生活活动发挥重要作用。因此,"语言是时刻处于行动、变化状态的经验的言述(articulation);是对世界中社会在场性(presence)的充满勃勃动力生机的言述"。② 威廉斯在认识到符号沟通个体意识的功能后,进一步将符号界定为人类历史性社会活动的功能,由此彰显出符号的社会性及其与个体之间的关系性。正是由于这种认识基础,威廉斯否认符号的社会属性是索绪尔所界定的那种形而上学式的先验"系统",并进而否认个性化符号是这种统一性符号系统的延伸。在他看来,正是由于人类社会经验及社会语境时刻处于变动不居的状态,尤其是当不同社会阶层的意识形态之间发生冲突、对抗及交融时,社会群体便能够根据其特有的社会实践目的,在新的语境中对符号的表意活动进行相应改造和变更,从而使其在形式或内容层面发生质的变化,并由此产生新的符号。威廉斯借用巴赫金的概念,称这种新符号的生成机制为"复调性"。

由于具有复调性,符号与信号间产生了本质性差异。在具体社会活动中,信号所具有的信息单一性指向,使得社会成员在接受其传达的信息后,不会主观而能动地理解和阐释信号,而是机械被动地根据信号信息作出程式化反应及行为。与之相对,符号往往能够根据交际实践中语境的变化而产生相应的语义变动。威廉斯正是从信息接受者对表意的阐释性程度方面,对信号与符号作出了本质区别:"符号的特征不像信号仅仅具有固定、确定而永不变更的意义。符号一定拥有有效的中心意义,然而在实践中,它往往被用于各种各样

---

①　Raymond Williams. *Marxism and Literature*, Oxford: Oxford University Press, 1977, p. 41.

②　Raymond Williams. *Marxism and Literature*, Oxford: Oxford University Press, 1977, pp. 37-38.

的社会范畴之中,并对应着不可胜数的新环境。"①值得注意的是,威廉斯在界
定"信号"时,援引了巴甫洛夫的生理学认识,从而将人类之间的单向度交际
模式,与动物间基于外界刺激的本能性反应等同起来,由此多少淡化了关于信
号的人类社会属性维度的认识。

如前所述,关于信号的属性及功能,亚当·沙夫进行了更为细致的分析:
"一、信号的意义都是任意性(arbitrary)的,它在给定群体内依靠有效力的约
定俗成而得以确立;二、信号的目的都是为激发(或改变、或阻止)某种行动;
三、从信号与其意向性行动间的关联看,它的出现属于偶然现象"②,这种认识
推进了马克思主义理论对信号的认识:信号并非基于人与人之间交际行为的
刺激与反应;同时,信号的表意过程建立在特定群体内具有约定性基础上,并
由此发挥其在该群体内的实践性指令功能。

此外,匈牙利马克思主义哲学家阿格妮丝·赫勒(Agnes Heller),对符号、
信号的基本概念进行了界定,并对符号、信号与象征的关系进行了简略阐述。
赫勒同样认识到,符号与信号都具有约定性(conventionality),但符号的约定
性是在特定的社会群体内逐渐形成,而信号的社会化程度相对较低,更多的是
由个体之间以寻求交际的有效性而随意确定的。相对而言,象征指代的往往
不仅是某个单一概念或指令,而是一系列综合性价值:"象征不单单牵涉到意
义,它还牵涉价值或一系列综合性价值;它以语言或物质性形式,再现这些价
值综合性。"③象征往往是人类情感及伦理价值的承载者,是人类透射其审美
感性的物质性对象,因此,赫勒将具有象征功能的艺术品视为人类实践过程中
"属于自身的"类本质的对象化(species-essential objectivation)。这一观点,显
然借鉴了马克思关于美的本质的观点。马克思提出,人在劳动实践过程中,通
过这一过程而实现了精神的升华与超越:"劳动的对象是人的类生活的对

① Raymond Williams. *Marxism and Literature*, Oxford: Oxford University Press, 1977, p. 39.
② Adam Schaff. *Introduction to Semantics*, Oxford: Pergamon Press, 1962, p. 184.
③ Agnes Heller. *Everyday Life*, London and Boston: Routledge and Kegan Paul, 1984, p. 142.

象化：人不仅像在意识中那样在精神上使自己二重化，而且能动地、现实地使自己二重化，从而在他所创造的世界中直观自身。"①赫勒显然认为，象征正是人在劳动实践中所创造出来的，能够使人从中直观自身的精神形式，而这种表述也更为清晰地区分了象征与符号——尤其是信号之间的差异。

此外，德拉-沃尔佩关于科学语言的论述，实际也涉及对信号现象的探讨。总之，上述马克思主义者更多的是从科学认知意义上，界定了几种意指类型各自的基本特点和社会生成机制，在这一意义上，他们描绘出了人类历史社会中以意指类型为标志的社会文化景观。然而，上述几位马克思主义者并未从意指类型嬗变的角度，深入到对现代社会中具有的文化景观以及深藏其中的生产关系的考察和批判之中；或者说，在探讨意指类型及其转变现象时，并未表现出明显的社会批判指向。在这方面，列斐伏尔则通过对资本主义社会中意指类型的形式转换的考察，对这种转换过程深层的资本主义社会现代性缺陷进行了深入批判，由此拓展了马克思主义的社会批判路径。

第二节　列斐伏尔的现代性批判与意指类型划分

在马克思主义批评理论传统中，作为"西方马克思主义"的代表人物，列斐伏尔延续了法兰克福学派的现代社会批判意识，并将其延伸到现代社会日常生活领域之中。众所周知，与经典马克思主义将政治经济学作为核心论域不同，西方马克思主义将文化与哲学作为其主要研究领域，并往往体现出浓郁的人本主义认识维度，其中即包括对"现代性"问题的认识与阐释。在马克思主义传统中，学者们对现代化及现代性问题的价值判断往往显得审慎而具有辩证性，但对于"西方马克思主义"而言，对现代性问题的审视、反思及批判，

_____

① 马克思：《1844年经济学哲学手稿》，北京：人民出版社2000年版，第58页。

却一度成为评价现代社会的主要维度与方式,这在霍克海默、弗洛姆、马尔库塞与阿多诺等法兰克福学派成员的一系列论述中得到集中体现。在这些著述中,法兰克福学派成员描述了现代社会中工具理性对价值理性的撕裂与盘剥。其中,尤以马尔库塞的《单向度的人》《爱欲与文明》等著作最具代表性。这两部论著描述了资本主义社会制度对现代人思维及心理结构的强制规约以及由此导致的话语领域高度同一现象,并以此延伸了马克思对资本主义社会"异化"现象的探讨。

与法兰克福学派相似,列斐伏尔同样对资本主义社会文化进行了源自日常生活维度的批判。在其一系列著作中,列斐伏尔提出资本主义现代社会已经陷入某种"恐怖主义"(terrorism)状况,具体体现为:在现代社会中,经济、政治、文化乃至生活空间规划等诸多领域的去意义化、形式化特征。片面化的单义形式,成为现代社会日常生活的主要呈现方式,而社会生活所应当蕴藏的丰富内涵却被剥夺殆尽,从而导致现代人心理结构的僵化及生命体验意识的缺失。事实上,同法兰克福学派一样,这同样是列斐伏尔对"异化"现象的反思:"异化呈现出新的、更深的意义:它剥夺日常生活的权力,忽视其生产性和创造性的潜力……异化具体体现为,将物质的匮乏转化为精神的匮乏。"①对现代社会的"恐怖"形式的反思,成为列斐伏尔社会批判的重要维度,而其基于符号学维度的现代性反思,也正是建立在这一大的思想框架之中。

自启蒙运动时期开始,西方思想界便通过不同方式思考着"现代性"及其相关问题,即便对于马克思主义传统而言,对这一概念的阐述与界定也极为庞杂。例如,赫勒将马克思的现代性思想归纳为"动态扩张、工业化"、"理性化"、"功能主义"等八个方面②;本雅明借法国诗人波德莱尔的观念,认为现

---

① Henri Lefebvre. *Everyday Life in the Modern World*,New Brunswick and London:Transaction Publishers,1984, p. 33.

② 参见阿格尼斯·赫勒:《现代性理论》,李瑞华译,北京:商务印书馆2005年版,第52—55页。

代性集中体现为感知的瞬时性①；而哈贝马斯则从"公共领域"及"哲学话语"等诸多领域提出了现代性的未完成状态，并对现代性本身给予了深刻反思。当然，这里讨论的现代性主要指与政治经济领域现代化相适应的"启蒙现代性"。尽管如此，列斐伏尔则形成了其作为马克思主义者的独特的界定方式，"马克思在频繁运用'现代'一词时，将其界定为资产阶级、经济增长的兴起，以及资本主义的确立、资本主义政治的呈现"②，同时，他与本雅明一样援引了波德莱尔的观点，将"现代生活"定义为一种具有"短暂性"的无意识感知心理。显然，列斐伏尔是从"政治经济生活"和"现代人意识结构"的视角来对"现代"进行定义的。同时，从列斐伏尔的一系列表述来看，他所界定的"现代性"，意指与社会物质生产领域以及上层建筑等现代化相应的人类文化意识及其结构。③　人类符号活动的本质，体现为人类在社会生活——尤其是交际活动中对意义形式的制造、理解与接受，换言之，符号活动归根结底产生和作用于人类在交际过程中的心理活动。因此，符号活动是人类社会心理结构的基本体现形式。对现代社会而言，作为人类文化意识及结构的现代性，以特有的符号形式得以体现。因此，列斐伏尔便对现代性问题进行了符号学维度的探讨。

与前述诸多马克思主义者一样，列斐伏尔对"符号"和"信号"的关系问题有十分接近的见解和认识，同时，相对于阐述较为笼统的"象征"，列斐伏尔也以详细的例证予以了清晰的界定。在他看来，首先，"信号是仅仅指示一种单一意义的机制"④，它能够与指涉的事物临时结合在一起，却并不与事物发生

---

① 波德莱尔对现代性的理解，集中于《现代生活的画家》一文，载于《波德莱尔美学论文集》，郭宏安译，北京：人民文学出版社2008年版，第439—440页。

② Henri Lefevbre. *Introduction to Modernity*, London and New York：Verso,1995, p.169.

③ 此处关于列斐伏尔对"现代性"的总结，参考了尤西林关于"现代化"、"现代性"关系的阐述，详见尤西林：《人文科学与现代性》北京：新星出版社2013年版，第60—61页。

④ Henri Lefevbre. *Critique of Everyday Life*（Volume 2）, London and New York：Verso,2008, p.278.

必然性的意指关系;同时,信号最大的特点在于其社会生活的语用功能,"信号并不、或极少提供信息,它仅仅具有提示'阻止'或'同意'、'排除'或'允许'的功能"①,例如信号灯,仅仅具有提示"停车"、"准备"或"通行"的施动功能,而不指涉任何其他意义,亦即不具备符号意义的张力特征。列斐伏尔对信号的理解与沙夫较为接近,两人都认识到信号在现代社会人类交际及生产活动中所发挥的积极作用。但较之沙夫对信号的科学中立性认识,列斐伏尔则站在工具理性批判角度,对信号的单向意义对现代人心性结构的僵化过程提出控诉,对此后文将详细分析。

索绪尔将语言界定为符号系统,并将语言的意指过程视为"任意性"和"约定俗成"。在列斐伏尔看来,这两种特性正是"符号"的基本特质,或曰其典型形式便是语言、文字或话语(discourse)。符号的任意性,集中体现为人类特定群体对对象、概念的群体化规定过程,并以此不断形成覆盖整个人类社会的语言、话语等表意体系:"语言专横而十分必要地使用词汇来确认感觉和行动,并不断地消除模糊性和误解,使它们重新获得意义的明晰性。"②在巴尔特对"符号任意性"的界定基础上,列斐伏尔更强调"符号"整合特定群体内部关于对象概念的表意形式的"逻辑性"(logical)基础,亦即在符号体系内部,符号表意形式之间的协调性(coherence)。同时,"符号"这一概念也有这样一层隐含意义:群体成员以统一性表意形式——亦即语言、文字及其他话语方式来表征社会实践的方方面面,使得混沌的指称物世界通过诸多符号分节过程,逐渐形成庞大的意指体系,而这种体系内部的语法关系与自然世界及社会实践规律具有逻辑统一性。同时,由于自然世界及社会实践本身处于变动不居的发展状态之中,那么符号的表意形式自然同样处于一种相对开放而多元的状态,

---

① Henri Lefevbre. *Critique of Everyday Life* (Volume 2), London and New York: Verso, 2008, p. 279.

② Henri Lefevbre. *Critique of Everyday Life* (Volume 2), London and New York: Verso, 2008, p. 282.

而这正是符号与信号的本质区别。

与上述两种意指类型相比,"象征"的迥异之处在于,它能够被寄予和表达特定群体的某种统一的伦理、情感或思想因素:"象征,往往意指一种情感的投入品,一种感情充沛的事物(如恐惧、魅力等),这些情感能够在某个特定的区域内得到积淀,并因而在任何地方都能'代表'每个人的利益。"①与此前赫勒的界定一样,列斐伏尔认为象征的基本特质在于通过某种特殊意指形式,使特定群体对于某种情感因素进行储蓄、积淀,并以此维持、激发该群体的伦理秩序、文化生活乃至生产方式等。② 与德国哲学家卡西尔的观点相似③,列斐伏尔认为,原始先民时期的原始神话及相应的祭仪、图腾等前现代事物,蕴藏着特定社会群体的情感因素、道德准则及社会行为规范,是人类社会中象征的原初形态;在中世纪,象征往往通过各种建筑形式来表现基督教信仰价值④;即便在现代社会,象征在诸多社会群体中依然发挥着精神凝聚功能⑤。列斐伏尔显然认识到,尽管象征早在人类先民时期便已出现,并发挥着维护、凝聚群体意志及情感的功能,但这种功能并未随着历史的推进而消失,而是广泛地出现于人类历史长河的每一个阶段。

列斐伏尔认为三种意指类型的差异体现在:"象征彰显其自身的意义;符号以其能指指涉其所指;信号诱导出直接或延迟性的活动,一些具有积极性、情感性、性欲等特征的活动"⑥,"信号完全呈现和消逝于其自身功能范畴中;

① Henri Lefebvre. *The Production of Space*, Oxford: Blackwell Publishing, 1991, p. 141.

② 事实上,赫勒的《日常生活》(*Everyday Life*)一书深受列斐伏尔思想的影响。

③ 恩斯特·卡西尔在《人论》中提出"神话是情感思维的表现",并隐含地指出这种情感思维的"象征"属性。同时,他还在《国家的神话》中详尽梳理了神话象征在包括纳粹时期德国等现代社会体制中的具体形态及功能,详见卡西尔:《国家的神话》第三篇"二十世纪的神话",范进等译,北京:华夏出版社1990年版。

④ Henri Lefevre. *State*, *Space*, *World*: *Selected Essays*, Minneapolis and London: University of Minnesota Press, 2009, p. 231.

⑤ Deborah Stevenson. *Cities and Urban Cultures*, Maidenhead and Philadelphia: Open University Press, 2003, pp. 102-103.

⑥ Henri Lefebvre. *The Production of Space*, Oxford: Blackwell Publishing, 1991, p. 214.

符号(词汇)只有在符号群及其相互影响中才有其合理性……而象征则代表它自己,充盈着丰富的意义"。① 三种意指类型无不以各自不同的表意实践活动,再现着人类社会不同语境中的各项生产、交际活动的具体特征,并呈现出相应的语义模式。列斐伏尔敏锐地发现,西方社会自上古时期直至近、现代,其社会文化形态的转换、变迁过程,恰恰是通过由上述三种意指类型间的语义模式的嬗变而体现出来的:"象征的显赫地位,曾经持续许多世纪之久,它们源自自然,却暗含着特定的社会内涵(implications)。然而,在我们西方文明的最近几个阶段,尤其是在印刷术被发明后,从象征到作为符号的日益增强的书写词汇的权威间,存在明显的转换。如今,一种从符号到信号的进一步的转换即将产生——即便它暂时还未出现在我们眼前。"②列斐伏尔认为,象征与符号是集体意识及观念的体现,而信号则在人类个体的无意识领域发挥功能。当然,列斐伏尔也注意到了三者之间的辩证性关系,并指出:意指形式在不同历史阶段的嬗变,只能反映出各个时代文化符号的大致样态。值得注意的是,从象征、符号再到信号,三种意指类型在其语义的丰富性上,呈现出逐渐降低的趋势。莫里斯认为,"象征是由符号阐释者创造出来的符号,它和其他与之类似的符号彼此替换;不是象征的符号,是信号"③,这种说法虽有混淆"象征"与"符号"的概念之嫌,却从三种意指形式获得接受者的意义阐释的能力角度,解释了象征、符号与信号三者间的差异性。同时,在列斐伏尔所描述的西方乃至人类社会发展进程中,文化形态及相应引发的人类心理结构所处的这种嬗变过程,恰恰体现出意指类型的意义丰富性渐趋弱化的状况。

在前现代时期,象征以群体所投射于其中的感性认识、深挚情感和忠贞信念,为群体提供阐释世界意义的方式,以及生命与存在体验的形式与方法,并

---

① Henri Lefevbre. *Critique of Everyday Life* (Volume 2), London and New York: Verso, 2008, p. 284.

② Henri Lefebvre. *Everyday Life in the Modern World*, New Brunswick and London: Transaction Publishers, 1984, p. 62.

③ Charles Morris. *Signs, Language and Behavior*, New York: Geotge Braziller, INC., 1955, p. 25.

由此确立维系社群内伦理秩序及生产、生活活动的行为规范。同时如前所述，象征在现代社会同样发挥着精神凝聚作用。

关于语言文字——即"符号"或"话语"对人类社会的效用及影响，列斐伏尔同沙夫等人一样，一方面以中性价值取向，检视其对社会群体意识的表达功能；另一方面，列斐伏尔就象征与符号表意功能对社会的影响，进行了价值层面的比较与论述。列斐伏尔注意到，在作为西方思想源头的古希腊时期，思想、真理、或曰"逻各斯"往往以神话象征方式得到体现，然而"符号"（他并未区分符号是口头的还是文字的）的出现，却使得人类思想的表达方式产生了飞跃式的进步。然而，当科学理性成为时代的思想旋律，尤其是在马克斯·韦伯（Max Weber）宣告"祛魅"的时代来临之际，符号却逐渐消解并伪装成象征的模样，在人类历史的新阶段继续发挥着象征的社会作用。对于现代社会而言，人类往往不再通过充满神话、情感意味的象征而表达其思想，而是以逻辑性的语言—文字对之加以书写，并以语言文字的隐喻形式来言说种种观念和认识，并不断取消、替代着神话形象的隐喻性言说："象征和神话传说转变成了话语主题，这些主题从其古代的桎梏中解放出来"①，"符号开始大量繁殖（书写、书面数字等），它们无法与象征和平共处"。②

象征的作用逐渐被符号所替代，原因之一在于：作为媒介的象征品，在意义的社会性广泛传播方面弱于语言文字，也就是说，象征的符码的传达效率远低于语言符号。即便象征亦可通过现代声、光、电等诸多媒介而得到传播，但这些媒介设施也往往成为限制符码传播的障碍，因而使其符码传达效率远低于语言文字符号。在现代社会中，社会生产往往以缩短社会必要劳动时间为基本旨归，因此，生产的效率性以及由此引发的对缩短劳动时间的需求，逐渐

---

① Henri Lefevbre. *Critique of Everyday Life* (Volume 2), London and New York: Verso, 2008, p. 302.

② Henri Lefevbre. *Critique of Everyday Life* (Volume 2), London and New York: Verso, 2008, p. 303.

成为现代性的基本特征。这样,符号以其符码传达效率的优势而体现出了鲜明的现代性品质。

与诸多先哲相似,列斐伏尔追求以一种审美及诗性的情感态度和生活方式,使现代人从遵循工具理性的思维方式和生活中解放出来。就几种符号类型而言,由于象征保留着人类情感世界永久的诗性诉求,并承载着一个群体、民族乃至整个人类对自身生存境遇的情感性记忆,因此,诉诸富有情感及诗性的"象征",最有可能使现代人恢复诗意盎然的价值理性。然而在现代社会中,生产与生活领域中对效率的一味追求,致使社会交际过程中的意指活动日趋单一化,从而使得人类逐渐失去关于世界意义的主体性思虑,也便失去了对自身所处境遇及生命本真意义的存在主义反思,一如列斐伏尔所言:"瞧瞧那些试图取消戏剧性、象征性、去除意指效应的人们吧!……他们居然觉得自己能够一劳永逸地破解世间的神秘,靠一己之力而通达事物的本质。……失去了象征、没有了虚构,在这生活与生命之间,你我之间如何进行这残酷的对话?"①自19世纪始,包括埃德加·坡、华兹华斯(William Wordsworth)、济慈(John Keats)、达利(Salvador Dali)等诸多诗人、艺术家,都曾试图通过文学及其他艺术形式,以神话象征所蕴含的诗性浪漫因素来对抗以科学理性为主要特征的现代性思维,及其对人类日常生活的僵化效应。自20世纪后半叶起,在西方社会广泛兴起的"新世纪运动"(New Age Movement),亦是现代人借助前现代时期巫术性、神话性及情感性思维,祛除现代科学理性思维导致的存在焦虑的尝试。不难看出,列斐伏尔同样通过强调象征中情感因素的方式,从意指形式的语义角度,表达了使人类回归浪漫式诗性生存境遇,以及精神性的本真生活的期许,也由此体现出对现代性缺陷的深入反思。

遗憾的是,尽管在其《现代世界的日常生活》(*Everydaylife in Modern World*)中,列斐伏尔对"书写"(writing)对于现代社会生活的形式化立法的负

---

① Henri Lefevbre. *Introduction to Modernity*, London and New York: Verso, 1995, p. 100.

面效应进行了反思,但在此处,列斐伏尔将同为"符号"的口头文字与书面文字等同视之,也便未能厘清两者在表达社会意识、情感方面的区别。同时,在对现代社会中符号取代象征的态势进行审视和描述时,列斐伏尔仅仅从简单的价值判断角度发出了一声惜叹,却似乎未能深入阐述符号取代象征的过程体现出怎样的现代性缺陷。事实上,加拿大思想家马歇尔·麦克卢汉(Marshall Mcluhan)的某些相关论述,可以合乎逻辑地弥补列斐伏尔的这一论证缺憾。

　　德里达曾提出,在西方漫长的文明历史中,口头语言传统长期压制着书面语言——亦即文字,使其无法有效地传达人类思想和理念。然而,麦克卢汉却通过对这一问题的审视,得出了十分重要的结论。在界定口头语言和书面文字在表达社会群体的整体思维、观念时,麦克卢汉曾援引学者凯洛泽斯(J.C. Carothers)的论著,并表达了如下观点:口头语言诉诸听觉的特质,其作为符号的意指过程具有明显的开放性特征,人类群体在以口头符号交际的过程中,往往更容易将自身的主体性的情感及见解渗入其解码过程——亦即对符号意义的阐释之中。因此,口头符号在群体生活中更容易表达诸多个体"魔法"(magical)般的自由情感;然而,一旦诉诸听觉的口头语言转向诉诸视觉的文字符号后,"只有当语言词汇被书写下来、并进一步被印制成文字时,语言才呈现出这一幕:它步入了失去其魔力与缺陷的阶段"。① 西方思想史上哲人们始终承认,视觉与其他感官方式相比,具有认知功能方面的优势。例如,德国美学家莱辛曾提出,听觉艺术在情感性和想象性的表现方面,相对于视觉艺术具有功能性优势;而 19 世纪尼采所界定的"酒神精神"与"日神精神",在很大程度上同样建立在对这两种诉诸不同感官的艺术形式分别具有的审美效应的认识基础上。可见,虽然同属于"符号"体系,但视觉符号相对于听觉符号,在

---

① Quoted form Marshall McLuhan. *The Gutenberg Galaxy: the Making of Typographic Man*, Toronto: University of Toronto Press, 1962, p. 19.此处参考了麦克卢汉《古登堡星汉璀璨:印刷文明的诞生》,杨晨光译,北京:北京理工大学出版社 2014 年版,第 81—83 页。

符码的传达功能上更具有效性与深刻性。麦克卢汉由此提出：口头文字对社会群体的意义传达而言，其符号往往具备一种充满鲜活情感因素的"自然力"（natural forces）；而书面文字则由于过分固化了社会群体关于对象的意义理解行为，因此限制了个体对意义的鲜活的感知能力。然而，"西方人在时空关系的形成问题上，过于取决于视觉因素，没有这种视觉因素便不至于形成这种关于因果关系的机械感受"①，对视觉性书面文字的依赖，成为西方人社会感知形式的重要特征，而这也使其生活在很大程度上失去了口头文字所带来的情感性因素。

从列斐伏尔的整体论述框架来看，麦克卢汉的这种描述与其反思现代性的符号学维度具有逻辑的一致性，麦克卢汉从功能角度对"符号"的划分，是对列斐伏尔关于"符号"问题的薄弱阐述的补充。很明显，虽然同被界定为"符号"，但"口头文字"具有象征的群体性情感表征作用，而"书面文字"则不仅消解了这种作用，而且使西方人将群体性的表意活动固定化、模式化，从而失去了"象征"的情感性自由表达权利。由此可知，在关于"符号"的价值判断上，麦克卢汉与列斐伏尔的立场大致相似。值得注意的是，虽然列斐伏尔并未直接就符号与象征的社会历史效应进行价值立场的比较，或者说未因符号对象征的意义固化现象进行批判性阐述，但对于作为"符号"的书面文字为现代社会所带来的形式化效应，却有着深入的反思。列斐伏尔认为，现代社会科层制度中诸多领域运行规则的确立，是以一种高度僵化的形式化立法形式，规约乃至匡范着现代人在生产、生活领域的思维、言语及行动，从而导致现代人在此种生活条件下引发沉重的生存焦虑。列斐伏尔称这种立法形式为"书写"，显然，对"书写"现象的相关阐述，隐含地表现出列斐伏尔对"符号"的现代性反思。

然而，列斐伏尔最为关切的，是现代社会文化体系的"信号"化状况。他

---

① Marshall McLuhan. *The Gutenberg Galaxy: the Making of Typographic Man*, Toronto: University of Toronto Press, 1962, p. 20.

清醒地认识到，信号对现代人感知能力的支配，与现代工业化、技术化生产广泛兴起的社会状况相关。在这样的整体历史背景下，诚如上文所述，对社会生产时间的压缩及对效率的最大追求，成为现代化社会的基本特征。因此，在具体的生产、生活行为过程中，人际信息沟通的有效性的要求，便被提升到人类历史上无与伦比的地步。列斐伏尔曾在多部著作中援引"信号灯"的例子：信号灯以"红灯"、"绿灯"两种颜色命令人们"停止"、"前行"，除此之外，别无其他意义功能。社会中的诸多信号形式，无不发挥着信号灯一般的功能：向社会成员传达"允许"和"禁止"单向信息，指定、组织和约束着社会人员的行动方式。当然，在列斐伏尔看来，信号的范围决不简单地体现为信号灯，同时，所有源于现代科学技术理性的、能够窄化人类思维及意识的单义系统，都归根结底是信号的体现。信号业已侵入现代社会日常生活的方方面面，影响着现代人的生产及生活方式，同时，也撕裂、形塑和禁锢着现代人对鲜活生命的体验与感知；更为危险的是，信号还以破坏并取代象征的方式，消解人类存问生命价值的意识及能力：

> 通过强化"人类"（beings）或"事物"的直接、基本的在场的方式，象征体系（symbolisms）复制了它们的存在（existence）感。神父（the Father）具有强大的感召力，代表世间的规律，既神圣而又充满人间意味。太阳对于每个人而言，代表他们生机盎然的生命。①

卡西尔曾这样界定信号与象征的差异："信号与象征属于两个截然不同的话语体系：信号是存在的物理性世界的组成部分，而象征是人类意义世界的一分子。"②信号与象征，体现出动物的刺激性生存本能，与人类的智慧与灵性之间的本质区别。在卡西尔看来，人类一旦失去象征对心灵世界的升华与引

---

① Henri Lefevbre, *Critique of Everyday Life* (Volume 2), London and New York: Verso, 2008, p. 301.

② Ernst Cassirer. *An Essay on Man: An Introduction to a Philosophy of Human Culture*, New Haven: Yale University Press, 1944, p. 51.

导,其行为举止便会退化至动物般为维持基本生存而进行的生理性本能反应之中:"一旦失去象征体系(symbolism)……人类生命将被局限于在他的生理性需求和现实利益的狭小圈子里;也便无法寻求指向'理想性世界'的路径,而这个世界以宗教、艺术、哲学及科学等不同维度,向人类敞开大门。"①与之相似,列斐伏尔同样意识到现代社会语义域中象征被信号彻底取代的恶果。尽管象征依然广泛存在于现代日常生活中,但在现代社会中,建基于科学理性的单义化语言系统业已开始侵蚀人类的思维与情感世界,并消解着充盈于象征之中的丰沛情感意义。信号的单义特质,使人类的社会交际方式退化到类似于动物的交际水平,并在这种僵化的社会生活模式中,被剥夺了对象征的超验性和神圣性的玄想冥思与审美追求,也因此失去了对人类存在意义的价值性反思能力。因此,在现代社会中,从象征向符号、尤其是信号的转换,是人类思维与意识指向无意识的渐次倒退,是建构"意义"世界的努力逐渐衰落的过程,也相应地呈现出现代性自身的缺陷。相对于充满着象征精神的前现代时期而言,符号——尤其是信号在现代世界的泛滥,标志着人类所生存的人文环境的没落趋势。

第三节　现代社会的"形式化"特征

在其他论述中,列斐伏尔对现代社会的符号化特征同样采取了反思、批判性态度,而社会所展示出的符号样态的多样性,也决定了列斐伏尔社会文化批判符号学方法维度的多元。例如在分析马克思的商品交换理论时,列斐伏尔便依据马克思的观点,从符号角度界定了商品的基本交换属性。② 但如前所

① Ernst Cassirer. *An Essay on Man*:*An Introduction to a Philosophy of Human Culture*,New Haven:Yale University Press,1944, p. 62.

② Henri Lefevbre. *The Sociology of Marx*, New York: Columbia University Press, 1982, pp. 73-74.

述,对现代社会呈现出的形式化特征的批判,是其著述最为主要的方面。

事实上,在上述列斐伏尔对社会信号化的社会特征的描述当中,业已呈现出其对现代社会景观的担忧:人类直觉感官过度膨胀,以及相应的对意义感知的消解。在列斐伏尔看来,造成这种社会状况的缘由,在于科层体制对社会诸多领域运作的规范化及限制性。

"元语言"(metalanguage)这一概念源于语言学,其原初内涵极为复杂。从语言学的一般角度讲,元语言可被概括为"描述语言的语言"或"阐释语言的语言"两种。然而,当这一概念作为符号学术语,被用于对社会文化的分析中时,其内涵便相应地发生了变化。巴尔特将"元语言"界定为:"每个元语言都是一个系统,它的内容层(plane of content)自身由一个意指系统(signifying system)构成;换言之,元语言是一种应对符号学的符号学。"①在列斐伏尔的社会性阐述中,"元语言"则具有另一层含义:对社会生产——尤其是文化生产具有决定论作用的意义规范。列斐伏尔并未阐明前现代时期的"元语言"是什么,而是直接提出:"语言"(language)业已成为现代社会真正的元语言,但事实上,"元语言"指对社会不同领域语言及符号的生成具有控制作用的符号集合。在不同语境中,列斐伏尔对其"元语言"的内涵实际上做了十分灵活的界定。

这种貌似并不符合唯物主义原理的描述,实际却蕴含着列斐伏尔对现代社会的基本考察方式。符号,作为人类对世界的感知的内在体系化产物,必然以现实世界的物质性为基础属性;换言之,"指称物"(referent)②,亦即符号在现实世界所对应的客体实存,应当是符号得以生成的物质基础和逻辑动因。这里,有必要界定指称物自身的不同范畴。莫里斯曾提出,指称物应当具有

---

① 巴尔特:《符号学原理》,李幼蒸译,中国人民大学出版社 2008 年版,第 69 页。Roland Barthes. *Elements of Semiology*, New York:Hill and Wang, 1964, p. 90.引文根据英文版做了改动。

② 列斐伏尔《现代世界中的日常生活》(*Everyday Life in the Modern World*)一书的英文版中,译者将这一概念表述为"the referentials"。

"表征项"(designatum)和"虚拟项"(denotatum)两种形式,其中,后者指"作为被指称的事物,指称对象在其实际存在的地方是一个虚拟项"①,换言之,这种指称物形式存在于符号所指涉的世界中。必须指出的是,在莫里斯的界定中,指称物并非完全是物理世界的客观实存。

在某种程度上,列斐伏尔继承了莫里斯对指称物的界定。在他的理论表述中,"指称物"不仅指符号对应的现实世界的实存,同时,也指在这种实存的认识基础上所形成的意识形态。当然,列斐伏尔主要是将作为客观社会现实的指称物,视为考察社会文化变动的基准。据他观察,"一百年前,社会语境中的词和句子建立在可靠的指称物基础上,这些指称物连贯地联系在一起",同时,"这些指称物形成了逻辑的、众所周知的联合体,这种联合体源于对物质性的感知、对自然的观念、历史记忆、城市、环境,以及被普遍接受的伦理和美学观念"。② 可见,指称物在为社会符号体系提供现实基础的过程中或曰在社会语言符号体系的形成中发挥作用时,成为使符号体系具备逻辑性与功能性的物质性保证。显然,列斐伏尔这种基于其唯物主义观念的立场,与巴赫金的观点极为一致,而这也是指称物被列斐伏尔视为本来所应该具有的"元语言"地位。

同时列斐伏尔也发现,大约从 20 世纪初开始,符号体系的指称物基础发生一系列裂变:"大约从 1905 年至 1910 年开始,在科学、技术以及社会变化等各种压力下,指称物彼此之间逐一断裂。共存感(common sense)和理性间彼此失去联系,并最终分崩离析;绝对现实的'共存感'观念消失了,功能性、技术性客体取代了传统客体,同时,可感可知的'真实'世界,也被'四通八达'的

---

① Charles Morris. *Foundations of the Theory of Signs*, Chicago and Illinois: The University of Chicago Press, 1938, p. 5.

② Henri Lefebvre. *Everyday Life in the Modern World*, New Brunswick and London: Transaction Publishers, 1984, p. 111.

现实感知所取代"。① 此处的"共存感",当指人类对现实世界的普遍性感知方式和接受效果。在前现代时期,这种对世界的感知大多基于人类基本感知能力,因此不存在过多差异。然而,现代社会的诸多因素——尤其是科学技术所促成的现代通信、传播产业的发达,改变了人类对社会世界的感知方式及效果。因此,人类的符号生产活动,不再依赖于可感可知的指称物,而是建立在对由科学技术制造的诸多幻象的基础上。在这种情况下,人类的知识体系不再遵循对实物的直觉、知觉和形成概念的过程,而是直接源自对这种幻象的认识,而这种失去了指称物基础的符号幻象体系,便也成为人类的知识来源。"客体在实践中变成了符号,符号反之成了客体;'第二自然'取代了'第一自然',亦即可感知的现实这一最重要的层面。"②造成这种现状的原因,在于作为"元语言"的指称物业已失去了作为符号基础的稳定位置,致使符号意指过程同样失去其稳定性,亦即能指与所指的关联不再依赖社会现实,而是现代科技所营造出来的幻景。这与法国社会学家居伊·德波(Guy Debord)的描述极为接近:"生活诸多层面的景观被分裂出来,被汇聚为一条普通的溪流,生活此前所具有的整体形态由此便一去不返。"③值得注意的是,列斐伏尔对社会文化景观的这种描述和分析,对其弟子波德里亚对现代社会文化的进一步批判工作,有着直接影响。

包括现代科技在内的诸多因素,对指称物具有致命性的消解作用。在这种状况下,人类的言语活动(language)则成为符号表意过程的"指称物",在语言的操纵下,能指和所指的结合方式摆脱了社会规约性(conventional)特征,而成为极其随意的表意活动。以绘画领域为例,列斐伏尔描述道:"自1910年

① Henri Lefebvre. *Everyday Life in the Modern World*, New Brunswick and London: Transaction Publishers, 1984, p. 112.

② Henri Lefebvre. *Everyday Life in the Modern World*, New Brunswick and London: Transaction Publishers, 1984, p. 113.

③ Guy Debord. *The Society of Spectacle*, New York: Zone Books, 1994, p. 12.

开始,绘画和音乐印证了这一理论。在画家之间产生了一次分裂,一个学派(中欧地区)将首要位置赋予所指,由绘画观赏者赋予其能指(如果他具备这种能力);同时,巴黎的另一个学派却强调能指的地位,而让观赏者赋予能指以所指——这就是立体学派(毕加索、巴洛克艺术等)。"①可见,在社会文化的诸多领域中,能指和所指之间产生了极为严重的分裂状况,在列斐伏尔看来,其原因恰在于绘画内容所指涉的指称物早已消失殆尽。一如意大利马克思主义哲学家奈格里(Antonio Negri)所言,现代艺术早已失去了作为真实(le réel)的表现对象,"不再作为自然,而是作为一种人造的产品"。② 同时,作为新的"元语言"的语言——亦即画家们对画作内容与形式/能指与所指关系的确定方式的随意规定——则发挥作用:它以极为个性的姿态指挥着艺术品符号的表意过程,从而使其具备了明显的去历史化特征。

显然,列斐伏尔所界定的"语言",是一种对意义表征途径的方式规定。在更多的地方,语言以"书写"形式出现。所谓"书写",指通过书面文字形式对社会不同生产及生活领域的形式化立法或规约。受列斐伏尔影响的赫勒,更多地强调了书写符号在现代社会中发挥的重要交际作用③,而列斐伏尔却从负面角度,认识到书写对现代社会生活的形式化效应:"书写模仿言谈(speech),其目的在于使其纯净化,或者使其尽可能被去除","书写沿着言语的轨道发挥功能,而意义则全然消失。它将意义的固定性、比喻性、类比性和封闭性消解殆尽。"④此处,列斐伏尔强调作为元语言的"语言"或"书写",对社会意义的窄化。然而更为严重的是,"书写"作为社会诸领域规范制度化的

---

① Henri Lefebvre. *Everyday Life in the Modern World*, New Brunswick and London: Transaction Publishers, 1984, p. 113.

② 安东尼奥·奈格里:《艺术与诸众:论艺术的九封信》(作者前言),尉光吉译,重庆:重庆大学出版社 2016 年版,第 xv 页。

③ Agnes Heller. *Everyday Life*, London and Boston: Routledge and Kegan Paul, 1984, p. 164.

④ Henri Lefebvre. *Everyday Life in the Modern World*, New Brunswick and London: Transaction Publishers, 1984, p. 10.

途径,使得社会领域同样体现出意义的单向维度:"书写物(written word)作为替代品的首要体现,进入社会领域,通过组织的方式,使创造性和各种活动被固化","书写活动(written matter)取代指称物,成为社会活动的元语言"。①在这种社会状况下,书写作为社会诸多领域的行动规范,为其制定一系列规定性措施;社会领域为书写马首是瞻,不敢越雷池一步。在列斐伏尔看来,这种状况恰恰符合马尔库塞所描述的现代人"单向度"的生存境遇:"一个建立在书写和被写基础上的社会,倾向于恐怖主义,因为意识形态已将书写传统阐释为恐吓式的说服。"②书写不仅规定了现代社会生产、生活领域中人类的行动规范,同时,也固化了人类的情感、思维方式及心理结构。于是,作为"元语言"的书写,便显示出其现代性的弊端。

第四节　"恐怖主义社会"与"消费受控科层制"

如上所述,列斐伏尔提出了"恐怖主义"(terrorism)这样一个令人惊异的概念,用以形容现代社会窄化意义向度的形式主义特征。这种恐怖主义,广泛渗透于现代人的生活感知之中,且尤其体现于现代社会的诸多文化层面,而其本质,则体现为"形式主义"对社会生活的全面立法和宰制,一如列斐伏尔所言:"科层制倾向于……从书写文字中建立起一系列权力技术、知识、理性"③,也就是说,社会各个领域的立法形式、制度形式往往呈现出所指化和形式主义化特征,促使社会领域显现出社会意义与价值中空、虚无的状态。

---

① Henri Lefebvre. *Everyday Life in the Modern World*, New Brunswick and London: Transaction Publishers, 1984, p. 155.

② Henri Lefebvre. *Everyday Life in the Modern World*, New Brunswick and London: Transaction Publishers, 1984, p. 156.

③ Henri Lefebvre. *Everyday Life in the Modern World*, New Brunswick and London: Transaction Publishers, 1984, p. 159.

　　"为艺术而艺术"（arts for arts）这一口号，本是 19 世纪末期以来，西方先锋艺术家所普遍奉行的创作准则。这一准则将艺术的自律性原则拔高到无以复加的地步，认为艺术创作应当将审美因素，亦即艺术形式本身视为第一要务，同时，应当消解伦理、道德等思想因素在艺术创作过程中的体现。这种艺术观念强调艺术自身的价值规律，本有其自身的逻辑性及合理性，然而及至 20 世纪，"为艺术而艺术"的口号作为艺术创作领域的元语言，使得艺术呈现出纯然形式化的创作状态。正如上文所提及的巴黎立体画派所展示的，画作的所指，亦即思想内容几乎完全被忽视，而仅仅具有神秘而略显空洞的线条形式。或许这种创作原则一如某些学者所言，体现出作家、艺术家与资本主义庸俗艺术的断裂，但毋庸置疑，在某种程度上，它亦体现出去历史化、去思想深度模式的立场，本书对这种艺术思潮不拟做价值探讨。然而必须指出的是，"为艺术而艺术"的形式化原则，渗透至社会中一系列不同领域，"在宗教、哲学、司法、经济甚至逻辑或城市、城市主义的建构和创立过程中，相同的元语言方法同样贯穿于其中"①，形式主义成为上层建筑在发挥社会效应时体现出的主要方面，而其中所应有的丰富的意义维度则完全被摒弃。这种状况在当代社会中极为明显，以现代城市规划为例，列斐伏尔认为，在现代城市对时、空间的规划方面，业已呈现出意义空无的"零度"（degree zero）②状态。众所周知，"零度"这一概念最早由罗兰·巴尔特提出，意指作品中排斥作家情感、态度的介入，呈现出价值的中立状态。列斐伏尔在社会文化批判的意义上，为这一概念赋予了新的内涵，以此描述社会诸多领域中符号意义的单一化、缺失化和价值的中立化趋向："形式将自己与内容（content）或者毋宁说是不同内容（contents）彼此割裂。通过这种对内容的摆脱，形式更加纯粹而透明"，同时，

---

　　① Henri Lefebvre. *Everyday Life in the Modern World*, New Brunswick and London：Transaction Publishers，1984， p. 168.
　　② 《现代世界的日常生活》（*Everyday Life in the Modern World*）一书的英译者将"零度"译为"zero point"，严格地讲并不准确。

"形式的纯粹性使其失去了存在性。它不具有真实性"。①

　　此处,列斐伏尔再次表达出其卢梭式的浪漫主义自然观:"自然,是一种诗性符号的空间。……然而,人们知道,自然同样被加工、塑造和改变了,它是一个更大规模的行为的产品,……也是人类的作品。"②自然空间在人类的经济及政治等诉求下,受到人类的刻意规划和重新建构,从而获得了以人类的利益和旨趣为旨归和标准的空间功能,然而,这种全新的空间整合,也使空间在意义的丰富方面,远离了自然空间的诗性意义:"在客体(功能性客体已然被四分五裂,并被通过对这些撕裂的元素的安排和整合,得到了重新的规划)、空间(空间以陈列的方式示人……)和社会需求中,无不存在着语言的零度。同样的现象也存在于时间之中:时间被规划和组织,其基础在于预先存在的空间,在这些空间中,制造者什么也没有为它赋予。"③在这种情况下,人类只能在使用空间时,尽可能以自己的情感或思维等主观符号来填充这些空间④,这便是列斐伏尔最为担忧的"透明"(transparency)状况。作为符号学术语,"透明"指符号意指过程具有强烈的理据性,这也便决定了符号意义的单一性,亦即具备了前文所述的"信号"属性。这种信号化的社会规划形式,尽管传达了某种特定的社会意义,却阻碍了人类应有的诗性精神的存在以及交际过程中应当呈现出的丰富的精神价值,并从某种程度上,暴露出现代人精神世界的贫瘠状况:"一切似乎都是可交流的,因为一切都富于理性和真实性;但实际上,不存在什么可交流的东西!"⑤

　　① Henri Lefebvre. *Writings on Cities*,Oxford:Blackwell,1996, p. 134.
　　② 亨利·列斐伏尔:《空间与政治》,李春译,上海:上海人民出版社2008年版,第49—50页。
　　③ Henri Lefebvre. *Everyday Life in the Modern World*,New Brunswick and London:Transaction Publishers,1984, p. 184.
　　④ 参见亨利·列斐伏尔:《空间与政治》,李春译,上海:上海人民出版社2008年版,第35页。
　　⑤ Henri Lefebvre. *Everyday Life in the Modern World*,New Brunswick and London:Transaction Publishers,1984, p. 184.

正是由于这种原因,列斐伏尔对充溢着意义韵味的法国民俗十分喜爱,尤其对法国的乡村节日情有独钟。在研究拉伯雷的著作中,列斐伏尔表达了对中世纪狂欢节上人们恣意狂欢的欣赏。在狂欢节上,人们在打闹嬉戏之间,形成了情感和意义的多元交流方式,从而实现了精神的共融。有学者认为,尽管列斐伏尔在撰写这部著作时,尚无读到巴赫金《拉伯雷与他的世界》一书的机会,但他对乡村节日的浪漫书写,以及对现代社会中人类丰富的精神交流的向往,与巴赫金的观点及立场十分契合。①

在列斐伏尔的表述中,"科层制"(bureaucraticy)这一概念有别于马克斯·韦伯的界定。韦伯借这一概念,描述出资本主义社会的诸多领域形成了严格遵循科学规划原则的运行规律这一特征,而列斐伏尔则发展了这种观点,认为 20 世纪以来西方资本主义社会陷入了某种"消费受控科层制社会"(The Bureaucratic Society of Controlled Consumption)的状态。在他看来,资产阶级不仅能够通过严格的科学规律规划出生产、生活领域的各项运行措施,同时,还以同样的方式,控制消费者的商品消费心理及取向。此处,必须谈及列斐伏尔从符号学维度对商品社会的基本认识。尽管列斐伏尔在一系列著作中,对以列维-斯特劳斯为代表的结构主义思潮提出严厉批评,然而却吊诡地对结构主义的一系列术语及方法进行了某种程度的运用。

结构主义符号学理论关于符号的表意过程机制的思想,主要体现为在系统差异性原则下符号之间的对立。在列斐伏尔的商品考察中,现代社会的商品体系同样呈现出符号系统化的态势。众所周知,列斐伏尔的学生让·波德里亚曾构建起关于商品社会的符号学体系,事实上,这种构建方法最初来自列斐伏尔。在列斐伏尔看来,由现代社会物质生产水平的提高所带来的商品丰裕状况,使商品价值由此前的使用价值转换为符号价值,也就是说,商品的价值不再体现为其物质有用性,而是通过彼此之间的差异而得以显现。尽管列

---

① See Andy Merrifield. *Henri Lefebvre: A Critical Introduction*, New York and London: Routledge, 2006, pp. 16–17.

斐伏尔曾对列维-斯特劳斯等人的结构主义方法大加抨击,但这种对结构主义差异性原则的运用,却极为明显。当然,列斐伏尔也悬置了结构主义最为重要的"结构"概念,也就是说,未能体现出"结构"对差异性的整体控制与协调作用。事实上,后世诸多学者往往以结构主义的差异性原则来阐释马克思的货币体系理论,却同样刻意避开了"结构"的环节。在这一点上,他们对结构主义方法的灵活运用,显然与列斐伏尔十分相似。

列斐伏尔认识到,现代商品社会在消费受控的科层制的控制下,更多地通过商品符号价值的生产来实现利润增殖。商品符号体系也会在诸多不同商品类型内产生某些"亚体系"(sub-system),亦即由具体的某类商品所构成的符号体系。列斐伏尔以汽车商品为例来阐明这种现象。在汽车商品所形成的亚体系中,汽车的使用价值,包括速度、耗油量等逐渐退居其次,取而代之的,是汽车彼此之间的比较过程中所呈现出的符号价值。[①] 列斐伏尔正是通过符号学方式,认识到消费受控科层社会中商品的符号化特征的。

当然,资本主义社会的商品符号化特征,还体现在其他领域。以"时尚"领域为例。列斐伏尔认为,"时尚"因素的兴起与元语言相关。时尚,意味着生活风尚的快速变革,在现代社会,时尚成为商品消费的重要因素。同时,列斐伏尔将"消费受控科层社会制"界定为资本主义社会中控制大众消费的现代科层体制,这种体制规定下的消费品正是"元语言"。在其作用下,时尚符号与前述现代艺术一样,呈现出能指与所指的分裂状态。这样,年轻人在消费"时尚"符号时便相应体现出如下态势:"真实的年轻的主体(hypostasis),使年轻人使用存在着的象征化(symbolizations),去消费快乐、色情、权力和宇宙的象征,其方式是通过被精心构建起来的元语言——例如歌曲、报纸文章、宣传片等的作用。……在这种境况下,青年人通过强调舞蹈中的'幻觉'(trances)、'狂喜'(ecstasies)情绪来表达、弥补这种日常生活",其具体产生机

---

① See Henri Lefebvre. *Everyday Life in the Modern World*, New Brunswick and London:Transaction Publishers,1984, pp. 102-103.

制体现为,"被空洞的能指所占用的,正是年轻本身,即年轻的实质。年轻特质(youthfulness),被意指某些其他事物的能指所意指,这些东西包括突然的快乐、愉悦、餍足,因为它已经肯定了这种状态下对象征的消费"。① 年轻人为了躲避现实生活中的困苦与彷徨,而一味地沉迷于这种状态下,任由元语言所制造的诸多空洞的能指,使其在狂喜的氛围中,将自己的快适情绪作为所指随意填充进去。这种空洞的能指犹如鸦片一般,使青年陶醉其中,同时却使其在很大程度上忽视了对实际物品的消费。

可见,列斐伏尔所致力批判的,是资本主义社会科层制所引发的现代性缺陷。资本主义社会在生产领域内所具有的高度规约化特征,使得现代生产模式和生活方式逐渐体现出意义的单一化特征;而更令人忧心的是,现代人在生产、生活过程中逐渐形成了与之相应的僵化的心理结构,使其对世界的阐释方式同样体现出单向度趋势,而失去人性中所不可或缺的意义的诗性阐释品格。列斐伏尔通过一系列符号学术语,形象地描述出了现代性的这种缺憾。鉴于对资本主义社会特定历史状况的考察,列斐伏尔提出"文化革命"的观念。他正是希望通过哲学方法,改良文化、艺术所具有的理念价值,并以此改善现代人的精神状况乃至现实经验,"这种革命并不纯然以'文化'为目的,它旨在引导面向经验、面向日常生活转型的文化"②,并以艺术所应有的诗性盎然的品格,达到实现现代人精神救赎的目的。列斐伏尔所提出的这种通过艺术实现精神救赎的途径,虽在叔本华乃至更早的西方先哲们的论著中不难发现些许痕迹,但对20世纪西方社会而言,其意义则显得更为重要:它十分鲜明地提出了以"革命浪漫主义"精神使现代人真正从资本主义生产方式的"异化"效应

---

① Henri Lefebvre, *Everyday Life in the Modern World*, New Brunswick and London: Transaction Publishers, 1984, p. 171.

② Henri Lefebvre, *Everyday Life in the Modern World*, New Brunswick and London: Transaction Publishers, 1984, p. 204.

中实现解脱,并由此实现个人的人生理想的社会学方式。① 同时,列斐伏尔始终从马克思主义角度出发,将资本主义社会条件作为分析文化领域的基础,这与包括波德里亚在内的后马克思主义者割裂上层建筑与经济基础的立场及倾向截然不同。列斐伏尔基于马克思主义理论所发起的这种社会文化批判,也是对马克思主义批评理论的极大丰富与发展。

---

① 详见亨利·列斐伏尔:《向着革命浪漫主义前进》,丁世中译,载于陆梅林选编:《西方马克思主义美学文选》,桂林:漓江出版社1988年版。

第九章　消费文化与媒介景观批判：
波德里亚的符号学实践

与法国 20 世纪 50、60 年代的多数学者一样，法国哲学家、社会学家让·波德里亚在相当程度上接受了马克思主义的某些思想方法①，尤其在其早期依次撰写而成的《物体系》、《符号政治经济学批判》、《消费社会》三部作品中，波德里亚对渗透于资本主义时代日常生活中的消费意识形态的审视，显现出较为鲜明的马克思主义立场；同时，与其师列斐伏尔一样，对符号学的运用，成为波德里亚破解这种意识形态的基本方法。一如美国学者道格拉斯·凯尔纳(Douglas Keller)所言："波德里亚最初的三部著作可以在新马克思主义批判资本主义社会的框架内来阅读。……他对文化和符号的强调作为对传统的马克思主义政治经济学的一个重要补充，为马克思的工程添加了一个文化和符号的维度。"②

如前所述，列斐伏尔在继承索绪尔、巴尔特等人的符号学思想的同时，却更多的是在后结构主义方法论的意义上使用了相关的符号学概念。在列斐伏

---

① See Jean Baudrillard. *Baudrillard Live*: *Selected Interviews*, ed. by Mike Gane, London and New York: Routledge, 1993, p. 20.

② 道格拉斯·凯尔纳：《让·波德里亚(1929—2007)》，载于《波德里亚：追思与展望》，戴阿宝译，开封：河南大学出版社 2008 年版，第 8 页。

尔的影响下,波德里亚对符号学的接受,同样始自对索绪尔方法传统的某种采纳,而这也突出地体现在波德里亚效仿了巴尔特在《神话修辞术》等论著中以符号学方法破解资本主义意识形态的方法。① 在早期著作中,波德里亚对现代社会中形成的"物体系"(system of objects)的深入剖析,对马克思政治经济学的符号学阐释及对消费社会中的现代消费意识形态的破解,都基本能够显示出波德里亚的马克思主义立场。然而,从《生产之镜》的发表开始,波德里亚开始以符号学的名义攻击马克思主义关于经济基础的本体论地位,从而与马克思主义彻底决裂,并由此走上了一条后马克思主义道路。

第一节　资本主义社会"物体系"的符号学透视

前文已述,列斐伏尔在"象征"、"符号"和"信号"等诸多意指类型的意义上,对资本主义社会中削平意义价值深度的形式化的现代性特质进行了深入反思。② 与之相似,波德里亚从老师那里继承了类似的审思方式。事实上,在几乎贯穿于其一生的学术生涯中,波德里亚都致力于通过对意指类型的转换形式的方式,考察资本主义的社会文化形态的嬗变。而在早年的《物体系》一书中,波德里亚着重考察了家庭格局中的意识形态嬗变格局。

在《物体系》中,波德里亚着重论述了这样的观点:传统家庭陈设风格,以其象征形式,体现出某种父权制威权特征;而在资产阶级现代家庭布局中,家庭的布局及安排则体现出对物品功能的解放,从而体现出某种符号形态。物品正是在象征和符号两种意指类型的复杂关系中呈现出其特有的功用与意义。

前文已对"象征"的基本属性与特质进行了分析。传统家具所传达的父

---

① 参见仰海峰:《走向后马克思主义:从生产之镜到符号之镜》,北京:中央编译出版社2004年版,第17—18页。

② 详见前章"意指形式演变与现代性批判:列斐伏尔的符号学观及实践"。

权、尊贵等象征意义,其本身作为一种意义载体,时时显示出道德及伦理层面的意味,这一载体正是"建立在传统和权威基础上的父权关系,它的内核,是将家庭成员的复杂感情关系维系在一起","在私人化的空间里,每件家具及每个房间,都在内化自己特殊的功能并显示出与之相关的高贵象征"。① 然而,随着西方社会进入资本主义阶段,社会文化体系则逐渐呈现出某种符号结构,一如詹姆逊所言:"自然世界业已消失殆尽,同时,诸多讯息(messages)和信息(information)却早已浸渍其中,由其各式各样的商品所形成的网络,也许可以被看做一个符号系统的原型(prototype)"②,与列斐伏尔一样,詹姆逊揭示了资本主义社会整体文化格局的符号化特征,而波德里亚则认识到,这种符号化特征业已渗透现代家庭内部,且突出体现为家庭陈设形式及其所承载意义的嬗变。

马克思与恩格斯在《共产党宣言》中指出,资本的力量化解了前资本主义社会中几乎一切道德及伦理壁垒,而以货币的形式作为衡量和沟通人际关系的全新方式。因此,旧时代原先相应的道德及伦理意识形态亦日渐受到腐蚀。这种人际关系的重新组织形式,显然是意识形态嬗变的显现。从微观政治角度讲,这种嬗变在家庭内部空间层面所引发的直接效应,便是旧时代家具逐渐褪去其象征意义,以及家庭陈设方式及组织关系所呈现出的新意义,换言之,资本主义时代全新的意识形态重构着物与物间的关系,而波德里亚正是将自己的论述逻辑建立在这种思维之上。

布洛克曼指出,结构主义具有明显的"离心"特质,"的确,结构主义的思想方式可以认真地被看做是达到一种离心的思想方式的尝试"。③ 同样,家庭陈设的各部分之间处于平等关系,并以横组合或纵聚合等方式呈现出新的含

---

① Jean Baudrillard. *The System of Objects*, London and New York: Verso, 1996, pp. 15-16. 引文参考了《物体系》中文版,林志明译,上海:上海人民出版社 2019 年版,下同。

② Fredric Jameson, *The Prison-House of Language: A Critical Account of Structuralism and Russian Formalism*, Princeton: Princeton University Press, 1974, p. ix.

③ 参见布洛克曼:《结构主义》,李幼蒸译,北京:中国人民大学出版社 2003 年版,第 9 页。

义,即进行着新的表意实践。在波德里亚看来,那些代表着传统道德意味的家具,作为家庭父权秩序意义的承载者,发挥着明显的象征作用;而在资本主义社会,家庭陈设风格发生变化,各种家具或物件可能与其他家具或物件一道,平等地参与到对意义的重新建构之中,同时,也因发挥出结构主义的符号(sign)功能性特征,而相应地丧失其象征性(symbolic)的中心地位。在波德里亚看来,在现代社会中,家具符号功能的转换显然是一种意识形态隐喻。在摆放着各种陈设的家庭中,家庭成员所受到的象征性约束逐渐削弱,并因越来越自由地摆放家具的方式,而呈现出家庭成员个人身份的某种自由性:"家具的用途更加宽泛,它不再发挥或象征着道德层面的禁忌功能,使它们的用途更加宽泛,也使它们和家庭个体间呈现出更加自由的关系,更为重要的是,个体不再通过这些家具而与家庭相关联。"①因此波德里亚发现,某些处于社会底层的普通民众,例如工人阶级,便会试图通过拒斥旧时代家具的方式,从符号表意的角度消解家具中象征性意识形态对普通民众的浸染与控制。②

当然,波德里亚此处的表述方式容易引发这样一个问题:是家庭陈设的符号功能性转变,暗示及组织家庭成员根据这种新的符号意义所确立的秩序,使家庭成员获得观念及相应的行动的自由,还是资本主义生产结构所带来的家庭成员关系的嬗变,转而使一种新的意识形态在作为符号的家具中得到体现。此处,波德里亚似乎语焉不详。但很明显,只有后一种逻辑才真正符合马克思主义的一般原理,即随着资本主义社会生产格局的变化,家庭成员的意识形态发生变化,从而使家具的符号功能发生相应的变化。

但波德里亚深刻地意识到,即便家具事物挣脱了——或曰以其所获得的功能取代了其昔日的道德象征意义,这也并不意味着物的真正解放,它们充其量只是被解放了自己所可能发挥的功能,亦即在彼此建构的组织形式中发挥

---

① Jean Baudrillard. *The System of Objects*,London and New York:Verso,1996, p. 17.
② 参见波德里亚:《符号政治经济学批判》,夏莹译,南京:南京大学出版社 2009 年版,第20 页。

某种意义的可能性,而没有被真正地解放其自身,"一系列的物,如果是在空间的重构缺失的情况下,那么这个'功能'的发展便仅仅是挣脱了支配(emancipation),而并未获得应有的解放(这是从马克思的角度来讲的),因为它仅仅意味着物的功能的解放,而非物自身"①。换言之,物品由其独立承载伦理价值的符号地位,转型为通过物品间的相互关系而确定其价值;从必须承载伦理意义的束缚中摆脱,却又落入与其他组织成分一道构成系统且必须从中获取意义的尴尬地位。因此,物品的这种符号系统性特征构成了波德里亚所说的"功能性系统"。然而,波德里亚的着眼点并非物本身,在他看来,物与物之间的关系正是人与人之间的关系,物从昔日道德象征的桎梏中摆脱出来,并重新在功能系统中失去了自己的个性,影射的正是资本主义科层体制中现代人的心理结构及生存处境。

正如列斐伏尔所言,在现代社会语境中,象征与符号之间并不构成截然对立关系。在家庭陈设中,象征的功能同样比比皆是,波德里亚称其为"非功能性系统"。波德里亚以古董和藏品为例,在他看来,尽管古董和藏品同样可以被纳入功能性系统之内,但它们却由于对时间的象征,而使得自己能够从功能性系统中脱颖而出。在古董中,人类能够依稀品味到久远而苍茫的历史况味,以及蕴含于其中的真实韵味(Authenticity)。本雅明认为,相比于机械复制时代的艺术品,前现代时期的艺术品能够以其巫术般的灵韵(auro)而动人心魂。古董往往被寄予了人类身处斯世的存在体验和神性玄思,是将人类暂时从俗世樊笼中摆渡而出的一叶扁舟。尤其是在充满着工业秩序的现代社会,古董更能使人类通过对遥远世界的玄想,而从工具理性中获得一丝浪漫主义的精神解脱。因此波德里亚认为,古董所蕴含的历史感,能够使其在家庭陈设的功能性结构中保持相对独立的状态,并以此呈现出某种非功能性特征,"古董象征着内心的超越以及某种在现实中的冥想,滋养着人们的神话性意识与个体

---

① Jean Baudrillard. *The System of Objects*,London and New York:Verso,1996, p. 18.

意识……它们弥散在人世间,重新安置着这个世界,与功能组织不断延伸着的属性分庭抗礼……事实上,它们正是要保护那个无疑久已脱世的心灵,使之远离这些功能组织"①。即便被安置于功能性的家庭陈设之中,古董也能够从由诸多陈设所共同体现出的共时性结构中,体现出某种指向久远历史的历时性价值品质。

然而在波德里亚看来,象征并不总是喻示着精神超越的诗性品质,现代生产技术同样具有象征的形式,但其内涵却大相径庭。在现代社会中,还存在元功能系统(metafuctional system)这样一种充满科技意味的物的体现方式。这种系统主要体现为各种生产技术,透射着人类向往安逸生活的惰性欲望,并以其高效的生产能力服务于人类。久而久之,这种科技生产系统逐渐控制人类的生活方式,并以其对人类的异化力量而悄然将人类拖入未来的灾难之中。因此,这种波德里亚所说的"元功能系统"也以其"失范性功能"(dyfuctional)的潜在因素,而成为人性倒退的象征,从而与人类社会中充满诗性意蕴的一般象征离得越来越远。

事实上,物品正是社会个体心理结构的隐喻式表现,也是资本主义社会中现代人普遍具有的心理状况和命运遭际的表现。无论物品的陈设方式是如何呈现的,都必须经由人类心理结构的内化,才能成为符号,然而,传统家庭陈设和资本主义现代家具的陈设方式的内化途径却极为不同。波德里亚注意到,在传统模式的家庭内,作为象征的传统家具,以情感的方式发挥着凝聚家庭成员关系的功能;然而,资本主义家庭物品陈设方式,却遵从完形心理学原则,以整体性样态同化入心理结构之中,一如詹姆逊所说,"整个符号系统、整个语言(langue)领域与现实自身平起平坐;换言之,语言体系的整体与现实世界中所有被组织化的结构彼此类似,我们从一个整体或完形(Gestalt)到另一个整

---

① Jean Baudrillard. *The System of Objects*, London and New York: Verso, 1996, pp. 79-80.

体或完形进行理解,而不是在一对一的基础上。"①家庭物品的陈设方式的意义变化,体现出现代人心理结构以及作为社会人的家庭成员的家庭身份和关系的相应变化。家具陈设方式所引发的符号效应,从家庭这一特定领域中,体现出传统社会中人类心理结构的逐渐消失,以及现代性心理结构特征的浮现。同时,波德里亚对现代社会中意指类型的描述,并非采取了冷静而客观的态度,而是从这些意指类型所体现出的人类心理结构中,体察到现代人在特殊的社会生产条件下所具有的生存样态。因此从本质上讲,波德里亚此处与老师列斐伏尔一样,显然都带有强烈的现代性批判目的。

第二节　符号学视域中的消费意识形态

在《物体系》中,波德里亚强调了这样一种观念,即作为符号体系的物品之间关系,事实上体现出生产关系在家庭领域内部实现转型之际,社会、家庭成员的意识形态观念的相应嬗变。同时,波德里亚还提出,现代社会明显体现出以消费为主要生产导向的社会特征,物品的价值不再体现出实际的使用价值甚至交换价值,而是由根据它们彼此之间的差异性来决定的符号价值。

从常理即可推断出这样一个事实:当一个社会处于物质极度贫乏的状态时,民众对生活用品的渴求及使用,当然是饥不择食的。在这种情况下,生活用品之间的符号价值差异,便显得无足轻重。而在波德里亚看来,20世纪60年代的资本主义社会,则显现出极为明显的"丰裕"特征,这种"丰裕",或曰实体消费品的数量增长,促使实物之间的关系产生变化,这种变化由消费品所构成的系统造成。在特定经济及政治因素的作用下,消费品之间呈现出特有的"系统化"特征,亦即必须通过彼此间的对比,方能体现出价值。这种系统观

---

① Fredric Jameson, *The Prison-Hourse of Language: A Critical Account of Structuralism and Russian Formalism*, Princeton: Princeton University Press, 1974, p. 33.

念,是当代西方学界衡量现代消费社会的基本符号学方法。波德里亚认为,包括家庭陈设形式、消费体系等在内的社会文化现象,都是在特定生产条件下产生的生产关系而催生的相应意识形态,也便不自觉地呈现出相应的符号化特征。

如前所述,波德里亚从老师列斐伏尔那里继承了这样一种方法观:对现代社会消费品的价值判定,应当与判断家庭内部的"物"一样,遵循由作为符号的消费品间的差异性,"在成为消费对象前,对象必须首先成为一个符号",只有在符号-物与其他符号—物组成的系统之中,"它才能获得消费,但被消费的永远不是物质层面,而是其差异性(difference)。"①前文曾反复提及,对于结构主义而言,"差异"标志着符号价值的基本生成过程即意指过程的实现。与同时代的列维-斯特劳斯、布尔迪厄等人一样,波德里亚是以语言逻辑来隐喻性地度量不同社会领域的诸多现象的,而差异性在不同领域符号系统内部,都是促动系统的生成、平衡及发展的内在机制:在布尔迪厄的场域理论中,差异性往往是由作为符号系统的场域内部的人员斗争实现的②;而对于波德里亚所分析的消费社会而言,"差异"是体现消费品价值的基本方式,在一个由消费品构成的庞大系统中,消费品唯有通过与系统内其他消费品的对比,方能显示出自己的价值所在。这便是波德里亚所谓的"区分"。

在波德里亚看来,消费呈现出语言符号般的体系化存在形式,消费品的价值不在于其固有的使用价值,而在于由同类消费品之间的对比差异性关系,即由其共同构成的符号系统所给予的决定性作用,这显然是对列斐伏尔观点的直接继承。在具体论述中,波德里亚将商品分为"模型"(models)与"系列"(series)两种类型。模型指大众普遍追求的某种完美商品,而系列则是这样的商品类型:通过与模型的不断对比,而希求替代其地位。这样,两者便总是处于一种变动的此消彼长的差异性关系当中。然而,模型体现出资本主义消费

---

① Jean Baudrillard. *The System of Objects*,London and New York:Verso,1996, p.200.
② 详见后章:"语言学模式与象征权力:布尔迪厄的社会文化符号学"。

社会刻意建立的意识形态特征,它引诱其他系列不断向它靠拢,并借此树立起更多的消费标准:"将模型视为完美的体现,是一种谬见","从根本上讲,模型仅仅是个观念(idea),一种系统的内在超越——系统能够从整体上做连续性的向前飞跃"①,模型,乃至整个消费系统的意识形态性由此暴露无遗。

这种对消费社会系统的符号学方法,在此后的《消费社会》中得到了延续和进一步发展。尽管如此,波德里亚对语言—符号学模式的运用,仍给人某种刻意以符号学模式来框定社会文化现象的印象,这也使其受到国内外某些学者的批评。②

波德里亚进一步提出,应当以语言学模式来衡量消费活动,将作为"交流体系"的消费活动视为一个编码活动,并对其进行"结构分析":"消费在此处是一个交流系统,一个语言的对等物。在这个层面上使用结构分析,殊为合适。"③波德里亚将消费体系视为一个具有语言结构的庞大体系,并试图通过语言符号价值的生成逻辑,来隐喻地诠释消费对象——亦即商品的价值关系。在《物体系》中,波德里亚认为,物品之间缺乏语法关系,但在此处,却明确提出消费行为完全遵从语言模式,这标志着结构主义方法论在波德里亚批评体系中的确立。遗憾的是,波德里亚似乎无暇顾及结构主义关于语言符号在横组合、纵聚合的句法关系的思考,而是继续在商品符号系统的"差异性"上做文章:"(系统)消解了商品所有最初的质地,同时,仅仅保留了区分的发生学方式与系统生产的方式。"④

---

① Jean Baudrillard. *The System of Objects*,London and New York:Verso,1996, p. 154.

② 例如,吴兴明在《反思波德里亚——我们如何理解消费社会》(《四川大学学报》2006 年第 1 期)一文中指出:"符号学,它毕竟只能适用于分析社会作为符号存在的方面,它不能排除和取代其他的视域和分析"。

③ Jean Bardrillard. *The Consumer Society:Myths and Structures*,Los Angeles and London:Sage,1998, p. 60.引文的翻译参考了《消费社会》中文版,刘成富等译,南京:南京大学出版社 2000 年版,下同。

④ Jean Baudrillard. *The Consumer Society:Myths and Structures*, Los Angeles and London:Sage, 1998, p. 93.关于这一问题,参见上述吴兴明《反思波德里亚——我们如何理解消费社会》一文。

　　然而，如果说波德里亚在《物体系》中还只是从差异性的角度，来对消费品的价值生成做简单的描述①，那么从《消费社会》开始，波德里亚的基本宗旨便发生了较大改变。在他看来，在由诸多标记出不同价值等级的消费品所共同构成的消费品体系中，不同消费品将其各自所承载的社会内涵，通过其价值等级的形式隐喻地体现出来："在区分和社会分化的过程中，符号/物如今不仅仅因其符码意义的差异得到区分和排序，同时，还因其在等级秩序中的地位价值而被区分和排序"②，消费品在通过差异性标示出其各自等级的同时，对不同社会层面的价值内涵进行了编码；然而，更为重要的是，消费体系通过这种对自身消费品进行"区分"的方式，标志着由消费品所标出的消费者自身所处的不同社会等级或团体，"你从来未曾消费物自身（即它的使用价值）；或者你加入理想的群体，或者你参考了一个地位更高的群体而离开了你原先的群体，总之，通过这种方式，你往往将物品（从最宽泛的意义讲）作为彰显自己的符号"③，消费者对不同消费品的选择，即是通过对不同消费品符码的解码方式，来显示自身所属的社会阶层及团体。

　　对于"社会民众"这一抽象群体，波德里亚的理解似乎较为接近原子主义论（atomism）。④ 无论是此处所说的"消费者"，抑或后文所描述的"大众"，在波德里亚看来，都是一个内在属性极为复杂且没有共性可寻的混乱群体。然

---

　　① 凯尔纳认为波德里亚"对于客体系统（即物体系）研究的最显著的特点之一就是，他拒绝对消费社会作出道德化的批判。相反，波德里亚对该社会的符号和消费体系进行了描述性的解释学的分析。"见凯尔纳编：《波德里亚：批判性的读本》，南京：江苏人民出版社2005年版，第6页。

　　② Jean Bardrillard. *The Consumer Society：Myths and Structures*，Los Angeles and London：Sage，1998，pp. 60-61.

　　③ Jean Bardrillard. *The Consumer Society：Myths and Structures*，Los Angeles and London：Sage，1998，p. 61.

　　④ 波德里亚认为，从社会学角度讲，"大众"、"群众"或曰"群氓"内部不存在明显的共性，"在大众中不再有这个或那个的极性。这便是构成这个虚空的东西，还有极性施于所有体系之上的崩塌威力。……意义会即刻分散到体系中，正如原子分散到虚空中一样"，见波德里亚：《艺术的共谋》，张新木等译，南京：南京大学出版社2015年版，第117—118页。

而,当这些混乱的人群通过消费途径进入社会世界后,他们逐渐以此实现了与所属阶层的身份认同,亦即确定了各自的社会身份。这正是波德里亚主张以符号体系的方式审视消费品的深层目的:在消费社会,消费品的真实价值不在于其物质性的"使用价值",而在于由消费体系所体现出的符号价值,以及由此显示出的人与人之间的社会等级、阶层差异关系;换言之,消费品的符号价值显示出不同社会成员各自的社会地位(position)与角色。正是为此,波德里亚开启了此后在《符号学政治经济学批判》中的论述逻辑:"借助于物,每个人以及每个群体都在某种序列中找寻他/她的位置,同时根据个人的发展努力地挤入这一序列之中。通过物,一个分层的社会出现了。"①

显然,在波德里亚看来,消费社会对个体社会地位的形成具有无与伦比的塑形作用。在消费系统中,较之对个体社会认知的塑形而言,更为重要的是,它通过消费形式,建构出一系列社会团体,使得诸多社会团体以其根据消费能力、消费对象所标示的界限,得以被界定和划分出来。由此,消费不仅成为一种锚定个人、群体社会身份的活动,同时也具备了使得群体内部成员能够据之建立身份认同的符号功能。波德里亚由此提出,"消费被规定为……沟通和交换的系统,是被持续发送、接收并重新创造的符号编码,是一种语言。"②如果说巴赫金将话语符号视为阶级性的标志,那么波德里亚则认为这种"话语"是消费行为。

然而,这种消费品社会内涵的编码过程,是如何完成的?是否是按照消费品之间自身的市场规律自行调节的?若果真如此,波德里亚对消费社会的批判立场将从根本上受到否定。如上所述,波德里亚此处显然在事实上受到列斐伏尔"消费受控科层社会"观念的影响。在他看来,这种编码的本质在于"社会体制"进行社会意识形态控制的行为。这种社会体制以对消费行为进行技术调控的方式,在调控过程中进行了特有的意识形态编码:"体制控制的

---

① 波德里亚:《符号政治经济学批判》,夏莹译,南京:南京大学出版社2009年版,第13页。
② 波德里亚:《符号政治经济学批判》,夏莹译,南京:南京大学出版社2009年版,第88页。

不只是生产性机器,还包括消费者的需求;控制的不只是价格,还包括与这个价格对等的事物。"①表面上,消费者似乎能够通过自由选择及消费商品的方式,来相应地彰显自身在资本主义社会中所享有的"民主"及"自由"权利,但实际上,这种"自由选择"的民主性只是资本主义社会中神话般的虚妄。由消费品的符号价值所确定的消费品价格,在客观上,使得具有不同购买能力的消费者因其消费能力而被锚定在相对确定的社会位置上,从而限定、规约了其"自由权力"的属性及范畴。质而言之,符号体系由其符号价值所彰显出的意识形态,对消费者的社会地位实现了固化,并以此间接地完成了社会关系的再生产,"选择的自由被强行压在消费者的头上。这样,一个被修正的次序(也就是消费体系)以意识形态的方式,填补了选举体系的工作"。②

显然,无论是对家庭陈设抑或现代消费社会的分析,都体现出波德里亚对作为符号系统的对象的整体性分析思路。凯尔纳曾总结道:"他(波德里亚)的符号学的视角使得人们可以洞悉客体(物)是如何构成一个客体体系的,而这个客体体系反过来又产生了将个体整合为消费社会的一个需求体系。"③同时,凯尔纳却未能点明这种"将个体整合进消费社会"的深层效应,亦即社会关系的再生产。事实上,波德里亚正是强调了消费社会的如下特点:以作为上层建筑的消费的方式,锚定社会诸多个体的社会身份。波德里亚也由此揭示出资本主义社会中社会角色及地位的固化途径。

波德里亚对符号现象的理解,以及对符号学的运用方式,显然都是多样化的。尽管在描述、分析现代社会的体系化特征时,波德里亚提出从语言学的句法角度来进行"结构分析",但在探讨现代消费社会尤其是大众传媒活动的视

---

① Jean Bardrillard. *The Consumer Society:Myths and Structures*,Los Angeles and London:Sage,1998, p. 71.

② Jean Bardrillard. *The Consumer Society:Myths and Structures*,Los Angeles and London:Sage,1998, p. 72.

③ 道格拉斯·凯尔纳编:《波德里亚:批判性的读本》,南京:江苏人民出版社2005年版,第7页。

像化特征时,波德里亚则体现出对符号现象的不同理解,并相应地采取了不同的符号学批评方式。众所周知,波德里亚曾受居伊·德波(Guy Debord)的情境主义思想影响①。德波在其《景观社会》中,提出了资本主义社会传媒影像对社会历史现实的遮蔽,并由此提出对资本主义社会体制的批判。波德里亚在一定程度上接受了这种方法,并对包括大众传媒在内的资本主义社会诸多文化现象进行了批判。

现实世界呈现出无限杂多的共存状况。如果要对无限纷繁庞杂的世界进行系统性叙述,便涉及叙述化问题。新历史主义史学观一般认为,如果试图以文字形式对现实世界加以叙述化,那么无论这种文字描述多么完备而翔实,都必定因为裹挟着作者特定意识形态而使得叙述呈现出某种主观性和审美性特征。事实上,这种观念不仅适合对文字媒介的阐释,即便是以影像符号进行叙述化,其过程同样会具备意识形态性。影像对现实的选取、删削以及叙述顺序等表现技巧的运用,实际上正是为某种意识形态服务的。意大利哲学家吉奥乔·阿甘本(Giorgio Agamben)认为,影像是通过技艺方式对记忆的保留②,而在波德里亚的论述中,影像则是通过对刻意虚拟而成的在场符号的形式,使社会中民众与社会现实割裂开来的现代技术手段。

除德波外,列斐伏尔同样发现了作为"第二自然"的现代传媒技术对作为"第一自然"的现实社会的遮蔽。值得注意的是,列斐伏尔在其日常生活批判中,更多的是从"反思现代性"的宏观角度审视这种现象的,而并未像此前批判"消费受控科层制度"那样,将资产阶级全然视为社会影像化状态的批判对象。与之不尽相同的是,波德里亚不仅更为细致地描述了大众传媒影像所营造的虚拟社会,还对形成这种社会状态的社会机制进行了深刻的分析与反思。

---

① 参见张一兵:《代译序:德波和他的〈景观社会〉》,载于居依·德波:《景观社会》,王昭凤译,南京:南京大学出版社 2006 年版,第 2 页。

② 详见吉奥乔·阿甘本:《宁芙》,蓝江译,重庆:重庆大学出版社 2016 年版。

波德里亚描述道："我们业已通过大众传媒的方式看到,充满着可悲的、虚伪的花边小新闻以各种充满灾难的符号(死亡、凶杀、奸淫等)来凸显日常生活的祥和。可是,在符号中同样教人厌恶的冗长的东西也比比皆是:……在每一个地方,我们都可以看到某些历史结构在被消解,也就是说,在消费符号的名义下,庆贺着它们真实发生的消失和卡通似的复兴。"[1]当然,大众传播方式本身有诉诸文字、声音和图像等多种传播渠道,每种渠道所具有的符号表意形式、表意效果都截然不同,波德里亚不可能对不同渠道的解码形式做分门别类的技术性描述和剖析,而是从资本主义社会文化编码的整体角度来描述这种现象的。

波德里亚认为,无论是诉诸哪种现代媒介渠道,现代文化的特点往往体现出编码的强制性,亦即将某种社会信息强制性地植入媒介之中的形式。图像媒体也好,声音媒体也罢,其编码者都刻意地通过对媒介形式及内容的编辑,在这种对社会现实进行剪辑后所形成的叙述文本中,不同的现实因素得到组合,使媒介的内容以"井井有条"的叙述化形式及其意义向度,被社会大众自然而然、却又在无意识的情况下迫不得已地接受并消费。然而在这种情况下,资本主义社会的现代媒体技术通过剪辑等途径,将各种意识形态强行施加给社会大众,使大多数人所接收到的信息并非关于世界本真的状态,而是经由媒体特别加工过的、承载着特定意识形态的传媒制品。由此,对媒介编码形式本身——或毋宁说对这种形式所承载的意识形态的确认,取代了对编码过程中信息所指涉的社会现实性,大众媒体文化正是通过这种编码方式,起到了左右大众价值导向的作用。布尔迪厄在其《论电视》等著作中,控诉了媒介通过电视媒体通过技术方式强行宣扬和施加象征暴力的做法,这种观点和立场与波德里亚十分接近。

按照列斐伏尔的观点,从语义学角度讲,这种对大众进行强制性灌输的信

① Jean Bardrillard. *The Consumer Society*: *Myths and Structures*, Los Angeles and London: Sage, 1998, pp. 99–100.

息,显然是单义化的,而远谈不上具有诗性话语的语义多样性特质。这种观点显然影响到了波德里亚,在他看来,现代文化传播所体现的不再是人类思想、智慧及其他精神要素的创新和拓进,而是根据既有的社会价值伦理体系而进行的编码活动。这种作为旧式编码产物的文化产品,无法延续人类知识及智慧的进取,而更多地体现出对知识、文化信息的重复生产,从而呈现出被波德里亚称为"循环"式的文化生产方式。对此,波德里亚以无线广播游戏为例来加以阐述。这种游戏能够轻易建立起生活于不同社区的人员的交流方式,按理说,这种精神交际形式在前现代社会同样存在,亦即列斐伏尔所说的宗教祭仪等活动形式,且能够以特定意象——例如波德里亚所举的象征血肉的红酒和面包——为具体交际方式,传达特定场合中的文化韵味。然而,在无线广播这一技术途径中,游戏参与人仅仅通过广播形式本身获得某种交际的快感,而极大地淡化了交际内容本身,具有浓郁的情感价值象征意味的前现代式交际,被削弱为建基于现代科技的单向意义的信号式交际。"交际活动不再通过象征媒介来完成,而是通过技术手段","被人们所分享的不再是'文化'——鲜活的身体、灵动的群体(所有为仪式和盛宴带来象征和活力的事物)……而是由符号和参照物组成的奇怪躯壳……也就是人们熟知的'大众文化'"[1],显然,波德里亚此处延续了列斐伏尔对资本主义社会现代性的批判,但同时,他还通过揭示大众媒体所承载的意识形态编码过程,进一步发展了对资本主义社会政治的批判途径与思路,"被媒介化的东西,并不是新闻、电视、广播等所传递的东西:而是被形式/符号所重新掌控的东西,它被结合成模式,受代码的支配"[2],从而不仅深化了列斐伏尔的现代性批判主题,还将其批判指向了资本主义社会政治,从而使其批判活动具有了更加鲜活的现实意味。

当然,除此之外,波德里亚也对麦克卢汉的"媒介是人的延伸"这一重要

---

① Jean Bardrillard. *The Consumer Society：Myths and Structures*，Los Angeles and London：Sage，1998，p. 103.

② 让·波德里亚:《游戏与警察》,张新木等译,南京:南京大学出版社 2013 年版,第 74 页。

观点进行了延伸和发展。后者在其代表作《理解媒介》一书中提出，媒介形式的改变，是造成人类心理结构变化的重要原因，而媒介内容本身是什么则无关紧要。① 这种初看令人诧异不已的观点，实际上体现出麦克卢汉关于现代媒介对人的心理感知能力的影响的思考，当然，这种思考更多的是从中立性价值立场，对媒介关于现代人心理结构的影响及塑型的描述。然而对于波德里亚而言，对现代文化的接受，便意味着对现代文化体系中单向度信号的消费，由此，波德里亚直接回应了麦克卢汉对于媒介改变人类感知模式的思考，并将其再次引向了现代性反思主题："电视的'信息'不是它播出的视像，而是它所强加的新型的关联和认识模式，是对传统家庭及群体结构的转换。"②现代媒介技术通过其即时性的信息发送—接收模式，改变人类感知形式，同时，信息的意义不再依赖于由作为指称物的社会现实语境来决定，而是仅仅通过信息系统内部诸多组成部分之间的互为指涉而生成并存在，"（大众媒介）所指涉的，不是真正的物，不是真正的世界或指称的维度，而是从一个符号指向下一个符号、从一个物指向下一个物"③，从而使得这种认识呈现出对意义的单向度感知范式，也便使作为消费对象的媒介文化从总体呈现出单义化语义样态。鲜活的社会生活遭到传媒技术编辑手段的撕裂与重构，作为社会制度维护者的编辑者，对有利于维护社会体制的意识形态以不容置疑的方式进行编码，由于其意义所呈现的单一化，其媒介内容在某种程度上体现出列斐伏尔所描述的"纯形式化"状态，从而呈现出某种消解其他意义维度的自指性特征，"在自我中心的视像或以符码为中心的信息中，能指成了自己的所指，能指和所指在彼此循环地交融的过程中，能指占了优势，所指被废止，能指则颠来倒去地不停

---

① See Marshall Mcluhan. *Understanding Media*: *The Extensions of Man*, New York: McGraw-Hill Book Company, 1964, p. 94.

② Jean Bardrillard. *The Consumer Society*: *Myths and Structures*, Los Angeles and London: Sage, 1998, p. 123.

③ Jean Bardrillard. *The Consumer Society*: *Myths and Structures*, Los Angeles and London: Sage, 1998, p. 125.

演示着"①,能指失去了源自鲜活的社会现实语境的所指,也便相应地丧失了获取多元意义生成的基本机制,而将其自身形式作为本源意义,这样,媒介文化便以其编码所具有的单义维度,在被普通社会成员解码及消费的过程中,向诸多社会个体灌输了某种观念意识,从而发挥了意识形态控制的作用,使民众通过对大众媒介信息的消费,失去了对诸多政治、社会、文化历史事件进行深沉反思的意识及能力,被迫受到资本主义社会技术官僚的意识形态控制。

值得注意的是,波德里亚在此后的作品中,援引了麦克卢汉的"内爆"概念。在其媒介学著作中,麦克卢汉区分了"外爆"与"内爆"(implosion)这对概念。前者指电力时代来临之前,村庄、城镇、商业等不同形式的社会领域,在相应的信息传播模式的引导下,遵从"中心—边缘"的趋向所进行的发展。在麦克卢汉看来,这种"外爆"模式是极不富于效率的;然而,"当今这个'加速'的时代,早已不是慢吞吞的、由中心向边缘(center to margin)向外的发展的外爆的时代,而是一个即刻实现的内爆的、空间和诸多功能结合在一起的时代。我们的特殊与破裂的文明,遵循从中心到边缘的结构模式,它能够在刹那间把被机械化的片断(bits)聚合为一个有机整体"。② 在电子时代,"内爆"的效果体现为,电子媒介成为人类感知世界方式的基本架构,使人类在瞬间内即可对由其营造而成的虚拟世界进行感知和把握。波德里亚恰恰受到麦克卢汉这一理论的影响,在他看来,电子媒介所制造的虚拟世界成为取代人类本真体验的罪魁祸首,在成为资本主义统治阶级的控制手段后,便能够以其虚拟、创造"历史"的功能,达到控制被统治阶级的目的。

由此可见,波德里亚正是从作为意识形态控制性的政治、社会角度来审视

---

① Jean Bardrillard. *The Consumer Society*: *Myths and Structures*, Los Angeles and London: Sage, 1998, p. 124.

② Marshall Mcluhan. *Understanding Media*: *The Extensions of Man*, New York: McGraw-Hill Book Company, 1964, pp. 92–93. 中文版见麦克卢汉:《理解媒介》,何道宽译,北京:商务印书馆 2000 年版,第 131 页。

和界定大众媒介的基本特质的,而这也为其此后提出"拟像"、"模拟"等彻底脱离马克思主义的概念埋下伏笔。

第三节　政治经济学的符号学式阐述

近年来,以洛塞-郎蒂为领军人物的意大利马克思主义符号学派,逐渐进入中国学界视野。[1] 该学派从马克思的《政治经济学批判》、《资本论》中发掘符号学资源,并以此为起点,就马克思主义政治经济学中的语言学、符号学逻辑展开论述。总体而言,这一学派认为马克思从信息流通的角度来阐释商品的生产和交换等现象。事实上,同一时期的波德里亚几乎从同样的视角审视了马克思主义政治经济学中的价值理论。

众所周知,马克思在其政治经济学中,主要探讨了商品的使用价值和交换价值两种价值形态。波德里亚从美国经济学家托尔斯坦·凡勃伦(Thorstein Veblen)和法国人类学家马塞尔·莫斯(Marcel Mauss)的学说中,认识到象征所具有的经济意义,并由此发展出象征价值这一观念。[2] 在这一基础上,波德里亚以使用价值、交换价值、符号价值和象征价值为基本维度,列出了几类价值之间极为详尽的转换方案。[3] 值得注意的是,波德里亚并未充分注意到马克思本人关于价值符号性的思考,而是认定自己以符号/交换价值与象征交换补充了马克思的经典政治经济学说。在《符号政治经济学批判》中,波德里亚认为马克思的政治经济学忽视了符号价值的作用,并基本消解了作为物的消费品的有用性,而将所有物都视为消费符号,从而强化了物根据彼此差异性所

[1]　本研究在开始进行时,大陆学界对该学派学说基本毫无了解。自 2014 年始,该学派的某些论著被译介到大陆汉语学界,其中包括笔者于 2016 年参与编译并出版的一系列丛书。

[2]　详见凡勃伦:《有闲阶级论》,蔡受百译,北京:商务印书馆 2004 年版;莫斯:《礼物——古式社会中交换的形式与理由》,汲喆译,北京:商务印书馆 2016 年版。

[3]　详见波德里亚:《符号政治经济学批判》,夏莹译,南京:南京大学出版社 2009 年版,第115—119 页。

建立起的消费体系。

波德里亚不仅淡化了作为物的商品的使用价值,将其理解为"符号",甚至将对"符号"消费的所指意义一并略去,一味强调符号消费的本质是对符号"能指"部分的消费。在此基础上,波德里亚对马克思的"商品拜物教"概念作出了某种修正:"即使存在拜物教,也不是一种所指的拜物教,或者一种实体与价值的拜物教(被称为意识形态的拜物教)",而真正的拜物教应为所谓"能指的拜物教。"①较之《消费社会》,波德里亚此处显然进一步强调了现代社会消费体系的消费对象的形式化特征,并由此开始否弃马克思主义关于商品拜物教的唯物主义内涵,而将对"商品符号"的能指形式作为"拜物教"的崇拜对象,从而将拜物教完全理解为一种社会心理现象。② 在其后面所列举的一系列关于艺术行为的例证中,波德里亚试图通过现代人对艺术品、拍卖品的符号形式的迷恋,来证明这种能指拜物教形式。"拜物教所揭示的并不是对于实体(物或者主体)的迷恋,而是对于符码的迷恋,它控制了物与主体,使它们屈从于它的编排,将它们的存在抽象化","拜物教,其实是对于形式(即商品或者交换价值体系的逻辑)的一种(模糊的)迷恋,是一种在任何情况下,在一种强制性的抽象的逻辑体系中的攫取"。③ 由于波德里亚将商品拜物教中劳动产品的物质劳动性,理解为凝结在劳动过程中的能指——或曰符码的劳动,改变了马克思对商品拜物教得以形成的唯物主义阐释,因此,他开始走向与马克思主义的分裂与对立,这种对立在其此后的《生产之镜》达到了顶峰。波德里亚对此解释道,艺术品能够以其艺术形式的"轻巧"光晕,使人类通过承载着

---

① 波德里亚:《符号政治经济学批判》,夏莹译,南京:南京大学出版社 2009 年版,第 78 页。需要指出的是,波德里亚将"所指"理解为"实体",显然是错误的。

② 张一兵特别指出:"马克思的拜物教批判不是一种简单的意识形态批判,而首先是对客观发生在资本主义生产方式市场交换结构中的人与人关系的物化现实的指认",而波德里亚却认定拜物教是纯粹心理层面的屈从现象,显然脱离了马克思主义唯物主义的基本语境。详见张一兵为《符号政治经济学批判》所作序言,南京:南京大学出版社 2009 年版,第 10 页。

③ 波德里亚:《符号政治经济学批判》,夏莹译,南京:南京大学出版社 2009 年版,第 79 页。

社会、道德、审美等诸多层面意义的艺术品符号形式的消费,据此被进行阶层划分,"就绘画市场来说,它将绘画作为一种符号,从而形成了某种经济的和社会权力合法化的要素"。① 波德里亚由此认为,他证明了所谓"能指拜物教"在社会组织生产方面所具有的决定性作用。然而无论如何,波德里亚所举出的"艺术品"的例证是缺乏说服力的:在私有制社会中,商品生产中固然有艺术品这样本身以其审美符号功能作为消费对象的产品,而更多的产品则是以其物质实用性作为产品消费属性的,即便在关于这种实用价值所进行的交换过程中,呈现出某种符号价值交换逻辑,那么波德里亚也应当对此予以说明,而不是有讨巧之嫌地直接以艺术品的例证来予以论证。诚然,商品消费的过程,伴随着某种对符号性的消费,一如某些学者所言,商品消费伴随着感知和"解释"行为,是一个符号生产的过程②,然而,这也无法消解商品消费中对使用性的消费的主体地位,亦不能由此作出"符号交换是所有商品交换的本质"的判断,认为"符号政治经济学全面入侵理论与实践的领域",并将"成为一场政治经济学的革命"。③ 显然,波德里亚将马克思的商品拜物教引向了一种唯心主义的、形而上学的玄想,从而与马克思主义历史唯物主义离得越来越远。

当然,波德里亚的符号政治经济学也有其理论价值。如前所述,波德里亚认识到了现代社会物品体系中象征与符号的复杂关系,此处,波德里亚以象征价值与符号价值的转换维度来考察艺术品价值的转换方式。波德里亚发现,对于现代艺术而言,复制品与原作之间构成一种作品系统,复制品在这个系统中失去了原有的象征价值,而只能通过与其他作品的差异而平等地享有符号

---

① 波德里亚:《符号政治经济学批判》,夏莹译,南京:南京大学出版社2009年版,第104页。在《象征交换与死亡》(车槿山译,南京:译林出版社2006年版)中,波德里亚同样对艺术品的能指功能进行了阐述,详见该书第125—126页。

② See Joohan Kim. "From Commodity Production to Sign Production: A Triple Triangle Model for Marx's Semiotics and Peirce's Economics", in *Semiotica*, 2000, 132(1/2).

③ 波德里亚:《符号政治经济学批判》,夏莹译,南京:南京大学出版社2009年版,第103页。

价值,"正是因为系列已经成为了当代艺术作品的构成方式,才导致了系列中要素的非真实性成为了一种灾难"。① 在这种情况下,作家在艺术品上的签名便发挥了象征作用,保证作品在系统中获得正确而实际的价值意义。

第四节 "后马克思主义"的符号学特征

有学者提出,如果说《物体系》、《消费社会》、《符号政治经济学批判》基本代表了波德里亚批评中的马克思主义立场,对社会文化进行符号学批评尝试的话,那么《生产之镜》、《象征交换与死亡》等一系列著作,则彻底否弃了马克思主义政治经济学的基本原理,这已成为学界共识;同时,波德里亚也以这种完全脱离马克思主义的"后马克思主义者"姿态而益发受到学界瞩目,②并受到国内外学界不少批评。

"后马克思主义"(post-Marxsism)是马克思主义在发展过程中出现的独特的理论支系,总体而言,这一支系从不同程度上对马克思主义的政治经济学说进行改造,尤其是对马克思关于经济基础/上层建筑间关系的界定,有着不同认识。学界一般将拉克劳和墨菲视为当代后马克思主义的代表。在拉、墨二人看来,马克思主义理论应当被视为一种话语,在不同社会语境中具有不同理论意义。从而在事实上消解了马克思主义的基本原理。因此,学界往往注意十分严格地对待和辨析后马克思主义者是否属于马克思主义理论范畴。本研究秉持以马克思主义原理作为基本立场与方法,来探讨符号学如何作为一种思想方法资源对马克思主义批评进行补充、发展,因此,波德里亚"后马克思主义"中的符号学方法并非本研究的主要探讨对象,这里不拟展开讨论。

在《消费社会》中,波德里亚便注意到现代媒介的虚拟技术手段与西方政

---

① 波德里亚:《符号政治经济学批判》,夏莹译,南京:南京大学出版社 2009 年版,第 93 页。
② 参见仰海峰:《走向后马克思主义:从生产之镜到符号之镜》,北京:中央编译出版社 2004 年版,第 9—10 页。

治的关系。在此后的著作中,波德里亚似乎格外偏重强调符号能指在资本主义社会中的意识形态地位,且与其师列斐伏尔对这种社会能指化、形式化状态进行批判的态度全不一致,"事物本身并不真在。这些事物有其形而无其实"①,甚至从符号学角度,对资本主义社会文化景观作出"拟像"(simulacrum)、"模拟"(simulation)、"超真实"(hyper-reality)等后现代主义与后马克思主义式判断。毫不夸张地讲,波德里亚后期著作,主要是围绕着资本主义文化的后现代景观来进行论述的。

列斐伏尔发现,20世纪前的符号体系,往往建立在代表现实世界的指称物的基础上。然而,随着现代媒介技术的发展,符号体系逐渐脱离了指称物,而呈现出符号的自我指涉特征。与列斐伏尔一样,波德里亚同样认识到了这种社会现象:"模拟不再是对领土或指称性存在(referential being)或实体的模拟。它的产生是没有起源和现实的真实:它便是超真实。"②它们在脱离物质性现实的基础上,能够按照自身的逻辑不断延伸和建构新的虚拟世界,并在这个世界中生产和营造新的指称物,质而言之,以一种虚拟的符号不断替代和构造着真实的世界。在描述美国的文化状况时,波德里亚将之比喻为一片沙漠,"在沙漠中,是对一切痕迹的抹除,在城市中,是对符号所指的抹除,在身体中,是对一切心理状态的抹除。"③拟像或模拟的效应一如沙漠一般,远离真正的现实,而不断延伸和吞噬着现代人的文化和心理世界。此处,波德里亚像列斐伏尔一样,对资本主义社会文化失去丰富的意义指向、并呈现出单义化的语义特征表示了深沉的忧虑。同时在他看来,这些拟像也能够创造出一个比真实世界更具诱惑力的世界,例如波德里亚所举出的迪士尼乐园,乐园不以现实为指涉,而呈现出令人狂欢而欣悦的景观。甚至,现代社会能够以模拟的方式

---

①　波德里亚:《完美的罪行》,王为民译,北京:商务印书馆2002年版,第7页。

②　Jean Baudrillard. "Simulacra and Simulations", in *Jean Baudrillard: Selected Writings*, ed. Mark Poster,Stanford and California:Stanford University Press,1988, p.166.

③　波德里亚:《美国》,张生译,南京:南京大学出版社2011年版,第214—215页。波德里亚的"迪士尼乐园"之例见第93页。

来"戏仿"女性的生理特质以取悦男性,"一种对人工实践的反讽:以夸大特征的方式粉饰女性或妓女,这种奇异的能力令其比符号更加逼真"①,这些都是以社会心理效应层面体现出的"超真实"的例证。

同时,在《象征交换与死亡》中,波德里亚对拟像和模拟的历史作出了更为细致的剖析。此处,波德里亚将模拟视为拟像的类型之一。他认为,在西方历史的不同阶段,作为文化生产技术方式的拟像呈现出不同的形态特征。大致而言②:其一,从文艺复兴到工业革命,处于"仿拟"(countfeit)阶段。这一阶段,随着西方民主精神的不断兴起,华贵而典雅的艺术品、建筑物等不再是贵族的专利,资产阶级和平民能够对之进行模仿式的修建,打破了上等阶层对其象征意义的垄断。其二,工业时代处于"生产"(production)阶段,这一阶段遵循社会生产效率而进行生产,不再模仿前人。其三,后工业时代处于"模拟"阶段,社会生产实现数字化生产,符码成为生产的第一原则和直接的生产对象,在符码的作用下,社会不再参考任何历史现实,不再根据任何既有的历史观念来予以引导:"欢悦感(euphoria)的目的是废止所有的起源与结果、起因与终结,并以复制来取代它们。通过这种方式,所有封闭的体系都使指称和指称的焦虑远离自身,并复制作为批评的自身,运作自己的元语言,来抵制其他的元语言。"③更为重要的是,在符码化的生产条件下,社会语义呈现出列斐伏尔所描述的信号化特征,"交际体系完全从复杂的语言句法结构指向了非问即答的信号"④,从而在保持了社会生产的高效化的同时,也造成了精神的干涸与人性的压抑状况。

在波德里亚的后期作品中,"指称物"(the referential, the referential beings)这一表述极为频繁地出现。波德里亚显然认识到,"脱离现实"正是以

---

① Jean Baudrillard. *Seduction*, London: Palgrave Macmillan, 1991, p. 15.

② See Jean Baudrillard. *Symbolic Exchange and Death*, London: Sage, 1998, p.50.

③ Jean Baudrillard. *Symbolic Exchange and Death*, London: Sage, 1998, p. 74. 引文的翻译参考了前述《象征交换与死亡》的中文版。

④ Jean Baudrillard. *Symbolic Exchange and Death*, London: Sage, 1998, p. 62.

拟像和模拟为基本特征的现代超真实世界的基本属性与特征。然而,他并未像列斐伏尔那样,对社会文化体系脱离指称物的社会历史事实表达忧思,以此作为其现代性批判的基本旨归。对于波德里亚而言,"现代性已经被类象的后现代时代所取代,它具有信息、符号的特征,受模型、代码和控制论的支配"①,波德里亚接受了后现代符码化生产作为一种新的生产方式和社会历史状况,以此作为其社会观念与理论的基础,并由此提出:由于后工业(后现代)社会以符码为基本生产对象,因此物质性生产便已不再成为社会生产的首要目的,波德里亚也因此试图颠覆马克思主义政治经济学基础,用他自己的话说,便是"马克思主义的分析的一切基础概念都必须重新考虑"。② 正如凯尔纳所言,波德里亚的思想本质体现为"拒斥马克思主义历史哲学将生产放在一切社会之首要地位的做法"③,波德里亚也因此而彻底走向了背离马克思主义的道路。

值得注意的是,在晚年的一系列写作中,波德里亚开始逐渐放弃对后现代社会文化景观的描绘,而采取了一种"对当代世界中客体战胜主体的荒诞玄学式的描绘"。④ 例如在《致命策略》中,波德里亚写道:"一切反讽和残酷都体现于诘问的极端客观的形式中:客体把主体置于孤立无援之中"⑤,客体世界将最终将作为主体的人类逐出世界体系之外,波德里亚也从一种貌似中性的社会观察和分析立场,最终产生出一种悲观主义的历史观念。在列斐伏尔的著作中,这种悲观情绪仅仅体现为某种现代性焦虑,而很快地被列斐伏尔的马克思主义"文化革命"精神所覆盖;而对于波德里亚来讲,由于放弃了马克思

① 斯蒂文·贝斯特、道格拉斯·凯尔纳:《后现代转向》,陈刚等译,南京:南京大学出版社2002年版,第131页。

② Jean Baudrillard. *The Mirror of Productoin*,St. Louis:Telos Press,1975, p.21.

③ 道格拉斯·凯尔纳、斯蒂文·贝斯特:《后现代理论:批判性的质疑》,张志斌译,北京:中央编译出版社2004年版,第149页。

④ 道格拉斯·凯尔纳:《媒体文化——介于现代与后现代之间的文化研究、认同性与政治》,丁宁译,北京:商务印书馆2004年版,第505页。

⑤ Jean Baudrillard. *Fatal Strategies*,New York:Semiotext(e),2007, p.153.

主义式的批判精神,因此无可避免地陷入了由资本主义社会景观所带来的精神泥淖之中。

  总而言之,在早年的《物体系》中,波德里亚立足于对资本主义社会中"家庭"这一特定社会生产关系的社会学考察,并以与之相应的意识形态为潜在考察对象,以此推断出家庭内部陈设的符号意义的转变,这种认识显然遵从了马克思关于经济基础与上层建筑关系的经典论述。同时,在《消费社会》《符号政治经济学批判》中,波德里亚将差异性"消费"视为实现社会人员阶层区隔的上层建筑,虽未从本源上探讨造成这种消费差异的社会形成机制,然而其论述在某种程度上仍是从马克思主义的基本原理出发。这几部作品,都体现出波德里亚调和马克思主义与符号学的尝试。然而,此后波德里亚在其一系列作品中,逐渐颠倒了符号与社会生产之间的关系,将符号视为"社会生产"及"生产关系的生产"的第一性要素,这显然与其早年的马克思主义立场与方法截然相悖,而对符号现象的唯心主义理解,甚至对符号学的偏激运用,是其立场与方法偏离马克思主义的重要原因。

第十章　语言学模式与象征权力：
布尔迪厄的社会文化符号学

在 1968 年的"五月风暴"之前，许许多多的法国学者在不同程度上受到马克思主义理论的影响。列维-斯特劳斯、萨特、巴尔特、福柯（曾一度加入法国共产党）、热奈特乃至西蒙娜·薇依，都在不同程度上认可、学习或同情马克思主义。① 也正是从这一时期开始，马克思主义逐渐成为欧洲人文社会科学领域重要的思想及方法来源。当然，一如佩里·安德森所言，这一时期，可能也是欧洲知识分子思想状况最为复杂的时期，这种复杂状况，集中体现为知识分子们往往同时接纳了哲学基础至为不同，甚至互有抵牾的理论思想。

在社会学领域，这种状况似乎是最为明显的，同时也使对思想者们的思想因素和谱系的辨析成为极为困难的工作。上述法国学者在多大程度上能够被称为"马克思主义者"，至今仍受到学术界的广泛争议。其中，也多少涉及法国 20 世纪社会学领域内最为重要的代表人物——皮埃尔·布尔迪厄。

学界往往很难清晰地界定和梳理布尔迪厄的思想谱系，但从某种程度上，将其视为"马克思主义者"却是有据可循的。首先，布尔迪厄曾承认其本人受

---

① 参见杜费等：《巴黎高师史》，程小牧等译，北京：中国人民大学出版社 2008 年版。

到过马克思主义思想的影响："当时马克思主义并不是作为纯知识分子理论而存在的……我当时的确从学术理由出发,研读过马克思著作。我对青年马克思特别感兴趣,《费尔巴哈与德国古典哲学的终结》曾令我心醉神迷。"①其次,更为重要的是,布尔迪厄所提出的"场域"、"象征权力"等一系列理论概念及设想,在立场和旨趣方面与马克思主义理论十分类同,美国学者华康德(Loïc Wacquant)曾直言,布尔迪厄的社会学理论之所以能够产生世界范围内的巨大影响,原因在于其理论背后的马克思主义志趣。② 法国学者雅克·比岱(Jacque Bidet)通过对布尔迪厄理论概念的细致分析,认为布尔迪厄对马克思主义历史唯物论"具有重大的贡献",因此具有马克思主义者的身份。③ 布尔迪厄将自己对马克思主义的理解转化为一系列社会学方法,并结合符号学,将其运用至社会学批评之中,既是对法国社会学的发展,也体现出其个人对马克思主义方法的思考与运用。

第一节 "场域"与"习性":结构主义方法的隐现

与前述许多马克思主义批评家一样,布尔迪厄对符号学的理解,在很大程度上,一度未能绕开索绪尔的影响。在其一系列关于社会机制的阐述中,都隐隐显示出结构主义符号的意指实践逻辑。众所周知,自20世纪70年代之后,结构主义思潮对西方人文社会科学领域的影响日渐式微,其中一个重要原因,在于结构主义对意指过程的僵化阐释与规定,使之十分不利于被运用于社会

---

① 皮埃尔·布尔迪厄:《自画像》,载于《文化资本与社会炼金术——布尔迪厄访谈录》,包亚明译,上海:上海人民出版社1997年版,第1页。

② 参见高建为等:《20世纪法国马克思主义文艺理论研究》,北京:北京大学出版社2012年版,第339页。

③ 雅克·比岱等编:《当代马克思辞典》,许国艳等译,北京:社会科学文献出版社2011年版,第454页。

研究。因此,不少学者从一开始便否定自己具有"结构主义"倾向,其中以阿尔都塞与福柯为代表。与两位学者相似,布尔迪厄同样曾明确否认自己有结构主义倾向:"我对被梅洛-庞蒂在并不寻常的意义上称为'智性主义'(intellectualism)的那种东西保持拒绝……这一拒绝的性情(dispostion)深深地扎下根子,令我倾向于对那些声势浩大的思想界'运动'敬而远之,例如众所周知的'结构主义'……关于结构主义的探讨,我只参加过一次,写过一篇关于知识场域(intellectual field)的且明显反对结构主义的论文……如果一个人将我划进'结构主义者',那他一定不是动机不良,就是孤陋寡闻。"①从这段话来看,布尔迪厄对结构主义似乎持一种否定态度。

尽管如此,布尔迪厄却在不少著作中,表达出对结构主义方法的肯定与尊重。正如对阿尔都塞与福柯一样,考察一位学者是否具有符号学思想,不能以其本人态度来决定,而是以符号学的客观理论框架为依据,来理性分析这位学者理论表述中的结构主义符号学因素。无论布尔迪厄本人如何否认,他在社会学研究中对结构主义方法的运用都十分明显。正如美国学者史沃茨(David Swartz)所言:"从索绪尔的语言学模式那里获取灵感后,布尔迪厄做出如下设想:始自语言自身,象征过程及体系的基础逻辑在于,以二元对立形式来确定对象的差异与区分。"②实际上,布尔迪厄对结构主义二元对立方法的使用、或体现出的二元对立思维,在其不少著作中都不难看到。例如,在分析社会阶层之间文化品位的对立现象时,布尔迪厄便明显使用了这种二元对立方法③;在分析法国社会空间的物化形式时,布尔迪厄同样体现出这种方法思路④;等

---

①　Pierre Bourdieu. *Sketch for a Self-Analysis*, Chicago and London:The University of Chicago Press,2007, pp. 77-78."性情"又译"配置"。

②　David Swartz. *Culture and Power:the Sociology of Pierre Bourdieu*,Chicago and London:The University of Chicago Press,1997, p. 84.

③　See Pierre Bourdieu. *Distinction:A Social Critique of the Judgement of Taste*,Cambridge and Massachusetts:Harvard University Press,1984, p. 468.

④　参见皮埃尔·布尔迪厄:《帕斯卡尔的沉思》,刘晖译,北京:三联书店 2009 年版,第157 页。

等。然而,布尔迪厄在借鉴列维-斯特劳斯的方法时,却忽视了这样一个问题:社会领域是否真的先验地呈现出二元对立状态。这种显然有悖于社会常理的认识,受到了雅克·德里达、斯图亚特·霍尔的批评或质疑。① 与之相似,布尔迪厄同样认识到了结构主义之于社会学研究的缺陷所在。在此后的《单身者舞会》等著作中,布尔迪厄开始逐渐体现其社会学方法与结构主义的分裂,尤其在《语言与象征权力》一书中,系统地批判了索绪尔关于符号表意机制的形而上学化阐释,并指出语言符号是社会及政治活动建构过程的产物。在他看来,结构主义将一种先验结构视为社会组织形式的决定因素,显然违背了自己所强调的“习性的历史范畴”观点,这也正是布尔迪厄反复强调自己对结构主义符号学方法采取“批判”态度的原因所在。于是,布尔迪厄从语用学角度,提出语言在不同场域中能够发挥象征权力功能,并以此取代了对索绪尔结构语言学的援引。对此,后文将详细阐述。

然而,在布尔迪厄的“场域”(fields,又译“场”)、“习性”(habitus,又译“惯习”等)等术语中,依然能体现出些许结构主义方法的痕迹。众所周知,布尔迪厄提出“场域”这一术语,意味着社会学将略显抽象的“社会世界”细分为诸多具有不同内部游戏规则的“亚领域”,从而将社会学分析落实到社会世界中诸多纷繁芜杂的具体领域,由此体现出社会学应有的科学精神。所有社会场域无一不是由人类不同性质的交际活动构成的,而场域内部关系的实质,实际是人与人之间的社会关系。此处,布尔迪厄虽未沿用马克思主义的“生产关系”等经典概念来描述场域内部的人际关系,但却强调将“关系的”(relational)维度——亦即人的社会类本质,作为场域的基本特征。具体而言,布尔迪厄认为场域是由具有相似社会身份的人员所组成的交际网络,不同人员能够根据自己在经济、文化等诸多层面具有的权利,在这个网络中获得与之相应的社会地位。值得注意的是,“关系”也是结构主义符号学对符号表意机

---

① Stuart Hall, "The Work of Representation", in *Representation: Cultural Representations and Signifying Practices*. Ed. Stuart Hall. London: SAGE Publications Ltd, 1997, pp. 234–235.

制的基本描述。在索绪尔的描述中，符号是由于在系统(结构)内，依据差异性关系而完成意指过程的。此后，"差异性"原则被以隐喻的方式运用至人类学、社会学及相关领域。例如，列维-斯特劳斯在关于血亲关系的阐述中，便体现出这种差异性思维："在对血亲问题的探讨中……人类学家发现自己遇到的情形与结构语言学很是接近：如音位那样，血亲同样是意义的组成部分；如音位那样，它们同样只在被纳入系统后，方能得到意义"①，也就是说，血亲关系与音位一样，必须在与系统内其他组成部分形成的差异关系下，才能体现出其在族群内部的价值或地位。当然，由于布尔迪厄此处悬置了"结构"问题，因此也相应地体现出其关于结构主义的"去中心化"思维。

必须指出的是，无论在结构语言学抑或结构人类学中，符号基于差异性而实现的意指过程，都必须在"语言"的整体协调作用下才能完成，根据皮亚杰的表述，便是结构能够根据其组成部分进行自身内部的调控。② 同时，布尔迪厄在描述"场域"时，一再强调其场域观与结构主义间的差异。在他看来，场域的内在动力，或曰推动场域运行的原因在于：场域内的成员各自拥有不同的资本或权力，因此形成了程度不等的社会实力，并以此来进行交际及角逐行为，也就是说，场域人员之间的竞争行为推动了场域的整体运行。

由此，语言结构与场域的区别便体现了出来。在回答华康德"如何界定场域的疆界"这一问题时，布尔迪厄直言：由于社会世界人员可以根据自己的社会实力或资本来决定是否进入或退出场域，因此场域不存在固定的边界；同时，只有对具体研究对象进行实证主义经验考察，才能大致确定边界所在。也就是说，由于场域的边界无法衡量，因此不像结构那样由固定数量的组成因素所构成，因此，也便不具有共时结构或系统的"内聚性"(cohesion)或自我调控

---

① Claude Levi-Strauss. *Structural Anthropology*, New York：Basic Books, Inc. 1963, p. 34.

② See Jean Piaget. *Structuralism*, New York：Harper & Row, Publisher, 1970, pp. 13-16.

(self-regulation)等机制。① 可见,两者的主要差异体现于动态性和静态性的价值生成机制上。因此,布尔迪厄认为场域并不是结构那样的静止性先验体系,与之相反,"每个场域,都构成潜在的开放着的游艺空间(space of play),它们的边界是动态的,是场域自身之内竞争的主要竞技场。作为一个拒绝开创者的游戏场合,场域比可能按照所有方式设计的游戏都更富于变化,也更为复杂"。② 由此,布尔迪厄将场域的运行机制归结于内部成员间的竞争关系,并界定了场域与结构或系统的差异。

值得注意的是,尽管布尔迪厄虽明确了这种差异,但他毕竟强调了场域内部人员间"关系"的重要性:"存在于社会世界中的,无非是关系——它们不是主体间的互相交际或个体的主体间性的联结,而是如马克思所说的以'独立于个人意识和个人意志'形式存在的诸多客观关系","可以将场域界定为在不同地位(位置)间构成的客观关系的网络(network)或框架(configuration)"。③ 因此,布尔迪厄实际上阐明了场域人员彼此之间的"关系"对其在该场域中所获得地位的形塑,同时也认识到,"关系"是构成场域结构的基本形式。

与之类似,美国学者伯格森在深入阐述阿尔都塞"意识形态国家机器"概念中的索绪尔思想因素时提出:在作为"结构"的意识形态国家机器的作用下,社会人之间通过彼此社会关系的对照,从而明确自己所应有的社会地位(position),而这恰与索绪尔关于符号依据差异性而获得意指过程的观点具有

---

① See Pierre Bourdieu and Loïc Wacquant. *An Invitation to Reflexive Sociology*, Chicago and London:The University of Chicago Press, 1992, pp. 103 - 104.引文的翻译参考了《反思社会学导引》,李猛等译,北京:商务印书馆 2024 年版,下同。

② Pierre Bourdieu and Loïc Wacquant. *An Invitation to Reflexive Sociology*, Chicago and London:The University of Chicago Press,1992, p. 104.

③ Pierre Bourdieu and Loïc Wacquant. *An Invitation to Reflexive Sociology*, Chicago and London:The University of Chicago Press,1992, p. 97.

相似性。① 布尔迪厄与伯格森的观点具有本质区别。伯格森认为，作为意识形态国家机器的"结构"，通过意识形态传唤的方式，在社会个体间制造差异，并使其获得相应的社会主体身份。与之相对，布尔迪厄则完全悬置了"结构"，提出了截然不同的差异机制，即场域内人员以其各自的实力或资本，按照"游戏规则"参与了一系列竞争活动，并在这一过程中确定了彼此间地位与身份的差异性。

事实上，这种对场域人员差异关系形成机制的界定，直接体现出了布尔迪厄与阿尔都塞思想方法的矛盾性。如前所述，阿尔都塞在结构主义观念的影响下，体现出共时性的思维倾向。布尔迪厄曾以阿尔都塞的"意识形态国家机器"与场域进行比较："差异的最基本方面表现在：竞争，以及随之而来的历史事实！……机器（apparatus）只是一部如地狱般恐怖的机器（machine），它只根据事先的规划来达到某种目的，而丝毫不顾及它所作用的对象、时间和场所。"②此处，布尔迪厄意识到阿尔都塞的"意识形态国家机器"恰恰体现出结构语言学的共时性特征，这种"机器"观念忽视了社会世界本身变动不居的特征，而不断地以宣扬意识形态的方式来进行生产关系的再生产，从而体现出阿尔都塞鲜明的反历史倾向。同时，其"场域"概念，却强调社会支配者和被支配者之间的斗争关系对改变社会历史条件所具有的本质作用。因此从这个角度讲，布尔迪厄与其说反对阿尔都塞的静态社会观，毋宁说反对的是结构语言学僵化的"结构"概念。

"结构"观念，强调结构的整体性对内部组构价值的决定性作用。然而如果细加考察，便发现布尔迪厄对这种整体观念本身并不反对，在其"场域"概念中，同样体现出某种对整体性的把握方式。尽管布尔迪厄反对使用"结

---

① See Albert, Bergesen. "The Rise of Semiotic Marxism", in *Sociological Perspectives*, Vol. 36, No. 1, 1993, pp. 6–8.

② Pierre Bourdieu and Loic Wacquant. *An Invitation to Reflexive Sociology*, Chicago and London: The University of Chicago Press, 1992, p. 102.

构"、"系统"等概念,其反对态度的关键在于结构概念本身的封闭性及形而上学性特征;事实上,对场域的"网络"、"框架"形态的界定,证明布尔迪厄并不反对从一种整体性维度来审视场域内人员之间的地位或价值。在他看来,场域是一个不断变动的人际格局,场域人员在这个变动的格局中,根据彼此间实力与资本的衡量与较量,来获得相应的地位与身份,亦即通过"差异性"来获得价值,"以资本量为特点的人(个人或机构),根据他们的分量决定着'场域'的结构,但他们的分量也取决于其他人的分量,也就是取决于整个空间"①;换言之,场域人员通过建立斗争关系,确立其场域位置,并获得符号化的社会身份。同时,场域人员所从事的领域本身,也由该领域的整体场域来决定。就科学场域而言,它的价值和地位由这门学科在整体学科空间来赋予。② 这正是"场域"观念与结构主义符号学的相似之处,而它们的本质差异,则在于布尔迪厄对共时性的"结构"功能的摒弃。

此外,在摒弃"结构"的前提下运用差异性原则,在符号学界时有出现。例如,列斐伏尔及其弟子波德里亚在描述现代社会的"消费社会"属性时,认为商品的价值体现为由彼此之间的差异性所确定的"符号价值"。然而,他们并未说明在这种"符号体系"之下的"结构"是怎样一种社会机制。显然,这同样是在摒弃"结构"问题的前提下,将结构主义"差异性"原则作为方法而加以运用的。总而言之,对于布尔迪厄而言,"场域"观念在悬置"结构"的情况下,有条件地运用了结构主义符号学的某些方法原则。

相比而言,布尔迪厄的"习性"概念与结构主义符号学的关系更为紧密。"习性",是布尔迪厄理论体系中另一个重要概念,布尔迪厄将其界定为"构建和理解包含具体'逻辑'(包括时间的)的显明的实践方法",并指出,在习性的

---

① 皮埃尔·布尔迪厄:《科学的社会用途——写给科学场的临床社会学》,刘成富等译,南京:南京大学出版社 2005 年版,第 32 页。

② 皮埃尔·布尔迪厄:《科学之科学与反观性》,陈圣生等译,桂林:广西师范大学出版社 2006 年版,第 111 页。

作用下,"(知识对象的)构建原则出现于性情系统之中,它们被社会化地构建,同时它又以实践功能为目标,处于不断的被结构化和结构过程中。"①也就是说,习性是一种在特定群体或场域内形成的社会感知及认识原则,是这一群体特有的思维范畴及类型。习性往往通过语言的媒介,在具体的群体实践活动中,不断以性情来塑型群体人员的心理结构,并根据实践活动的改变而发生相应的变化。布尔迪厄承认,习性的形成依赖于结构的作用,但这种结构与结构主义的"结构"概念并不相同。布尔迪厄强调,习性不是外在社会结构的机械产物,而是社会行动人(agents)在实践过程中不断建构出来的生成性心理结构,这与戈德曼对"集体主体"的生成性结构过程的描述极为相似。事实上,布尔迪厄此处正是遵循了一种发生学结构主义思路:"我会说我正尝试发展一种发生学的结构主义(genetic structuralism):对客观性结构的分析[不同的场(field)中的那些结构],是无法同在生物学上的个体范围内对心理结构的发生进行的分析相分割的,这些心理结构在某种程度上是社会结构具体化的产物……行动人根据他们在社会空间中所占据的地位,带着他们用以理解这个空间的心理结构参与这些历史斗争。"②在自身不断地发展变动中,群体将特定的感知、认识方式植入作为自然人的心理结构之中,使其实现社会化或场域化,这便是习性发生作用的具体过程。在这种处于不断建构过程中的发生学结构的作用下,群体内的人员获得了具体的性情与认知方式和技艺能力。

由于习性往往以语言的方式将性情植入人的心理结构,亦即在语言认知的过程中逐渐习得的一系列生活及心理等习惯或方式,因此,布尔迪厄认为,习性的产生与结构语言学极为相似,因此在相当长时间内,他援引了乔姆斯基

---

① Pierre Bourdieu and Loic Wacquant. *An Invitation to Reflexive Sociology*, Chicago and London:The University of Chicago Press,1992, p. 121.

② 皮埃尔·布尔迪厄:《自画像》,载于《文化资本与社会炼金术——布尔迪厄访谈录》,包亚明译,上海:上海人民出版社 1997 年版,第 16 页。引文略有改动。

的"转换—生成语法"（generative grammer）。学界公认，美国语言学家乔姆斯基（Noam Chomsky）是在结构主义的影响下，创立了语言的转换—生成语法学说。尽管这一学说并不完全属于结构主义范畴，但在对语法结构及语言表述的关系上，结构主义与生成语法理论极为近似，乔姆斯基学也因此受到符号学的重视。乔姆斯基通过对句子结构的分析，认为能够根据句子的基本语法，以某种数学公式来不断演绎出新的句子。相对于索绪尔对语言结构的僵化解释，乔姆斯基发现和强调语言演绎的能力，显然注意到了语言结构在生产语言活动方面的活力，因此布尔迪厄认为，乔姆斯基的"语言能力"（competence）将索绪尔的"语言"（langue）的具体内容彰显了出来。在建构其发生学结构主义理论时，布尔迪厄认为自己从生成语法中获得灵感："我很接近乔姆斯基，在他身上我发现了同我一样的关注，即给予实践一个积极的创造性的意向……我想要坚持的是性情的生成能力，它可以理解为是后天获得的，是社会建构的性情。"①布尔迪厄显然认为，在形成及派生具体的性情方面，习性结构能够通过语言而发挥类似的积极作用。

然而，在解释人类的语言能力的发生学问题时，乔姆斯基通过对儿童语言能力的实验考察，将之归结为笛卡尔式的"先天观念"（innate idea），从而使对语言发生问题的认识带上了形而上学色彩。从这一角度讲，乔姆斯基的语法观念回到了索绪尔的结构观的水平上。因此，布尔迪厄很快意识到，在"习性"的社会实践属性与转换—生成语法的形而上学之间，具有本质区别，明确反对以转换—生成语法来解释"习性"结构的产生："乔姆斯基意义上的'语言能力'（competence），与索绪尔的'语言'（langue）只是一物两名"，"乔姆斯基将合法性（legitimate）话语的内在规律转换为正确的语言实践的一般性规范，却没能直视合法性能力的获取途径，与关于它的市场的确

---

① 皮埃尔·布尔迪厄：《自画像》，载于《文化资本与社会炼金术——布尔迪厄访谈录》，包亚明译，上海：上海人民出版社1997年版，第15页。

立的经济与社会状况的疑问"。① 布尔迪厄由此反复强调,习性是社群在特定经济及社会状况下形成的群体性心理结构,是具体历史语境的产物;同时,习性还能够对这一群体人员产生日常心理及习俗等层面的内在影响。总之,习性是发生学意义上的结构的产物。② 显然,布尔迪厄对索绪尔传统的僵化"结构"观的反对,是其理论与结构主义传统的差异的关键标志。

在描述男性长期占据社会统治地位的现象时,布尔迪厄曾借鉴列维-斯特劳斯的二元对立模式及无意识理论,提出在诸多社会群体内,男女之间的对立关系,形成了一种超越历史和具体社会条件的无意识结构,而一代代男女在这种无意识结构的控制下,不断依据此前的家庭及社会经验及性情等因素来维系这种对立结构:"性别的无意识模式……是高度分化的历史结构,这些历史结构来自一个本身也高度分化的社会空间,并通过与行动者从这些空间的结构中得到的经验有关的训练进行再生产。因此,进入按照(强/弱、大/小、重/轻、肥/瘦……)对立建立起来的不同场,与一系列性别化的对立被纳入身体同时产生,这些对立总是与男女之间的基本区分以及这种区分表现于其中的次要取舍(统治者/被统治者、上/下……)保持一种同源关系"。③ 值得注意的是,布尔迪厄一方面指出这种观念是一种"无意识"结构,另一方面认为,这种作为"性情"的观念结构,由社会群体强制性地灌输给男女④,换言之,这种观念或性情是由特定群体内的男女通过社会经验的方式习得的,而并非与

---

① 皮埃尔·布尔迪厄:《言语意味着什么——语言交换的经济》,褚思真、刘晖译,北京:商务印书馆 2005 年版,第 16 页。译文有改动。英文版为:Pierre Bourdieu. *Language and Symbolic Power*,Cambridge:Polity Press,1992,p. 44.

② See Pierre Bourdieu. *Outline of A Theory of Practice*,Cambridge:Cambridge University Press,1977, pp. 78—79.

③ 皮埃尔·布尔迪厄:《男性统治》,刘晖译,北京:中国人民大学出版社 2017 年版,第 148 页。

④ 参见皮埃尔·布尔迪厄:《帕斯卡尔式的沉思》,刘晖译,北京:三联书店 2009 年版,第 165—166 页。

生俱来。显然,这种阐述,体现出布尔迪厄同时融入了结构人类学和发生学结构主义两种彼此对立的理解与方法。同时,正如史沃茨所言,布尔迪厄采取二元对立的分析策略,旨在揭示社会生活中的"统治"与"被统治"的深层结构(deep structure)。① 布尔迪厄正是通过结构主义方法模式,来描述和分析男女之间不平等关系的社会机制,其目的显然旨在剖析和揭示法国当代社会的性政治状况。同时,作为左翼知识分子②,布尔迪厄对男性压制女性的不平等现象,持鲜明的批判立场。女性主义作家西蒙娜·波伏娃(Simone Beauvoir)在其《第二性》中表现出对马克思主义理论的某种青睐,此后,女性主义批评常以马克思主义作为社会批判武器,以使女性获得更多的社会独立性与话语权。此处,布尔迪厄对性政治状况等不平等社会现象的关切,恰恰体现出其马克思主义者对资本主义社会的批判立场。

第二节　象征权力与象征资本

　　尽管在某种程度上,布尔迪厄未能避免结构主义方法的影响,但在其象征权力等诸多其他理论表述中,却明显使得对符号学的运用呈现出新的思路。

　　与巴赫金相似,布尔迪厄倾向于将语言视为一种形成于具体社会关系中的符号体系,同时,他更强调语言对社会关系的形成所发挥的建构作用。在他看来,语言是一种源自特殊场域的习性,同时,也是潜藏于社会关系中的权力表征形式。布尔迪厄发现,在场域内的交际过程中,语言并不仅仅发挥一般交际功能,更为重要的是,行动人往往通过调整其语言策略的方式,来调节他与

---

　　① See David Swartz. *Culture and Power:the Sociology of Pierre Bourdieu*,Chicago and London:The University of Chicago Press,1997, p. 85.

　　② 关于布尔迪厄的左翼知识分子身份,参见其《遏止野火》(河清译,桂林:广西师范大学出版社 2007 年版)等著作。

听话者之间的权力关系，使听话者按照其意愿来具体行事，并尽可能以此赚取象征资本或实际的利润。布尔迪厄认为："语言不只是一种用于交际甚至认识的工具，它也是一种权力工具。人不仅追求获得理解的权利，同时，也追求获得信任、遵从、敬爱和熟识的权利。这样一来，我们应当将语言能力完全界定为说话的权利，亦即合法的语言、被授予的语言和权威性的新语言。语言能力暗示出一种强制他人接受的权力。"①例如，上级希望下级按照自己的意愿行事，在与其交流时，有时会使用下级的方言或习惯使用的表达方式，以此获取了下级的好感，从而使下级全心全意为其服务。上级通过合适的语言策略，使下级从其语言中解码到表层语言之外的特殊内涵，即希望与之平等交流的善意，从而将权力关系暂时掩饰起来，并获得了下级为其服务这一具体利益（profit）。当然，在具体场域中，行动人对语言策略的具体运用方式十分多样，但其目的却无不指向获得不同形式利益的最大化。这种通过语言符号及其权力关系来尽可能赚取社会利益的方式，被布尔迪厄称为象征权力（symbolic power）或象征暴力（symbolic violence）。

　　布尔迪厄从未明确界定"象征权力"的概念，但他指出，所有统治形式都根据某种自身的意志，通过象征形式，使被统治的个体或群体的认知、观念及行为方式向其屈服，这便是象征权力的基本形式。从宏观政治的角度讲，象征权力与马克思主义意义上的"意识形态"颇为相似。布尔迪厄提出："我们可以在社会结构、相同或类似的认识和评价结构的'自动'归并作用中找到这种假设的原则，这种'自动'归并被国家行动强化，在不同的社会中，国家行动能够在某种地域权限的范围内普遍灌输相同的和类似的认识和评价结构的一种共同的观念和区分原则：因此这种原则是一种'逻辑一致（conformisme

---

　　①　转引自汤普森：《意识形态理论研究》，郭世平等译，社会科学文献出版社2013年版，第42—43页。译文根据 Quote from John Thompson. *Studies in the Theory of Ideology*, Berkeley and Los Angeles：University of California Press，1984，pp. 46-47 做了相应改动。

logique)'和一种'道德一致'(conformisme moral)的基础"。① 在他看来,国家或统治集团往往通过包括语言在内的各种符号载体,向被统治群体传达某种引导性认知观念,使其与统治集团达到认知一致,并承认统治集团的行政权力和各项法度、政策的合法性。尽管布尔迪厄不认同"意识形态"这一表述方式,但他承认,"象征权力"等概念与马克思主义在社会批判方面的立场是一致的②,其中,与葛兰西、阿尔都塞意义上的意识形态概念尤其接近。毫不夸张地说,象征权力是布尔迪厄理论思想中马克思主义因素的重要体现。

同时,布尔迪厄对被统治阶层的主体性问题,有独到的理解。对于阿尔都塞而言,被统治阶层始终处于被动"传唤"状态,亦即其社会主体(subject)地位源于被动性的"传唤"效应;葛兰西则通过提出"霸权"概念,指明被统治阶层具有与统治阶层进行意识形态层面的抗争、交流和协调的意识与能力,从而彰显出被统治阶级的主体性。值得注意的是,布尔迪厄认识到,被统治阶层往往会通过与国家政权的交流,有条件地接受国家的象征权力或意识形态教化:"我们对国家命令的服从既不能被理解为对一种权力的机械服从,也不能被理解为一种秩序的有意赞同。社会世界充满了对秩序的呼唤,这些呼唤只对那些预先倾向于它们的人才这样发挥作用"。③ 布尔迪厄从被统治阶级的角度出发,认识到被统治阶级在社会生产及生活中对社会秩序及象征权力的诉求与依赖,而这正是其服从国家象征权力的主要原因。换言之,对象征权力或意识形态的服从,并非消极被动地接受,而是出于自身阶级利益的考虑而主动采纳,被统治阶级的主体性由此体现了出来。从社会学角度来理性看待意识形态在社会生产中的积极作用,正是布尔迪厄象征权力的特别之处。

---

① 皮埃尔·布尔迪厄:《帕斯卡尔式的沉思》,刘晖译,北京:三联书店2009年版,第203页。

② 参见皮埃尔·布尔迪厄等:《社会学家与历史学家:布尔迪厄与夏蒂埃对话录》,马胜利译,北京:北京大学出版社2012年版,第39页。

③ 皮埃尔·布尔迪厄:《帕斯卡尔式的沉思》,刘晖译,北京:三联书店2009年版,第207页。

由此可见，象征权力发挥功能的前提，在于与社会阶级特定意识结构的契合。如前文所述，不少西方学者将马克思视为结构主义者，提出经济基础决定了包括意识形态在内的上层建筑。与之相应，布尔迪厄虽并不否认经济基础与上层建筑或象征权力间的结构问题，并指出其合理性"在于努力得出被如此考察的象征系统的逻辑性"①，然而，他明确否定阿尔都塞等人对意识形态做非历史化的静态阐释，并且指出，与象征权力相契的意识结构，是处于社会生产进程中的社会世界自身结构的产物，是在动态的社会机制中产生的。此处，布尔迪厄再次显现出与列维－斯特劳斯传统的结构主义符号学的差异，并表达出关于结构的发生学的理解。

当然，在布尔迪厄看来，象征权力与意识形态之间也存在差异：意识形态往往以理性话语形式来对社会群体施加影响。与之相比，"象征权力"则往往在微观政治层面发挥作用，例如，以默默温情的形式对人的无意识心理施展潜移默化的作用："象征权力的作用之一是把支配和服从关系改变为情感关系，把权力改变为影响力或能激起某种情感诱惑的魅力"②，例如在企业中，老板往往给予员工少量福利，以此获取员工的信任，并使其更卖力地工作。交际双方彼此明白这种福利的深层功利意义，布尔迪厄称这是一种承认（recognition）过程。但有时，社会行动人却往往不明确象征权力的这种意义，因此，"暴力被强加在行动人身上，他们却浑然不觉地接受了这种暴力，我称这种现象为误认（midrecognition）"。③ 布尔迪厄认为，象征权力不仅仅发挥维护国家政权及统治阶级利益的功能，在日常的人际交往中，也体现出某种不易觉察的"说服"作用。在他看来，这正是一般意识形态理论疏于探讨之处。事实上，在布

---

① 皮埃尔·布尔迪厄：《帕斯卡尔式的沉思》，刘晖译，北京：三联书店 2009 年版，第207 页。

② 皮埃尔·布尔迪厄：《实践理性——关于行为理论》，北京：三联书店 2007 年版，第167 页。

③ Pierre Bourdieu and Loic Wacquant. *An Invitation to Reflexive Sociology*, Chicago and London：The University of Chicago Press, 1992, p.168.

尔迪厄之前的意识形态理论中,确实罕有对社会个体之间的微观政治层面的探讨,因此布尔迪厄的这种观点有一定道理。

对象征权力的使用,广泛存在于资本主义社会的诸多领域。布尔迪厄发现,在法国高等教育体系中,法国的统治阶级便通过教育方式,将获取象征权力的观念不断灌输给学生,使其在成为国家精英的同时,也逐渐为此后成为下一代统治阶级奠定了基础。法国统治阶级由此实现了本阶级统治地位的"再生产"。① 在分析电视新闻节目时,布尔迪厄认为,在节目的制作和播放过程中,整个新闻系统都通过一定技术手段将象征权力施加给普通观众,从而使观众无法全面掌握信息,限制了观众的自由思想权利②,这种观点显然十分接近于法兰克福学派的大众文化批判。通过揭示象征权力在法国教育系统、新闻传媒业等诸多领域所发挥的支配效应,布尔迪厄对不同社会领域发出了严厉的抨击。

布尔迪厄认为,象征权力不仅仅在政治、社会及日常生活中发挥作用,在经济生活中同样发挥至为重要的功能。布尔迪厄称其为象征经济,亦即以语言、思想及情感等非物质形式作为象征资本的经济形式。"象征资本"这一概念,最早源于布尔迪厄对阿尔及利亚地区卡比尔农民社会的调查。布尔迪厄发现,这一地区的居民,往往具有以礼物的馈赠来维系其生产、生活关系的特征。尤其是在各种节日仪式上,居民们更是十分重视彼此之间的互通往来,并以交换礼物的方式维系彼此的情感关系,使"礼物的交换至少可以得到完全的认可,被视为社会中唯一的商品流通模式……以及确立恒久相互支配关系的仅有的方式"③,以便于自己在进行生产活动中换取他人对自己的实际帮助。因此,卡比尔居民正是通过各种形式的礼物交换,维系着这种建立在亲情

---

① 参见布尔迪厄的《再生产》、《继承人》、《国家精英》等著作。

② Pierre Bourdieu. *On Television*, New York: The New Press, 1996, pp. 17–18. 另见 Pierre Bourdieu. *Acts of Resistance: Against the New Myths of Our Time*, Cambridge: Polity Press, 1998, pp. 73–75.

③ Pierre Bourdieu. *Logic of Practice*, Stanford: Stanford University Press, 1990, p. 112.

基础上的"剥削关系",并使其获得持久性。在这种迥异于资本主义社会的社会形态中,市场开放性极为有限,经济流通程度相对封闭,因此经济流通主要是在熟人之间进行。当然,这种在熟人之间才能得到运行的经济方式,带有极为明显的前现代时期特征,换言之,正是由于乡村经济所具有的共同体性质,成员之间的经济交流往往建立在某种亲缘关系基础上,这使得"象征资本"能够发挥"经济资本"的功能。即便在战争、社会动荡等外在因素而导致经济活动无法正常运行的情况下,依靠象征资本,经济活动同样可以运行下去。

"象征资本"是行动人所获得的一种精神奖励,并由他所在的群体将其赋予为自己带来最多物质利益的人,而布尔迪厄也注意到象征资本得以维护的方式。在布尔迪厄看来,象征资本以习性的形式得到传承,而维护象征资本的观念,是由作为社会群体的乡村等社会单位,以象征的形式,将"劝服"的力量灌输给特定行动人的,其目的在于使这种观念扎根于行动人的心理结构中。布尔迪厄由此揭示和阐明了象征在社会生产中的力量所在。

象征经济正是以象征资本为主要资本形式的经济活动。值得注意的是,在布尔迪厄看来,象征权力在此处发挥着重要作用。尽管布尔迪厄在上述关于象征权力的界定中,将其视为类似于统治阶级用于维护其统治合法性的意识形态,但在此处,布尔迪厄却从微观政治的维度,再次将象征权力界定为维系日常私人之间支配/被支配关系的心理效应。在自然主义经济时期,经济活动往往无法在精准的货品交换行动中完成,换言之,买卖双方并不依循严格的货币计量数据,与之相反,经济活动往往通过被渗入的情感因素而得以完成。这种蕴含着情感因素的经济行为正是象征经济。显然,与资本主义时代将严格的数据计量为基础的经济活动相比,象征经济往往带有浓郁的人文气息。布尔迪厄注意到,在卡比尔地区的象征经济活动中,"女人们不断地交换一些日常小礼物,这些小礼物编织了社会关系,许多重要的,尤其与群体的再生产有关的事都有赖于这些关系,而男人们则负责一些不连贯的、特别的大型交换"①,"交换中,礼物不再是物质的东西,而是变成某种类似信件或能建立社会关系的象征物"②。礼物作为象征符号,在社群群体之间逐渐建构起勾连人际情感的网络,从而在维系情感的名义下,建立起某种支配与被支配的经济—生产关系,并使其有别于建立在纯粹雇佣关系上的一般经济关系。例如在小说《白鹿原》中,白嘉轩在与雇工鹿三的长期雇佣和生活关系中,形成了亲如兄弟的脉脉温情,也使两人间的关系早已超脱了一般"支付佣金/替主人做事"的劳动买卖模式,这样,两人建立于温情基础上的帮助关系,在实际生产活动中也便取代了雇佣式经济关系。显然,象征所具有的情感作用,在生产活动中发挥了组织生产关系作用。

同时,这种以象征资本,即情感及诚意(good-faith)为基础的经济形式,往往体现出"拒绝承认'经济'实践'客观'真相的、也就是'赤裸利益'及工于算计的法则"③的基本属性,显然有别于严格计算成本与利润的现代经济形式,当然,也要相应地承担某些经济层面的损失。尽管如此,从根本上讲,象征资本不能逾越经济规则的基本底线,否则象征经济不可能得到顺利展开。

总而言之,建基于象征资本的象征经济,是象征权力在经济活动中的具体体现方式之一。当象征权力在经济活动中发挥作用时,往往使得情感成为组织、支配经济活动的重要因素。支配人往往以象征权力途径,使被支配人在情感力量的折服下,服从于自己的经济生产指令,并获取相应的利益。象征经济的实质在于,以前现代的生产关系替代资本主义社会的现代化生产关系。值得注意的是,这种生产方式在现代商品社会的某些领域也常被运用,例如,某些大型公司为激发员工的工作热情,会刻意赠送某些代表"公司企业精神"的

① 皮埃尔·布尔迪厄:《实践理性:关于行为理论》,谭立德译,北京:三联书店2007年版,第164页。
② 皮埃尔·布尔迪厄:《实践理性:关于行为理论》,谭立德译,北京:三联书店2007年版,第170页。
③ Pierre Bourdieu. *Logic of Practice*, Stanford:Stanford University Press,1990, p.118.

小礼品。在某种程度上,这种方式正是"象征经济"在现代社会中的具体体现。

在早年的研究中,布尔迪厄曾灵活地将结构主义方法运用于社会学探讨中。随着其个人社会学思考的发展,布尔迪厄逐渐意识到结构主义的缺陷,并转而从象征权力角度考察社会现象。然而,无论是运用哪种符号学形式,布尔迪厄都旨在通过符号学途径达到考察与批判社会的目的,这也显示出布尔迪厄卓尔不群的知识分子风骨。

第十一章　批判立场陈述与多元方法整合:斯图亚特·霍尔的符号学理论及实践

作为伯明翰文化研究学派的代表人物,斯图亚特·霍尔在对西方符号学资源进行批判性审视的基础上,十分注重将遵循不同传统的符号学应用于对政治哲学、传媒学等诸多人文社会学科的批评实践中。尽管其部分符号学实践已得到国内学界一定程度的研究,然而,对于霍尔丰富的社会符号学思想及宽广的符号学实践视野,国内学界尚未给予全面的关注与探讨。本章拟从不同门类符号学的角度出发,对霍尔的符号学观及其符号学实践特征进行讨论。

第一节　对结构主义符号学的理解及运用

如前所述,自 20 世纪 50 年代始,西方符号学开始将索绪尔结构主义语言学的一系列范畴作为其理论的基本方法,由此发展而来的结构主义符号学因此成为在各门类符号学中最具技术操作性的支系,从而在相当长的时间内受到诸多人文社会领域的广泛应用。在这种学科语境中,霍尔从索绪尔、列维-斯特劳斯、阿尔都塞及罗兰·巴尔特等人的著作中汲取结构主义符号学方法,并将这些方法应用于一系列人文社会科学的批评实践中。

　　有西方学者指出,"在霍尔的指引之下,伯明翰文化研究中心开始了结构主义的马克思主义转向"。① 借助结构主义方法,文化研究学派能够对社会关系与文化的关系等范畴进行科学理性的探讨。② 同时,霍尔之所以对结构主义符号学如此青睐,原因还主要体现为以下两点:首先,在源流纷繁的法国结构主义学派中,列维-斯特劳斯和阿尔都塞的理论方法对霍尔所从事的文化研究而言具有极为重要的意义:"在索绪尔之后,借用了语言学模式的列维-斯特劳斯,以其结构主义思想,承诺为'人类文化科学'提供了一种使之更为科学而严谨的全新范式。同时,更加经典的马克思主义主题在阿尔都塞的著作中获得复苏,并被其通过语言学范式的准则而'阅读'和建构(constituted)。"③霍尔认为,这两位思想家以各自的结构主义方法取代了经典马克思主义所持的经济决定论观点,体现出结构主义的方法论优势:文化研究由此得以将社会内部诸多力量间的关系理解为辩证性关系。其次,由于霍尔本人继承了英国文化马克思主义关于经济基础和上层建筑间关系的复杂理解与阐释④,因此在他看来,结构主义方法亦可促使对社会现象的思考不致陷入经济还原论的窠臼。此外,霍尔认为结构主义方法在文化研究中的优势还体现在能够对纷繁复杂的社会诸多领域进行有效的抽象化,并借此对其复杂的关系及结构进行推演与归纳。在这一点上,结构主义与马克思主义的方法论极为相似:"结构主义对抽象化必要性的承认,体现在将其视为被挪用了'真实关系'(real relations)的思维工具上;同时,结构主义还承认在马克思的作品中,

---

　　① 贾妮思·佩克:《斯图亚特·霍尔、文化研究以及悬而未决的文化与"非文化"的关系问题》,宗益祥译,载于张亮等编:《理解斯图亚特·霍尔》,北京:北京师范大学出版社2016年版,第35页。此文对霍尔将结构主义符号学方法引入伯明翰学派的过程进行了较为详尽的描述。

　　② 参见丹尼斯·德沃金:《文化马克思主义在战后英国》,李凤丹译,北京:人民出版社2008年版,第196页。

　　③ Stuart Hall. "Cultural Studies:Two Paradigms,in Culture",in Power and History:a Reader in Contemporary Social Theory,eds..Nicholas,New Jersey:Princeton University,1994, p.529.

　　④ 这种带有后马克思主义倾向的观念,一般被视为始自葛兰西,在法兰克福学派、阿尔都塞等马克思主义者的理论中均有所体现,并几乎贯穿于英国文化马克思主义的整个发展历程。参见斯图亚特·西姆:《后马克思主义思想史》,吕增奎等译,南京:江苏人民出版社2011年版。

有一种对抽象的不同维度之间所存在的持续性复杂运动的表现。"①这样,霍尔将结构主义符号学视为与马克思主义理论一样在文化研究中不可或缺的方法论,这种认可态度为此后文化研究领域的"葛兰西转向"埋下伏笔,其重要意义不言而喻。

霍尔对结构主义符号学方法的应用主要体现于对电视时事节目制作与运营过程的分析。长期以来,播音员与节目参与者间权力关系的复杂性一直是伯明翰学派的研究重点。霍尔从符号学角度,对电视时事节目结构进行了细致的分析与阐释。

霍尔对电视节目作出"内容"(contents)与"形式"(forms)的二元划分。"内容"与"形式"的关系在西方哲学、美学史上是一个持久的讨论主题,美国文学批评家韦勒克指出,两者的关系问题始终贯穿于黑格尔、克罗齐、俄国形式主义及英美新批评甚至当代的学术讨论之中。② 拥有深厚哲学与美学修养的霍尔,将这组范畴应用于现代传媒文化的分析当中,使之在传媒语境中成为全新的文化分析手段。霍尔提出,"内容"指"一旦政治事件及其发展动态被主题化(thematised),成为电视节目的主题(subject-matter)和话题(topics)时,我们就称之为内容","形式"则指"用来意指其内容实际上指的是什么的、并被应用于节目不同环节的诸多话语元素的结合"③,作为节目不同阶段话语框架的"形式"是表现作为政治事件主题的"内容"的单位手段,霍尔由此发现,"节目"具有话题和形式之间的灵活多变的特征。

霍尔对"形式"与"内容"两概念的应用渗透于他为节目制播过程所划分的两个阶段:首先,媒体工作人员对与节目相关的政治信息进行搜集、选择与

---

① Stuart Hall. "Cultural Studies: Two Paradigms", in *Culture, Power and History: a Reader in Contemporary Social Theory*, eds..Nicholas, New Jersey: Princeton University, 1994, p. 532.

② See Rene Wellek, *Concepts of Criticism*, New Heave: Yale University Press, 1963, pp. 54-68.

③ Stuart Hall, Ian Connell and Lidia Curti. "The 'Unity' of Current Affairs Television", in *CCCS Selected Working Papers* (Volume 2), eds. Ann Gray, 2007, p. 342.

整合,并按照节目的具体场景设置及剪辑等形式要求,将其整合为适宜播出的节目话题,这些整理工作由媒体人员完成,因而属于媒体领域内电视节目的"形式"层次;其次,在节目进行过程中,参与者就前一阶段的拟定话题进行自由辩论,以其辩论话语内容"填充"节目的制播形式,这便是节目的"内容"层次。由于参与者必须在节目制作人拟定的"话题"框架下才能进行自由辩论,因此其谈话内容不能超出制作人所提供的话题框架。霍尔由此认为,在前一阶段,"两者('内容'与'形式')间的关系毋宁可被描述为电视支配(但并不篡改)政治。这样一来,即可得出'建立和挪用主题=媒体对政治家进行结构或支配'的公式"①,电视节目的"形式"相对于"内容"而言具有某种决定作用,媒体人对节目话题的建立与运用,实际是媒体结构对政治家辩论话语及内容结构的支配。

事实上,这种"内容"与"形式"之间的支配结构,恰体现出霍尔的结构主义符号学的观念:媒体人所定制的电视节目形式是"语言"或"深层结构",而作为"言语"或"表层结构"的话语论辩则由作为话语框架的"深层结构"提供和控制,"深层结构"在无形中对"表层结构"进行匡范和调控,同时也成为时事内容及大众舆论的控制者。

然而上述情况仅仅是就第一阶段而言,时事节目事实上具有极为复杂的逻辑结构。霍尔在分析第二阶段的内容/形式结构时指出,尽管第二阶段是在第一阶段所确定的框架中进行探讨的,然而随着辩论的推进,政治家们将原本由媒体人整合而成的话题还原为一系列政治事件素材,使得原本由媒体支配的话题形式受到"解构与重构",由此使"政治家反过来对媒体进行了结构与支配"②。这样,内容在第二阶段反而成为形式的支配者。尽管霍尔未以符号

① Stuart Hall,Ian Connell and Lidia Curti. "The'Unity'of Current Affairs Television",in *CCCS Selected Working Papers* (Volume 2),eds. Ann Gray,2007, p. 342.
② Stuart Hall,Ian Connell and Lidia Curti. "The'Unity'of Current Affairs Television",in *CCCS Selected Working Papers* (Volume 2),eds. Ann Gray,2007, p. 343.

学方法对第二阶段内容与形式间的关系进行深入分析,但不难看出,如此一来,节目形式的话语框架便根据谈话内容派生出与媒体人事先设定的框架不尽相同的样态,"形式"成为"深层结构","内容"成为"表层结构",两者间的支配关系形式发生倒转。

但在霍尔看来,更能体现两者间结构复杂性的地方在于:在节目制播之前,媒体人在对谈话者的采访过程中,已经受到受访者话语的影响,因此在对话题的搜集和选择过程中,无疑要以这些言论为参考坐标。这样,谈话者的态度及其即将发表的内容成为节目形式潜在的"深层结构",而节目形式却成为"表层结构"。显然,在电视节目的制作准备和播出过程中,"形式"与"内容"的关系,亦即"深层结构"与"表层结构"的关系,在一定程度上呈现出互为前提的辩证结构。由此可见,霍尔在援引索绪尔结构主义符号学方法的同时,能够根据社会文化的具体客观条件,来相应地调整这种方法,显示出其方法运用的灵活性。

此外,"差异"理论也从一定程度上体现出霍尔的结构主义观。"差异"(differential)是结构主义符号学的核心概念:只有当组成部分在系统内与系统其他组成部分之间互相区别并产生差异,符号意义才能形成。列维-斯特劳斯为其人类学研究所确立的二元对立模式,就是最为典型的符号差异观。霍尔深明差异性对符号学具有何等重要的意义:"差异的重要性体现在它是意义的基础,任何意义都无法脱离差异而存在"[1],并承认二元对立模式有其方法论价值。然而,对二元对立模式在具体社会研究中的僵化特性,霍尔却提出了严厉的批评,这种态度与他早年所采取的内容/形式的二元划分法截然不同。这种对二元对立模式的批判,体现出霍尔对待结构主义符号学态度的转变。

---

① Stuart Hall. "The Work of Representation", in *Representation*: *Cultural Representations and Signifying Practices*, ed. Stuart Hall, London: SAGE Publications in association with The Open University, 1997, p. 234.

第二节　对结构主义符号学理论的
批判与后结构主义立场

前文已述,一般认为,索绪尔结构主义符号学的基本认识论和方法论在于,语言学研究必须采取某种共时性的研究态度,关注系统在特定时刻的状态。从客观上讲,这种对索绪尔共时性方法的强调,使包括历史、政治等诸多历时性因素被排除于研究视域之外,从而使符号学方法的批评活力遭到极大削弱,结构主义传统符号学也因这种静态化的认识论和封闭的方法论而遭到学界诟病。例如,当代文化研究界便认为结构主义方法"让敌视结构主义的批评家批评它对待文化采取了一套反历史主义方法"。① 在这种对结构主义的批评声音的影响下,尽管霍尔仍认定结构主义在文化研究中具有不可替代的优势,但对结构主义的理论局限性也逐渐产生了新的认识。

霍尔对马克思主义理论的独到见解和把握早在作于1973年的《电视话语的编码与解码》中便得到体现,他本人亦承认,马克思主义批评理论在文化研究理论框架中具有极为重要的意义。② 值得注意的是,马克思主义理论具有这样一种基本认识:人类社会生产力使社会结构产生变革及发展,使得对社会结构的考察维度必须采取一种动态眼光,因此,马克思主义的历史唯物主义态度,属于被结构主义传统所抛弃的"历时性"范畴,两种思想方法存在本质差异。而作为"一位鲜明的马克思主义者(an explicitly Marxist)"③的霍尔,其所秉持的历史主义文化批判观显然与结构主义符号学的"共时性"方法截然不同,在其结构主义符号学实践中,霍尔也逐渐意识到这种符号学方法的弊病所

---

①　John Storey, *Cultural Theory and Popular Culture*: *An Introduction* (Fifth edition). Edinburgh: Pearson Education, 2009, p. 113.

② 　See Stuart Hall, "Cultural studies and its theoretical legacies", in *Critical Dialogues in Cultural Studies*, edited by David, Kuan-Hsing Chen, London: Routledge, 1996, pp. 262-269.

③ 　Angela McRobbie, *The Uses of Cultural Studie*s. London: SAGE Publications, 2005, p. 10.

在,因此霍尔以结构主义符号学摒弃历史因素的特质作为主要对象,对其展开尖锐的抨击。

尽管对索绪尔将"语言"系统指认为社会属性的态度,霍尔曾给予肯定,但同时又批评索绪尔"几乎只关注符号的能指和所指。同时,很少注意或不注意能指与所指的关系如何服务于我们此前所说的指称的目的,亦即存在于语言之外、'现实'世界之内的事物、人和事件"①。霍尔此处所说的"指称的目的"(purpose of reference),特指其后文所述的"指称物"(referent)概念,也就是由符号指涉的"'现实'世界"的客观事物。霍尔通过对指称物领域——亦即社会现实的强调,来表达对索绪尔将符号意义视为系统封闭性产物观点的批判。霍尔认为,任何符号表意实践都只能在具体的历史文化语境中才能实现,这种观点显然在很大程度上与其马克思主义思想背景有关。

事实上,将历史社会因素视为符号意义的生成动因,也得到其他批评流派学者的支持。例如曾是结构主义者的美国批评家乔纳森·卡勒(Jonathan Culler),随着对结构主义符号学认识的深入,认识到符号意义的生成过程是在历史中偶然形成的。② 这里,霍尔援引卡勒的观点,旨在进一步说明:符号能指与所指关系的确定,亦即符号意义的生成,并不来自符号系统内部诉诸差异性的生成性原则,而是在历史社会的发展过程中约定而成的。因此,符号在本质上产生于各种形态各异的社会、历史活动。

由此可知,在霍尔看来,符号意义的生成始终与历史的动态保持一致,处于不断生成和变化的状态,而作为文化研究而言,便必须寻求一种能够充分考虑到符号意义动态特质的符号学方法:"重要的是,就我们的目的来讲,这种诉诸语言路径的方法应当不会固定意义,并能够打破能指与所指间所有自然

---

① Stuart Hall. "The Work of Representation", in *Representation: Cultural Representations and Signifying Practices*, ed. Stuart Hall, London: SAGE Publications in association with The Open University, 1997, p. 34.

② See Jonathan Culler, *Saussure*. London: Fontana Paperbacks, 1976, p. 36.

而不可避免的联系……由此促成新的意义和新阐释的不断生产。"①这种新的学术要求,使得结构主义的封闭式研究方法不可避免地受到指责:"……这提醒我们警惕那些把大众文化视为自我封闭的体系的研究方法,这种做法……以一种非历史的方式对待传统,分析大众文化形式的时候,好像这些形式从一开始就在自身中包含了某些固定不变的意义或价值"②,正是由于符号灵活多样的意义的生成源自历史、社会等历时性范畴,因此文化研究在借助符号学方法发掘文化的符号意义时,必须以将符号置于广阔的社会视野中为前提:"意义被各种不同媒体生产出来——尤其在当下,意义在现代大众传媒中、亦即在全球传播的复杂技术得到生产,在各种文化中,这种状况使意义以史无前例的规模和速度循环往复"③,霍尔意识到,在分析当代世界日趋复杂的社会文化意义时,结构主义符号学封闭式方法的缺陷已暴露无遗;同时他也指出,许多批评家因考虑到结构主义的这种缺陷而将对符号学的运用转向了后结构主义,事实上,其中就包括霍尔本人。

霍尔的后结构主义倾向在其对恩斯特·拉克劳"接合理论"(articulation)的援引和运用中得到了充分体现。众所周知,当代西方"后马克思主义"的代表人物拉克劳与墨菲延续葛兰西、法兰克福学派等马克思主义者的观点,对经典马克思主义关于经济/上层建筑二元论进行重新思考,并由此发展出独到的后马克思主义理论,而"接合理论"则是其后马克思主义理论的重要方法。霍尔将这一理论观点归纳为:"意识形态要素的政治内涵没有一定的属性(be-longingness)……这样,便必须考虑不同实践——意识形态与社会力量、意识

---

① Stuart Hall. "The Work of Representation", in *Representation*: *Cultural Representations and Signifying Practices*,ed. Stuart Hall,London:SAGE Publications in association with The Open University,1997, p. 32.

② 斯图亚特·霍尔:《解构"大众"笔记》,戴从容译,载于陆扬、王毅编:《大众文化研究》,上海:上海三联书店 2001 年版,第 54 页。

③ Stuart Hall. "The Work of Representation", in *Representation*: *Cultural Representations and Signifying Practices*,ed. Stuart Hall,London:SAGE Publications in association with The Open University,1997, p. 3.

形态内部不同要素、组成社会活动的不同社会集团等——之间的偶然的和不必然的联系"①,也就是说,在意识形态内部可能存在诸多属性不同的构成要素,而建基于某种特定经济结构之上的统治集团,能够通过对产生于不同语境中的其他意识形态构成要素的挪用,在全新的历史语境中为之确立主导性意识形态的地位,从而发挥维护新社会形态的作用,这便是"接合"的实践机制。

霍尔对接合理论的具体运用策略是"对话语式的功能进行再思考的途径——如语言一般",②也就是说,以语言学模式来衡量意识形态在新的语境中所发挥的作用。尽管霍尔认定,社会的运作机制与语言存在共通性,但对"社会"的这种隐喻式分析过程,霍尔并未加以详述。事实上,这正是霍尔所默认的其后结构主义倾向的一种表现。约翰·斯道雷(John Storey)指出:在后结构主义看来,符号的意义(亦即能指与所指的组合方式)会随时空语境的变迁而不断延伸出新的含义,"从能指到能指的不定的传递(referral)……使所指意义无法暂停……使它只得继续意指其他事物"③,语境对能指与新的所指的结合、亦即符号全新意义的生成具有决定性作用,而意识形态正如能指一般,在不同社会语境中,由特定的社会阶级赋予其政治所指意义。英国学者保罗·鲍曼(P. Bowman)曾指出:"对霍尔而言,对特定环节的语境分析(conjunctural analysis)至为重要"④,显然,霍尔对接合理论的理解,既是其后结构主义观点的具体显现,也明显带有马林诺夫斯基等人符号语境论的色彩。

如前所述,霍尔关于经典马克思主义的经济还原论持否定态度,这也从其对接合理论的援引中体现出来关联:"接合是自身得以实现的社会力量与意

---

① Stuart Hall,"On Postmodernism and Articulation:an Interview with Stuart Hall",in *Journal of Communication Inquiry*,vol.10,No.2,1986, p. 53.

② Stuart Hall. "On Postmodernism and Articulation:an Interview with Stuart Hall",in *Journal of Communication Inquiry*,vol.10,No.2,1986, p. 56.

③ Quoted from John Storey. *Cultural Theory and Popular Culture:An Introduction*(Fifth edition). Edinburgh:Pearson Education,2009, pp. 126-127.

④ Paul Bowman,*Post-Marxism Versus Cultural Studies:Theory,Politics and Intervention*,Edinburgh:Edinburgh University Press,2007, p. 59.

识形态或世界理念……间的一种偶然关联",因此,这种关联的偶然性也"不会是由社会—经济结构或位置所必定产生的联系"。① 这样,霍尔对意识形态在不同经济结构中作用的论述,对经典马克思主义关于经济基础/上层建筑的二元决定论做了重新讨论,霍尔也因其符号学观念的变化,实现了由马克思主义者向后马克思主义者的转型,从而体现出霍尔思想与经典马克思主义思想的差异。尽管如此,霍尔在此后的一系列批评工作中,依然坚持着马克思主义的基本立场。

第三节　再现与符码

"再现"(representation),又译为"表征",原本是一个心理学概念,在霍尔的符号学理论中,这一概念指通过语言方式来表达意识观念,也就是对概念的符号化过程②。可以说,再现是霍尔对符号学的又一种理解和运用。

索绪尔将能指、所指(即概念)关系概括为"任意性",霍尔由此提出这样一个问题:如何在同一种语言中确定符号与概念之间的关系。举例而言,英语单词 book 由 b、o、o、k 四个字母组成,但这种任意组合如何代表"由纸装订而成的文化用品"这一概念? 霍尔认为,概念的意义不可能存在于客体或词语本身当中,而是只能通过再现的心理模式将其表达出来,具体而言,是由符码(code)在人类的语言系统与概念系统间建立关联而成。

"符码"是符号学中的重要概念,在当代符号学中,一般指雅各布森交际模式理论中六个元素中的一项。③ 有学者甚至认为,是以符码理论为主的军

---

① Stuart Hall,"On Postmodernism and Articulation:an Interview with Stuart Hall",in *Journal of Communication Inquiry*,vol.10,No.2,1986, p. 55.

② 胡易容、赵毅衡编:《符号学—传媒学词典》,南京:南京大学出版社 2012 年版,第258 页。

③ See Bronwen Martin, Felizitas Ringham. *Key Terms in Semiotics*, Beijing:Foreign Language Teaching and Reasearch Press,2016, p. 48.

事通信学将索绪尔与皮尔斯这两位现代符号学鼻祖引向了对符号学理论的观照与建构。① 霍尔对符码理论的重视从《电视话语的编码与解码》一文便可窥一斑,对此,后文将予以详细分析。具体而言,符码是一种能够将信息嵌入文本并使之得以传达的规则,接受者通过对文本信息的解码而获得这些信息。在霍尔看来,在同一文化共同体内部,成员们所享有的共同的概念图式(conceptual maps)和语言系统,能够使符码在概念与符号间确定一种传译关系(relationships of translation),从而使意义在同一语言及文化内得到稳定与传播。当然,这种对符号意义的稳定作用只是相对的,同一符号的符码很可能因其所处语境的变迁而产生变化。②

意义必须通过语言途径才能获得再现,对其以何种具体途径进行运作的问题,霍尔认为存在三种模式。

第一,反映途径(reflective approach)。人类被认为能够通过语言对感性经验事物的概念进行如实描摹,这种论断显然与柏拉图以来的模仿论颇为相似。但模仿论的缺陷在于忽视了下述事实:语言对客观事物的再现或描摹必须以事物的符号为媒介,而无法再现客观事物本身。一旦脱离对事物意义的准确接收,语言便无法发挥再现功能。这样,就虚拟事物的词语概念而言,由于其符码信息可能无法被接受,意义未能传达给说话人,因此语言便可能无法有效地进行再现。例如,在不了解古希腊神话的人心里,"宙斯"显然是一个无法通过经验而形成表象的概念,在这种情况下,语言便显得苍白无力了。

第二,意向性途径(intentional approach)。通过这一途径,再现意义的生成来自说话者的主观意图。但这种途径的缺陷在于:语言必须依靠文化共同体内人们共有的语言习惯和符码才具备交流功能,因此无法实现绝对的自治,

---

① See Lydia H. Liu, *The clash of empires : the inverntion of China in modern world making*, Cambridge Mass : Harvard University Press, 2004, pp. 8–9.

② See Stuart Hall. ‘The Work of Representation’, in Representation : Cultural Representations and Signifying Practices, ed. Sturart Hall, London : Sage Publications in association with The Open University, 1997, pp.24–25.

换言之,"无论我们的私人意向意义有多么个人化的倾向,都必须经由语言的规则、符码和习惯,才能得到人们的共用和理解。"①例如达芬奇·用左手反写的字迹,便在相当长时间内无法得到世人的解读。只有当人们发现字是反写,由此使字迹恢复了原有的文字写法、语法习惯等语言符码时,其意义才能得到人们的准确读解。

第三,构成主义途径(constructionist approach)。"构成主义"认为,虽然物体也许能为符号提供物质载体,但事物自身却毫无意义,意义的生成必须由诸多社会活动者通过其语言系统建构而成的,这显然属于典型的结构主义观。这里,霍尔的结构主义符号学倾向又一次显现出来。

从霍尔对再现与符码理论的运用中,不难看出其对符号学门类的选择和应用不仅仅局限于结构主义和后结构主义符号学语言学模式,而是具有十分灵活和多元的特质。应用符号学时所具有的方法多样性,在很大程度上反映出霍尔在建构其文化理论的过程中所具有的开阔视野与独到眼光。

第四节 大众传媒中的编码与解码

霍尔在政治、传媒等多种文化领域中的实践,从客观上决定了他对符号学方法的多元观念和使用方式。如果说,前面体现出霍尔关于索绪尔传统符号学的基本应用态度,那么关于符号在传媒、通信方面所发挥的具体作用,是霍尔基于马克思主义立场所进行的最为重要的符号学实践工作。

符号必须通过传达符码并由接受者解码,方可完成符号过程。雅各布森曾提出著名的符号传播的"六因素"论②,事实上远远未能概括符号传播模式

---

① Stuart Hall. "The Work of Representation", in *Representation: Cultural Representations and Signifying Practices*, ed. Stuart Hall, London: SAGE Publications in association with The Open University, 1997, p. 25.这三种模式见 pp. 24—26。

② 详见雅各布森:《语言学与诗学》,滕守尧译,载于赵毅衡编:《符号学文学论文集》,天津:百花文艺出版社 2004 年版,第 175 页。

的复杂性。如上所述,索绪尔和皮尔斯两位现代符号学鼻祖本人便从传播学中获得符号学理论灵感,而对于现代传播的诸多模式,英国学者麦奎尔(Denis McQuail)等人进行了细致归纳,同时借其他学者观点指出,不同传播模式都无法脱离对符号媒介的基本依赖:"传播是个人或团体传递信息、观念或情感","从最普遍的意义上说,传播是一个系统(信源),通过操纵可选择的符号去影响另一系统(信宿),这些符号能够通过连接它们的信道得到传播","传播可定义为'通过讯息进行的社会的相互'作用",①可见,符号学在现代传播学理论中,发挥着不可估量的作用。

作为现代传媒文化研究的重要人物,霍尔同样注意到符号学在现代传播活动中的重要作用。当然,霍尔的传播理论构想及其相应的符号学运用方式,与传统大众传播理论存在相当大的差异。后者一般倾向于认为,信息传播遵循"发送者—信息—接收者"的线性模式,然而,现代社会的传播活动是在一种极为复杂的政治、社会语境中展开的,受到诸多政治及社会因素的影响和制约,因此,传统传播理论远未认识到信息交流结构的复杂性。正是基于对这种研究状况的不满,霍尔在其《电视话语的编码与解码》一文中,对传统的信息传播模式进行了批评,并为传媒研究提供了新的一种符号学范式。对于霍尔的这一贡献,约翰·斯道雷曾称赞道:"如果我们要寻找一个文化研究从利维斯左派、'悲观的'马克思主义、美国传媒模式及文化主义与结构主义脱颖而出的奠基时刻,那恐怕就是霍尔《电视话语的制码解码》的发表。"②

马克思在《〈政治经济学批判〉导言》中,对商品交换过程进行了十分细致的划分,在他看来,商品必须经历"生产、消费、分配、交换/流通"这样四个阶段。值得注意的是,对于当代马克思主义理论而言,符号、语言的生产愈加被

---

① 丹尼斯·麦奎尔、斯文·温德尔:《大众传播模式论》,祝建华等译,上海:上海译文出版社 1987 年版,第 5 页。

② John Storey, *Cultural Studies & The Study of Popular Culture*, Edinburgh: Edinburgh University Press, 1996, 转引自陆扬、王毅:《大众文化与传媒》,上海:上海三联书店 2000 年版,第 68 页。

视为符合商品生产模式,这在费鲁奇奥·洛塞-郎蒂及其诸多追随者的论著中得到了颇为详尽的阐述,此外,保罗·考科曼(Paul Kockelman)、卡尔·温内林德(Karl Winnerlind)等学者,也从不同程度就这一问题进行过论述。[①] 在马克思相关学说的启发下,霍尔以"生产、流通、分配/消费、再生产"四个阶段作为理论基础,对电视话语"意义"的生产与传播进行了划分。

霍尔认为,传播实践主要表现为,信息必须通过信息发出者的编码作用,将之以符码形式编入相应的语言结构中,才能获得相应的意义维度;换言之,信息的发出必须首先以某种话语形式被生产出来。同时,在此后的流通和消费等阶段,信息必须被转换为具有意义的符码,否则便难以获得接受,也就无法完成信息"消费"的过程。总体而言,霍尔的信息传播过程分为三个阶段。[②]

在霍尔看来,信息的"编码"和"解码"是彼此相对独立的不同阶段,这种独立特性贯穿于信息传播的任何一个阶段。首先,在生产阶段,媒体工作者以其媒体专业技术对相关散乱的历史事件进行叙述加工,使其成为适合播出的视听符号形式,亦即"信息形式"(message-form)。此时,对信息形式的整合和确立在整个编码工作中,显然具有支配性意义。必须指出的是,霍尔并未因此而过度强调编码过程的叙述化效应,而是强调:在这一叙述化或意指化(signi-fied)的过程中,受到编码的历史事件,已经被植入了媒体工作者特有的意识形态,因此不可能呈现出其应有的事实状态。在这种情况下,编码工作应尽可能地接近、还原历史事件的本相。霍尔的这种观点,显然与波德里亚对现代媒介技术的批判有某种程度的相似性。

---

① 详见 Ferruccio Rossi-Landi. *Between Signs and Non-Signs*, Amstedam and Philadelphia: John Benjamins Publishing Company, 1992, pp. 233-252; Paul Kockelman. "A Semiotic Ontology of the Commodity", in *Journal of Linguistic Anthropology*, 2006, 16(1), pp. 76-102; Karl Winnerlind. "Money Talks, but What Is It Sayings? Semiotic of Money and Social Control", in *Journal of Ecomomic Issues*, 2010, 35(3), pp. 557-574。

② 关于三个阶段的划分,本书参考了陆扬、王毅:《大众文化与传媒》,上海:上海三联书店2000年版,第69—71页。

然而,媒体工作者的叙述化工作,却并不意味着这种生产结构对电视话语的绝对限定,"尽管电视信息产生于电视的生产结构,却并没有形成截然封闭的体系"①,原因在于,电视观众除了具备信息的接收者的身份,同时也作为信息的重要来源,不断创造着电视信息。从这个意义上讲,电视信息的循环接收(circulation)或消费也是电视节目生产过程的环节,它与电视信息的生产彼此联系,两者共同构成一个整体的交流过程。

当然,信息从生产到接收的过程并非一成不变。在编码过程亦即信息的生产过程中,信息被以符码形式生产出来,并受到由社会生产关系所决定的意识形态的作用;同时,信息必须通过解码途径方能渗入接受者的经验结构之中,使接收者将信息话语中被意指化的意义转换为社会实践或意识,亦即获得具体的政治、社会效应。值得注意的是,符码在编码和解码过程中并非完全对等,信息在传达过程中得到理解的程度取决于信息生产者和解码者所处位置间的对等程度,也就是说,符码往往无法准确、充分地传达信息,在很大程度上与播出者及听众间社会地位的结构差异密切相关。如下页图所示。②

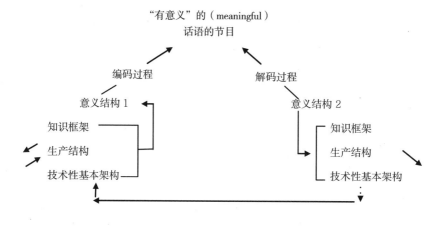

---

① Stuart Hall,"Encoding and decoding in the television discourse", in *CCCS Selected Working Papers*(Volume 2), eds. Ann Gray, 2007, p. 387.

② See Stuart Hall,"Encoding and decoding in the television discourse", in *CCCS Selected Working Papers*(Volume 2), eds. Ann Gray, 2007, p. 388.

　　不难看出,由于知识框架、生产结构和技术性基础架构等不同因素的作用,编码者和解码者居于不同的知识水平之上,并且处于不同的政治、文化语境中,因此,符码信息也便当然处于非对称状态,从而造成了解码过程与编码过程间可能存在的差异。也正是由于这一原因,霍尔认为编码者和解码者处于各自的"自治性"(autonomy)领域中,具有独属于各自群体的话语理解基础。众所周知,"话语"这一概念在福柯等人那里获得了全新的学理意义,意指特定组织、秩序中具有规范功能的语言。此处,处于不同社会实践、生活语境中的编码者和解码者,其不同的话语层(nappes discurcives)①相应地催生了两者间不同的话语类型,两者间的交流活动也因此十分复杂。对此,霍尔以美国电视节目和好莱坞电影为例证,进行了十分细致的实证分析。②

　　第二阶段,亦即在电视节目完成后,电视符号便成为一个复杂符号,承载意义的电视话语随之呈现出一种多义化态势。霍尔指出,这种实际状况与传统传播学理论大为不同,传统传播学倾向于认为,一旦生产者话语以皮尔斯意义上的图像符号(霍尔原文为"iconic signs",实为皮尔斯的 icons,下文简称"像符")得到呈现时,其诉诸视觉感官的直观性便能够准确无误地传达符码信息。这种观点显然是在对语言符号"任意性"的理解基础上而形成的。索绪尔将语言符号中能指和所指的理据性关系界定为"任意性",这与语言符号中能指的音响形象的抽象性相关;然而,像符则由于其视像能指的具象特征,而往往被视为与所指之间具有确定的理据性关系,简言之,"眼见为实、耳听为虚",这便是传统传播学的理由所在。然而,像符在事实上同样具有任意性特征,原因很简单,任何一种图像能指都与语言能指一样,与其所指间呈一种约定俗成的理据关系:一个"卡通熊猫"形象,既可被视为一种熊科动物的像

---

　　①　详见朱迪特·勒薇尔:《福柯思想辞典》,潘培庆译,重庆:重庆大学出版社 2015 年版,第40页。

　　②　See Stuart Hall,"Encoding and decoding in the television discourse", in *CCCS Selected Working Papers* (Volume 2), eds. Ann Gray, 2007, pp. 388–392.

符,也可以是动物园的像符,还可以是"世界物种保护联盟"的像符,其指涉含义随着阐释群体的变化而不同。因此,像符与语言符号一样,其表意过程具有明显的任意性。

正是因为如此,像符同样是符号发出者进行意识形态建构的产物,而传播过程中出现的像符,也是在某种特定权力结构中形成的话语。在霍尔看来,像符话语仅仅是将现实中的三维世界降格为二维,无法指涉其在现实世界中对应的指称物;换言之,无论某种话语采取多么"真实"而清晰的表述方式,也无法完全再现真实,而只能依靠符码来尽可能表述现实事物。因此,像符同样是符码化的符号。"语言没有零度"①,包括像符在内,任何对"真实世界"的表征都是符码化的产物,它们能够以十分"自然化"(naturalized)的方式,使符号接受者在无意识心理层面,将符码视为与现实世界指称物相等同的存在,而无法意识到其符号本质。因此,霍尔以其法兰克福学派式的批判眼光,祛除了符码所谓的透明性、理据性和"自然性"的伪征,并揭示出引发这种心理现象的深层原因,用翁贝托·埃科的话说,便是像符"重新创造出使电视观众能够加以感知的诸多条件"。②

前文已述,"外延"(denotation)与"内涵"(connotation)这对源自中世纪的欧洲哲学的概念,此后被英美语言哲学视为基本分析范式,亦被符号学界援引为批评方法。汉语学界一般将"外延"界定为符号的"字面意义",而将"内涵"界定为基于外延的延伸意义。在日常言语活动中,多数话语符号会同时呈现出外延和内涵两种言语特征,从而在表达其字面意义的同时,亦能够彰显出某种延伸话语,亦即意义没有被"自然化"。这样,如果在特定情境意识形态(situational ideologies)的作用下,符号便能够在内涵层次上不断改变着自己

---

① [英]斯图亚特·霍尔:《编码,解码》,载于罗钢等主编:《文化研究读本》,北京:中国社会科学出版社 2000 年版,第 350 页。

② Stuart Hall, "Encoding and decoding in the television discourse", in *CCCS Selected Working Papers* (Volume 2), eds. Ann Gray, 2007, p.393.引文翻译参考了上述《解码,解码》。

的意义。在不同话语领域所构成的语境作用下,视觉符号的内涵层次会与其他符码化符号呈现出彼此交流和争夺的状况。沃洛辛诺夫(巴赫金)曾提出,"在使用同一符号的共同体(sign community)中,代表不同社会利益的群体之间彼此交际及冲突(intersecting)——亦即进行着'阶级斗争'"的状况决定了符号对现实的"折射(refracted)"①,在某种语境中,各种意识形态话语不断彼此冲击、交融并由此形成新的符码。在霍尔所援引的罗兰·巴尔特的例子中,一件毛衣的外延意义为"暖和的针织品",但在社会意识形态的作用下,毛衣可以依次表达"来临的冬日"、"寒冷的一日"等内涵意义。由此可见,符码总是在其意识形态氛围中受到各种历史、社会因素的影响,并获得超出外延的内涵意义。此处,霍尔对沃洛辛诺夫(巴赫金)符号学观点的援引十分明显。由于视觉符号在诸多意识形态话语的作用下,不断产生新的符码,因此其符码显然呈现出十分开放的潜在性。

然而,霍尔特别指出,符码内涵可能具有的多样化——亦即"多义"(poly-semy)性,却并不意味着"多元性"(pluralism),亦即各种符码的阐释能力彼此不平等,其原因在于,"在各自不同程度的封闭性的影响下,所有社会/文化都可能将自身的区隔(segmentations)、划分作用强加于社会、文化和政治世界及其成员之上"②,社会、政治领域力量的分布不均,使得其话语的内涵符码相应呈现出不平等状况,而其中势力较强的文化力量作为"支配性文化秩序"(dominant cultural order),使社会符码之间存在一种相应更加容易获得认可的"推介性"解读(preferred readings)。然而,这种推介并非自然而然地形成,而是在诸多社会、政治及意识形态的联合作用下逐渐形成的样式,且体现出明显的制度化表征,换言之,这种解读方式,本身渗透着源于社会、经济和意识形态

---

① Valentine Volosinov. *Marxism and the Philosophy of Language*, New York and London:Semi-nar Press,1973, p. 23.

② Stuart Hall,"Encoding and decoding in the television discourse", in *CCCS Selected Working Papers* (Volume 2),eds. Ann Gray,2007, p. 393.

等多方面的秩序逻辑。

由此,整个过程进入观众对电视的"解码"阶段,也就是观众对电视节目的阐释环节。节目制作者通过刻意的节目制作手段,为节目预置了一系列操作规则(performative rules),亦即将强制性的解读方式植入电视话语中,"操作规则尝试强制或选择一个语义领域(semantic domain),使之覆盖另一个语义领域,并强行把规则项(item)植入或移出某种合适的意义群"。① 这样,由于具有支配地位的符码已被事先植入节目之中,观众的解码活动无法超出这种支配意志所限定的内涵意义的范围,阐释行为在事实上必须在制作人所限定的理解范畴内,才能通过对社会总体语境的认识获得对节目实践的把握。

显然,节目制作人此处扮演了话语生产者的角色,通过对话语生产机制的操控和协调,使得能够体现媒体立场的电视话语得到相应的生产,并由此实现其霸权的可能性,电视节目的政治功能由此得以体现。必须指出的是,霍尔并未简单地将媒体和政治家的政治、社会和意识形态立场完全等同起来,而是深刻地指出了两者间的差异,一如其弟子安吉拉·麦克罗比(Angela McRobbie)所言,"电视和政府间具有一种相对独立的关系……主持人、记者们根据其独有的专业编码实践来执行业务,即便供职于 BBC 这样的国立机构,他们如不是迫不得已(in the last instance),一般不会直接服务于政治家"②,显然,霍尔对霸权的理解,完全遵循了葛兰西对这一概念的界定:在葛兰西看来,霸权是由诸多社会机构能够平等拥有、实施的政治权力,而不仅是国家权力机构的特

---

① Stuart Hall,"Encoding and decoding in the television discourse", in *CCCS Selected Working Papers* (Volume 2),eds. Ann Gray,2007, pp. 394–395.

② 安吉拉·麦克罗比:《文化研究的用途》,李庆本译,北京:北京大学出版社 2007 年版,第 17 页。译文根据英文版做了改动。Angela McRobbie. *The Uses of Cultural Studies*. London:SAGE Publications,2005, p. 12.

权。① 由此可见,霍尔所考察的,更多地体现为媒体与普通民众间霸权关系的影响结构。当然,由于霍尔从未明确界定这种"迫不得已"的状况是什么,亦即媒体可以在何种情况下服务于政治家,从而未能使这种考察朝着更为复杂的方向进行下去。

霍尔总结出观众一般具有的三种解码立场②:第一种被称为"支配—霸权立场"(dominant-hegemonic position)。电视观众直接从电视节目中获取内涵意义,并根据用以将信息进行编码的参照符码来对信息进行解码,此时,观众的解码立场与媒体人员的编码立场基本一致③,观众成为电视文本的"理想读者"。第二种立场被称为依据协商符码(negotiated code)的协商立场。在这种情况下,多数观众能够对媒体的支配性符码进行界定,并对支配性话语观点——亦即"霸权性界定的合法性"采取认可态度,但与此同时,观众也强调其自身在这种特定情境之中的独特地位与立场,并要求"支配—霸权"性话语符号对自己所属社会群体的地位做出说明。这样,观众与支配性意识形态之间便呈现出一种协商过程,这便是伯明翰学派所强调的"葛兰西转向"的实质。这种"协商—共同"(negotiated-corporate)性解码活动与前一种"支配—霸权"性编码之间,显然存在难以弥合的矛盾与分歧。霍尔称第三种立场为"对抗符码"(oppositional code),观众完全能够理解电视话语的字面意义及内涵意义,但却采取一种与之截然相反的方式进行信息解码。观众所选取的符码完全依据个人社会经验及利益诉求,并以此为价值判断依据,取代了广播信息意识形态性的理解框架。例如,当观众收听关于限制工资的需求的新闻时,倾向于将"国家利益"解读为"阶级利益",亦即采取了一种无法与支配性符码

---

① 参见仰海峰:《实践哲学与霸权——当代语境中的葛兰西哲学》,北京:北京大学出版社2009年版,第183页。

② See Stuart Hall. 'Encoding and decoding in the television discourse', in *CCCS Selected Working Papers* (*Volume* 2), eds. Ann Gray, 2007, pp.394-397.

③ 在"The'unity'of current affairs television"一文中,霍尔称这种编码和解码之间立场相同的节目具有"同谋主题"(conspiracy thesis)。

相统一的个人解码方式。①

很明显,霍尔的研究,是对媒体意识形态话语的破解行为。作为文化社会学家,霍尔的媒体研究体现出马克斯·韦伯对社会学价值中立(value-free)的诉求。然而在其字里行间,在一位知识分子对于西方社会阶层间意识形态话语格局冷静考察的同时,分明显露出一位马克思主义者对支配阶层通过意识形态所实施的社会控制行为的不满。这也显示出霍尔左派人士的政治立场。同时,霍尔对电视话语符码运作过程的分析,体现出其特有的基于马克思主义立场的符号学实践。霍尔对电视话语符码的分析,是以马克思的商品流通模式为框架,体现出基本的批评途径;同时更为重要的是,霍尔始终是在意识形态的视域框架中剖析编码者和解码者之间的权力话语关系,从而对西方传媒世界中的阶级关系进行了十分深刻的探讨。值得注意的是,相对于此前所强调的结构主义符号学方法,霍尔此处的分析性和操作性显然超出了其共时性研究框架,从而将批评工作进一步地还原至具体的社会语境之中,并使其社会批判工作更加深入对社会文化机制的内核之中。

总而言之,作为一名具有马克思主义理论倾向的批评家,霍尔的符号学观念及对符号学的运用与 20 世纪 50 年代之后许多其他马克思主义批评家一样,始自对结构主义符号学的接受;同时霍尔也与他们一样,基于对结构主义共时性缺陷的认识,而最终在方法上转向了后结构主义符号学,并借此对诸多社会、政治文化现象进行理性分析,以期达到社会文化批判的目的。值得注意的是,符号学方法之所以能在文化研究中确立重要位置,并非霍尔一人之功,在同为文化研究领域权威的托尼·本尼特、麦克罗比、迪克·赫伯迪格(Dick Hebdige)等人的著作中,对遵循不同传统的符号学的应用时常可见。因此,符号学对于文化研究而言,是一种具有持续性的方法传统。梳理霍尔的符号学

---

① 关于这三种立场,参见前述《编码、解码》一文第 356—358 页,以及"Encoding and decoding in the television discourse"一文第 396—398 页。

思想理路,详察其应用不同符号学时的技术操作特点,并以此为据,透析霍尔复杂而精深的人文社会科学思想,对马克思主义批评理论的掘进与文化研究理论的建构无不具有十分重要的意义。

第十二章 批判性阐释与多样化运用:托尼·本尼特的符号学观及实践

　　作为英国文化研究的又一位代表人物,英国马克思主义批评家托尼·本尼特以其一系列理论表述及文化实践而蜚声国内外学界。本尼特十分注重在马克思主义理论的基本立场上,将诸多西方批评方法融合于文学及文化批评实践中,其中,本尼特在其独到的符号学观基础上,亦使对符号学方法的运用成为其马克思主义批评实践的重要维度,从而丰富了马克思主义批评理论在文化研究领域内的具体批评途径。

　　作为人文社会学科的"文化研究"(Cultural Studies),其基本研究旨归在于,必须通过对文化表征体系的考察,来通达隐藏在其表面之下的社会运作机制。显然,要以社会学的名义来研究文化,便必须秉承孔德、孔狄亚克(Etienne Condillac)及涂尔干以来的实证主义方式,对作为社会现象的文化材料表象进行仔细搜集和深入分析。然而,长期以来,或许是由于深受德国古典主义哲学——尤其是黑格尔哲学方法的影响,社会科学领域内注重抽象思辨、轻视经验归纳的现象较为普遍,而这种情况显然极大地影响了社会学发展。作为在英国经验主义氛围中成长起来的本尼特,对这种情况显然是不满足的。作为当代英国文化研究的代表人物,本尼特不仅在文化研究的批评实践方面进行了大量卓有成效的探讨,同时,还经常对作为独立学科的文化研究的研究方法进行深入思考,其中,这种轻视经验归纳的风气便是本尼特着意改善的方面之一。

第一节　"葛兰西转向":结构主义与文化主义的方法融合

在相当长的时间内,作为学科与研究方法的文化研究曾与作为其自身方法的结构主义一样广受质疑。对此,作为文化研究主将的本尼特自然极力维护文化研究的合法性。本尼特提出,"文化研究提供一个知识领域,在考察文化与权力的特定关系时,可以(有选择地)利用来自不同学科的各种观点"①,唯有广泛采取诸多人文社会学科的优势并发挥其所长,才能使文化研究的发展不致裹足不前。在文化研究的诸多方法论中,结构主义符号学与文化主义两种方法占据最为重要的地位。

20世纪50—70年代,结构主义符号学几乎是符号学的同义词,被包括本尼特在内的诸多文化研究者所广泛采纳。同时,"文化主义"最早由英国思想家马修·阿诺德创制,后经由文学家弗兰克·利维斯(Frank Leavis)、斯图亚特·霍尔、埃德蒙·汤普森(Edmund Thompson),尤其是理查·霍加特(Richard Hogart)等人的改进②,最终发展成一种与结构主义符号学相应的研究方法,其基本方法特征体现为"通过分析活生生的文化过程与民众自己生产和消费的文化文本"以"获得社会群体的价值观念"③,亦即通过对普通民众的影视作品、报纸杂志等大量文化文本的实证分析,来把握其意识形态总体

① 托尼·本尼特:《走向文化研究的语用学》,载于吉姆·麦奎根编:《文化研究方法论》,李朝阳译,北京:北京大学出版社2011年版,第45页。
② 武桂杰对"文化主义"的发展历程,尤其是霍加特所发挥的作用进行了梳理和分析,详见其《霍尔与文化研究》第三章,北京:中央编译出版社2009年版。
③ 陆扬、王毅:《文化研究导论》,上海:复旦大学出版社2006年版,第128页。

倾向。

伯明翰学派中文化主义（culturalism）和结构主义两种研究传统基本处于"互不来往"的状态。本尼特认为，原因可能在于两者间至少存在三个方面的巨大差异。首先，结构主义符号学与文化主义具体操作方式大相径庭。如前所述，斯图亚特·霍尔在其名文《文化研究：两种范式》中，曾就这两种方法各自的优点分别进行说明，也因此而暗示了两者之间巨大的差异。大致而言，这种差异体现为结构主义能够对纷繁芜杂的社会文化现象进行模型式抽象化处理，而文化主义则注重对诸多具体文化文本的实证考察。[1] 其次，在对待大众文化问题方面，两者所持的价值立场彼此独立，甚至截然相反。在本尼特看来，结构主义将大众文化视为统治大众思想之后的"意识形态机器"，因此十分注重挖掘隐藏于文本形式内部、并对文本结构进行组织的"深层结构"；文化主义则赞扬大众文化能够真实反映受支配阶级的文化旨趣与价值观，并由此将文化视作特定阶级或性别的本质属性。最后，两种理论传统各有专攻：结构主义注重电影、电视或通俗性写作，文化主义则沉迷于体育、青年亚文化（youth sub-cultures）等领域。[2] 两者间的巨大差异，致使文化研究领域几乎被割裂为两个独立的部分。

尽管彼此处于分裂状态，但两种范式亦有共通之处。在本尼特看来，两者都将研究对象视为某种意识形态的产物，承载了作为统治阶级的资产阶级对被统治阶级的异化作用，而文化研究的主要目的，正是通过对文化文本的分析，发掘隐藏在其中的意识形态逻辑。因此，两种方法在这一共同秉持的立场上实现了契合。同时，结构主义的主要任务在于"通过审读大众文化形式和

---

[1] See Stuart Hall. "Cultural Studies：Two Paradigms", in *Culture，Power and History：a Reader in Contemporary Social Theory*，edited by Nicholas B.Dirks，Geoff Eley，Sherry B. Ortner，New Jersey：Princeton University，1994，p. 523.参看前章"批判立场陈述与多元方法整合：斯图亚特·霍尔的符号学理论及实践"。

[2] See Tony Bennett. *Popular Culture and Social Relations*，Milton Keynes and Philadelphia：Open University Press，1986，pp. xii-xiii.

实践来暴露出统治性意识形态的淆乱(obfuscating)机制,这种机制在文本内部发挥作用,并使读者在与之联系的实践里获得抵制与之相似的机制的理论工具",而对于文化主义者而言,则"将大众文化与低等阶层'自生自灭'(autochtonous)的文化看做是一回事,同时,与包藏着统治性意识形态的普通民众文化的形式之间,彼此分隔、大相径庭"。① 也就是说,在对待资产阶级意识形态对工人阶级的控制的警醒态度上,两者取得了共识。当然,这种相似性并不能改变两者基本无法沟通的事实,而这也使本尼特产生了促成两者实现沟通的希望,并由此提出以葛兰西的霸权理论来化解两种理论范式间的隔阂。

前文已叙,意大利马克思主义理论家葛兰西以其一系列政治、哲学观念而在世界范围的人文社会科学界中享受盛誉,尤其是其"霸权"、"有机知识分子"、"阵地战"等概念,受到西方学者的广泛关注。葛兰西认为,在资本主义社会条件下,资产阶级统治者已从传统的暴力镇压形式中,衍生出一种不易察觉的对无产阶级的统治方式,亦即通过掌控霸权来控制无产阶级的思想领域。因此,工人阶级必须在思想文化领域内与资产阶级统治者展开争夺,"在政治历史的情况下,只要赢得了政治层面的'阵地战',其价值就会得到确定。换言之,在政治领域,如果在阵地战上是否能够取胜还无法决定,那么机动战就得持续下去,国家霸权的资源也便无法被调动起来"。② 这一本来充满浓烈革命意味的政治观念,却在不经意中表达出葛兰西的这样一种认识:意识形态领域由资产阶级统治者和无产阶级被统治者共同构建而成,且呈现出复杂而多元的混合状态。同时,随着两大阵营在文化领域内争夺霸权的双方力量的此消彼长,意识形态的倾向性也会随之发生改变。

大众文化正是文化研究所要研究的意识形态的重要体现领域。从葛兰西

---

① Tony Bennett. *Popular Culture and Social Relations*, Milton Keynes and Philadelphia: Open University Press, 1986, p. xiv.

② Antonio Gramsci. *Selections from Prison Notebooks*, New York: International Publishers, 1971, p. 239.

的理论框架来看,由于意识形态具有复杂性质,因此不应将大众文化偏执地理解为仅仅表达了统治阶级或无产阶级的任何一方的价值倾向和阶级利益,而是应当通过对意识形态内部的语义特征的观察,来判断资产阶级和工人阶级的意识形态对抗在其中的隐喻式表现。这也是对葛兰西"霸权"理论的灵活运用。

本尼特认为,葛兰西虽然突出了资产阶级统治者在诸多伦理道德、文化知识等诸多思想领域的霸权,但其理论更为重要的方面体现为它所暗示的如下事实:在标榜自由竞争的资本主义社会,资产阶级必须刻意营造一种"民主"、"平等"的氛围,使得无产阶级能够在自认为享受到公平权利的情况下接受其政治统治,并在一定程度上接受承载着无产阶级价值观的文化,则是实现其在思想领域内软性专制目的的不可或缺的环节:"资产阶级的霸权之所以能够得到保障,并不是通过清除工人阶级文化的方式,而是将之与后者及其表达形式结合在一起"。① 这样,大众文化不仅代表工人阶级的兴趣品位,其间也渗透着资产阶级的政治企图,从而呈现出统治阶级和无产阶级彼此协调的格局。由此可见,文化和意识形态是统治阶级与被统治阶级进行政治协调的场所,其复杂性质使其不容许被以忠奸两判的价值尺度来衡量。同时更为重要的是,对于文化主义和结构主义两种方法而言,对意识形态的复杂性质的认识,使得文化研究界化解了结构主义和文化主义之间的对立格局。显然,本尼特对葛兰西的霸权理论的援引,使文化研究的两种方法得到了某种程度上的调和。

第二节　索绪尔符号学传统的再阐释

由于后结构主义的理论突破,在当代欧陆学界,由结构语言学始祖索绪尔

---

① Tony Bennett. *Popular Culture and Social Relations*, Milton Keynes and Philadelphia: Open University Press, 1986, pp. xiv-xv. 关于文化研究的"接合理论",详见前章"批判立场陈述与多元方法整合:斯图亚特·霍尔的符号学理论及实践"。

所开创的结构主义符号学传统业已失去往昔在人文社会科学界的辉煌地位。尽管如此,这一符号学支系在英语国家的人文社会科学领域内,至今仍在理论与实践的双重维度上保持着较高的活跃度,这从斯图亚特·霍尔、伊格尔顿对待结构主义方法的某种程度的肯定态度即可窥见一斑。如上节所述,本尼特提出以葛兰西霸权理论,在文化主义和结构主义符号学中加以整合,消解两者间作为文化研究方法所具有的矛盾性,从而表达出对结构主义符号学的肯定态度。① 然而,本尼特所秉持的马克思主义立场,使其能够以审慎的态度看待结构主义符号学传统的理论价值。

　　文化文本往往以意义漂浮无定的纯粹能指形态展现在社会之中。面对这种文化的特殊形态,显然无法以对待社会实际现象的计量化途径去对待文化现象。在这种情况下,符号学是最为有效的研究方法,其明显的技术操作性质,能够准确地分析作为表意实践的文化现象的衍义逻辑,并由此有助于对文化现象之后深层结构的归结。然而,在结构主义符号学大行其道、皮尔斯符号学的价值尚未得到充分认识的 20 世纪 70 年代的西方思想界,符号学有时被界定为对纯形式因素的考察方法,并因其忽视思想内容的倾向而不被认为具有分析社会文化本质的能力。那么,将符号学援引入文化研究及其他社会文化分析批评中,便首先必须解决这一对方法论的认识问题。

　　为解决这一问题,本尼特援引巴赫金学派主要成员沃洛辛诺夫的观点(实为巴赫金本人的观点),从对语言符号的历史形成历程入手,指出了符号的物质性、现实性以及社会历史属性,明确了语言符号是在社会历史的发展过

---

① See Tony Bennett. "Popular Culture and 'The Turn to Gramsci'", in *Popular Culture and Social Relations*, Milton Keynes and Philadelphia:Open University Press, 1986, pp. xi-xviii.2016 年,笔者在举办于杭州的"中国马克思主义美学委员会成立大会"上曾与本尼特教授进行交流。本尼特告诉笔者,自己对符号学的运用,更多地体现在对索绪尔结构主义符号学传统和巴赫金符号学的把握基础上,同时,对于包括皮尔斯逻辑符号学在内的其他现代符号学传统,他尽管有一定了解,但并未直接援引。因此,本尼特教授本人证明了笔者关于本尼特符号学方法源于索绪尔和巴赫金传统的论断。

程中凝结而成的意义结晶,并由此将意识形态界定为符号表意体系(system of signification)①,为符号学被援引如社会文化分析打下了基础。可见,在介绍和运用巴赫金理论资源方面,本尼特同样不遗余力。

美国学者霍克斯援引瑞士学者皮亚杰的"生成性结构主义"观点,强调"结构"的内部调整功能属性使其具备动态性自我建构品质。② 同时,由于索绪尔的"语言"(langue)一般被视为共时性封闭形而上学整体,因此学界很少将结构的自我调节特性运用于对索绪尔"语言"概念的理解。

正是在这一认识基础上,本尼特指出,"语言"能够通过内部调整转化,使其派生形式"言语"在淘汰过时的语言因素的同时,得以产生出全新的语言因素。在这一基础上,本尼特借巴赫金的对话理论,对社群内部语言的具体形成机制展开讨论:"词汇应当……在说话人和受话人间所形成的对话性关系中得到把握"③,也就是说,人类在从事社会生产活动的交际过程中,不断检审和筛选着彼此话语中不利于交际、合作活动的言说方式,同时使有利于交际活动的言说方式得以保留和确立。因此,"语言"的新陈代谢现象,从本质上源于社会生产活动中为适应新的交际形式而形成的全新社会生产关系。由此观之,由于索绪尔忽视了"属于不同群体的诸多说话人,为其语言在这个群体内的使用赋予了一系列迥然相异的原则"④的事实,因此未能意识到:"语言"的"自我调整"特征恰是社会成员在生产活动中调整语言表意功能的体现。

同时,本尼特在对索绪尔结构语言学的批判基础上,对俄国形式主义文论同样进行了历史主义维度的审视。由于极大地秉承了索绪尔结构语言学的共

---

① See Tony Bennett. *Outside Literature*, London and New York: Routledge, 1990, p. 127.

② See Terence Hawkes. *Structuralism and Semiotics*. London and New York: Taylor & Francis Group, 2004, p. 6.

③ Tony Bennett. *Formalism and Marxism*. London and New York: Taylor & Francis Group, 2005, p. 84.

④ Tony Bennett. *Formalism and Marxism*. London and New York: Taylor & Francis Group, 2005, p. 79.

时性认识,俄国形式主义长期被视为对索绪尔传统的延续。客观地讲,俄国形式主义在接受索绪尔共时性研究方式之初,对这种认识维度是持审慎态度的,这从蒂尼亚诺夫与雅各布森对共时性系统的历时性阐释方式即可窥一斑①,然而俄国形式主义在批评实践中对文学内部结构的过分重视,却印证了结构语言学对其具有的实际影响。诚如美国学者詹姆逊所言:俄国形式主义在"将固有属性自身剥离出来"②的方法论方面与索绪尔语言学异曲同工;霍克斯更是提出:"形式主义者与那些'结构'语言学家,同时还与……此后的'结构'人类学家,在彼此致力的工作方面,其共性十分明显。"③

众所周知,形式主义的重要代表什克洛夫斯基在提出文学的"陌生化"原则的同时,将陌生化视为文学形式的演变力量,亦即将文学审美经验层面的"陌生化"效应视为文学形式更迭的动力,从而使对文学形式发展动力的认知脱离了社会历史视野,亦使其陷入共时性的形而上学化阐释方式中。

巴赫金在对索绪尔语言学的批判中,从社会历史角度评析了"语言"的形成过程,也便否定了共时性"语言"的存在可能性:"无论在怎样的历史片段中,共时性系统都不可能出现。"④同时,巴赫金对索绪尔传统的否定,为本尼特从互文性(intertextuality)角度认识语言问题扫清了认识与方法障碍。互文性由法国学者克里斯蒂娃提出,指文本之间的影响与生产关系,同时还具备以下特征:后文本往往能够对前文本所在意识形态语境及形式特征进行不同程度的复制。本尼特指出,推动文学形式演变的动力,并不基于"陌生化"的抽

---

① See Jurij Tynjanov, Roman Jacobson. "Problems in the Study of Literature and Language", in *Readings in Russian Poetics*, eds. by L. Matejka, Michigan: Michigan Slavic Publications, 1978, pp. 79-80.

② Fredric Jameson. *The Prison-House of Language*. Princeton: Princeton University Press, 1972, p. 43.

③ Terence Hawkes. *Structuralism and Semiotics*. London and New York: Taylor & Francis Group, 2004, p. 45.

④ V.N. Volosinov. *Marxism and the Philosophy of Language*, New York and London: Seminar Press, 1973, p. 66.

象替代;新文本的出现,是伴随着历史社会的变动,不同意识形态在争夺文学语言符号的过程中经由排斥、融合之后所产生的互文性产物,"文学性(literariness)……决定于在统治性意识形态场的环境(martrice)中为文本所确立的诸多属性的位置。文学性并不在文本里获得体现,而是体现在镌刻于文本内、文本间的互文性关系内"。① 换言之,文学形式的变更并非基于审美效应的更迭,而是文本所承载的意识形态之间的冲突与交流,导致文本自身在形式上发生的碰撞与融合。本尼特由此将对文学形式的演变的阐释引向了马克思主义批评的历史维度,使其摆脱了原有的形而上学阐释方式。

第三节　话语抑或实存:"历史"的符号学分析

历史主义批评在西方文学批评传统中始终占据着极为重要的地位。同时,贯穿着历史唯物主义观的马克思主义文学理论,也常被理所当然地归入这一批评支系。然而随着新历史主义等后现代主义批评观念的兴起,"历史"的本质内涵在西方人文社会学界饱受争议,而其在文学批评领域的合法性亦引起广泛探讨。

众所周知,马克思主义关于基础/上层建筑的经典论述,在文学批评理论领域被广泛置换为历史/文学这一相应范畴。然而,"历史"这一概念的意涵含混性却使马克思主义文学批评陷入合法性危机中。以新历史主义为代表的诸多西方批评流派认为,历史至少应包括"历史事实"与"历史表述"两种形态,前者指涉历史现实中不能够被人的主观意志所改变的实存事实,后者指在对前者进行叙述化后形成的话语符号。事实上,即便在马克思主义传统内部,这种对"历史"的二元划分同样存在,波兰马克思主义哲学家沙夫在对语言符

---

① Tony Bennett. *Formalism and Marxism*. London and New York: Taylor & Francis Group, 2005, p. 63.

号与现实的关系模式进行总结后①,提出历史既是一种"客观性事件"②,同时其形成也必须受认知主体的主观意识的某种影响。③ 显然,经典马克思主义对"经济基础"的规定属于前一范畴。然而,当基础被以"历史"名义置换入文学批评领域中时,"历史"的后一种含义便往往使马克思主义文学批评必须面对"经济基础是否只是一种话语符号"的方法合理性问题。

在本尼特看来,在马克思主义文学批评领域中,伊格尔顿对历史的错误论述,便是由于对"历史"的含混界定而引发的阐释困境的体现之一。伊格尔顿认为,包蕴着特定意识形态的历史话语决定了文学作品的生产方式,亦即为文本的意义生成提供了具体产生语境;同时,文学文本在被完成后,具备了指涉现实中历史事实的功能,"戏剧性生产(dramatic production)由特定历史决定,是其产物;……它同时还使文本在其内部建立起与自己的客体的关系"。④ 这样,历史便既是文学意义得以生成的话语基础,同时也成为文学能够对之加以还原的客体。对此,本尼特从符号学角度指明了伊格尔顿对"历史"概念的混淆,认为其将分别作为"能指"与"所指"的"历史"——亦即为文本提供意义语境的历史符号,与作为历史实存的指称物(referent)的"历史"混为一谈:"当伊格尔顿谈及作为文学所指的历史时,他心中显然有不止一个层面的意义……但当他谈及作为文学起源和指称物时的历史时,他却在话语的'超出话语的开端'的意义上,使用了该术语的其他意义。"⑤事实上,由于历史事实必须通过历史叙述——亦即作为能指与所指的结合物的话语符号作为基本载体,因此指涉历史实存的指称物在历史叙述的建构过程中似乎总是缺失的,原因在于"似乎发挥指称物功能的记录及原始文献等,与可谓是指称物的指称

① See Susan Petrilli and Augusto Ponzio. "Semantics and critique of political economy in Adam Schaff",in *Semiotica*,2012(9), pp. 150-151.

② Adam Schaff. *History and Truth*. Toronto and Frankfurt:Pergamon Press,1976, p. 183.

③ See Adam Schaff. *History and Truth*. Toronto and Frankfurt:Pergamon Press,1976, p. 191.

④ Terry Eagleton. *Criticism and Ideology*. London and New York:Verso,2006, p. 67.

⑤ Tony Bennett. *Outside Literature*. London and New York:Routledge,2005, p. 42.

物(真正的过去状态)之间,横亘着一条无法弥合的天堑"。① 如果进一步从解构主义角度来审视历史,历史会被视为纯粹建立于缺乏历史的物质性根基的话语符号的基础上,也由此对马克思主义文学批评构成极大的威胁,恰如美国学者柏格森所言:"马克思的社会结构被重新命名为'话语结构',由此体现出一种清晰的符号学假想:集体属性的本质在于话语,而非历史性社会关系。"②那么,马克思主义批评应当如何界定其历史基础的实存性、物质性? 换言之,如何以指称物的物质属性来夯实作为话语符号的历史表述的基石? 由此,对马克思主义批评理论中历史的物质性基础的证明便成为极为棘手的问题。

本尼特从马克思主义的实践性质出发对这一问题予以了解决。马克思曾在《黑格尔法哲学批判》中,强调理论在掌握群众之后所具有的物质性力量。本尼特对这一论断加以延伸,指出马克思主义理论对人类历史进程及社会革新具有的预见性和指导性,使社会运动得以因循历史规律而获得发展。也就是说,马克思主义所预设的历史叙述,能够对无产阶级民众进行指导、组织,也便使其摆脱了资产阶级意识形态的束缚、并在相应的无产阶级意识形态影响下投入到社会活动之中。因此,体现于马克思主义历史叙述中的历史观,尽管以话语符号形式出现,却由于具有改变社会进程物质属性的理论力量,从而与指称历史实存的指称物关联起来。

然而,本尼特并没有阐释以下问题,即作为话语符号的马克思历史叙述在其建构之初,是如何与作为指称物的历史实存产生关联的。众所周知,马克思早年曾从事诸多社会实践工作,尤其是任职于《莱茵报》的经历,使其通过对一系列社会具体事件的接触和认识,为其此后的政治经济学理论建构打下基

---

① Tony Bennett. *Outside Literature*. London and New York:Routledge,2005, pp. 56-57.
② Albert Bergesen. "The Rise of Semiotic Marxism", in *Sociological Perspectives* 36.1(1993), p. 14.

础。同时，马克思曾提出以客体的物质属性作为对其加以认知的基准①，从而在事实上从符号学指称物的角度强调了符号的物质属性、实存性所具有的基本重要性。在这一基础上，德拉-沃尔佩指出，马克思的辩证法理论恰是建立在通过对具体、客观历史事件的总结归纳之上，呈现出从"具体"到"抽象"的符号化理论建构逻辑。② 由此看来，马克思主义理论的话语符号，正是建立在对作为指称物的历史事件的分析与思考的基础上。

第四节　超越索绪尔：大众文学研究中的阅读构架理论

本尼特除在对索绪尔符号学传统本身的审视中，表达出基于马克思主义立场的有别于学界一般认识的阐发观念，同时还将这种独到阐发体现于对索绪尔符号学的具体运用中，其中即包括本尼特的"阅读构架"理论。

"阅读构架"(reading formation)在本尼特的界定中，意指在特定社会群体某种集体观念或意识形态的影响下，对文本所形成的统一性阐释范式或话语表达方式。在阅读构架的作用下，该群体成员能够对同一文本采取基本一致的阐释维度，因此阅读构架亦可被理解为"文本与读者间的关系构成"。③ 受过特定学术批评训练的批评家，往往能够在统一性学术思维的规范下形成相对一致的批评方式，亦即形成统一性阅读构架。因此，研究者往往能够通过对文本结构的剖析而发掘出该批评家群体的阅读框架。然而，伯明翰学派在其大众文化研究过程中面临的问题是：对于大众小说而言，应如何确定其庞大、

---

① 详见《马克思恩格斯文集》第 1 卷，北京：人民出版社 2009 年版，第 276—281 页。

② See Galvano Della Volpe. *Rousean and Marx*, Atlantic Highlands: Humanities Press, 1979, p. 200.

③ Tony Bennett. "Text, Readers, Reading Formation", in *Literature and History*, 1983(9), p. 214.

零散而未经学术训练(untutored)的读者群体的阅读构架?

本尼特从索绪尔的"语言"/"言语"二元模式来理解文本结构/大众读者阅读构架的对立关系。必须指出的是,本尼特此处对索绪尔的"言语"进行了灵活处理:"言语"意指说话者富有个性化的具体言说方式,本尼特从具有非统一性特质的言语角度来理解具有统一性特征的阅读构架,显然认识到了阅读构架在具体话语表述方式上的自由特质。因此,言语与阅读构架的相似性仅体现在话语的表达方式层面,而非阅读构架的统一性阐释倾向方面。

在这种基础上,本尼特提出通过文本结构来探究阅读构架,从而在符号学的认识论和方法论上对索绪尔进行了超越。索绪尔尽管提出,作为人类语言能力集合的"语言"——而非作为具体个性话语的零散"言语",是语言学真正能够加以有效研究的对象,但由于"语言"的先验悬设性质,索绪尔对"语言"的探讨实际仍旧是建立在对具体言语的归纳与分析总结的基础上。与之类似,结构人类学代表列维-斯特劳斯对部族"血亲结构"的形而上学探讨,同样体现于对诸多具体部族组织格局的归纳之中。因此,结构主义实际上是在以实证主义的方法论,来印证其形而上学的认识论,从而呈现出在唯心主义与唯物主义的理解方式间的矛盾与断裂。

然而,索绪尔及其追随者的这种矛盾性理解,客观上为本尼特从辩证的角度理解"语言"和言语间的关系奠定了基础,"言语需要语言的规范体系,以免使自身因其创造性而过于偏离语言规范;反之,语言需要具有创造性特征的言语,以免使其规范性体系过于僵化"。① 因此在对待文本结构和阅读构架的关系时,应当根据文本结构自身以确定其在可能具有的阐释范式,亦即通过对文本结构"内在符码"(fixed code)的解读,重构出文本的基本意义结构。事实上,本尼特的这种方法构想的合理性,已得到当代叙述学的佐证:通过对文本——尤其是大众文学文本的阅读,往往能够确定其基本审美、伦理倾向,亦

① Tony Bennett. "Text, Readers, Reading Formation", in *Literature and History*, 1983(9), p.221.

即确定其隐含作者,并据此推断出隐含读者,或曰文本的基本意义结构。

难点在于,读者群体往往因其社会阶层背景的不同而对文本采取差异性阐释,亦即对文本基本意义的解码,采取"过度阐释"、"弱阐释"等偏离其原初内涵的不同解码方式,使得阅读架构因其阶层属性背景的差异而呈现出极为混杂而矛盾的状况,一如巴赫金所言,语言体系是阶级斗争的场域。①本尼特据此提出,必须在检审读者所处特定阶级背景的前提下,结合具体社会语境来分析读者的话语阐释策略,"个体言说(speech)活动,亦即言语(parole)事件,绝非对语言(langue)加以个体化、主观化使用的产物,而是产生于不同阶级的话语在形成时所产生的融合过程中。"②也就是说,作为话语符号的基本意义结构,在具体阶级语境中获得了相对恒定的阐释模式,意义结构由此获得准确锚定,从而使该阶级的阅读架构得以凸显。

可见,本尼特是从阶级属性角度,来审视文本所可能召唤而出的阅读架构的。这种理解,既是对马克思主义批评理论的基本把握,也体现出对索绪尔符号学的改造性运用,从而呼应了当代学界将马克思主义理论作为阐释学方法的努力。当然,某些学者认为,尽管本尼特对巴赫金理论予以高度重视,但其阅读构架理论却显然忽视了将之与巴赫金理论关联起来的论述,使这一理论未能得到充分得到展开,而这也是本尼特需要予以重视的。③

第五节　大众文化现象的互文性透视

"互文性"理论最早起源于巴赫金的语言哲学理论,此后,克里斯蒂娃在

---

① Valentine Volosinov. *Marxism and the Philosophy of Language*, New York and London: Seminar Press,1973, p. 23.

② Tony Bennett. "Text, Readers, Reading Formation", in *Literature and History*, 1983(9), p. 222.

③ 详见戴维·舍菲尔德:《巴赫金与读者》,载于周启超等主编:《欧美学者论巴赫金》,南京:南京大学出版社 2014 年版,第 221 页。

解构主义意义上强调了这一理论的重要性。不久,"互文性"迅速由其在被创立之初的纯哲学形态,过渡为广受人文、社会学界用于分析社会泛文本的实证性批评方法。① 在文化研究领域,互文性理论早已失去当初的解构主义与精神分析学说的理论旨趣,而被运用为对大众文化生产机制的探讨工具。

如前所述,本尼特曾从互文性理论角度,批判性地重构了俄国形式主义对文学演化现象的论述。同时,他还在将互文性界定为"指涉其他文本的体系"以及在"不同具体接受条件下,诸多文本之间的社会组织关系"②的基础上,将该理论运用于对"邦德现象"等大众文化的分析中,对具有互文性关系的诸多邦德文本间的意识形态关系进行探讨。

英国小说家伊恩·弗莱明(Ian Fleming)笔下的詹姆斯·邦德作为大众小说中的经典角色,其形象作为原文本被广泛改编为电影、电视及各种宣传片等诸多泛媒介文本。本尼特认为,在邦德小说流行之际,作为能指的"邦德"形象借由其他媒介形式派生出诸多其他邦德文本,本尼特由此从互文性角度来界定邦德现象。由此,诸多媒体形式的邦德形象文本间便产生了十分复杂的文化联系。本尼特主要从以下两个方面探讨了邦德现象的互文性特征。

首先,本尼特认为"邦德"形象是一种具有活动性的能指(mobile signifier)。作为小说文本的邦德,在影视、音乐、广告等诸多媒体中,被生产为一系列互文化产物。同时,邦德形象在前一种媒介文本中所承载的意识形态,也得以被后种媒介文本所接纳。"邦德形象在一系列门类广泛的文本所形成的持续变化的过程中得以生产,这些文本在自己建构起来的邦德能指的作用下,彼此结合在一起。"③在互文效应下生产出的文本与前文本形成了具有逻辑关系的统一性,不断生产、改造或传播着前一文本的意识形态。

---

① 参见张颖:《从对话到互文性》,《符号与传媒》2011 年第 2 期。

② Tony Bennett,Janet Woollacott. *Bond and Beyond*:*The Political Career of a Popular Hero*,London:Mcmilan Education,1987, pp. 44-45.

③ Tony Bennett,Janet Woollacott. *Bond and Beyond*:*The Political Career of a Popular Hero*,London:Mcmilan Education,1987, p. 45.

其次,各种邦德文本基本是在同一社会文化语境中被生产出来,因此如仅仅通过对这一整体语境的考察,无法确定划分诸多单个邦德文本所具有的独特客体属性,而是唯有将这些文本置于其与其他文本的互文性关系中,通过对它们之间媒介转换关系的审视,确定其各自的文化、意识形态属性之间的关系及差异,才能实现对单个文本客体性的检审。

可见,本尼特准确地意识到意识形态在互文性理论被用于批评实践中所具有的关键作用,考察到诸多互文性文本间的生产逻辑,并通过实证方式,对隐藏在互文性文本之后的意识形态因素进行了辨析,从而使其批评实践呼应了自己对文化研究"探究文化如何在不同社会关系语境中发挥作用"①的旨趣的马克思主义式界定。

综上所述,本尼特站在马克思主义的基本理论立场上,对索绪尔结构主义符号学传统进行了本体论层面的历史唯物主义阐释,并以此为据,从符号学与意识形态的关系角度,进行了一系列文学及文化批评实践,从而丰富了马克思主义社会文化批评理路,极大地扩展了马克思主义批评传统的方法视域;同时,也在客观上彰显出作为"普遍方法论"的符号学在人文社会科学批评方面的有效性。

---

① Tony Bennett. "The Multiplication of Cultural Studies" Utility, in *Inter-Asia Cultural Studies*, 2013(4), p. 438.

第十三章　其他马克思主义
批评者的符号学

前述马克思主义者的符号学批评实践,无不体现出科学性的方法立场,并在批评过程中,不同程度地形成了自己的理论或批评体系。除此之外,符号学在其他某些马克思主义者的批评中同样成为重要理论方法或探讨对象。

第一节　其他欧美马克思主义者的
符号学理论或实践

一、恩斯特·布洛赫与瓦尔特·本雅明

如前言中所述,德国马克思主义者布洛赫在与卢卡奇发生的"表现主义之争"中,通过对文学形式革新价值的辩解,隐含地表达了对文学符号的关注。此外,布洛赫还在西方修辞学基础上,将"象征"与"寓言"(allegorie)用作自己的"希望"哲学和"乌托邦"理论体系的核心概念。自古希腊的柏拉图以来,诸多西方思想家都以不同形式建构和实践着这一社会观念,尤其在 16 世纪的英国思想家托马斯·莫尔(Thomas More)提出"乌托邦"(Utopia)这一概念后,对未来理想世界的无尽向往越来越成为思想者们的哲思对象。然而,西

方近代一系列乌托邦社会实践的失败,使得"乌托邦"往往带上了"虚幻空无"的无奈意味。尽管如此,布洛赫认为却从马克思主义角度,为这一观念赋予了全新的内涵。

在布洛赫看来,马克思主义应当且能够成为引领人类实现希望、通达乌托邦世界的基本理论。在回顾了自柏拉图以来西方思想界中的一系列"乌托邦"形式后,布洛赫提出,马克思主义的乌托邦是现实而具体的,是"一种具体的乌托邦的新事物"①,马克思主义能够从意识形态角度,审视人类历史的发展走向,并引领人类开辟美好的乌托邦未来。在这个过程中,人类无论遇到怎样的挫折与坎坷,都必须心怀执着的希望,去尽力追求这样美好的乌托邦境界。同时,对乌托邦境界的希望,往往以心理原型的形式在不同艺术品或其他精神产品中得以传承②,并以"寓言"和"象征"两种形式体现出来。

"原型"(archetypes)这一概念,从精神分析学家卡尔·荣格(Carl Jung)的理论表述中得以为学界熟知,本指在人类群体中得以传承下来的某种无意识内容,这种无意识往往呈现为特定的意象形式。布洛赫认为,由于无意识属于意识形态范畴,因此原型正是远古时代社会意识形态的一种表现方式。同时,在布洛赫看来,寓言以某种多样性的意味,暗示人类指向现世生活的瞬时间的复杂感性形式;象征则以其精神意义的统一性,超出了寓言的世俗性表层内涵,使人类实现对历史现实和世俗生活的精神超越。值得注意的是,寓言和象征往往通过人类心理原型的形式,承载着人类在漫长的历史进程中对未来生活的理想与希冀,"寓言包括某种关于瞬时性(transience)的原型,因此其重要性往往建立在多样性(Alteritas)的基础上,与此同时,象征往往被归于意义的统一性",在寓言和象征的形成过程中,精神意义以编码形式注入其中,并逐

---

① 转引自恩斯特·布洛赫:《希望的原理》第一卷,梦海译,上海:上海译文出版社2012年版,"中译本序"第21页。
② 详见恩斯特·布洛赫:《原型和艺术作品中的乌托邦》,王岳川译,载于董学文等编:《现代美学新维度——"西方马克思主义"美学论文精选》,北京:北京大学出版社1990年版。

渐成为不同的原型意象:"在与原型的关联中,寓言与象征的意义以密码(ci-pher)的形式得以形成,而这种意义在客体中同样得以呈现出来"①,无论是作为人类精神中瞬时性体验感知的寓言,抑或作为统一性、超越性精神的象征,都是人类的希望精神的编码产物。同时布洛赫也认为,具有精神超越性的原型不可能产生于世俗生活,而只能从宗教或准宗教中得以形成。

在这一基础上,布洛赫提出,就浪漫主义风格文学而言,原型往往同时以象征和寓言形式体现出来。它们既能够体现诗人瞬时性的感性体验,同时也往往体现出对精神永恒性的追寻。例如,18世纪德国诗人诺瓦利斯(Novalis)在其诗作《夜的颂歌》中,表达了对亡妻的深切缅怀,以及对天国世界的无限遥思。诗歌以"星辰"、"坟茔"等原型意象,表现了诺瓦利斯个人的复杂情绪,同时也表现出对天国及来世的由衷向往。从布洛赫的立场来看,浪漫主义文学的一个重要特征,恰体现为将瞬时意义的寓言和永恒意义的象征辩证性地凝结于原型之中,以此来表达对乌托邦的一种美学理解。正是在这一过程中,人类个体的自我与社会历史实现了同一化,"主体与客体、人与自然相互之间的疏离和他者性都应消失"②,人类最终与历史整体在乌托邦精神中融为一体。

总之,布洛赫认为,人类对希望及乌托邦的渴求往往以文学艺术的原型形式体现出来,而原型又分为寓言和象征两种类型。然而,在布洛赫的潜在逻辑中,象征以其统一性价值内涵超越了寓言的世俗性价值内涵,从而使人类在对乌托邦境界的奋进的历史进程中,体现出浮士德般人类所应有的崇高性。

作为布洛赫的朋友,本雅明与布洛赫一样具有某种神秘主义的神学倾向。在谈论语言现象时,本雅明虽在一定程度上体现出接近于近代语言学的观点,

---

① Ernst Bloch. *The Utopian Function of Art and Literature*, Cambridge and Mass.: MIT Press, 1988, p.138.此处的"密码"实即符码(code)。引文的翻译参考了上述中文版《希望的原理》。

② 佩佐尔特:《论乌托邦的美学意义》,邹进译,载于董学文等编:《现代美学新维度——"西方马克思主义"美学论文精选》,北京:北京大学出版社1990年版,第447页。

提出语言是思想观念的中介,但同时,也为其阐释语言本质的论述过程赋予了浓郁的神学意味。① 与布洛赫一样,本雅明认识到"寓言"与"象征"这组范畴的美学意义,然而,在对待这两种范畴的价值评判上,本雅明却与布洛赫——甚至此前的德国思想家们不尽一致。

对于"象征"和"寓言"的基本含义,本雅明采取了与布洛赫大致相似的界定方式。然而,他不同意歌德及叔本华(Arthur Schopenhauer)等人对象征的艺术价值的褒扬,以及对寓言艺术价值的贬损。在他看来,寓言不如象征那样承载着浓郁的宗教情绪及意味,而是如同文字符号一般,是对日常生活的约定俗成的记录,因此,"符号性质也应当是寄喻(allegorie,即寓言)所具有的"②,同时,也是对世俗精神的某种记录。因此本雅明认为,象征通过具体意象呈现出人类精神宗教般的永恒性,而寓言则以某种世俗符号展示出人类精神的当下性和即刻性,两者的本质区别,体现为形而上和形而下之间的对立。

在详细探讨了德国文献学家克鲁泽尔(Georg Creuzer)对古典时代艺术的分析后,本雅明提出,古典时代艺术已经出现了具有世俗意味的寓言形式。同时他认为,自16世纪开始,近代寓言开始以象形文字的方式,显现出图像式的符号特征,体现出浓郁的文艺复兴时期人文主义倾向,而这种倾向在此后的巴洛克艺术中达到了顶点。

此后,这种寄予着世俗精神的寓言,逐渐体现在17世纪巴洛克艺术中的悲苦剧及音乐等体裁中,同时也通过图像手段,将这种对于象征的形而上学特征相对立的形而下引入作品之中,"悲苦剧是要让寄喻(寓言)式范型转为直

---

① 详见本雅明:《论语言本身和人的语言》,王广州译,载于陈永国等编:《本雅明文选》,北京:中国社会科学出版社1999年版。

② 瓦尔特·本雅明:《德意志悲苦剧的起源》,李双志等译,北京:北京师范大学出版社2013年版,第193页。此节参考了该作的另一版本《德国悲剧的起源》,陈永国译,载于陈永国等编:《本雅明文选》,北京:中国社会科学出版社1999年版。

观图像"①,从而表达出远比宗教更为丰富的内容及意义。例如,在解释德国戏剧的对白时,本雅明认为,对白以通感式的修辞方式,将某种图像式的感性体验传达给读者,使读者通过对诗歌般对白文字的丰富想象,随着聆听和阅读对白的进行,逐渐产生悲伤的情感。这正是悲苦剧中寓言有别于象征的基本世俗性体验特征。可见,与象征相比,寓言以其图像直观式的符号功能,实现了对精神意义的理解与阐发的多元化,从象征到语言的嬗变,不仅仅标志着人类社会中符号意指功能的嬗变,更体现出人类关于灵与肉、彼岸与现世的观念及意识形态的变迁。因此,尽管詹姆逊认为,本雅明的悲苦剧研究尚属于"前马克思主义作品"(pre-Marxist work)②,然而,本雅明在分析过程中所暗中体现出的意识形态维度,使这种分析具有了一定的马克思主义因素。

总之,布洛赫与本雅明都注意到象征与寓言两种不同修辞方式所具有的不同表意内涵,并由此对西方文化发展进程中宗教及世俗意义间的关系进行了文化史考察。尽管这种考察带上了某种神学意蕴,但由于两位学者都意识到象征与寓言的意指功能的客观范畴,因此,他们的批评中仍具有鲜明的科学意味,因此,与其他马克思主义者符号学批评的内在科学精神是一致的。

二、特里·伊格尔顿

作为当代英国马克思主义的代表人物,特里·伊格尔顿以其卓有见地的批评眼光,愈加受到世界范围内马克思主义理论研究界的重视。伊格尔顿以其开阔的理论眼光,不断考察和检审着西方批评理论的发展动态。尽管对符

---

① 瓦尔特·本雅明:《德意志悲苦剧的起源》,李双志等译,北京:北京师范大学出版社2013年版,第239页。后例见该书第243—245页。

② Fredric Jameson. *Marxism and Form: Twentieth-Century Dialectical Theories of Literature*, Princeton and New Jersey: Princeton University Press, 1971, p. 69.

号学的论述大多为评介性文字,但从伊格尔顿某些论述章节中,同样能够看出其对符号学的认识。

与多数马克思主义者不同,伊格尔顿将加拿大原型批评理论的创始者诺斯罗普·弗莱(Northrop Frye)视为一名符号学家,并将弗莱以神话为主要探讨模式的原型批评视为一种结构主义的系统论。与索绪尔的结构主义传统一样,原型批评同样具有一种还原论的批评旨趣,它们都将文学文本视为一个完整的语义系统来加以审视。在这种情况下,文本中每个意象都必须通过与其他意象的对比,方能够体现出自身的价值意义。

伊格尔顿认为,弗莱与结构主义都将历史因素排除于研究范畴之外,同时倾向于从文学结构内部诸多要素的排列和组织形式入手,来探讨文学的美学特质。结构主义文论认为,在文学内部,诸多要素彼此之间平等地构成了整个文学结构,也因此在消解主体的同时,将"结构"本身作为新的主体;同样的,弗莱的原型批评具有"十分鄙夷的'反人文主义'特征。① 当然,结构主义方法忽视文学的历史内涵及文化价值的做法,受到一贯对形式主义文论不满的伊格尔顿的批评。

事实上,伊格尔顿本人便在某种程度上使用了结构主义方法。在《批评与意识形态》中,伊格尔顿提出:作为文学"语法"(grammer)的意识形态话语能够生产文学语言(speech)。② 事实上,这正是对结构主义的直接运用。尽管如此,伊格尔顿对结构主义本身有着独到的见解。与德拉-沃尔佩一样,伊格尔顿认为结构主义的科学属性,使文学批评能够摆脱浪漫主义的主观玄想,而从文学自身结构形式来解析文学的美学特征。然而,结构主义的形而上学特征也使其与马克思主义产生分歧。在伊格尔顿看来,尽管索绪尔将"语言"(langue)视为社会性存在,却忽视了真正的言语活动应当是在具体的人类生产实践活动中被创造出来的。在这种情况下,伊格尔顿十分欣赏巴赫金的语

---

① Terry Eagleton. *Literaray Theory:An Introduction*,Oxford:Blackwell Publishing,1996, p. 81.
② See Terry Eagleton. *Criticism and Ideology*,London and New York:Verso,2006, p. 66.

言哲学观念,"语言,简而言之,是意识形态论争的场地,绝非一个牢不可破的系统;实际上,如果缺少了符号,便不会有任何价值或理念,符号恰恰就是意识形态的物质性媒介"①,这并不仅是简单地援引巴赫金的观点,同时也体现出伊格尔顿个人对语言符号的基本认识。

伊格尔顿对结构主义中的主体问题同样进行了思考。一般认为,结构主义由于将价值平均地分配在结构中的各个部分,从而消解了主体性②。然而,伊格尔顿认为,结构本身正是主体性的体现。读者通过对文本的阅读,往往能从中解读出某种核心思想或"主体位置"(对于叙述性作品而言,则是隐含作者[implied author]),这一主体位置正是结构或主体的体现。然而,这种观念受到了巴尔特"作者已死"的后结构主义观念的诘问,即所有读者都有以自己的阅读背景来解读文本的能力和自由,这样便可能对结构构成冲击和消解。对此,伊格尔顿的观点与伊瑟尔(Wolfgang Iser)较为接近,在他看来,结构主义并不预设作者完全按照文学结构模式来进行解读,"这个概念不过是个颇为顺手的具有探索意义的(或具有考察意义的)虚拟品(fiction),它的作用在于:如果要'恰如其分地'阅读一个特殊文本,要具备哪些条件"③,它为读者提供一个大致的解读参考或框架,并不完全决定读者的解读活动。

在剖析文本与意识形态的关系时,伊格尔顿除了采用上述结构主义式的分析方法,还做了更进一步的符号学分析。与巴赫金、马舍雷等人一样,伊格尔顿认为,由于意识形态的作用,文学无法真正呈现出历史,而只能以"意识形态的产物"形式出现,文学文本最为主要的特征体现为其"虚构性"(fictiveness)。然而,伊格尔顿对文学虚构性的解释,却与此前的马克思主义文学批

---

① Terry Eagleton. *Literaray Theory:An Introduction*,Oxford:Blackwell Publishing,1996, p. 102.

② 详见布洛克曼:《结构主义:莫斯科—布拉格—巴黎》,李幼蒸译,北京:中国人民大学出版社 2003 年版,第 13 页。

③ Terry Eagleton. *Literaray Theory:An Introduction*,Oxford:Blackwell Publishing,1996, p. 105.

评不尽一致。

在伊格尔顿看来,作家在进行写作的过程中,必定受到某些预先存在的意识形态虚构性因素的影响,这些因素不受实际历史事件干扰,而完全出于美学生产自身的需要。这样,即便是那些史实性素材,一旦被组织为诗性话语,也会失去其作为史实材料的精确性。由于预先存在的意识形态的影响,本应作为指称物的历史与客观事实越来越远,呈现出能指特征,并具有了由作家所赋予的美学意识形态,换言之,历史事件成为一种空疏的能指而被语言所叙述,亦即作为"所指"的文学表层语言,会实现与作为能指的历史的结合,并完成意指过程。同时,"促使能指和所指间的规范关系产生'困扰'的原因,便是'诗性'"①,从什克洛夫斯基的角度看,这种由于意识形态而对历史事件进行诗化的过程便是陌生化。总之,由于作家的意识形态的作用,文本的能指与所指之间往往无法呈现出表意的透明性。尽管如此,伊格尔顿依然提出,对于现实主义或"自然派"(naturalistic)文学而言,文学文本的能指与所指之间能够在一定程度上实现表意的透明性,亦即实现巴尔特所谓的"零度写作"。

然而伊格尔顿提出,无论是否认为文学能够忠实反映内容,这两种意见都没能清晰地概括文本、意识形态和历史之间的关系。在他看来,文学文本中能指与所指的意指过程,必须在意识形态的作用下方能完成;同时,意识形态的形成过程,本身也是一个能指与作为能指的历史的意指过程。此处,伊格尔顿并未说明意识形态中的"所指"是什么,但实际应当指对历史事件的伦理、道德、美学等价值认知。这样,伊格尔顿绘制出如下图表②:

---

① Terry Eagleton. *Criticism and Ideology*, London and New York: Verso, 2006, p. 78.

② See Terry Eagleton. *Criticism and Ideology*, London and New York: Verso, 2006, p. 80.

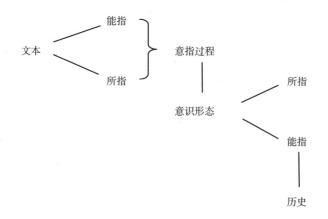

　　伊格尔顿由此指出,作者本来为文本赋予的意指过程,即能指与所指的关系,总是受到意识形态的影响①,一如他在另一部著作中所言:"所有艺术都是从世界意识形态概念中涌现出来。"②然而,意识形态在多大程度上直接显现于文学文本,或曰文本的意指过程在多大程度上体现出透明性,由文本的陌生化程度来决定:特罗洛普(Anthony Trollope)、狄更斯(Charles Dickens)等现实主义作家的小说,往往以其质朴的文学形式,直接体现出英国维多利亚时代的社会风貌相应的时代意识形态;而马拉美(Stéphane Mallarmé)、兰波(Jean Rimbaud)的象征主义诗歌,则以曲折的隐喻方式,暗含了象征主义诗人们对资本主义文明的体察和反思这一意识形态。③ 总之,在伊格尔顿看来,文本形式对意指过程中意识形态的显现程度具有调节和制约作用。

　　此外,伊格尔顿对俄国形式主义及尤里·洛特曼的符号学也进行过一定评述。值得注意的是,伊格尔顿将形式主义的"文学性"概念的范畴扩大到了其他文类之中:"形式主义者并没有宣称,这种对符号的突出只限于文学。'文学性'并不等同于'文学'。文学性可以意外地出现在玩笑、谜语或广告语

---

① See Terry Eagleton. *Criticism and Ideology*, London and New York：Verso, 2006, p.80.

② Terry Eagleton. *Marxism and Literary Criticism*, London and New York：Routledge, 1989, p. 15.

③ See Terry Eagleton. *Criticism and Ideology*, London and New York：Verso, 2006, p.81.

中,然而,在一些文学作品(像现实主义小说)中,它相对稀少。"①文学性并不是文学自身的属性,而是存在于所有具有文学自律性特征的类文本的共有特征。在《理论之后》(*After Theory*)一书中,伊格尔顿表达出对大众文化及非正统文化的同情。大众文化作为生产机制极其复杂的文化类型,其文学及美学自律性问题同样是一个值得学术界深入探讨的问题。此处,对大众文化的文学性的强调,也体现出伊格尔顿开阔的学术眼光。

语言哲学家米歇尔·达米特指出:"意义理论是哲学的基础部分,它是所有其他部分的基础。因为哲学把对意义的分析(如果不是当作唯一的任务)作为自己的首要任务,因为这样的分析越深入,就越依赖对意义的正确而基本的描述。"②此处所说的"意义"(meaning),指对象的确定性单义指称范畴。同时,在意义之上,还存在一种指向精神境界的无限延伸的超越性价值趋向,即"意义"(significance)。意义的指称范畴不同于含义指称范畴的明确性,而是在无限的精神指向与追求中延续对事物意向的不懈存问。维特根斯坦虽坦承,伦理、宗教等超出含义范畴的意义无法以科学知识话语加以认识和言说,但却对这种超越性价值崇敬有加。③ 显然,含义与意义间的本质区别,在于前者以指称对象的确定性而成为基本表意的分节方式,而后者则因指称的无限延伸而呈现出精神的超越性特征。意义源自含义,又是对含义的价值超越与升华。

在近著《生命的含义》(*The Meaning of Life*)中,伊格尔顿从语言哲学的角度,通过人生含义范畴与意义境界两个层面来界分人生的存在价值。伊格尔

---

①　特里·伊格尔顿:《如何读诗》,陈太胜译,北京:北京大学出版社 2016 年版,第 70—71 页。另,伊格尔顿在访谈《批评家的任务》(王杰等译,北京:北京大学出版社 2014 年版,第 133 页)中同样提出,作者及意识形态应当是文学批评的最为重要的维度。

②　达米特:《弗雷格:语言哲学》,转引自尤西林:《阐释并守护世界意义的人——人文知识分子的起源及其使命》,上海:华东师范大学出版社 2017 年版,第 71 页。此处对"含义"和"意义"的区分与界定,主要系参考该书第 70—82 页。

③　详见维特根斯坦:《维特根斯坦论伦理学与哲学》,江怡译,杭州:浙江大学出版社 2011 年版,第 8 页。

顿从结构语言学的角度界定了事物的基本含义,"如果我们认为,意义只是词汇在语言系统中的某种功能,则所有熟悉这一系统的人都可以自诩,自己明白这个词汇的含义"。① 然而,依靠语言的中介,仅仅能够认识到世界的基本含义,却无法使人类对世界的存在价值及意义保持某种存问的意识和能力,亦即对世界"意义"的追寻,"缺乏意义(significance),意味着缺少人生的定位、属性、目标、质量、价值及指向"。② 与之类似,法兰克福学派批评"工具理性",而强调诗性"价值理性",事实上正是表达了对工业社会中含义消解意义现象的忧思。

同时,"荒诞意识是意义意识的觉醒抬头,它为'人'所独有"。③ 在《等待戈多》等荒诞派戏剧中,作为理性表意体系的语言往往呈现出支离破碎的状态,这正是荒诞派戏剧家的基本写作策略:通过对语言及符号系统再现世界能力的消解,表达出世界的含义及意义业已颠覆这种存在主义悲观情绪。然而,伊格尔顿并不赞成贝克特等荒诞派戏剧家的悲观情绪。在他看来,贝克特在事实上具有一种逻各斯中心主义的情结,认为世界应当存在化身为"戈多"的真理、本质或"逻各斯",逻各斯的缺场,催生了人生意义的荒诞和虚无感。在伊格尔顿看来,含义及意义不是通过被动地"等待"来获得,而是通过积极的创造和阐释来获取的,"意义永远处于一种无穷无尽的过程之中,它从一个符号向下一个符号拖拖拉拉地行进,对这个过程的结束,没有恐惧和希望感。关于意义,我们能够确定的至少包括:意义总能在其原初形态上不断增加。从逻辑上讲,并不存在所谓最终意义(final meaning),因为任何意义阐释活动的停止,同样需要得到阐释。符号总是通过与其他符号的关系来获得意义,因而不

---

① Terry Eagelton. *The Meaning of Life*, Oxford and New York: Oxford University Press, 2007, p. 61.

② Terry Eagelton. *The Meaning of Life*, Oxford and New York: Oxford University Press, 2007, p. 64.

③ 尤西林:《阐释并守护世界意义的人——人文知识分子的起源及其使命》,上海:华东师范大学出版社 2017 年版,第 74 页。

会存在一个巨大的最终符号".① 伊格尔顿的这种观点与皮尔斯"无限衍义"观念十分类似,在他看来,语言符号的含义随着人类阐释活动的变化而相应产生嬗变,这种变化使语言的指称活动失去了固定的目标,也便因此使其可能产生指向无限诗性的精神境界。因此,人类永远能够根据自己全新的阐释活动创造出全新的意义境界,而不必等待"戈多"般的救世主来为其赐予精神意义的丰富性。从马克思主义的立场来看,在对世界对象的认识和改造过程中,人类能够根据自己的内在尺度来把握这种过程,并将自己的本质力量透射于对世界的认识和改造之中,因此,对世界的阐释活动的本质,主要体现为人类的社会生产劳动。

由此可见,尽管伊格尔顿在阐释文学与意识形态的关系上,在有限的程度上借鉴了结构主义符号学的思想方法;但在对两者关系的进一步探讨的过程中,伊格尔顿却仅仅使用了索绪尔的某些基本符号学术语,却从根本上抛弃了索绪尔封闭的思想方法。在分析人生的含义和意义这一存在论问题时,伊格尔顿从类似于皮尔斯"无限衍义"观念的角度出发,探讨了意义对含义的精神超越性旨归。这种探讨拓深了马克思主义批评理论对符号学的理解,同时也暗示了皮尔斯符号学在存在论等精神领域中获得深入运用的可能性。

三、莫伊谢依·卡冈

在相当长时间内,俄罗斯文艺理论家莫伊谢依·卡冈都未能获得国内学界的足够重视。在坚持马克思主义理论原则的基础上,卡冈充分了解了西欧学界的理论发展状况,并对其中的系统论及符号学给予援引,发展出特有的艺术批评的系统论方法,而其中含有明显的符号学意味。

卡冈提出,马克思主义美学应当体现出应有的批评气度,因此必须尽可能

---

① Terry Eagelton. *The Meaning of Life*, Oxford and New York: Oxford University Press, 2007, p. 107.

吸收相关的其他学科,通过这种方式,可以有效地将对各种艺术的探讨纳入美学研究之中,而避免过多地以文学为研究中心。尽管如此,在卡冈的美学论述中,文学批评仍具有十分重要的地位。与巴赫金一样,卡冈对俄国形式主义的去历史倾向持批评态度,但同时提出,马克思主义美学应当对包括文学在内的艺术形式保持关注,原因在于,唯有通过对艺术形式的分析,才能有效通达文学的内在精神及其社会历史内涵。但与巴赫金不同的是,卡冈主张以系统的眼光来看待文学的内容和形式问题。同韦勒克等西方学者一样,卡冈将文学大致分为内部和外部两个层面,同时,将内部和外部的形式分别界定为"内核"和"语言外壳",两者密不可分,共同构成整部作品的基本结构。在"语言外壳"中,包括内容和形式两种层面的因素。内部形式是一种形象系统,它"像内容本身一样,还具有纯观念性:它包括想象所提出的一切东西——从微形象—譬喻(比喻、比拟、换喻等)到人物形象(所谓性格)和它们的相互作用(题材、情节)",外部形式则是"使普通语言结构及其组织按照规则发生变化的物质手段的系统"。① 这样,整部文学作品便经由不同的系统来统摄和管理整部作品的形成。形象系统管理和统摄各种内容因素被合理地安排,使之准确而有机地形成具有整体意义向度的思想内容;同时,外部形式系统则管理语言层面的诸多词汇、语句因素,使之形成井然有序的话语序列。卡冈的系统论和符号学批评方式由此形成。

然而,卡冈并不满足于这种关于系统的内容与形式的二元分法。现代科学往往将对象分为诸多不同认识领域,并进行分门别类的研究。文学同样是一个将诸多客体因素纳入其中的存在形式,例如个人心理因素、意识形态因素、形式因素、伦理道德因素等,正是由于文学具有如此复杂而多样的结构形式,因此才有意识形态批评、精神分析批评、伦理批评、形式批评等诸多批评方法。然而,诸多方法往往只关注文学中属于自己的研究范畴的领域片段,从而

---

① 莫伊谢依·卡冈:《美学和系统方法》,凌继尧译,北京:中国文联出版社1985年版,第67页。

彼此之间发生矛盾。因此,卡冈提出应以系统的方式来看待文学结构,"对于相应的科学是认识对象的各种成分(部分、方面、侧面、层次、因素、阶段等),彼此联成统一的系统,由此,研究它们的一组科学成为科学的系统,每一种科学在这种系统中占据受到规律制约的位置,因此同其他科学处在得到严格规定的相互关系中。"①这样,卡冈进一步认为,每一种艺术形式都必须根据其内在的属性结构来决定其研究方法由哪些科学门类来构成。例如,就一般美术学而言,由关于美术形式的研究和美术史研究构成,前一种主要分析同一类美术作品的风格、流派等形式因素,后一种研究形成这些风格的社会历史原因,等等。质言之,"各门艺术学科学的内部构造取决于所研究对象的结构"②,这显然与深受索绪尔结构语言学影响的俄罗斯形式主义文论的主张极为相似。

同时,卡冈认为艺术具有自己独特的语言类型,亦即艺术语言,因此应当建立特殊的艺术符号学这一门类,并遵循"创作活动—艺术作品—艺术知觉"的信息传播程序来探讨艺术符号的信息传播特征。③ 这里,卡冈借助马克思的艺术生产术语,认为艺术符号的信息总是按照艺术生产、艺术消费和艺术批评的规则来实现流通的,而这个传播流通过程本身也是一个信息系统,其中每一个环节都形成一组相对独立的科学研究门类,卡冈的系统批评论由此得以深化。

卡冈为自己的系统批评论建立了异常庞杂的组织体系。这种援引现代系统论的方法,最大的特点在于将文学或其他艺术视为一种由诸多因素构成的复合体,它从不同科学角度,对文学或艺术的诸多内在及外在因素进行分析和综合性探讨,从而能够对文学现象进行较为全面的探讨。事实上,詹姆逊同样认识到了构成文学作品的诸多因素,但他认为,只有马克思主义才能全面地统

---

① 莫伊谢依·卡冈:《美学和系统方法》,凌继尧译,北京:中国文联出版社 1985 年版,第73 页。

② 莫伊谢依·卡冈:《美学和系统方法》,凌继尧译,北京:中国文联出版社 1985 年版,第75 页。

③ 参见卡冈《美学和系统方法》一书第77—80 页。

摄关于这些因素的分析方法之间的关系。与之类似,卡冈也认识到了马克思主义的"元批评"式方法地位。同时,卡冈的系统论也强调了文学及艺术各自的构成因素的多样性,以及相应的批评方法的多样性,这对苏联美学界长期以来奉行的意识形态批评的单一模式,无疑是一种有益的补充。

四、佩特里莉与庞齐奥

如前所述,以洛塞-郎蒂为代表的意大利马克思主义语言理论学派,越来越得到欧洲学界的重视。这一学派以语言学和符号学为基本考察手段,着重探讨了马克思政治经济学理论中的符号学因素。

在学派成员佩特里莉和庞齐奥的诸多论文中,都体现出对马克思政治经济学的运用。马克思认为,商品之间或商品与货币间的交换,体现出两者之间的等价性,而构成这种等价性的媒介便是以社会必要劳动时间为标准的劳动。同时,在马塞尔·莫斯等学者的人类学著作中,也记载了原始部落中在将诸多物品视为等价物的状况下以物易物的经济行为。[①] 佩特里莉和庞齐奥通过对索绪尔语言学和洛桑学派的比较发现,这种等价交换原则在索绪尔语言学中同样有所体现,"符号的价值是根据其自身在符号系统中的位置决定的,与之类似,在'纯粹经济学'中,商品价值是由它在市场上与其他商品的关系来确定的。"[②]在他们看来,在同一共时体系中,能指与所指的意指过程,一如商品间的等价交换过程,"索绪尔认为,商品之间、或劳动与薪水间的交换,与语言符号(verbal sign)中能指和所指(意指过程)的交换是完全对等的"[③]。两人认为,能指之所以与所指发生意指实践,原因在于两者之间存在某种等价关系,一如商品之间的等价交换;同时,同一能指也可能与系统中其他能指对应

---

① 详见马塞尔·莫斯:《礼物——古式社会中交换的形式与理由》,北京:商务印书馆2019年版。

② Augusto Ponzio. *Man as a Sign*, Berlin: Mouton de Gruyter, 1990, p. 186.

③ Susan Petrilli and Augusto Ponzio. "Exchange in Alices World", in *Semiotics and Linguistics in Alices World*, Berlin: Walter de Gruytev, 1994, p. 75.

的所指发生等价交换。

在这一基础上,两人分析了作家刘易斯·凯罗尔(Louis Carroll)的"爱丽丝"系列小说,发现其中许多有趣的描写恰恰体现出这种等价交换原则。"对于爱丽丝的世界而言,要是花儿不说话,那一定是因为'花圃'太硬以致睡不着觉","花圃"(flower-beds)一词中的"beds"本为"花园"之意,但凯罗尔在此处将其还原为本意"床",亦即以"花圃"(flower-beds)这一能指与"床"这一所指进行了交换;在另一个例子中,"'蝴蝶'(butterfly)这一能指,也希望所指能够承认它是用面包黄油(bread-and-butter)制成的","蝴蝶"(butterfly)中的能指"butter"这里与"黄油"这样一种副食品产生了等价交换。① 于是,能指与其他所指的结合,产生了别有趣味的阅读效果。

当然,佩特里莉和庞齐奥并不是在仅仅品味经典作品中的玩笑。在他们看来,索绪尔的"规约性"(conventional)概念在爱丽丝的世界受到了挑战,同时在这个世界里,能指与所指的交换,正如商品按照凝结于其中的劳动来彼此交换一样,不存在某种统一的语言交换标准,亦即不存在某种索绪尔所谓的"语言"(langue):"在爱丽丝的世界中,那些关于意义的普遍性观念,将意义的产生归因于所有超语言性存在(extralinguistic existence),显得荒诞不经。"② 显然,他们的语言观具有鲜明的反语言学形而上学的倾向,在正统的索绪尔语言学中,能指与所指的表意方式是固定的,也便无法涉及这种交换方式。这正是佩特里莉和庞齐奥反对索绪尔符号学的主要根据,在他们看来,唯有在皮尔斯、巴赫金符号学及其他后结构主义符号学中,这种交换才能实现,且集中体现为符号意义的延伸(deferral among signs)。对于皮尔斯符号学而言,所有符

---

① See Susan Petrilli and Augusto Ponzio. "Exchange in Alices World", in *Semiotics and Linguistics in Alices World*, Berlin: Walter de Gruytev, 1994, p. 76.

② Susan Petrilli and Augusto Ponzio. "Exchange in Alices World", in *Semiotics and Linguistics in Alices World*, Berlin: Walter de Gruytev, 1994, p. 76.

号都不断受到新的解释项符号(*interpretant sign*)①的解释,而新的意义由此得以产生出来。在语言市场上,语言正如商品,根据其能指和所指之间的关系被完成交换,这也是佩特里莉和庞齐奥符号学的核心观念。

五、道格拉斯·凯尔纳

在将波德里亚思想引入美国学界和英语学界的过程中,美国马克思主义学者道格拉斯·凯尔纳发挥了重要作用。事实上,凯尔纳本人也因为对媒介现象的一系列深入研究,而日渐引起学界的重视。前文已述,波德里亚以"拟像"等概念,构建起一个以符码生产为核心的超真实世界理论。在这种基础上,凯尔纳发现这种超真实世界正逐渐构建着后现代科幻小说的写作范式。

在这些写作范式中,最有代表性的便是"赛博朋克"(Cyberpunk)类作品。从词源上讲,"赛博"(cyber)指通过现代电脑技术予以操控管理的方式,"朋克"(punk)则指资本主义社会中某种带有反权威及反正统意味的都市亚文化形式。因此,赛博朋克指"高科技亚文化与下层的街头文化的联姻,或者指的是将艺术状态的科技跟那种融入了波西米亚式的亚文化的感觉、心意、生活方式的变换结合起来的科技意识与文化"。② 赛博朋克正是通过现代赛博技术,表达出底层人物的反权威及反正统情绪。从凯尔纳的描述来看,赛博朋克小说往往表达出作家关于由现代科技所构建的世界对人性的异化与撕裂的忧思,因此带有强烈的反乌托邦小说色彩。凯尔纳以作家威廉·吉布森(William Gibson)的《魔术师》为例,分析了小说中的诸多超真实现象,这些现

---

① See Susan Petrilli and Augusto Ponzio. "Exchange in Alices World", in *Semiotics and Linguistics in Alices World*, Berlin: Walter de Gruytev, 1994, p. 77.

② 道格拉斯·凯尔纳:《媒体文化——介于现代与后现代之间的文化研究、认同性与政治》,丁宁译,北京:商务印书馆2004年版,第511页。原文将"Cyberpunk"译为"赛博妄言"。

象大致可以分为以下几个方面。①

　　首先,小说中充满了波德里亚所描述的"内爆"现象,书中的语言、文化呈现出极端的碎片化状态,并且渗透于日常生活的诸多方面。其次,作品具有一种德国浪漫主义风格,通过对往昔生活的回忆,以表达对现代生活的恐惧与焦虑心理。再次,作品中的人类主体往往脆弱不堪,且总是受到外界技术的操控,在赛博空间之中,主体性一如波德里亚所描写的美国沙漠一般,失去了应有的存在合理性。然而,凯尔纳意识到这种技术统治状况是资本主义社会的一种新的政治条件,亦即资产阶级通过全新的技术手段来操控经济与政治,"《魔术师》是一个关于家族资本主义的死亡与技术获得了主宰地位的新型集团资本主义(corporate capitalism)的胜利寓言"。② 从对资本主义社会文化景观的观察,过渡到对资本主义政治制度的反思,正是凯尔纳超越后期波德里亚思想的具体体现。最后,凯尔纳认为,波德里亚在其《美国》中,对美国拟像文化状况的描写,以及对这种文化沙漠的焦虑感,都具有鲜明的赛博小说的反乌托邦因素。从这个角度讲,波德里亚对后现代文化的描写和反思,对现代小说的创作具有十分重要的启示意义。

　　总之,凯尔纳正是在波德里亚的拟像理论基础上,对资本主义社会文化做了进一步的分析与探讨,并表达出对后现代文化的深沉思考。

第二节　中国马克思主义批评理论的
符号学实践设想

　　在国外马克思主义的发展历程中,符号学理论建构及批评实践具有十分重要的地位。同时,对于中国马克思主义批评而言,关于符号学的理论及批评

---

　　① 详见上述凯尔纳《媒体文化》一书第516—532页。
　　② 道格拉斯·凯尔纳:《媒体文化——介于现代与后现代之间的文化研究、认同性与政治》,丁宁译,北京:商务印书馆2004年版,第528页。

却十分薄弱。

自新中国成立以来，马克思主义理论业已成为包括美学和文学理论、文学批评、语言学等在内的诸多人文社会学科的最为重要的学科门类。同时，包括西方马克思主义理论在内的诸多国外马克思主义，对中国当代的批评理论的指导方法意义也无疑是极为明显的。① 同时，自 20 世纪 80 年代以来，中国的符号学研究也逐渐得到发展，并取得了较为丰硕的成果。然而，从马克思主义角度来研究符号现象，或对马克思主义者的符号学批评的探讨，却相对较为罕见且零散，且往往体现为对语言学的讨论。当然，也有极少数学者注意到了国外马克思主义者对符号学的研究和符号学方法的运用，例如关于波德里亚、詹姆逊的研究，便不可避免地涉及对其符号学思想的探讨，然而这些研究均仅仅对个别马克思主义者的符号学批评及倾向做了一定分析与梳理，而未能将马克思主义与符号学的结合作为文学批评手段，更未能从学术史的高度对符号学现象进行探讨、概括和总结。

当然，关于马克思主义理论的符号学批评，中国美学和文学批评界也出现了某些引人瞩目的学术成果。例如，王杰便在《略论当代中国文学的美学风格》一文中，对陈忠实的《白鹿原》进行了立足于马克思主义理论的符号学批评。在该文中，作者从小说背景的社会历史条件出发，以格雷马斯"矩形方阵"为方法，对"白鹿"、"黑鹿"、"白嘉轩"、"黑娃"等象征意象进行了细致的分析，分析了中国现代派文学的生产条件，并由此提出中国社会主义初级阶段文学生产的基本特征及要求。② 同时，万资姿通过对马克思《1844 年经济学哲学手稿》的阅读，从马克思主义关于人类的社会交际属性的论述出发，论述

---

① 例如马驰在其《西方马克思主义与中国当代文论》（开封：河南大学出版社 2010 年版）一书，便详尽探讨了自 20 世纪早期的西方马克思主义直至当代"新马克思主义"对中国当代文论的多方面影响。

② 详见王杰：《略论当代中国文学的美学风格——兼论〈白鹿原〉的美学阐释》，载于《马克思主义与现代美学问题》，北京：人民文学出版社 2000 年版，第 136—151 页。

了文化符号在社会交际过程中的交际功能进行了探讨。① 此外,傅其林、任真、匡存玖等学者也注意到某些国外马克思主义,尤其是东欧马克思主义的符号学倾向。② 最为值得注意的是,中国学者赵毅衡已经认识到这一现状,并提出了"马克思主义符号学"的重要性,在其主持下,一系列国外马克思主义符号学的论著均在翻译和出版的过程中。他们的研究及相关工作,为中国马克思主义理论事业的丰富作出了贡献。

尽管包括上述几位学者在内的诸多中国学人业已对马克思主义的符号学批评作出了不同程度的贡献,但总体而言,这一研究领域在当代中国仍十分薄弱。本书认为,马克思主义理论的符号学研究在中国当代学界具有十分广阔的学术前景。理由包括以下几点。

首先,我国学术界以马克思主义为思想指导方法,在半个多世纪以来的学术发展中,业已形成了较为成熟的马克思主义思想方法体系。同时,随着学术事业的进一步演进,这一体系将继续得到发展和完善,这对符号学研究而言无疑具有基础方法意义。

其次,在当代中国,符号学越来越获得中国学界的重视。近年来,符号学学术会议蓬勃开展,这些学术活动,在引介国外前沿符号学理论的同时,也表达出国内学界自己对符号学的认识和理解。同时,学界不断涌现出新的符号学专著、译著。这些都说明符号学在国内学界的具有良好的发展前景。

最后,由于符号学的跨学科性,因此获得了包括文学、哲学、传播学、社会学等诸多人文社会科学领域的重视。在国内举办的符号学学术会议上,参会者往往由不同学科领域的学者构成。这种现象,说明符号学自身具有强大的跨学科交流的潜质和生命力。在诸多学科的共同努力下,符号学必定焕发出

---

① 详见万资姿:《符号与文化创造》,北京:中国社会科学出版社 2011 年版,第 6—15 页。

② 详见何志钧等:《马克思主义文艺学:从经典到当代》一书的"马克思主义与符号学批评"一节,该节作者为任真,北京:中国文联出版社 2009 年版,第 356—360 页;匡存玖、傅其林:《捷克斯洛伐克的马克思主义符号学转向》,《江西社会科学》2018 年第 1 期。

应有的学术生机。

综上所述,我们完全有理由相信,中国学界关于马克思主义对符号学的思考、研究,将作出更多贡献,也将由此在国际学术界更加彰显出自己在这一领域中的学术话语。

结　语　科学方法与人文指向

　　佩里·安德森在总结当代西方马克思主义的时代特征时曾提出,较之于第一次世界大战前,当代西方马克思主义理论似乎已经彻底转向了哲学与文化研究领域,而失去了一战前那种将理论与实践结合在一起的锐气。但正如某些学者所言,马克思主义从一开始便致力于将科学方法和伦理关怀结合在一起,这一基本特征自始至终都未曾发生根本变化——即使在近代西方人文思潮"语言学转向"的冲击下,也同样如此。

　　即使是那些历史主义批评家或注重进行意识形态批评的评论家,同样必须依靠符号学或叙述学的术语、模式进行分析,唯有如此,才能有效地揭示文学与文化中的历史与意识形态内涵。对于马克思主义者而言,同样如此。如前所述,马克思主义批评必须以科学为基本研究精神与方法维度,在这种情况下,便不能脱离对科学方法的使用,具有符号学实践的马克思主义批评者们无不以不同表述方式提出,将马克思主义与符号学对立起来是一种荒谬的行为,因为从批评实践的角度而言,理论家如果希图发掘意识形态如何在批评中发挥作用,便必须依赖于具有科学精神的符号学理论遗产资源。我们看到,科学,成为马克思主义符号学批评的基本理论诉求和批评品质。

　　自阿尔都塞师从科学哲学家巴什拉之后,对西方科学史的研究便成为其终身致力的学术领域。此后,他的学生马舍雷、巴里巴尔等学者,大多以马克思主义为基本立场来进行科学学术史探讨,同时,科学方法与态度也成为其研究的基本指向。阿尔都塞反复强调,在马克思的思想发展历程中,存在着意识形态与科学的断裂,科学与作为"虚假意识"的意识形态之间处于不可调和的关系,而马舍雷的"离心论"同样是以科学的名义所展开的论述。即便他们的结构观念受到亚当·沙夫的严厉批评,但沙夫的这种批评视角依然以科学为基本途径。

与之相似,德拉-沃尔佩曾为马克思主义美学批评一味落入对"经济基础"考察的状况感慨不已,在他看来,这种对文学、艺术的审视方式,与自浪漫主义以来直至克罗齐的诸多不加区分地看待文艺现象本体特质的观念如出一辙。因此,他从马克思经典著作中发掘出马克思本人的科学方法倾向,并将之作为马克思主义批评的基本前提,并以此提出使用结构主义"语符学"对马克思主义理论及批评做必要的补充。弗雷德里克·詹姆逊在借符号学分析不同文学及泛文化文本的过程中,清晰地阐明了各自文本得以形成的历史、政治及社会机制,科学地阐释与剖析了诸多文本各自的形成原因及形式特点。

毋庸置疑,这些马克思主义者更多的是从科学理性的角度,将符号学视为分析社会文化领域的工具。与之相比,巴赫金与沙夫的符号学研究,则对符号现象本身进行了科学研究。他们在以列宁对意识形态的科学阐述作为其基本阐释视域的同时,将符号现象视为意识形态在发挥其社会功能时所具有的产物,科学地探讨了符号现象及功能等诸多方面。尤其是在巴赫金关于生物活力的论述中所体现出的符号学思想中,这种科学意味更加明显。显然,科学是马克思主义学者理解和诠释符号学的基本方法和旨归。

同时,这种科学品性也体现于马克思主义批评理论在对符号学方法进行观照和运用的过程中,对符号学方法自身的深刻审视和反思。在结构主义符号学方法兴起后,其封闭性及形而上学特性所带来的方法缺陷很快便受到西方学界的普遍质疑。在这种情况下,马克思主义批评者们同样认识到这种缺陷对其批评工作的不利,于是,纷纷从不同维度和程度,对结构主义符号学方法自身进行深层剖析,理性地认识其方法优势及缺陷,并由此对这种方法进行某种修正。无论是戈德曼对"结构"的生成性的理解,还是巴赫金、马舍雷、詹姆逊、霍尔等学者对结构主义的批评,以及对后结构主义方法的援引,无不体现出对符号学方法自身的理性审视,并使符号学批评更加符合马克思主义所一贯坚持的历史唯物主义立场。这种审视,本身正是马克思主义批评理论进一步深化其批评方法的科学品质的重要体现。

然而,马克思主义者并未因其符号学批评或理论建构而呈现出法兰克福学派所担心的"工具理性"式学科思维,而是在理性分析的同时,以人文关怀为其最为根本的学术旨归。正如某些学者所言,"在他们(指马克思主义文艺理论家)的学术建构背后,我们始终都可以透视到一种非同寻常的伦理关怀"①,在马克思主义理论家们科学的理论建构中,往往渗透着某种深挚的伦理主义关怀;列斐伏尔、波德里亚借助符号学理论,对资本主义消费意识形态进行揭示;巴赫金"对话理论"、"符号生机论"中意味深长的伦理用意令人沉思;即便是德拉-沃尔佩和阿尔都塞这样具有鲜明的科学倾向的马克思主义者,也实际是在借符号的"科学"分析的名义,消解当时某种意识形态意味过于强烈的理论氛围,使理论家能够以更为清醒的哲学眼光来看待世界。同时,伊格尔顿则以分析哲学传统中的符号学,探讨了"人生的意义"这一充满存在论意味的论题。毫不夸张地说,这种指向现实的社会批判,才是他们借鉴结构主义符号学的真实目的。诚然,符号学批评的技术性,对于文学批评实践是极为基础的一环,但唯有将这种技术分析置于某种伦理高度之上,才能使其彰显出应有的价值。

自五四运动始,中国的前辈学人便逐渐以其宽广而独到的视域,意识到马克思主义在审视和改造中国社会落后状况方面所具有的理论指导作用。从那时起,马克思主义便逐渐具备了中国学人借以实现对中国的政治、经济及社会

---

① 邱晓林:《从立场到方法——二十世纪国外马克思主义意识形态文艺理论研究》,成都:巴蜀书社 2006 年版,第 356 页。

等诸多领域进行科学探索的元理论潜质,而马克思主义也成为中国学人在人文社会学科研究方面最具阐释效力的方法论。其中,马克思主义作为文学批评及理论建构的基础性理论,为中国学人从事文学及美学研究提供了最具科学性的理论途径。当然,在相当长时间内,中国文艺理论界的马克思主义批评,与德拉-沃尔佩所描述的"基础—上层建筑"批评模式多少有些相似,往往忽略了对不同艺术文类独到美学价值自身的符号学观照;同时,在探讨美学问题自身时,尽管以马克思主义原理为认识基础,对符号学方法的使用却较为罕见。这便使得中国当代学界在总体上未能将对艺术形式的审美探讨贯彻到马克思主义基本原理当中,从而使当代文学批评及理论所追求的科学品质受到限制,而未能完全摆脱中国传统文论的主观范式。然而,国外马克思主义批评对符号学方法的运用,在很大程度上,为中国马克思主义文学理论及批评提供了有益的科学研究思路及范式,尤其是在对文艺作品中意识形态符号学阐释方面,国外马克思主义批评的助益将尤为可贵。

我们看到,国内学界某些学者,业已在詹姆逊符号学批评的启示下,进行了某些有益的批评实践。当然,这种批评实践的方向可以进一步延续下去,并为中国文学史及批评史提供方法资源。例如,德拉-沃尔佩认为,意识形态是浸渍于语言文字中的理智结构,并遵循语义辩证法规则,经由历史话语的隐喻及象征化过程,最终转变为诗性话语。那么,中国文学同样可以从具体的政治、历史文化语境入手,通过将作品隐喻或象征意象置于具体的历史文化语境之中,探讨这一意象是在由怎样的经济及政治语境中形成的文化氛围中得以呈现的,换言之,探索作为符号的文学意象所蕴含着的深层政治及历史逻辑,而不是仅仅从此前的文化及文学传统中寻求这一意象的内涵。可见,国外马克思主义的符号学批评范式,能够为中国文学史及批评史的建构提供强有力的科学方法借鉴。

同时,就国外发达国家而言,随着后工业社会形态的逐渐形成和固化,信息生产业已成为其产业结构中最为重要的方面,由此,马克思主义批评者们愈加认识到符号学在认识和指导这种社会结构发展方面的重要性。而就中国当代社会发展进程来看,实现经济产业、社会公益服务设施建设等诸多方面,无不急需信息化手段的介入。这样,作为人文社会科学界而言,以马克思主义理论为指导,辅以符号学思想方法,便显得势在必行。当然,中国马克思主义批评理论的符号学理论事业,需要国内学界以历史唯物主义的眼光及态度,将对文化文本的分析与具体的社会发展态势联系起来,方能有效地剖析其中蕴含的历史信息及内涵。总而言之,马克思主义以其鲜明的科学旨向,成为当代国内外——尤其是国内人文社会科学研究当之无愧的元语言,并继续指引中国人文社会科学前行的方向;而对符号学方法的运用,则会大为强化马克思主义理论的科学旨向及品质,使其学科思想引导的方法特征得到进一步的彰显。

参 考 文 献

1. 英文部分

(1)马克思主义及马克思主义相关研究

Althusser, Louis. *Essays in Self-Criticism*, London: NLB, 1976.

Althusser, Louis. *For Marx*, London: The Penguin Press, 1969.

Althusser, Louis. *Lenin and Philosophy and Other Essays*, New York and London: Monthly Review Press, 1971.

Althusser, Louis and Balibar, Etinne. *Reading Capital*, Paris: NLB, 1970.

Althusser, Louis. *The Future Lasts Forever*, New York: The New Press, 1993.

Althusser, Louis. *The Humanist Controversy and Other Writings*, London and New York: Verso, 2003.

Bakhtin, Mikhail. *The Dialogic Imagination: Four Essays*, Austin: University of Texas Press, 1981.

Bakhtin, Mikhail. *Problems of Dostoevsky's Poetics*, Minneapolis: University of Minnesota Press, 1984.

Bakhtin, Mikhail. *Rabelais and His World*, Bloomington: Indiana University Press, 1984.

Bakhtin, Mikhail and Medevedev, P. N.. *The Formal Method in Literary Scholarship*, Cambridge and Mass.: Harvard University Press, 1985.

Baudrillard, Jean. *Baudrillard Live: Selected Interviews*, ed. by Mike Gane, London and New York: Routledge, 1993.

Baudrillard, Jean. *Jean Baudrillard: Selected Writings*, ed. Mark Poster, Stanford and California: Stanford University Press, 1988.

Baudrillard, Jean. *Seduction*, London: Palgrave Macmillan, 1991.

Baudrillard, Jean. *Symbolic Exchange and Death*, London: Sage, 1993.

Bardrillard, Jean. *The Consumer Society: Myths and Structures*, Los Angeles and London: Sage, 1998.

Baudrillard, Jean. *The Mirror of Productoin*, St. Louis: Telos Press, 1975.

Baudrillard, Jean. *The System of Objects*, London; New York: Verso, 1996.

Bennett, Tony. "Text, Readers, Reading Formation", in *Literature and History*, 1983(9).

Bennett, Tony. *Popular Culture and Social Relations*, Milton Keynes and Philadelphia: Open University Press, 1986.

Bennett, Tony and Woollacott, Janet. *Bond and Beyond: The Political Career of a Popular Hero*, London: Mcmilan Education, 1987.

Bennett, Tony. *Outside Literature*, London and New York: Routledge, 1990.

Bennett, Tony. *Formalism and Marxism*. London and New York: Taylor & Francis Group, 2005.

Bennett, Tony. "The Multiplication of Cultural Studies' Utility", in *Inter-Asia Cultural Studies*, 2013(4).

Benton, Ted. *The Rise and Fall of Structural Marxism: Althusser and His Influence*, London and Basingstoke: Macmillan Publishers LTD., 1984.

Bergesen, Albert. "The Rise of Semiotic Marxism", in *Sociological Perspectives*, Vol.36, No.1, 1993.

Blunden, Andy. "The Semiotics of Martyrdom", in *Selected Writings on the Semiotics of Modernity*, Kettering: Erythrós Press and Media LLC, 2012.

Borrelli, Giorgio. "Marx, a 'semiotician'?", in *Critical Discourse Studies*, published online: 29 Mar 2018.

Bourdieu, Pierre. *Outline of a Theory of Practice*, Cambridge: Cambridge University Press, 1977.

Bourdieu, Pierre. *Distinction: A Social Critique of the Judgement of Taste*, Harvard University Press, 1984.

Bourdieu, Pierre. *Logic of Practice*, Stanford: Stanford University Press, 1990.

Bourdieu, Pierre and Wacquant, Loic. *An Invitation to Reflexive Sociology*, Chicago and London: The University of Chicago Press, 1992.

Bourdieu, Pierre. *Language and Symbolic Power*, Cambridge: Polity Press, 1992.

Bourdieu, Pierre. *The Field of Cultural Production*, New York: Columbia University Press, 1993.

Bourdieu, Pierre. *On Television*, New York: The New Press, 1966.

Bourdieu, Pierre. *Acts of Resistance: Against the New Myths of Our Time*, Cambridge: Polity Press, 1998.

Bourdieu, Pierre. *Sketch for a Self-Analysis*, Chicago and London: The University of Chicago Press, 2007.

Bloch, Ernst. *The Utopian Function of Art and Literature*, Cambridge and Mass.: MIT Press, 1996.

Bloch, Maurice. *Marxism and Anthropology: The History of a Relation*, London and New York: Routledge, 2004.

Bowman, Paul. *Post-Marxism Versus Cultural Studies: Theory, Politics and Intervention*, Edinburgh: Edinburgh University Press, 2007.

Clark, Katerina and Holquist, Michael. *Mikail Bakhtin*, Cambridge: Harvard University Press, 1984.

Cohen, Mitchell. *The Wager of Lucien Goldman*, Princeton and New Jersey: Princeton University, 1994.

Debord, Guy. *The Society of Spectacle*, New York: Zone Books, 1994.

Della Volpe, Galvano. *Critique of Taste*, London and New York: Verso, 1978.

Della Volpe, Galvano. *Logic as Positive Science*, London: NLB, 1980.

Della Volpe, Galvano. *Rousseau and Marx*, New Jersey: Humanities Press, 1979.

Eagleton, Terry. *Marxism and Literary Criticism*, London and New York: Routledge, 1989

Eagleton, Terry. *Raymond Williams: Critical Perspectives*, ed. Terry Eagleton, Cambridge: Polity Press, 1989.

Eagleton, Terry. *Literaray Theory: An Introduction*, Oxford: Blackwell Publishing, 1996.

Eagleton, Terry. *Criticism and Ideology*, London and New York: Verso, 2006.

Eagleton, Terry. *The Meaning of Life*, Oxford and New York: Oxford University Press, 2007.

Evans, Mary. *Lucien Goldmann : An Introduction*, Sussex : Harvester Press, New Jersey : Humanities Press, 1981.

Fraser, John. *An Introdution to the Thoughts of Galvano della Volpe*, London : Lawrence and Wishart, 1977.

Godelier, Maurice. *Perspectives in Marxist Anthropology*, London and New York : Cambridge University Press, 1978.

Godelier, Maurice. *Rationality and Irrationality in Economics*, London and New York : Monthly Review Press, 1972.

Godelier, Maurice. *The Mental and the Material : Thought Economy and Society*, Verso, 1984.

Goldmann Lucien. *Power and Humanism*, Nottingham : Russell Press Ltd., 1974.

Goldmann, Lucien. *Lukács and Heidegger*, London and New York : Routledge and Kegan Paul, 1977.

Goldmann, Lucien. *The Hidden God : A Study of Tragic Vision in the Pensées of Pascal and the Tragedies of Racine*, London and Henley : Routledge and Kegan Paul, 1977.

Goldmann Lucien. *Essays on Method in the Sociology of Literature*, St. Louis, Mo : Telos Press, 1980.

Gramsci, Antonio. *Selections from Prison Notebooks*, New York : International Publishers, 1971.

Gramsci, Antonio. *A Gramsci Reader, selected writings 1916-1935*, New York : New York University Press, 2000.

Habermas, Jürgen. *The Theory of Communicative Action* (Vol. 1), Boston : Beacon Press, 1984.

Hall, Stuart. "On Postmodernism and Articulation : an Interview with Stuart Hall", in *Journal of Communication Inquiry*, Vol. 10, No. 2, 1986.

Hall, Stuart. *The Hard Road to Renewal, Thatcherism and the Crisis of the Left*, London and New York : Verso, 1988.

Hall, Stuart. "Cultural Studies : Two Paradigms, in Culture", in Power and History : a Reader in Contemporary Social Theory, eds.. Nicholas, New Jersey : Princeton University, 1994.

Hall, Stuart. "Cultural studies and its theoretical legacies", in *Critical Dialogues in Cultural Studies*, edited by David, Kuan-Hsing Chen, London : Routledge, 1996.

Hall, Stuart. "The Work of Representation", in *Representation: Cultural Representations and Signifying Practices*. Ed. Stuart Hall. London: SAGE Publications Ltd, 1997.

Hall, Stuart. "Encoding and decoding in the television discourse", in *CCCS Selected Working Papers* (Volume 2), eds. Ann Gray, 2007.

Hall, Stuart and Connell, Ian and Curti, Lidia. "The 'Unity' of Current Affairs Television", in *CCCS Selected Working Papers* (Volume 2), eds. Ann Gray, 2007.

Heller, Agnes. *Everyday Life*, London and Boston: Routledge and Kegan Paul, 1984.

Hodge, Robert and Kress, Gunther. *Social Semiotics*, Ithaca; New York: Cornell University Press. 1988.

Horrocks, Christopher. Baudrillard and the Millennium, Duxford and Cambridge: Icon Books, 1999.

Ives, Peter. *Language and Hegemony in Gramsci*, London: Pluto Press, 2004.

Jameson, Fredric. *Marxism and Form: Twentieth - Century Dialectical Theories of Literature*, Princeton and New Jersey: Princeton University Press, 1971.

Jameson, Fredric. *The Prison-House of Language: A Critical Account of Structuralism and Russian Formalism*, Princeton: Princeton University Press, 1972.

Jameson, Fredric. *The Political Unconscious*, London and New York: Cornell University Press, 1981.

Jameson, Fredric. *The Anti - Aesthetic: Essays on Postmodern Culture*. Ed. Hal Foster, Washington: Bay Press, 1983.

Jameson, Fredric. *The Political Unconscious: Narrativa as A Socially Symbolic Act*, London and New York: Routledge, 1983.

Jameson, Fredric. "Reading without Interpretation: Post-modernism and the video-text." *The Linguistics of Writing*, Ed. N. Fabb, D. Attridge, A. Durant and C. MacCabe. Manchester: Manchester University Press, 1987.

Jameson, Fredric. *Brecht and Method*, London and New York: Verso, 1998.

Jameson, Fredric. *The Cultural Turn*, Selected Writings on the Postmodern, 1983 – 1998. London; New York: Verso, 1999.

Jameson, Fredric. *The ideologies of Theory*, London and New York: Verso, 2008.

Johansen, Jorgen Dines. *Dialogic Semiosis: An Essay on Signs and Meanings*. Bloomington: Indiana University Press, 1993.

Kim Joohan. From Commodity Production to Sign Production: A Triple Triangle Model for Marx's Semiotics and Peirce's Economics, in*Semiotica*, 2000, 132(1/2).

Kockelman, Paul. A Semiotic Ontology of the Commodity, in*Journal of linguistic Anthro-pology*, 2006, 16(1).

Laclau, Ernesto and Mouffe, Chantal.*Hegemony and socialist strategy*, London and New York: Verso, 2001.

Levebve Henri. *L' idéologie structuraliste*. Le Droit à la ville: Éditions Anthropos, 1971.

Levebvre, Henri.*The Sociology of Marx*, New York: Columbia University Press, 1982.

Levebvre, Henri.*The Production of Space*, Blackwell Publishing, 1991.

Levebvre, Henri. *Everyday Life in the Mordern World*, New Brunswick; London: Transaction Publishers, 1994.

Levebvre, Henri.*Introduction to Modernity, Twelve Preludes September* 1959 - *May* 1961, London and New York: Verso, 1995.

Lefebvre, Henri. *Writings on Cities*, Oxford: Blackwell, 1996.

Lefevbre, Henri. *Critique of Everyday Life* (Volume 2), London and New York: Verso, 2008.

Levebvre, Henri. *State, Space, World: Selected Essays*, Minneapolis and London: University of Minnesota Press, 2009.

Macherey, Pierre. *A Theory of Literary Production*, London and New York: Routledge & Kegan Paul, 1986.

Macherey, Pierre. *The Object of Literature*, Cambridge: Cambridge University Press, 1995.

Macherey, Pierre. *In a Materialist Way: Selected Essays by Pierre Macherey*, trans. Ted Stolze, London: Verso, 1998.

McRobbie, Angela. *The Uses of Cultural Studies*. London: SAGE Publications, 2005.

Merrifield, Andy. *Henri Lefebvre: A Critical Introduction*, New York and London: Routledge, 2006.

Mulhern, Francis.*Contemporary Marxist Literary Criticism*, New York and London: Taylor & Francis, 1992.

Ogden, C. K. and I. A. Richards.*The Meaning of Meaning: A Study of the Influence of Language upon Thought and of the Science of Symbolism*. New York and London: Harcourt Brace Jovanovich, 1923.

Patterson, Thomas. *Karl Marx, Anthropologist*, Oxford and New York: Berg, 2009.

Peirce, Charles S. *Collected Papers*. Vol. 1. Cambridge Mass: Harvard University Press, 1931.

Petrilli Susan, Ponzio, Augusto. "Exchange in Alices World", in *Semiotics and Linguistics in Alices World*, Berlin: Walter de Gruytev, 1994.

Petrilli, Susan and Ponzio, Augusto .*Semiotics Unbounded: Interpretive Routes through the Open Network of Signs*, Toronto: University of Toronto Press, 2005.

Petrilli, Susan. *Sign Crossroads in Global Perspective: Semiotics and Responsibility*. ed. John Deely. New Brunswick and London: Transaction Publishers, 2010.

Petrilli, Susan andPonzio, Augusto. "Semiotics and Critique of Political Economy in Adam Schaff", in *Semiotica*(9), 2012.

Ponzio, Augusto.*Man as a Sign*, Berlin: Mouton de Gruyter, 1990.

Ponzio, Augusto. "The Semiotics of Karl Marx: A Historical and Theoretical Excursus through the Sciences of Signs in Europe", in *Chinese Semiotics Studies*, 2010(2).

Poster, Mark. *Baudrillard: A Critical Reader*. Ed. Douglas Kellner, Oxford and Cambridge: Blackwell Ltd, 1994.

Rossi-Landi, Ferruccio.*Between Signs and Non-Signs*, Amstedam and Philadelphia: John Benjamins Publishing Company, 1992.

Schaff, Adam. *Introduction to Semantics*, Oxford and London: Pergamon Press, 1962.

Schaff, Adam .*A Philosophy of Man*, London: Lawrence and Wishart, 1963.

Schaff, Adam.*History and Truth*. Toronto and Frankfurt: Pergamon Press, 1976.

Schaff, Adam.*Structuralism and Marxism*, Oxford and New York: Pergamon Press, 1978.

Schaff, Adam. "The Pragmatic Function of Stereotypes", in*International Journal of Sociology and Language*(45), 1984.

Schiavoni Franco."The Anti-Romantic Rationalist Aesthetics of Galvano Della Volpe", in *Thesis Eleven*(12), 1985.

Shiell, Timothy. "On Marx's Holism", in*History of Philosophy Quarterly*, 1987:4(2).

Steiner, Peter."When Marxism Met Structuralism for the First Time: Prague, 1934", in *Sign & Media*, 2018(16).

Swartz, David. *Culture and Power: the Sociology of Pierre Bourdieu*, Chicago and London: The University of Chicago Press, 1997.

Taylor, Ronald ed..*Aesthetics and Politics*, London: Verso, 1980.

Thomas, Paul. *Marxism and Scientific Socialism: From Engels to Althusser*, London and

New York:Routledge,2008.

Thompson,John. *Studies in the Theory of Ideology*,Berkeley and Los Angeles:University of California Press,1984.

Volosinov,Valentin. *Marxism and The Phlosophy of Language*,New York and London:Seminar Press,1973.

Williams,Raymond.*Marxism and Literature*,Oxford:Oxford University Press,1977.

Winnerlind,Karl.*Money Talks*,*but What Is It Sayings? Semiotic of Money and Social Control*,in Journal of Ecomomic Issues,2010,35(3).

(2)符号学及其他

Abrams,M.H.*The Mirror and the Lamp:Romantic Theory and the Critical Tradition*,London and Oxford:Oxford University Press,1953.

Austin,John .*How to do things with words*,Oxford:Oxford Press,1962.

Barthes,Roland . Elements of Semiology,NewYork:Hill and Wang,1964.

Bennington,Goeff and Young,Robert."Introdution:posing the question" , in *Post-structuralism and the question of history*, eds. Derek Attridge, Cambridge: Cambridge University,1987.

Buchanan,Ian. *Deleuze and Guattari's Anti-Oedipus*, London:Continnum International Publishing Group,2008.

Cobley,Paul.*Introducing Semiotics:a Graphic Guide*,London:Icon Books,2012.

Croce, Benedetto. *Theory History of Historiography*, trans. Douglas Ainslie, London:George G. Harrap,co. Ltd.,1921.

Cassirer,Ernst .*An Essay on Man:An Introduction to a Philosophy of Human Culture*,New Haven:Yale University Press,1944.

Chomsky,Noam.*Syntactics Sructures*,The Hague and Paris:Mouton,1957.

Chomsky,Noam.*Cartesian Linguistics:A Chapter in the History of Rationalist Thought*,Shanghai:Shanghai Foreign Language Education Press,2012.

Culler,Jonathan.*Saussure*,London:Fontana,1976.

Currie,Mark. *Postmodern Narrative Theory*,Houndmills and Basingstoke:Palgrave Macmillan,1998.

DeGeorge,Richard and DeGeorge,Fernande. *The Structuralists:from Marx to Lévi-Strauss*,New York:Doubleday,1972.

Descombes, Vincent. *Modern French Philosophy*, Cambridge: Cambridge University Press, 1982.

Dosse, François. *History of Structuralism: The Rising Sign*, 1945-1966(Vol. 1), Minneapolis: University of Minnesota Press, 1997.

Eco, Umberto. *A Theory of Semiotics*, Bloomington: Indiana University Press, 1979.

Eco, Umberto. "Overinterpreting texts", in *Interpretation and Overinterpretation*, eds. Stefan Collini, Cambridge: Cambridge University Press, 1992.

Fiske, John. *Introduction to Communication* (Second Edition), London and New York: Routledge, 2002.

Hawkes, Terence. *Structuralism and Semiotics*, London and New York: Taylor & Francis Group, 2004.

Kristeva, Julia. *Revolution in Poetic Language*, New York: Columbia University Press, 1984.

Lévi-Strauss, Claude. *Structural Anthropology*, New York: Basic Books, Inc., 1963.

Lévi-Strauss, Claude. *The Savage Mind*, Letchworth and Hertfordshire: The Garden City Press Limited, 1966.

Liu, Lydia H. *The clash of empires: the inverntion of China in modern world making*, Cambridge Mass: Harvard University Press, 2004.

Martin, Bronwen and Ringhan, Felizitas. *Key Terms in Semiotics*, Beijing: Foreign Language Teaching and Research Press, 2016.

Matejka, Ladislav, eds. *Readings in Russian Poetic: Formalist and Structuralist Views*, Michigan: Michigan Slavic Publications, 1978.

McLuhan, Marshall. *The Gutenberg Galaxy: the Making of Typographic Man*, Toronto: University of Toronto Press, 1962.

Mcluhan, Marshall. *Understanding Media: The Extensions of Man*, New York: McGraw-Hill Book Company, 1964.

Morley, David and Kuan-Hsing Chen, eds. *Stuart Hall: Critical Dialogues in Cultural Studies*, London: Routledge, 1996.

Morris, Charles. *Foundations of the Theory of Signs*, Chicago and Illinois: The University of Chicago Press, 1938.

Morris, Charles. *Signs, Language and Behavior*, New York: Geotge Braziller, INC., 1955.

Ogden, C. K. and Richards, I. A. *The Meaning of Meaning*, New York and London:

Harcourt Brace Jovanovich, 1923.

Piaget, Jean. *Structuralism*, New York: Harper & Row, Publishers, 1970.

Rotman, Brian. *Signifying Nothing: The Semiotics of Zero*, Stanford: Stanford University Press, 1993.

Sahlins, Marshall. *Culture and Practical Reason*, Chicago: University of Chicago Press, 1976.

Saussure, Ferdinand de. *Course in General Linguistics*, New York: McGraw – Hill Book Company, 1966.

Silverman, Huge ed. *Cultural Semiosis: Tracing the Signifier*, New York and London: Routledge, 1998.

Stevenson, Deborah. *Cities and Urban Cultures*, Maidenhead and Philadelphia: Open University Press, 2003.

Storey, John. *Cultural Theory and Popular Culture: An Introduction* (Fifth edition). Edinburgh: Pearson Education, 2009.

Ullman, Stephan. *Semantics. An introduction to the Science of Meaning*. New York: Barns & Noble Inc., 1962.

Wellek, Rene. *Concepts of Criticism*, New Heave: Yale University Press, 1963.

Wellek, Rene. *A History of Modern Criticism*, New Haven and London: Yale University Press, 1991.

Wittgenstein, Ludweig. *Philosophical Investigation*, Oxford: Blackwell Publishers Ltd, 1997.

2. 中文部分

(1)中译专著、论文集、论文

(德)泰奥多尔·阿多诺:《新音乐的哲学》,曹俊峰译,北京:中央编译出版社,2017年。

(法)路易斯·阿尔都塞:《哲学与政治:阿尔都塞读本》,陈越编,长春:吉林人民出版社,2003年。

(法)路易斯·阿尔都塞:《保卫马克思》,顾良译,北京:商务印书馆,1984、2007年。

(法)路易斯·阿尔都塞等:《读〈资本论〉》,李其庆等译,北京:中央编译出版社,

2008 年。

（法）迪迪埃·埃里蓬：《今昔纵横谈——克劳德·列维-斯特劳斯传》，袁文强译，北京：北京大学出版社，1997 年。

（英）佩里·安德森：《西方马克思主义探讨》，高铦等译，北京：人民出版社，1981 年。

（苏）巴加图利亚主编：《德意志意识形态·费尔巴哈》，张俊翔编译，南京：南京大学出版社，2011 年。

（法）罗兰·巴尔特：《流行体系——符号学与服饰符码》，敖军译，上海：上海人民出版社，2000 年。

（法）罗兰·巴尔特：《S/Z》，屠友祥译，上海：上海人民出版社，2000 年。

（法）罗兰·巴尔特：《写作的零度》，李幼蒸译，北京：中国人民大学出版社，2008 年。

（法）罗兰·巴尔特：《恋人絮语》，汪耀进等译，上海：上海人民出版社，2009 年。

（法）罗兰·巴尔特：《萨德 傅立叶 罗犹拉》，李幼蒸译，北京：中国人民大学出版社，2011 年。

（苏）米哈伊尔·巴赫金：《拉伯雷研究》，李兆林等译，石家庄：河北教育出版社，1998 年。

（苏）米哈伊尔·巴赫金：《诗学与访谈》，白春仁等译，石家庄：河北教育出版社，1998 年。

（苏）米哈伊尔·巴赫金：《文本、对话与人文》，白春仁等译，石家庄：河北教育出版社，1998 年。

（苏）米哈伊尔·巴赫金：《哲学美学》，晓河等译，石家庄：河北教育出版社，1998 年。

（苏）米哈伊尔·巴赫金：《周边集》，李辉凡等译，石家庄：河北教育出版社，1998 年。

（苏）米哈伊尔·巴赫金：《小说理论》，白春仁等译，石家庄：河北教育出版社，1998 年。

（法）埃蒂安·巴利巴尔：《马克思的哲学》，王吉会译，北京：中国人民大学出版社，2007 年。

（法）加斯东·巴什拉：《科学精神的形成》，钱培鑫译，南京：江苏教育出版社，2006 年。

（英）托尼·本尼特：《形式主义和马克思主义》，曾军译，开封：河南大学出版社，

2011 年。

（英）托尼·本尼特：《文化、治理与社会》，王杰等译，北京：上海：东方出版社中心，2016 年。

（法）雅克·比岱等编：《当代马克思辞典》，许国艳等译，北京：社会科学文献出版社，2011 年。

（意）苏珊·彼得里利、奥古斯托·蓬齐奥：《打开边界的符号学》，王永祥等译，南京：译林出版社，2015 年。

（法）西蒙娜·波伏娃：《第二性》（一、二），郑克鲁译，上海：上海译文出版社，2017 年。

（美）丹尼尔·贝尔：《资本主义文化矛盾》，赵一凡译，北京：三联书店，1992 年。

（美）卡瑟琳·贝尔西：《批评的实践》，胡亚敏译，北京：中国社会科学出版社，1993 年。

（日）北冈诚司：《巴赫金——对话与狂欢》，魏炫译，石家庄：河北教育出版社，2002 年。

（美）斯蒂芬·贝斯特、道格拉斯·科尔纳：《后现代转向》，陈刚等译，南京：南京大学出版社，2002 年。

（德）瓦尔特·本雅明：《本雅明文选》，陈永国等编，北京：中国社会科学出版社，1999 年。

（德）瓦尔特·本雅明：《发达资本主义时代的抒情诗人》，王才勇译，南京：江苏人民出版社，2005 年。

（德）瓦尔特·本雅明：《单行道》，王才勇译，南京：江苏人民出版社，2006 年。

（德）瓦尔特·本雅明：《摄影小史/机械复制时代的艺术作品》，王才勇译，南京：江苏人民出版社，2006 年。

（德）瓦尔特·本雅明：《德意志悲苦剧的起源》，李双志等译，北京：北京师范大学出版社，2013 年。

（日）柄谷行人：《马克思，其可能性的中心》，中田友美译，北京：中央编译出版社，2006 年。

（日）柄谷行人：《民族与美学》，薛羽译，西安：西北大学出版社，2016 年。

（法）查尔斯·波德莱尔：《波德莱尔美学论文集》，郭宏安译，北京：人民文学出版社，2008 年。

（法）让·波德里亚：《消费社会》，刘成富等译，南京：南京大学出版社，2000 年。

（法）让·波德里亚：《完美的罪行》，王为民译，北京：商务印书馆，2002 年。

（法）让·波德里亚：《符号政治经济学批判》，夏莹译，南京：南京大学出版社，2008年。

（法）让·波德里亚：《象征交换与死亡》，车槿山译，南京：译林出版社，2009年。

（法）让·波德里亚：《美国》，张生译，南京：南京大学出版社，2011年。

（法）让·波德里亚：《游戏与警察》，张新木等译，南京：南京大学出版社，2013年。

（法）让·波德里亚：《艺术的共谋》，张新木等译，南京：南京大学出版社，2015年。

（法）让·波德里亚：《致命的策略》，戴阿宝译，南京：南京大学出版社，2015年。

（法）让·波德里亚：《物体系》，林志明译，上海：上海人民出版社，2019年。

（美）马歇尔·伯曼：《一切坚固的东西都烟消云散了》，徐大建等译，北京：商务印书馆，2015年。

（美）马克·波斯特：《信息方式》，范静哗译，北京：商务印书馆，2001年。

（法）皮埃尔·布尔迪厄：《文化资本与社会炼金术——布尔迪厄访谈录》，包亚明编译，上海：上海人民出版社，1997年。

（法）皮埃尔·布尔迪厄：《实践感》，蒋梓骅译，南京：译林出版社，2003年。

（法）皮埃尔·布尔迪厄：《言语意味着什么——语言交换的经济》，褚思真、刘晖译，北京：商务印书馆，2005年。

（法）皮埃尔·布尔迪厄、J.-C·帕斯隆：《继承人——大学生与文化》，邢克超译，北京：商务印书馆，2004年。

（法）皮埃尔·布尔迪厄：《国家精英：名牌大学与群体精神》，杨亚平译，北京：商务印书馆，2004年。

（法）皮埃尔·布尔迪厄、J.-C·帕斯隆：《再生产——一种教育系统理论的要点》，邢克超译，北京：商务印书馆，2004年。

（法）皮埃尔·布尔迪厄：《科学的社会用途——写给科学场的临床社会学》，刘成富等译，南京：南京大学出版社，2005年。

（法）皮埃尔·布尔迪厄：《科学之科学与反观性》，陈圣生等译，桂林：广西师范大学出版社，2006年。

（法）皮埃尔·布尔迪厄：《遏止野火》，河清译，桂林：广西师范大学出版社，2007年。

（法）皮埃尔·布尔迪厄：《实践理性——关于行为理论》，谭立德译，北京：三联书店，2007年。

（法）皮埃尔·布尔迪厄：《单身者舞会》，蒋志辉译，上海：上海译文出版社，2009年。

（法）皮埃尔·布尔迪厄：《帕斯卡尔式的沉思》，刘晖译，北京：三联书店，2009年。

（法）皮埃尔·布尔迪厄：《艺术的法则——文学场的生成与结构》，刘晖译，北京：中央编译出版社，2011年。

（法）皮埃尔·布尔迪厄、罗杰·夏蒂埃：《社会学家与历史学家——布尔迪厄与夏蒂埃对话录》，马胜利译，北京：北京大学出版社，2012年。

（法）皮埃尔·布尔迪厄、华康德：《反思社会学导引》，李猛等译，北京：商务印书馆，2024年。

（法）皮埃尔·布尔迪厄：《男性统治》，刘晖译，北京：中国人民大学出版社，2017年。

（法）皮埃尔·布尔迪厄：《世界的苦难：布尔迪厄的社会调查》（上、下），张祖建译，北京：中国人民大学出版社，2017年。

（法）费尔南·布罗代尔：《文明史》，常绍民等译，北京：中信出版社，2014年。

（德）恩斯特·布洛赫：《希望的原理》（一），梦海译，上海：上海译文出版社，2012年。

（比）J.M.布洛克曼：《结构主义：莫斯科—布拉格—巴黎》，李幼蒸译，北京：中国人民大学出版社，2003年。

（法）居伊·德波：《景观社会》，王昭凤译，南京：南京大学出版社，2006年。

（意）伽尔瓦诺·德拉-沃尔佩：《鉴赏力批判》，王柯平译，北京：北京师范大学出版社，2022年。

（意）伽尔瓦诺·德拉-沃尔佩：《卢梭和马克思》，赵培杰译，重庆：重庆出版社，1993年。

（美）丹尼斯·德沃金：《文化马克思主义在战后英国——历史学、新左派和文化研究的起源》，李凤丹译，北京：人民出版社，2008年。

（美）约翰·迪利：《符号学基础》，张祖建译，北京：中国人民大学出版社，2012年。

董学文等编：《现代美学新维度——"西方马克思主义"美学论文精选》，北京：北京大学出版社，1990年。

（美）维克多·厄利希：《俄国形式主义：历史与学说》，张冰译，北京：商务印书馆，2017年。

（美）托尔斯坦·凡勃仑：《有闲阶级论》，蔡受百译，北京：商务印书馆，2004年。

（法）米歇尔·福柯：《词与物》，莫伟民译，上海：上海三联书店，2011年。

（加）弗莱·诺斯罗普：《伟大的代码——圣经与文学》，郝振益等译，北京：北京大学出版社，1998年。

（法）吕西安·费弗尔：《十六世纪的无信仰问题》，闫素伟译，北京：商务印书馆，

2012 年。

（法）莫里斯·戈德里耶:《礼物之谜》,王毅译,上海:上海人民出版社,2007 年。

（法）卢西安·戈德曼:《论小说的社会学》,吴岳添译,北京:中国社会科学出版社,1988 年。

（法）卢西安·戈德曼:《文学社会学方法论》,段毅等译,北京:中国工人出版社,1989 年。

（法）卢西安·戈德曼:《隐蔽的上帝》,蔡鸿滨译,北京:百花文艺出版社,1989 年。

（美）罗伯特·戈尔曼:《"新马克思主义"传记辞典》,赵培杰等译,重庆:重庆出版社,1990 年。

（意）安东尼奥·葛兰西:《葛兰西文选》,李鹏程编,北京:人民出版社,2008 年。

（意）安东尼奥·葛兰西《狱中札记》,曹雷雨、姜丽、张跣译,北京:中国社会出版社,2000 年。

（法）A.J.格雷马斯:《论意义——符号学论文集》(上、下册),吴泓缈等译,天津:百花文艺出版社,2005 年。

（法）A.J.格雷马斯:《符号学与社会科学》,徐伟民译,天津:百花文艺出版社,2009 年。

（德）于尔根·哈贝马斯:《后形而上学思想》,南京:译林出版社,2001 年。

（德）于尔根·哈贝马斯:《交往行为理论:行为合理性与社会合理化》,上海:上海人民出版社,2004 年。

（德）于尔根·哈贝马斯:《认识与兴趣》,郭官义等译,上海:学林出版社,2009 年。

（德）于尔根·哈贝马斯:《皮尔斯与交往》,张云龙,《西部学刊》2013 年第 3 期。

（美）伊哈布·哈桑:《后现代转向:后现代理论与文化论文集》,刘象愚译,上海:上海人民出版社,2015 年。

（英）本·海默尔:《日常生活与文化理论》,王志宏译,北京:商务印书馆,2008 年。

（匈）阿格尼斯·赫勒:《现代性理论》,李瑞华译,北京:商务印书馆,2005 年。

（美）海登·怀特:《元史学:十九世纪欧洲的历史想像》,陈新译,南京:译林出版社,2004 年。

（英）斯图亚特·霍尔编:《表征——文化表象与意指实践》,徐亮等译,北京:商务印书馆,2005 年。

（德）马克斯·霍克海默、西奥多·阿道尔诺:《启蒙的辩证法——哲学断片》,渠敬东等译,上海人民出版社,2006 年。

（英）特伦斯·霍克斯:《结构主义和符号学》,瞿铁鹏译,上海:上海译文出版社,

1987 年。

（英）肖恩·霍默：《弗雷德里克·詹姆森》，孙斌等译，上海：上海人民出版社，2004 年。

（英）肖恩·霍默：《导读拉康》，李新雨译，重庆：重庆大学出版社，2014 年。

（日）今村仁司：《阿尔都塞——认识论的断裂》，牛建科译，石家庄：河北教育出版社，2001 年。

（英）安东尼·吉登斯：《现代性的后果》，田禾译，南京：译林出版社，2000 年。

（挪）英格维尔特·吉尔胡斯：《宗教史中的笑》，陈文庆译，上海：上海人民出版社，2005 年。

（美）鲁道夫·卡尔纳普：《世界的逻辑构造》，陈启伟译，上海：上海译文出版社，2008 年。

（法）路易-让·卡尔韦：《结构与符号：罗兰·巴尔特传》，车槿山译，北京：北京大学出版社，1997 年。

（苏）莫伊谢依·卡冈：《美学和系统论方法》，凌继尧译，北京：中国文联出版社，1985 年。

（苏）莫伊谢依·卡冈主编：《马克思主义美学史》，汤侠生译，北京：北京大学出版社，1987 年。

（苏）莫伊谢依·卡冈：《卡冈美学教程》，凌继尧等译，北京：北京大学出版社，1990 年。

（俄）莫伊谢依·卡冈：《艺术形态学》，凌继尧等译，上海：学林出版社，2008 年。

（德）恩斯特·卡西尔：《人论》，甘阳译，上海：上海译文出版社，1985 年。

（德）恩斯特·卡西尔：《国家的神话》，范进等译，北京：华夏出版社，1990 年。

（德）恩斯特·卡西尔：《语言与神话》，于晓等译，北京：三联书店，2017 年。

（苏）凯德洛夫：《论辩证法的叙述方法——三个伟大的构想》，贾泽林等译，北京：中国社会科学出版社，1986 年。

（美）道格拉斯·凯尔纳等：《波德里亚：追思与展望》，戴阿宝译，开封：河南大学出版社，2008 年。

（美）道格拉斯·凯尔纳编：《波德里亚：批判性的读本》，陈维振等译，南京：江苏人民出版社，2005 年。

（美）道格拉斯·凯尔纳：《媒体文化——介于现代与后现代之间的文化研究、认同性与政治》，丁宁译，北京：商务印书馆，2004 年。

（英）阿莱克斯·柯林尼可斯：《阿图塞的马克思主义》，杜章智译，台北：远流出版社,1990 年。

（法）奥古斯特·孔德:《论实证精神》,黄建华译,南京:译林出版社,2011 年。

（美）道格拉斯·凯尔纳、斯蒂文·贝斯特:《后现代理论:批判性的质疑》,张志斌译,北京:中央编译出版社,2004 年。

（德）伊曼努尔·康德:《纯粹理性批判》,邓晓芒译,北京:人民出版社,2003 年。

（德）伊曼努尔·康德:《判断力批判》,邓晓芒译,北京:人民出版社,2002 年。

（德）伊曼努尔·康德:《实践理性批判》,邓晓芒译,北京:人民出版社,2003 年。

（法）乔治·康吉莱姆:《正常与病态》,李春译,西安:西北大学出版社,2015 年。

（英）史蒂文·康纳:《后现代主义文化——当代理论导引》,严忠志译,北京:商务印书馆,2002 年。

（美）戴安娜·克兰:《文化生产:媒体与都市艺术》,赵国新译,南京:译林出版社,2001 年。

（意）贝内代托·克罗齐:《美学原理　美学纲要》,朱光潜译,北京:人民文学出版社,2008 年。

（意）贝内代托·克罗齐:《美学或艺术和语言哲学》,黄文捷译,天津:百花文艺出版社,2009 年。

（法）奥古斯特·孔德:《论实证精神》,黄建华译,南京:译林出版社,2011 年。

（爱沙尼亚）卡莱维·库尔:《生命符号学》,彭佳等译,成都:四川大学出版社,2014 年。

（美）伊·库兹韦尔:《结构主义时代——从莱维-斯特劳斯到福柯》,尹大贻译,上海:上海译文出版社,1988 年。

（英）恩斯特·拉克劳、查特尔·墨菲:《领导权与社会主义的策略——走进激进民主政治》,尹树广等译,哈尔滨:黑龙江人民出版社,2003 年。

（美）迈克尔·莱恩:《文学作品的多重解读》,赵炎秋译,北京:北京大学出版社,2006 年。

（法）雅克·勒高夫:《钱袋与永生》,周嫄译,上海:上海世纪出版集团,2007 年。

（美）朱迪特·勒薇尔:《福柯思想辞典》,潘培庆译,重庆:重庆大学出版社,2015 年。

（法）保罗·利科主编:《哲学主要趋向》,李幼蒸等译,北京:商务印书馆,2004 年。

（法）保罗·利科:《活的隐喻》,汪堂家译,上海译文出版社,2006 年。

（法）亨利·列斐伏尔:《空间与政治》,李春译,上海:上海人民出版社,2008 年。

（苏）弗拉基米尔·列宁:《列宁选集》第二卷,北京:人民出版社,1995 年。

（匈）乔治·卢卡奇：《卢卡奇文学论文集》（二），北京：中国社会科学出版社，1981年。

（匈）乔治·卢卡奇：《历史与阶级意识》，杜章智等译，北京：商务印书馆，2004年。

陆梅林选编：《西方马克思主义美学文选》，桂林：漓江出版社，1988年。

（苏）卢安尼托里·纳察尔斯基：《艺术及其最新形式》，郭家申译，天津：百花文艺出版社，1998年。

陆扬、王毅选编：《大众文化研究》，上海：上海三联书店，2001年。

（美）弗兰克·伦特里奇亚：《新批评之后》，王丽明等译，南京：南京大学出版社，2017年。

（美）理查德·罗蒂：《偶然、反讽与团结》，徐文瑞译，北京：商务印书馆，2005年。

（美）赫伯特·马尔库塞：《爱欲与文明——对弗洛伊德思想的哲学探讨》，黄勇等译，上海：上海译文出版社，2005年。

（美）赫伯特·马尔库塞：《单向度的人——发达工业社会意识形态研究》，刘继译，上海：上海译文出版社，2006年。

胡易容等主编：《当代马克思主义符号学思潮文选》，成都：四川大学出版社，2016年。

（匈）乔治·马尔库什：《语言与生产——范式批判》，李大强等译，哈尔滨：黑龙江大学出版社，2011年。

（法）皮埃尔·马舍雷：《从康吉莱姆到福柯：规范的力量》，刘冰菁译，重庆：重庆大学出版社，2016年。

（英）吉姆·麦克盖根：《文化民粹主义》，桂万先译，南京：南京大学出版社，2001年。

（英）戴维·麦克莱伦：《卡尔·马克思传》，王珍译，北京：中国人民大学出版社，2005年。

（英）戴维·麦克莱伦：《马克思以后的马克思主义》，李智译，北京：中国人民大学出版社，2008年。

（英）大卫·麦克里兰：《意识形态》，孔兆政等译，长春：吉林人民出版社，2005年。

（英）安吉拉·麦克罗比：《文化研究的用途》，李庆本译，北京：北京大学出版社，2007年。

（英）丹尼斯等·麦奎尔：《大众传播模式论》，祝建华等译，上海：上海译文出版社，1987年。

（英）吉姆编·麦奎根：《文化研究方法论》，李朝阳译，北京：北京大学出版社，

2011 年。

（法）莫里斯·梅洛-庞蒂：《符号》，姜志辉译，北京：商务印书馆，2005 年。

（法）莫里斯·梅洛-庞蒂：《辩证法的历险》，杨大春等译，上海：上海译文出版社，2009 年。

（法）马塞尔·莫斯：《礼物——古式社会中交换的形式与理由》，汲喆译，北京：商务印书馆，2016 年。

（意）安东尼奥·奈格里：《艺术与诸众：论艺术的九封信》，尉光吉译，重庆：重庆大学出版社，2016 年。

（美）查尔斯·皮尔斯：《皮尔斯：论符号》，赵星植译，成都：四川大学出版社，2014 年。

（瑞士）让·皮亚杰：《发生认识论原理》，王宪钿等译，北京：商务印书馆，1981 年。

（瑞士）皮亚杰：《结构主义》，倪连生等译，北京：商务印书馆，1984 年。

（美）诺姆·乔姆斯基、（法）米歇尔·福柯：《乔姆斯基、福柯论辩录》，桂林：漓江出版社，2012 年。

（美）诺姆·乔姆斯基：《语言与心智》，熊仲儒等译，北京：中国人民大学出版社，2015 年。

（美）马尔科姆·琼斯：《巴赫金之后的陀思妥耶夫斯基：陀思妥耶夫斯基幻想现实主义解读》，赵亚莉等译，长春：吉林人民出版社，2004 年。

（法）热拉尔·热奈特：《转喻：从修辞格到虚构》，吴康茹译，桂林：漓江出版社，2013 年。

（瑞士）卡尔·荣格：《心理学与文学》，冯川等译，南京：译林出版社，2011 年。

（美）爱德华·萨义德：《东方学》，王宇根译，北京：三联书店，1999 年。

（英）戈兰·瑟伯恩：《从马克思主义到后马克思主义》，孟建华译，北京：社会科学文献出版社，2011 年。

（波）亚当·沙夫：《语义学引论》，罗兰等译，北京：商务印书馆，1979 年。

（波）亚当·沙夫：《结构主义与马克思主义》，袁晖等译，济南：山东大学出版社，2009 年。

（苏）维克多·什克洛夫斯基：《散文理论》，刘宗次译，南昌：百花洲文艺出版社，1997 年。

（德）沃尔夫冈·斯波里奇：《乔姆斯基》，何宏华译，北京：北京大学出版社，2010 年。

（英）约翰·斯道雷：《文化理论与通俗文化导论》，杨竹山等译，南京：南京大学出版社,2006年。

（英）约翰·斯特拉奇:《弗洛伊德和马克思》(引言),董秋斯译,北京:中国人民大学出版社,2004年。

（英）多米尼克·斯特里纳蒂:《通俗文化理论导论》,阎嘉译,北京:商务印书馆,2003年。

（美）伊万·斯特伦斯基:《二十世纪的四种神话理论——卡西尔、伊利亚德、列维-斯特劳斯于马林诺夫斯基》,李创同等译,北京:三联书店,2012年。

（英）约翰·斯特罗克:《结构主义以来:从列维-斯特劳斯到德里达》,渠东等译,沈阳:辽宁教育出版社,1998年。

（美）理查德等·苏里文:《西方文明史》,赵宇烽等译,海口:海南出版社,2009年。

（法）让-伊夫·塔迪埃:《20世纪的文学批评》,史忠义译,天津:百花文艺出版社,1998年。

（芬）埃罗·塔拉斯蒂:《表演艺术和符号学》,段练等译,《符号与传媒》2012年第1期。

（丹）威廉·汤姆逊:《十九世纪末以前的语言学史》,黄振华译,北京:世界图书出版公司,2009年。

（英）约翰·汤普森:《意识形态与现代文化》,高铦译,南京:译林出版社,2005年。

（俄）尼古拉·特鲁别茨柯依:《文学论著》,王加为译,北京:商务印书馆,2016年。

（法）茨维坦·托多罗夫:《俄苏形式主义文论选》,北京:中国社会科学出版社,1989年。

（法）茨维坦·托多罗夫:《巴赫金、对话理论及其他》,蒋子华等译,天津:百花文艺出版社,2001年。

（法）茨维坦·托多罗夫:《象征理论》,王国卿译,北京:商务印书馆,2005年。

（苏）列昂·托洛茨基:《文学与革命》,刘文飞等译,北京:外国文学出版社,1992年。

（德）罗尔夫·魏格豪斯:《法兰克福学派:历史、理论及政治影响》(上、下),孟登迎等译,上海:上海人民出版社,2010年。

（美）勒内·韦勒克:《辨异》,刘象愚等译,上海:上海人民出版社,2015年。

（英）雷蒙·威廉斯:《马克思主义与文学》,王尔勃、周莉译,开封:河南大学出版社,2008年。

（英）雷蒙·威廉斯:《关键词》,刘建基译,北京:三联书店,2005年。

（英）维特根斯坦·路德维格:《维特根斯坦论伦理学与哲学》,江怡译,杭州:浙江大学出版社,2011年。

(美)埃伦·梅克辛斯·伍德、约翰·贝拉米·福斯特:《保卫历史——马克思主义与后现代主义》,郝名玮译,北京:社会科学文献出版社,2009年。

(日)西川直子:《克里斯托娃——多元逻辑》,王青等译,石家庄:河北教育出版社,2002年。

(英)斯图亚特等·西姆:《视读批评理论》,宋沈黎译,合肥:安徽文艺出版社,2009年。

(英)斯图亚特·西姆:《后马克思主义思想史》,吕增奎等译,南京:江苏人民出版社,2011年。

(美)罗伯特·休斯:《文学结构主义》,刘豫译,北京:三联书店,1988年。

(俄)罗曼·雅各布森:《雅柯布森文集》,钱军译,北京:商务印书馆,2012年。

(古希腊)亚里士多德:《诗学》,陈中梅译,北京:商务印书馆,1996年。

(丹)路易斯·叶尔姆斯列夫:《叶姆斯列夫语符学文集》,程琪龙译,长沙:湖南教育出版社,2006年。

(英)特里·伊格尔顿:《马克思主义与文学批评》,文宝译,北京:人民文学出版社,1980年。

(英)特里·伊格尔顿:《人生的意义》,朱新伟译,南京:译林出版社,2012年。

(英)特里·伊格尔顿:《二十世纪西方文学理论》,伍晓明译,北京:北京大学出版社,2012年。

(英)特里·伊格尔顿:《理论之后》,商正译,北京:商务书馆,2009年。

(英)特里·伊格尔顿:《批评家的任务——与特里·伊格尔顿的对话》,王杰等译,北京:北京大学出版社,2014年。

(英)特里·伊格尔顿:《如何读诗》,陈太胜译,北京:北京大学出版社,2016年。

(美)弗雷德里克·詹姆逊:《语言的牢笼 马克思主义与形式》,钱佼汝等译,南昌:百花洲文艺出版社,1995年。

(美)弗雷德里克·詹姆逊:《后现代主义与文化理论》,唐小兵译,北京:北京大学出版社,1997年。

(美)弗雷德里克·詹姆逊:《快感:文化与政治》,王逢振等译,北京:中国社会科学出版社,1998年。

(美)弗雷德里克·詹姆逊:《晚期资本主义的文化逻辑》,张旭东等译,北京:三联书店,1997年。

(美)弗雷德里克·詹姆逊:《布莱希特与方法》,陈承国译,北京:中国社会科学出版社,1998 年。

（美）弗雷德里克·詹姆逊:《政治无意识》,王逢振等译,北京:中国社会科学出版社,1999 年。

（美）弗雷德里克·詹姆逊:《现代性、后现代性和全球化》,北京:中国人民大学出版社,2004 年。

（美）弗雷德里克·詹姆逊:《论现代主义文学》,苏仲乐等译,北京:中国人民大学出版社,2010 年。

张黎编选:《表现主义论争》,上海:华东师范大学出版社,1992 年。

张碧、唐小林编:《欧洲马克思主义符号学派》,成都:四川大学出版社,2016 年。

张亮等编:《理解斯图亚特·霍尔》,北京:北京师范大学出版社,2016 年。

赵毅衡:《符号学文学论文集》,天津:百花文艺出版社,2004 年。

中共中央马克思恩格斯列宁斯大林著作编译局:《1844 年经济学哲学手稿》,北京:人民出版社,2000 年。

中共中央马克思恩格斯列宁斯大林著作编译局:《马克思恩格斯文集》第 1—10 卷,北京:人民出版社,2009、2011 年。

中共中央马克思恩格斯列宁斯大林著作编译局:《马克思恩格斯全集》第 1—4 卷,北京:人民出版社,1956 年。

（2）中文专著、编著、论文集、论文

陈晓明等:《结构主义与后结构主义在中国》,北京:首都师范大学,2002 年。

陈晓希等:《皮亚杰的结构主义方法》,载于《现代外国哲学》,北京:人民出版社,1988 年。

冯宪光:《"西方马克思主义"美学研究》,重庆:重庆出版社,1997 年。

冯宪光:《沃尔佩的语义学美学》,《江西社会科学》2002 年第 6 期。

傅其林、赵修翠:《论列菲伏尔的消费文化符号学》,《社会科学研究》2008 年第 4 期。

高健为等:《20 世纪法国马克思主义文艺理论研究》,北京:北京大学出版社,2012 年。

高宣扬:《布迪厄的社会理论》,上海:同济大学出版社,2004 年。

高宣扬:《当代法国哲学导论》（下）,上海:同济大学出版社,2004 年。

高亚春:《符号与象征——波德里亚消费社会批判研究》,北京:人民出版社,2007 年。

龚翰熊主编:《欧洲小说史》,成都:四川大学出版社,1997年。

郭鸿:《作为"普通符号学"起点的科学符号学》,《符号与传媒》2015年第1期。

何志钧等:《马克思主义文艺学:从经典到当代》,北京:中国社会科学出版社,2009年。

胡小燕:《文化观念的重构与变迁》,北京:人民出版社,2016年。

怀宇:《论法国符号学》,天津:南开大学出版社,2016年。

黄华新等编:《符号学导论》,上海:东方出版中心,2016年。

黄英全:《西方马克思主义艺术观研究》,北京:北京大学出版社,2009年。

胡易容、赵毅衡编:《符号学—传媒学词典》,南京:南京大学出版社,2012年。

匡存玖、傅其林《捷克斯洛伐克的马克思主义符号学转向》,《江西社会科学》2018年第1期。

李鹏程编:《当代西方文化研究新词典》,长春:吉林人民出版社,2005年。

李幼蒸:《关于结构主义和符号学的辨析》,载于《现代外国哲学论集》,北京:三联书店,1981年。

李幼蒸:《结构与意义》,北京:中国社会科学出版社,1996年。

李幼蒸:《理论符号学导论》,北京:中国人民大学出版社,2007年。

梁永安:《重建总体性——与杰姆逊对话》,成都:四川人民出版社,2003年。

凌建侯:《巴赫金哲学思想与文本分析法》,北京:北京大学出版社,2007年。

刘怀玉:《现代性的平庸与神奇:列斐伏尔日常生活批判哲学的文本学解读》,北京:中央编译出版社,2006年。

(美)刘康:《巴赫金的文化转型理论》,北京:北京大学出版社,2011年。

刘拥华:《布迪厄的终生问题》,上海:上海三联书店,2009年。

罗钢、刘向愚主编:《文化研究读本》,北京:中国社会科学出版社,2000年。

陆梅林选编:《西方马克思主义美学文选》,桂林:漓江出版社,1988年。

陆扬、王毅:《大众文化与传媒》,上海:上海三联书店,2000年。

马驰:《"新马克思主义"文论》,济南:山东教育出版社,1998年。

马驰:《西方马克思主义与中国当代文论》,开封:河南大学出版社,2010年。

倪梁康:《胡塞尔现象学概念通释》,北京:三联书店,2007年。

牛宏宝:《现代西方美术史》,北京:北京大学出版社,2014年。

钱中文:《现实主义和现代主义》,北京:人民文学出版社,1987年。

邱晓林:《从立场到方法——二十世纪国外马克思主义意识形态文艺理论研究》,成都:巴蜀书社,2006年。

邱晓林:《作为一种阐释学的意识形态文学批评》,《四川大学学报》2008 年第 6 期。

沈静:《詹姆逊的马克思主义阐释学美学》,北京:人民出版社,2013 年。

万资姿:《符号与文化创造》,北京:中国社会科学出版社,2011 年。

王建刚:《狂欢诗学:巴赫金文学思想研究》,上海:学林出版社,2001 年。

王杰:《马克思主义与现代美学问题》,北京:人民文学出版社,2000 年。

王晓路:《西方马克思主义文化批评研究》,北京:北京大学出版社,2012 年。

韦世林:《空符号论》,北京:人民出版社,2012 年。

武桂杰:《霍尔与文化研究》,北京:中央编译出版社,2009 年。

吴琼:《20 世纪美国马克思主义文艺理论研究》,北京:北京大学出版社,2012 年。

吴兴明:《反思波德里亚:我们如何理解消费社会》,《四川大学学报》2006 年第 1 期。

肖伟胜:《西方现代主义自律性诗学研究》,北京:中华书局,2011 年。

徐崇温:《"西方马克思主义"》,天津:天津人民出版社,1982 年。

颜岩:《批判的社会理论及其当代重建——凯尔纳晚期马克思主义思想研究》,北京:人民出版社,2007 年。

仰海峰:《走向后马克思:从生产之镜到符号之镜——早期鲍德里亚思想的文本学解读》,北京:中央编译出版社,2004 年。

仰海峰:《实践哲学与霸权——当代语境中的葛兰西哲学》,北京:北京大学出版社,2009 年。

易晓明等:《西方现代主义小说导论》,开封:河南大学出版社,2009 年。

尤西林:《人文科学导论》,北京:高等教育出版社,2002 年。

尤西林:《人文科学与现代性》,北京:新星出版社,2013 年。

尤西林:《阐释并守护世界意义的人——人文知识分子的起源及其使命》,上海:华东师范大学出版社,2017 年。

俞吾金:《意识形态论》(修订版),北京:人民出版社,2009 年。

俞吾金:《哲学是"关于世界观"的学问吗?》,《哲学研究》2013 年第 8 期。

袁文彬:《马克思主义和语言问题》,广州:中山大学出版社,2015 年。

张天勇:《社会符号化——马克思主义视阈中的鲍德里亚后期思想研究》,北京:人民出版社,2008 年。

张意:《文化与符号权力——布尔迪厄的文化社会学导论》,北京:中国社会出版社,2005 年。

张一兵:《问题式、症候阅读与意识形态:关于阿尔都塞的一种文本学解读》,北京:中央编译出版社,2003年。

张智庭:《巴黎符号学学派的产生与发展》,《符号与传媒》2015年第2期。

赵毅衡:《符号学原理与推演》,南京:南京大学出版社,2011年。

赵毅衡:《回到皮尔斯》,《符号与传媒》2014年第2期。

郑忆石:《马克思的哲学轨迹》,上海:华东师范大学出版社,2007年。

周凡主编:《后马克思主义:批判与辩护》,北京:中央编译出版社,2007年。

周凡等主编:《后马克思主义》,北京:中央编译出版社,2007年。

周启超等主编:《欧美学者论巴赫金》,南京:南京大学出版社,2014年。

周宪:《审美现代性批判》,北京:商务印书馆,2005年。

祝东:《先秦符号学思想研究》,成都:四川大学出版社,2014年。

朱光潜:《西方美学史》,北京:人民文学出版社,2012年。

朱国华:《符号权力与性别统治》,《社会理论论丛》2004年6月刊。

后　记

　　2008 年,那时我刚考上赵毅衡先生的博士。记得是在同门的第一次聚会上,先生问我,愿不愿以"马克思主义与符号学"作为题目,来撰写博士论文。

　　我硕士阶段的研究,是较为传统的美国文学批评方向;博士阶段,以这样一个类似于文艺理论专业的课题作为博士论文题目,老实说,心中既充满了挑战的惊喜,也有一丝忐忑:虽然平时酷爱理论,但真正将理论——尤其是将马克思主义理论作为研究对象,我能行么?

　　然而,在先生的一再鼓励下,我还是以此为题,一点一点做了下去。这里面,自然充满了对一个相对陌生的论域的探知的艰辛,当然,也有每每想通一个问题的喜悦。不知不觉,时间已然过去十余年,书稿的文字逐渐积累起来,竟到了可以成书付梓的时候。其间,经历了新冠疫情,以至于拖至今日。这里面,凝结着先生和其他老师们太多的心血。在这里,向我的导师赵毅衡先生表示衷心的感谢!

　　还必须感谢四川大学的吴兴明教授、我的硕士导师邱晓林教授、傅其林教授、我院的谷鹏飞教授对我的帮助,以及陕西师范大学的齐效斌教授对书稿所提出的意见,感谢我的同门王悦、颜小芳、孙金燕、董明来对书稿文字的疏通。感谢我的父亲张育辉先生、岳父白靖宇教授、妻子白鸽和儿子天天,他们给了我莫大的动力。

感谢《文艺理论研究》《社会科学》等刊物及部分工具书对本书部分内容的刊载。

在此书稿撰写期间,长子张雨墨的早夭、母亲王渺霞女士的病逝,使我在承受着接连失去至亲的痛楚之中完成了书稿。或许任何一部书稿都像人生一样,总是以难以圆满的状态呈诸于世。